普通高等学校土建类"十二五"应用型规划教材

混凝土结构基本原理

主　编　张丽华　左敬岩
副主编　李　哲　党玲博
　　　　丁永刚　王兴国

黄河水利出版社
·郑州·

内容提要

本书是依据混凝土结构最新设计规范《混凝土结构设计规范》(GB 50010—2010)编写的普通高等学校土建类“十二五”应用型规划教材之一。本书系统介绍了混凝土结构材料的物理力学性能,混凝土结构设计方法,受弯构件、受压构件、受拉构件、受扭构件的承载力计算原理和方法,钢筋混凝土构件变形、裂缝、耐久性,预应力混凝土构件设计等,并将计算原理、设计方法与施工图紧密结合,以培养学生工程设计及应用能力、工程意识及责任意识。

本书可作为高等学校土木工程专业的教材,也可作为广大从事土木工程设计和施工等工程技术人员的参考书。

图书在版编目(CIP)数据

混凝土结构基本原理/张丽华,左敬岩主编. —郑州:黄河水利出版社,2011.8

普通高等学校土建类“十二五”应用型规划教材

ISBN 978-7-5509-0092-9

Ⅰ.①混… Ⅱ.①张… ②左… Ⅲ.①混凝土结构-高等学校-教材 Ⅳ.①TU37

中国版本图书馆 CIP 数据核字(2011)第 166475 号

策划编辑:李洪良　电话:0371-66024331　E-mail:hongliang0013@163.com

出 版 社:黄河水利出版社

地址:河南省郑州市顺河路黄委会综合楼 14 层　邮政编码:450003

发行单位:黄河水利出版社

发行部电话:0371-66026940、66020550、66028024、66022620(传真)

E-mail:hhslcbs@126.com

承印单位:黄河水利委员会印刷厂

开本:787 mm×1 092 mm　1/16

印张:20

字数:463 千字　印数:1—3 100

版次:2011 年 8 月第 1 版　印次:2011 年 8 月第 1 次印刷

定价:38.00 元

前　言

本书根据高等学校土木工程专业指导委员会制定的专业方案及课程大纲、土木工程专业规范，国家最新颁布和实施的混凝土设计规范《混凝土结构设计规范》(GB 50010—2010)而编写，并结合新规范及时更新了各部分内容。

本书编写组根据多年的一线教学改革与工程经验，在编写过程中，注重理论密切联系实际，注重培养学生设计与应用能力，注重培养学生工程意识及责任意识。

全书分为十章，主要介绍混凝土结构材料的物理力学性能，混凝土结构设计方法，受弯构件、受压构件、受拉构件、受扭构件的承载力计算原理和方法，钢筋混凝土构件变形、裂缝、耐久性，预应力混凝土构件设计等，并将设计原理、设计方法与施工图紧密结合，以培养学生工程设计及应用能力、工程意识及责任意识。

全书由华北科技学院张丽华、黑龙江科技学院左敬岩任主编，由西安理工大学李哲、黄河科技学院党玲博、河南工业大学丁永刚、河南理工大学王兴国任副主编，郑州航空工业管理学院侯晓英、南阳理工学院尹晓清参加编写。全书由张丽华统稿。具体编写分工为：张丽华编写第一章、第三章和附录，左敬岩编写第二章，李哲编写第四章，侯晓英编写第五章和第七章，丁永刚编写第六章，王兴国编写第八章，党玲博编写第九章，尹晓清编写第十章。

由于编者的水平有限，不足之处在所难免，敬请读者批评指正，以便改进与完善。

编　者

2011 年 6 月

目 录

第一章 绪 论

第一节 混凝土结构的一般概念

以混凝土为主制成的结构,称为混凝土结构。混凝土结构包括素混凝土结构、钢筋混凝土结构、预应力混凝土结构、钢骨混凝土结构、钢管混凝土结构、纤维增强混凝土结构等。混凝土结构广泛应用于建筑、桥梁、地下工程、水利、港口等土木工程结构,其中钢筋混凝土结构和预应力混凝土结构在土木工程中应用最多。

素混凝土结构是指无筋或不配置受力钢筋的混凝土结构,很少作为土木工程的承力结构,主要用于承受压力结构,如基础、挡土墙、堤坝等。

钢筋混凝土结构是配有受力钢筋的混凝土结构,广泛用于各种受弯、受压、受拉的构件及结构,如梁、板、柱、基础、墙体等。

预应力混凝土结构是指在施工制作时,预先对混凝土的受拉区施加压应力的混凝土结构,其抗裂性好、刚度大,用于大跨度的结构,可减小构件截面,减轻结构自重。

钢骨混凝土结构是用型钢焊成实心或空心钢骨作为配筋的混凝土结构。这种混凝土结构承载力大、延性好、抗震性能好,可用于高层结构中的梁、柱、墙等。

钢管混凝土结构是指在钢管内浇捣混凝土而形成的构件或结构,主要应用于单层和多层工业厂房柱、设备构架柱、栈桥、地铁站台柱及高层和超高层建筑,以及桥梁结构中。

纤维增强混凝土结构是在普通混凝土中掺入钢纤维、合成纤维等各种纤维材料的混凝土结构。其在美国、日本应用较早,我国从1992年开始,也有了相应的设计与施工规程。

第二节 混凝土结构的特点

钢筋混凝土结构是混凝土结构中最常用、最具代表性的一种结构,是由钢筋和混凝土两种物理力学性能不同的材料组成的。混凝土的抗压能力较强,但抗拉能力较差,当其受拉时易开裂,使构件产生裂缝;而钢材的抗拉和抗压性能都很好。将两种材料结合在一起能充分发挥各自所长,协同工作。其原因是钢筋和混凝土的温度线膨胀系数很接近(钢筋为1.2×10^{-5}/℃,混凝土为$(1.0\sim1.5)\times10^{-5}$/℃),且两者之间有黏结力,在荷载作用下或温度变化时,两者能共同受力、协调变形。

钢筋混凝土结构是建筑结构中应用最为广泛的结构形式,其优点如下:

(1)可模性好。可根据需要浇筑成各种形状和尺寸的结构。

(2)与砌体结构及钢结构比承载力较高。

(3)耐久性、耐火性好。钢筋有混凝土保护层包裹,不易生锈,使用寿命长;遇火灾时,与钢结构相比,不会因升温过快软化而破坏。

(4)现浇的钢筋混凝土结构整体性好、刚度大、抗震性能好。

(5)混凝土用量最多的砂、石等可就地取材,还可利用矿渣、粉煤灰等工业废料。

钢筋混凝土结构的主要缺点是:

(1)自重大。钢筋混凝土重度约为25 kN/m^3,相同内力作用下截面尺寸比钢结构的截面尺寸大,自重大,还会使地震力加大,对大跨度结构应用受到一定的限制,高层建筑结构产生不利影响。

(2)抗裂性差。混凝土的抗拉强度较低,普通钢筋混凝土结构一般情况下带裂缝工作,对抗渗漏要求高的结构,其使用受到一定的限制。另外,钢筋混凝土结构的施工工序多,施工中需要大量模板,工期较长,且受施工季节和气候条件的影响。

第三节　混凝土结构发展概况

钢筋混凝土结构在19世纪中期首先在英、法两国得到应用,与砌体结构、钢结构相比,历史并不长,但其发展很快,特别是近年来,在材料、结构和施工、设计理论三个方面有了很大进步。

一、材料方面

材料主要是向轻质、高强、耐久的方向发展。目前,钢筋混凝土结构中常用的混凝土抗压强度为20~40 N/mm^2;预应力混凝土结构中采用的混凝土抗压强度可达60~80 N/mm^2。采用高强混凝土、高强度钢筋是当前混凝土结构的一个重要发展方向。目前,已研制出的高强混凝土可达200 N/mm^2,采用的钢筋的屈服强度标准值已达500 N/mm^2,而用于预应力混凝土的钢丝抗拉强度则高达1 860 N/mm^2。此外,纤维增强混凝土结构、钢骨混凝土结构、钢管混凝土结构都已在工程中开始应用。

二、结构和施工方面

混凝土结构由过去简单结构发展到高层、超高层、大跨度等复杂结构。例如,上海95层460 m高的浦东环球金融中心大厦,内筒为钢筋混凝土结构。此外,为了快速施工,还广泛采用定型化、标准化的装配式结构和预应力混凝土构件。

三、设计理论方面

1887年科伦首次发表了钢筋混凝土的计算方法;1918年艾布拉姆斯发表了著名的计算混凝土本身强度的水灰比理论;1928年法国弗列新涅提出了混凝土收缩和徐变理论,为预应力混凝土技术在工程中的应用奠定了基础。设计理论从最初的估算,发展到20世纪初的容许应力方法、40年代的按破损阶段计算法、50年代以来采用的极限状态设计法。目前,基于概率论与数理统计的可靠度理论使钢筋混凝土的极限状态设计方法更趋完善。随着试验和测试技术与计算手段的提高,钢筋混凝土的设计理论会日趋完善,并向更高阶段发展。

第四节　混凝土结构体系

一、混凝土结构的组成

钢筋混凝土结构由很多受力构件组合而成，主要受力构件有楼板及屋面板、梁、柱、墙、基础等，其中，板、梁是水平受力构件，柱、墙是竖向受力构件。

楼板及屋面板：是将活荷载和恒载（通过梁或直接）传递到竖向支承结构（柱、墙）的主要水平构件，属于受弯构件，其形式可以是实心板、空心板、带肋板等。

梁：是将楼板上或屋面上的荷载传递到立柱或墙上的受弯构件（截面内力有弯矩、剪力，有时还有扭矩），楼层处的梁称为楼盖梁，屋面处的梁称为屋面梁，多为矩形截面，当梁与板一起整浇时，形成T形、L形截面梁。此外，还有门窗洞口上的过梁、雨篷梁等。

柱：其作用是支承楼面体系，属于受压构件，当荷载有偏心作用时，柱受压的同时还会受弯。

墙：与柱相似，是受压构件，混凝土墙（如楼梯间墙）主要用于承重并向基础传递荷载，高层建筑中的剪力墙还用于承受水平风载和地震作用，它受压的同时还会受弯、受剪。

基础：是将上部结构的所有重量传递到地基（土层）的承重混凝土构件，其形式多种多样，有条形基础、独立基础、桩基础、筏板基础和箱形基础等。

二、混凝土结构的基本构件与结构类型

每一个承重结构都由一些基本构件组成，基本构件的类型如图1-1所示。

基本构件
- 板——受弯 } 楼盖、楼梯、雨篷
- 梁——受弯、受剪、受扭 } 楼盖、楼梯、雨篷
- 柱——受压、压弯
- 墙——受压、受弯、受剪
- 独立基础——受压、冲切

图1-1　基本构件的类型

混凝土受力构件的不同连接和组合形成了不同的结构类型，主要有框架结构、剪力墙结构、框架-剪力墙结构、排架结构、筒体结构等。

框架结构：通常是指由梁、柱组成的结构。需要平面空间较大的建筑一般采用钢筋混凝土框架结构，多为10层以下。

剪力墙结构：纵、横墙体全部由钢筋混凝土剪力墙组成，墙体既承受竖向荷载，又抵抗水平荷载。15～50层的住宅和旅馆等小开间的高层建筑多采用剪力墙结构。

框架-剪力墙结构：在框架结构中柱与柱之间纵、横方向适当布置大于140 mm厚的钢筋混凝土墙体（剪力墙）而组成的结构体系，一般在15～30层的建筑中较常使用。

排架结构：通常是指由柱子和屋架（或屋面梁）组成的结构，其特点是柱子和屋架（或梁）铰接。多为混凝土结构，也可以采用钢结构，这种结构跨度一般为12～36 m，可以是单跨和多跨，广泛用于各种工业厂房建筑。

筒体结构:是由钢筋混凝土墙或密集的柱围成的一个侧向刚度很大的筒体。当要求侧向刚度更大时,可采用筒中筒(外筒套内筒)或筒束。筒体结构多用于高层或超高层(高度超过100 m的建筑)结构。

第五节　本课程的学习方法

混凝土结构基本原理这门课程是土木工程专业的一门重要的专业基础课程。混凝土结构基本原理主要研究基本构件及结构的受力性能、计算方法、构造措施等问题,不但要进行强度和变形计算,还要进行结构和构件的设计。设计包括结构方案及材料的选择、构件截面尺寸的确定、承载力及变形计算、构造要求等。学习时要注意以下几点:

(1)正确理解和使用计算公式。混凝土结构中的计算公式与力学中的计算公式有所不同。力学中的材料都是理想的弹性或塑性材料,而钢筋混凝土结构材料是非均质、非弹性的,计算公式建立在科学试验和工程经验的基础上,不是完全利用几何、平衡条件等经严谨的计算推导而建立的。因此,要很好地掌握钢筋和混凝土材料的力学性能,了解混凝土结构受力性能及破坏特征,理解公式建立时采用的基本假定,注重分析公式与设计计算公式之间的联系与区别。关键是能正确地使用公式,注意其适用范围和限制条件。

(2)结构计算及设计答案不唯一。在数学和力学基础学科中,问题的答案一般是唯一的,而结构设计是要综合考虑建筑方案、结构方案、截面形式、材料选择、承载力、变形计算及配筋构造等因素,在相同荷载作用下,有多种可行的截面形式、尺寸及不同的配筋方式、数量等。在多种答案中,还需综合考虑安全、经济(造价、材料用量)、施工方便等因素确定最合理的答案,或主要考虑某些因素而确定相对合理的答案。

(3)重视构造措施。结构和构件设计必须经过计算及构造设计两部分才能完成,因为强度和变形计算公式建立过程中,并不是考虑了结构上的所有作用及影响因素,也很难考虑所有的影响因素,如温度影响、混凝土收缩、地基不均匀沉降等,而是在一定简化条件下建立的计算模型,还必须用构造设计来补充。构造设计是长期的科学试验和工程实践经验的总结,计算和构造同等重要。

(4)重视与基础课程的联系。混凝土结构基本原理这门专业基础课和许多课程密切相关,学习时必须综合运用各门课程的知识去解决问题。如土木工程材料提供了钢筋和混凝土的材料性能;结构力学对各种结构的内力和变形的计算,为钢筋混凝土提供了基本的内力数据和计算原理;房屋建筑学中的建筑方案、建筑构造做法,为钢筋混凝土结构方案确定、构件选型、恒荷载计算等提供了依据。混凝土结构是在上述课程基础上研究结构及构件设计的。

(5)重视实践和规范应用。钢筋混凝土结构是一门理论性和实践性较强的课程,学习时,一方面应重视基本知识及理论学习,另一方面还应有目的地到施工现场参观、学习,增强感性认识,培养工程意识、责任意识,积累工程经验。此外,为了更好地配合本课程的学习,还应进一步熟悉、掌握和应用国家颁布的有关结构设计计算和构造要求的技术规定和标准,如《混凝土结构设计规范》(GB 50010—2010)、《建筑结构荷载规范》(GB 50009—2001),它们是工程技术人员进行设计时必须遵守的法规。

思考题

1. 什么是混凝土结构？什么是素混凝土结构？
2. 什么是钢筋混凝土结构？什么是预应力混凝土结构？
3. 混凝土结构有哪些基本构件？
4. 什么是框架结构、排架结构？从你周围的建筑中各举一实例。
5. 混凝土结构有哪些主要优、缺点？
6. 钢筋和混凝土两种物理、力学性能不同的材料，为什么能结合在一起共同工作？

第二章　混凝土结构材料的物理力学性能

学习要求

熟悉工程用钢筋的品种、级别、性能；掌握工程对钢筋性能的要求及选用原则；掌握混凝土在各种受力状态下的强度和变形性能；掌握混凝土的选用原则；了解钢筋和混凝土共同工作的原因，掌握保证钢筋和混凝土之间共同工作的构造措施。

钢筋和混凝土是混凝土结构的主要材料，钢筋与混凝土的物理力学性能、相互作用以及共同工作的特性直接影响混凝土结构和构件的性能，也是确定混凝土结构计算理论和设计方法的基础。

第一节　钢　筋

钢筋在混凝土结构中起着提高其承载能力、改善其受力性能的作用。了解钢筋的品种及其力学性能是合理选用钢筋的基础，而合理选用钢筋是混凝土结构设计的前提。混凝土结构中使用的钢材不仅要求有较高的强度、良好的变形性能（塑性）和可焊性，而且与混凝土之间应有良好的黏结性能，以保证钢筋与混凝土能很好地共同工作。

一、钢筋的品种、成分和等级

混凝土结构中使用的钢筋按化学成分可分为碳素钢和普通低合金钢两大类。钢材的主要成分为铁元素，碳素钢除含有铁元素外，还含有少量的碳、锰、硅、磷、硫等元素。随着含碳量的增加，钢材的强度和硬度提高，而塑性、韧性和可焊性降低。碳素钢通常可分为低碳钢（含碳量小于0.25%）、中碳钢（含碳量为0.25%～0.6%）和高碳钢（含碳量为0.6%～1.4%）。磷和硫是钢材中有害元素，它们的含量增加会降低钢材的变形性能和可焊性。碳素钢中加入少量的合金元素，如锰、硅、镍、钛、钒等，可有效地提高钢材的强度和改善钢材的其他性能，生成普通低合金钢（合金元素不大于5%），如20MnSi、20MnSiV、20MnSiNb、20MnTi等。

混凝土结构中使用的钢筋按表面形状可分为光圆钢筋（见图2-1(a)）和变形钢筋等。为了保证钢筋和混凝土之间的黏结力，对于强度较高的钢筋，表面均做成带肋的变形钢筋。带肋钢筋的表面肋形主要有螺纹、人字纹和月牙纹，见图2-1。螺纹钢筋表面的肋形方向一致，而人字纹钢筋表面的肋形方向不一致，形成人字。螺纹钢筋和人字纹钢筋的纵肋和横肋都相交，横肋较密，容易造成应力集中，对受力不利。月牙纹钢筋表面纵肋和横肋不相交，横肋在钢筋横截面上的投影呈月牙状。目前，我国变形钢筋主要采用月牙纹钢筋。月牙纹钢筋与混凝土的黏结性能略低于螺纹钢筋和人字纹钢筋，但仍能保证良好的黏结性能,锚固延性及抗疲劳性能等高于螺纹钢筋和人字纹钢筋。

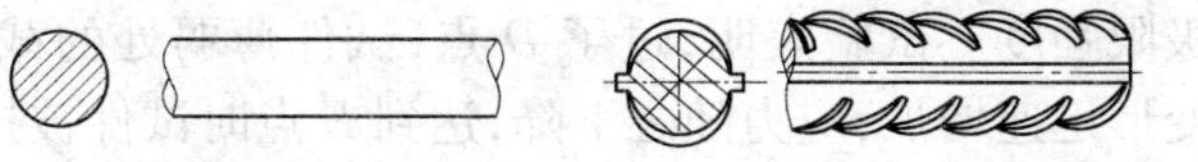

(a)光圆钢筋　(b)月牙纹钢筋

图 2-1　混凝土结构用热轧钢筋的表面形式

混凝土结构中使用的钢筋也可分为柔性钢筋和劲性钢筋。我国工程中常用的普通钢筋称为柔性钢筋。劲性钢筋是指角钢、槽钢、工字钢、钢轨、钢板、钢管等焊接成的骨架。

《混凝土结构设计规范》(GB 50010—2010)规定混凝土结构中使用的钢筋主要有热轧钢筋、热处理钢筋和钢丝、钢绞线等。

热轧钢筋分为普通热轧钢筋和细晶粒热轧钢筋两种。普通热轧钢筋是由低碳钢和普通合金钢在高温状态下经热轧成型并自然冷却的成品钢筋;细晶粒热轧钢筋是在热轧过程中,通过控温和控冷工艺形成的细晶粒钢筋。常用热轧钢筋按其强度由低到高分为HPB300(符号Φ)、HRB335(符号Φ)、HRBF335(符号Φ^F)、HRB400(符号Φ)、HRBF400(符号Φ^F)、RRB400(符号Φ^R),HRB500(符号Φ)和HRBF500(符号Φ^F)。RRB400钢筋为余热处理钢筋,其屈服强度与HRB400级钢筋的相同。HPB300级钢筋为光圆钢筋,其余强度较高的钢筋均为表面带肋的变形钢筋。热轧钢筋主要用在钢筋混凝土结构中,也用做预应力混凝土结构中的非预应力钢筋。

热处理钢筋、消除应力钢丝和钢绞线都是高强钢筋,其符号和直径范围见附表1-6,主要用于预应力混凝土结构中。

热处理钢筋是将特定强度的热轧钢筋,如K20MnSi、40Si2Mn、48Si2Mn和45Si2Cr,通过加热后的正火、淬火、回火和退火等调质工艺处理制成的。热处理钢筋可焊性、机械连接性能及施工适应性均稍差,须控制其应用范围。一般,可在对延性及加工性能要求不高的构件中使用,如在基础、大体积混凝土以及跨度及荷载不大的楼板、墙体中应用。

消除应力钢丝是将钢筋拉拔后,校直,经中温回火消除应力并稳定化处理的钢丝,分光面钢丝和螺旋肋钢丝两种。预应力钢绞线一般是由3根或7根直径为2.5~6.0 mm的高强度光面钢丝绞捻后,再经稳定化处理而制成的。

二、钢筋的力学性能

钢筋的力学性能指钢筋的强度和变形性能。钢筋的强度和变形性能可以由钢筋单向拉伸的应力—应变曲线来分析说明。

(一)钢筋的强度

对于有明显流幅的钢筋(应力—应变曲线见图2-2),A点以前应力值较小,应力与应变成正比例关系,卸去外力,试件恢复原状,无残余变形,这一阶段称为弹性阶段,与A点对应的应力称为比例极限或弹性极限。过A点后,应变增长速度大于应力增长速度,应力增长较小的幅度后达到B'点,进入屈服阶段。B'点不稳定,随后应力稍有降低达到B点,钢筋进入流幅阶段,曲线接近水平线,应力不增加而应变持续增加。曲线延伸至C点,B点到C点水平距离的大小称为流幅或屈服台阶。B'点和B点分别称为上屈服点和下屈服点。有明显流幅的热轧钢筋屈服强度是按屈服下限确定的。过 C 点以后，应力又继续上升，钢筋的抗拉能力又有所提高，此阶段为强化阶段。曲线的最高点 D 点所对应的应力称为钢筋的极限强度。试验表明，过了 D 点，试件薄弱处的截面将会突然显著缩小，发生局部颈缩，变形迅速增加，应力随之下降，达到 E 点时试件被拉断。

当钢筋混凝土构件中钢筋的应力到达屈服点后，会产生很大的塑性变形，使钢筋混凝土构件出现很大的变形和过宽的裂缝，以致不能正常使用，所以对有明显流幅的钢筋，在进行承载力计算时采用屈服强度作为钢筋强度值。

钢材除应具有高的强度，还应具有一定的屈强比（屈服强度和极限强度的比值）。屈强比是反映钢材利用率和安全可靠程度的一个指标。屈强比越小，钢材受力超过屈服强度时的可靠性越大，结构越安全。但屈强比过小，钢材强度的有效利用率太低，造成浪费。所以，应合理选用屈强比，即在保证安全可靠的前提下，尽量提高钢材的利用率。

热轧低碳钢和普通低合金钢都属于有明显流幅的钢筋，强度相对较低，但变形性能好。不同强度等级的钢筋屈服台阶的长度是不同的，强度越高，屈服台阶的长度越短，塑性越差。

对于没有明显屈服点的钢筋（应力—应变曲线见图 2-3），在外力作用下屈服现象不明显，钢筋的塑性较差，不能测出屈服点对应的强度，所以采用残余应变为 0.2% 的应力值作为条件屈服点或条件屈服强度，用 $\sigma_{0.2}$ 表示。《混凝土结构设计规范》（GB 50010—2010）规定设计时，采用极限抗拉强度 σ_b 的 85% 作为条件屈服强度。热处理钢筋、钢丝和钢绞线等属于无明显屈服点的钢筋，强度高，但变形性能差。

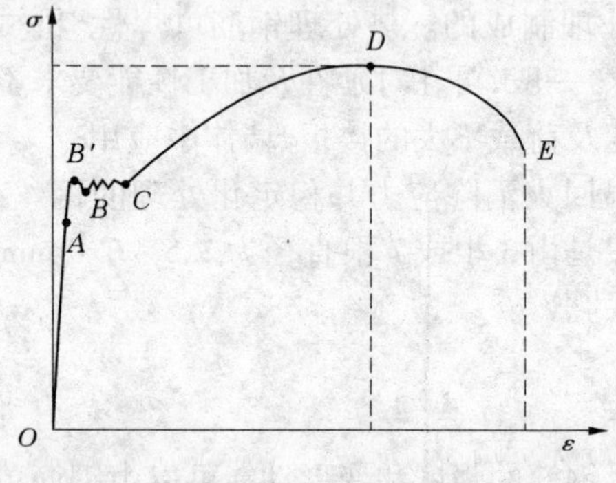

图 2-2 有明显流幅钢筋的应力—应变曲线

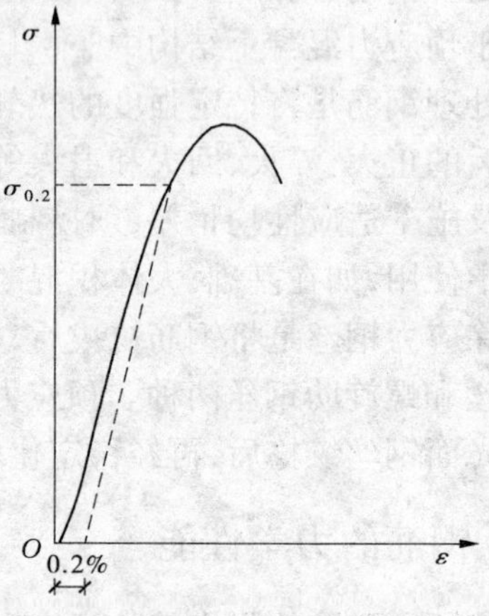

图 2-3 无明显流幅钢筋应力—应变曲线

（二）钢筋的塑性性能

混凝土结构中所使用的钢筋既要有较高的强度，又要有良好的变形能力。衡量钢筋塑性性能的主要指标有伸长率和冷弯性能。

钢筋的伸长率是钢筋拉断后的伸长值与原长的比值。钢筋的伸长率越大，钢筋的塑性性能越好。国家标准规定了各种合格钢筋在给定标距下的最小伸长率，分别用 δ_{100}、δ_{10} 或 δ_5 表示。δ 表示断后伸长率，δ_{10}、δ_5 下标分别表示标距为 $10d$ 和 $5d$，d 为被检钢筋的直径，δ_{100} 下标表示 $l=100$ mm。

此伸长率为断口缩颈区域残余变形的大小,不同标距长度得到的结果不一致,忽略了钢筋的弹性变形,不能反映钢筋受力时的总体变形能力,容易产生总体误差。鉴于钢筋对结构安全的重要性,钢筋塑性性能应满足钢筋在最大拉力下的总伸长率(又称均匀伸长率),以提高混凝土结构的变形性能和抗震性能。

钢筋在最大拉力下的总伸长率(均匀伸长率)按式(2-1)计算

$$\delta_{gt} = (\frac{\Delta l}{l_0} + \frac{\sigma_b}{E_s}) \times 100\% \tag{2-1}$$

式中　l_0——试件拉伸前的标距长度;

Δl——试件拉断后的伸长值。

冷弯性能是钢筋在常温条件下,承受弯曲变形的能力,它是将直径为 d 的钢筋绕直径为 D 的弯芯弯曲到规定的角度后无裂纹、断裂及起层现象,则表示合格。弯芯的直径 D 越小,弯转角 α 越大,钢筋的塑性性能越好。冷弯性能也反映了钢筋的焊接质量。

三、钢筋的冷加工

在常温下采用冷拉、冷拔、冷轧和冷扭等方法对热轧钢筋进行加工处理,称为钢筋的冷加工。钢筋经冷加工处理后强度会提高,可以节省钢材。但是,冷加工钢筋的变形性能显著降低,除冷拉钢筋有明显屈服点外,其他钢筋均无明显屈服点。同时,冷加工钢筋在焊接热影响区的强度降低,热稳定性较差。现行《混凝土结构设计规范》(GB 50010—2010)未将冷加工钢筋列入,在结构设计中也不提倡采用冷加工钢筋,使用时应符合相应的技术规程。下面主要介绍钢筋的冷拉和冷拔。

(一)冷拉

冷拉是将热轧钢筋在常温下张拉,使钢筋应力超过屈服强度达到强化阶段,然后卸载。冷拉过程的应力—应变曲线如图 2-4 所示,钢筋张拉达到 K 点后卸载,若立即再次张拉钢筋,其应力—应变曲线将沿 $O'KDE$ 变化。K 点是新的屈服点,钢筋的屈服强度提高了,塑性降低,没有流幅出现,这种现象称为钢筋的冷拉强化。若隔一段时间后再张拉,钢筋的应力—应变曲线将沿 $O'K'D'E'$ 变化,K'点是新的屈服点,钢筋的屈服强度和极限强度明显提高,塑性降低,这种现象称时效硬化。时效硬化受温度影响较大,在常温下,需要 20 d 左右完成时效硬化,在 100 ℃的温度下需要 2 h 完成,250 ℃时仅需要 0.5 h,超过 250℃钢筋会随温度的升高而软化,强度降低,甚至恢复到冷拉前的强度,因此,需焊接的冷拉钢筋,必须先焊接后再进行冷拉。

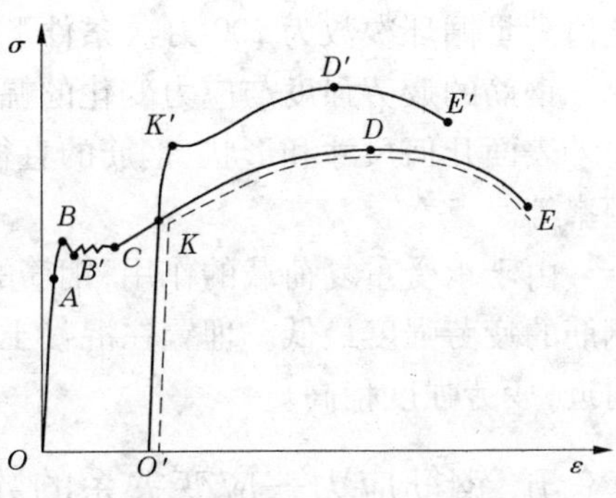

图 2-4　钢筋的冷拉应力—应变曲线

冷拉只能提高钢筋的抗拉强度,但降低其塑性,所以为了保证冷拉钢筋具有一定的塑性,应合理地选择张拉控制应力和控制应变。

(二)冷拔

冷拔是将直径为 6 ~ 8 mm 的 HPB300 级热轧钢筋通过直径较小的合金拔丝模加工成

的钢丝。钢筋在冷拔时不仅受到轴向位伸,而且受到侧向挤压,所以热轧钢筋经过冷拔后,其抗拉强度和抗压强度均得到提高。钢筋经拉拔后,原有的明显屈服点消失,无屈服平台,塑性性能降低。

四、钢筋的疲劳

钢筋的疲劳是指钢筋在重复、周期性的动荷载作用下,经过一定次数后突然发生脆性断裂的现象。承受重复荷载的吊车梁、桥面板、轨枕等钢筋混凝土构件在正常使用期间会由于疲劳而发生破坏。

钢筋疲劳断裂的原因,一般认为是钢筋内部和外部存在缺陷,在这些薄弱处容易引起应力集中。应力过高,钢材晶粒滑移,产生疲劳裂纹,应力重复作用次数增加,裂纹扩展,从而造成断裂。

钢筋的疲劳试验有两种方法:一种是直接进行单根原状钢筋轴拉试验,另一种是将钢筋埋入混凝土中使其重复受拉或受弯的试验。我国采用直接做单根钢筋轴拉试验的方法。

钢筋的疲劳强度主要与一次循环应力中最大和最小应力的差值(应力幅度)有关,钢筋的疲劳强度是指在某一规定应力幅度内,经受一定次数循环荷载后发生疲劳破坏的最大应力值。《混凝土结构设计规范》(GB 50010—2010)规定了不同等级钢筋的疲劳应力幅度限值,并规定该值与截面同一纤维上钢筋最小应力与最大应力比值有关,对于预应力钢筋,当应力幅 $\rho^{f} \geqslant 0.9$ 时可不进行疲劳强度验算。在确定钢筋混凝土构件在正常使用期间的疲劳应力幅度限值的同时,需要确定循环荷载的次数,我国要求将不同的疲劳应力比值满足循环次数为 200 万次条件下的钢筋最大应力值作为钢筋的疲劳强度。

钢筋的疲劳强度与应力变化的幅值有关,其他影响因素还有:最小应力值的大小、钢筋外表面几何尺寸和形状、钢筋的直径、钢筋的强度、钢筋的加工和使用环境以及加载的频率等。

由于承受重复荷载的作用,钢筋的疲劳强度低于其在静荷载作用下的极限强度,原状钢筋的疲劳强度最低。埋置在混凝土中的钢筋的疲劳断裂通常发生在纯弯段内裂缝截面附近,疲劳强度稍高。

五、钢筋应力—应变关系的数学模型

应用数学模型表述钢筋的应力—应变关系又称应力—应变本构关系。对混凝土结构或构件进行结构分析时必须应用钢筋和混凝土的应力—应变关系。常用的钢筋应力—应变关系曲线模型有以下几种。

(一)描述完全弹塑性的双直线模型

双直线模型适用于流幅阶段较长的低强度钢筋,如图 2-5 所示。该模型将钢筋的应力—应变曲线简化成两段直线,不计钢筋屈服强度的上限和钢筋强化阶段强度的提高。钢筋屈服前(完全弹性阶段)*OB* 段,应力—应变关系为斜线,斜率为钢筋的弹性模量。钢筋屈服后(塑性阶段)*BC* 段,应力—应变关系为直线,即应力保持不变,应变继续增加。双直线模型的数学表达式如下:

当 $\varepsilon_s \leqslant \varepsilon_y$ 时(弹性阶段),有

$$\sigma_s = E_s\varepsilon_s \tag{2-2}$$

当 $\varepsilon_y \leqslant \varepsilon_s \leqslant \varepsilon_{s,h}$(塑性阶段)时,有

$$\sigma_s = f_y \tag{2-3}$$

(二)描述完全弹塑性加应力强化的三直线模型

三直线模型适用于流幅阶段较短的钢材,可以描述钢筋屈服后,进入强化阶段的应力,如图 2-6 所示。*CD* 段为钢筋的强化阶段。三折线的数学模型表达式如下:

当 $\varepsilon_s \leqslant \varepsilon_y$ 时(弹性阶段),有

$$\sigma_s = E_s\varepsilon_s$$

当 $\varepsilon_y \leqslant \varepsilon_s \leqslant \varepsilon_{s,h}$时(塑性阶段),有

$$\sigma_s = f_y$$

当 $\varepsilon_{s,h} \leqslant \varepsilon_s \leqslant \varepsilon_{s,u}$时(应力强化阶段),有

$$f_s = f_y + (\varepsilon_s - \varepsilon_{s,h})\tan\theta' \tag{2-4}$$

式中 $\tan\theta'$可简化取

$$\tan\theta' = E'_s = 0.01E_s \tag{2-5}$$

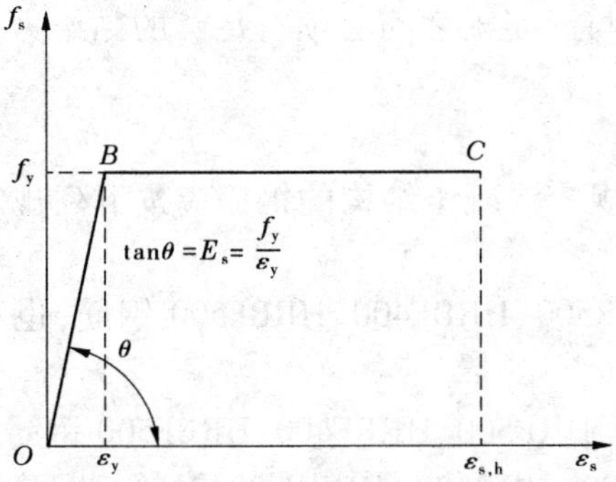

图 2-5　完全弹塑性应力—应变关系

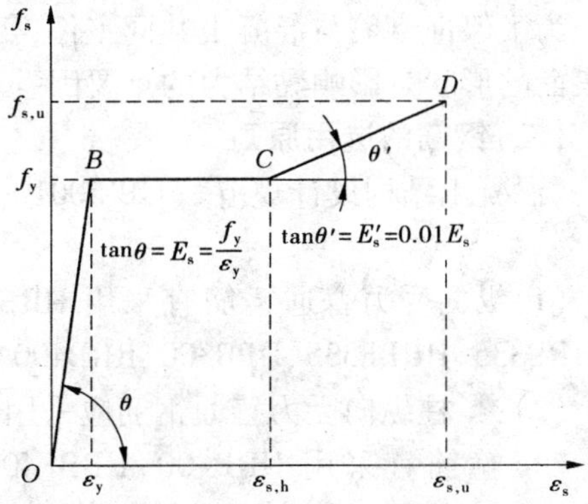

图 2-6　完全弹塑性三直线应力—应变关系

(三)描述弹塑性的双斜线模型

双斜线模型适用于没有明显屈服点的钢筋或钢丝,如图 2-7 所示。其数学模型表达式如下:

当 $\varepsilon_s \leqslant \varepsilon_y$ 时(弹性阶段),有

$$\sigma_s = E_s\varepsilon_s$$

当 $\varepsilon_y \leqslant \varepsilon_s \leqslant \varepsilon_{s,u}$时(弹塑性阶段),有

$$\sigma_s = f_y + (\varepsilon_s - \varepsilon_y)\tan\theta'' \tag{2-6}$$

式中

$$\tan\theta'' = E''_s = \frac{f_{s,u} - f_y}{\varepsilon_{s,u} - \varepsilon_y} = 0.01E_s \tag{2-7}$$

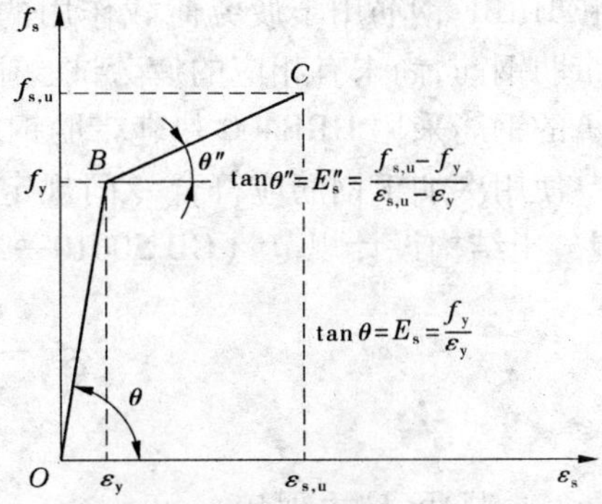

图 2-7　弹塑性双斜线应力—应变关系

六、钢筋的选用原则

(一)混凝土结构对钢筋性能的要求

1. 强度高

所谓钢筋强度,是指钢筋的屈服强度及极限强度。钢筋的屈服强度是设计计算时的主要依据(对于无明显流幅的钢筋,取条件屈强度)。采用高强度钢筋可以节约钢材,取得较好的经济效果。在混凝土结构设计中,采用高强度钢筋后应注意能否充分发挥其高强度以及结构或构件是否满足正常使用状态的要求。

2. 变形性能好

要求钢材变形性能好是为了使钢筋在断裂前有足够的变形,在钢筋混凝土结构构件破坏前有明显的预兆,防止发生脆性破坏。通过延伸率和冷弯试验来检验钢筋的变形性能是否合格。

3. 良好的可焊性

目前,焊接连接是混凝土结构施工中主要的钢筋连接形式之一。可焊性好的钢筋焊接后不产生裂纹及过大的变形,焊接接头有良好的力学性能。

4. 保证钢筋与混凝土的黏结力

为了保证钢筋与混凝土共同工作,要求钢筋与混凝土之间必须有足够的黏结力。钢筋表面的形状是影响黏结力的重要因素。

(二)钢筋的选用原则

《混凝土结构设计规范》(GB 50010—2010)规定混凝土结构的钢筋应按下列规定选用:

(1)纵向受力普通钢筋宜采用 HRB400、HRB500、HRBF400、HRBF500 钢筋,也可采用 HRB335、HRBF335、HPB300、RRB400 钢筋。

(2)梁、柱纵向受力普通钢筋应采用 HRB400、HRB500、HRBF400、HRBF500 钢筋。

(3)箍筋宜采用 HRB400、HRBF400、HPB300、HRB500、HRBF500 钢筋,也可采用 HRB335、HRBF335 钢筋。

(4)预应力筋宜采用预应力钢丝、钢绞线和预应力螺纹钢筋。

RRB400 钢筋不宜用做重要部位的受力钢筋,不应用于直接承受疲劳荷载的构件;细晶粒 HRBF 钢筋用于疲劳荷载作用的构件受到限制;而 HPB330 级光圆钢筋及 HRB500 级带肋钢筋,尚未有相应的疲劳试验研究及可靠的数值,尚未列入。因此,建议考虑疲劳验算的钢筋采用 HRB400 热轧带肋钢筋。

使用冷加工钢筋应符合专门规定。冷加工钢筋是在牺牲塑性的条件下,提高强度,《混凝土结构设计规范》(GB 50010—2010)不提倡使用。

第二节　混凝土

一、混凝土的强度

普通混凝土是由水泥、石子、砂和水经搅拌硬化后形成的一种人造石材,具有多相特性。在实际工程中的混凝土结构或构件均处于复合应力状态下，但由于混凝土的特点，建立完善的复合应力作用下强度理论比较困难，所以以单向受力状态下的混凝土强度作为研究复合应力状态下混凝土强度的基础和重要参数。

混凝土的强度与水泥强度等级、水灰比、骨料的性质、混凝土的级配、混凝土成型方法、硬化时的环境条件及混凝土的龄期等有很大关系。此外，试件的尺寸大小和形状、试验方法和加载速率也影响混凝土的强度。

(一)混凝土的立方体抗压强度$f_{cu,k}$和强度等级

立方体试件的强度比较稳定，所以我国采用边长为150 mm的立方体作为混凝土抗压强度试验的标准试件，以立方体抗压强度作为混凝土各种力学指标的代表值，并把立方体抗压强度标准值作为评定混凝土强度等级的标准。我国国家标准《混凝土结构设计规范》(GB 50010—2010)规定以边长为150 mm的立方体为标准试件，在(20±3)℃的温度和相对湿度90%以上的潮湿空气中养护28 d或设计规定龄期，按照标准试验方法测得具有95%保证率的立方体抗压强度标准值，单位为N/mm^2，用符号$f_{cu,k}$表示。

标准试验方法是指混凝土试件在试验过程中要采用恒定的加载速度：混凝土强度等级在小于C30时，取每秒0.3～0.5 N/mm^2；混凝土强度等级不小于C30时，取每秒0.5～0.8 N/mm^2。试验时混凝土试件上下两端面(即与试验机接触面)不涂刷润滑剂。

《混凝土结构设计规范》(GB 50010—2010)根据混凝土立方体抗压强度标准值$f_{cu,k}$，把混凝土强度划分为14个强度等级，分别为C15、C20、C25、C30、C35、C40、C45、C50、C55、C60、C65、C70、C75和C80，其中C表示混凝土，C后面的数字表示立方体强度标准值，如C20即表示$f_{cu,k}=20\ N/mm^2$。其中，C50～C80属于高强混凝土。

《混凝土结构设计规范》(GB 50010—2010)规定，钢筋混凝土结构的混凝土强度等级不应低于C20；采用强度级别400 MPa及以上的钢筋时，混凝土强度等级不应低于C25；承受重复荷载的钢筋混凝土构件，混凝土强度等级不应低于C30；预应力混凝土结构的混凝土强度等级不宜低于C40，且不应低于C30。

试验方法对混凝土的立方体抗压强度有较大影响。混凝土试件在压力机上单向受压时，竖向缩短，横向扩张。由于压力机垫板的弹性模量比混凝土试件大，所以垫板的横向变形比混凝土试件要小得多。当试件表面不涂润滑剂时，垫板与试件的接触面上产生的摩擦力约束了试件的横向变形，就像在试件上下端各加了一个套箍，形成“套箍”作用，致使混凝土破坏时形成两个对顶的角锥形破坏面，抗压强度比没有约束的情况要高，如图2-8(a)所示。若在试件的上下两端面涂刷润滑剂，那么在试验中试件与压力机垫板间的摩擦力将明显减小，因此试件将较自由地产生横向变形，受压时没有“套箍”作用的影响，最后试件将在沿着压力作用的方向产生数条大致平行的裂缝而破坏，如图2-8(b)所示，所测得的抗压强度值较低。标准的试验方法是不涂润滑剂的。

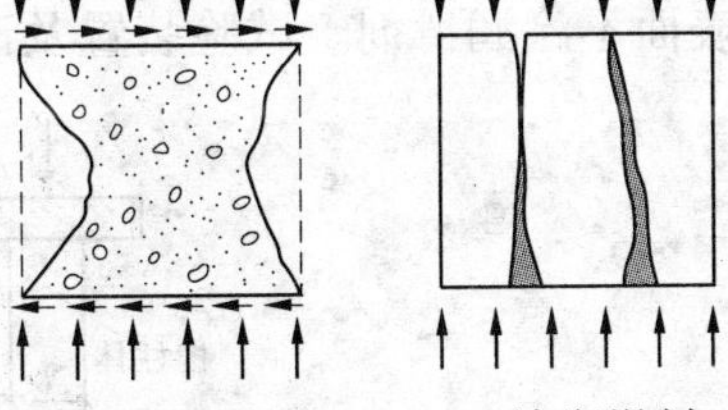
(a)不涂润滑剂　(b)涂润滑剂

图2-8　混凝土立方体抗压破坏情况

尺寸效应对混凝土立方体抗压强度也有较大的影响。对于条件相同的混凝土试件来说,立方体尺寸越小所测得的抗压强度值越高。这是因为试件的尺寸越小,压力机垫板和试件之间产生的摩擦力对试件的约束作用越大,抗压强度越高。根据实测数据,如采用 200 mm 和 100 mm 的立方体试件,其和 150 mm 立方体试件的换算系数分别为 0.95 和 1.05。

混凝土的立方体抗压强度随着混凝土成型后龄期的增长而提高,而且前期提高的幅度较大,后期逐渐减缓,如图 2-9 所示。该过程一般均需延续数年后才能完成。如果使用环境是潮湿的,那么其延续的年限更长。

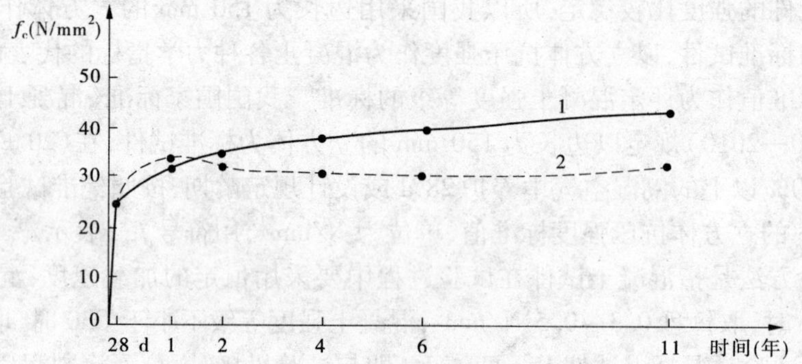

1—潮湿环境;2—干燥环境

图 2-9 混凝土强度与龄期的关系

加载速度对混凝土立方体抗压强度也有影响,加载速度越快,抗压强度越高。

(二)混凝土的轴心抗压强度 f_{ck}

混凝土的抗压强度与试件的尺寸有关,而且实际受压构件一般都是棱柱体,为更好地反映构件的实际受压情况,采用混凝土棱柱体试件进行抗压试验所测得的强度称为轴心抗压强度,也称为棱柱体抗压强度,其标准值用符号 f_{ck} 表示。我国《普通混凝土力学性能试验方法标准》(GB/T 50081—2002)规定以 150 mm × 150 mm × 300 mm 的棱柱体作为混凝土轴心抗压强度试验的标准试件。棱柱体试件与立方体试件的制作条件相同,试件上下表面不涂润滑剂。试验装置及试件破坏情况如图 2-10 所示。

图 2-10 混凝土棱柱体抗压试验和破坏情况

试验表明,棱柱体试件的抗压强度低于立方体试件的抗压强度,并且棱柱体试件的高宽比越大,垫板与试件的接触面上产生的摩擦力对试件高度中部的横向变形约束越小,其强度越低。当高宽比大到一定值时,这种影响就不明显了。根据试验,当试件的高宽比为 2 ~ 3 时,既可以减少垫板与试件接触面之间摩擦阻力的影响,又避免了试件纵向弯曲造成强度降低的影响，所以取 150 mm × 150 mm × 300 mm 作为标准棱柱体试件的尺寸。

轴心抗压强度标准值 f_{ck} 和立方体抗压强度标准值 $f_{cu,k}$ 的关系为

$$f_{ck} = 0.88\alpha_{c1}\alpha_{c2}f_{cu,k} \tag{2-8}$$

式中　0.88——考虑实际构件与试件混凝土强度之间的差异而取的折减系数；

α_{c1}——棱柱体强度与立方体强度的比值，对强度等级为 C50 及以下的混凝土取 $\alpha_{c1}=0.76$，对强度等级为 C80 的混凝土取 $\alpha_{c1}=0.82$，其间采用直线内插法取值；

α_{c2}——高强混凝土脆性折减系数，对强度等级为 C40 及以下的混凝土取 $\alpha_{c2}=1.0$。

对强度等级为 C80 的混凝土取 $\alpha_{c2}=0.87$，其间采用直线内插法取值。

(三) 混凝土的轴心抗拉强度 f_{tk}

轴心抗拉强度也是混凝土的一个基本力学性能指标，可用于分析混凝土构件的受冲切、受剪等受力性能。混凝土的轴心抗拉强度一般只为立方体抗压强度的 $\frac{1}{17}\sim\frac{1}{8}$，混凝土强度等级越高，这个比值越小。目前，混凝土轴心抗拉标准试验方法通常采用直接轴心拉伸试验和劈裂试验两种。

直接轴心拉伸试验采用尺寸为 100 mm × 100 mm × 500 mm 的棱柱体试件，在其两端设有埋入长度为 150 mm、直径为 16 mm 的变形钢筋。试验机夹紧试件两端伸出的钢筋，并施加拉力使试件受拉。受拉破坏时，在试件中部产生横向裂缝，破坏截面上的平均拉应力即为轴心抗拉强度。因为混凝土的抗拉强度很低，混凝土内部的不均匀性，加载点存在偏差等因素影响，要通过理想的均匀轴心受拉试验准确测出抗拉强度非常困难。所以，目前常采用立方体或圆柱体劈裂试验来间接测定混凝土的轴心抗拉强度，如图 2-11 所示。试件上通过弧形垫条及垫层施加一线荷载，这样在中间截面上，除加力点附近很小的范围外，便产生了均匀分布的水平拉应力，当它超过混凝土的极限抗拉强度时，试件将在中间垂直截面劈裂成两半。根据弹性力学理论分析可知，劈拉强度按式(2-9)计算

$$f_{t,s} = \frac{2F}{\pi dl} \tag{2-9}$$

式中　F——破坏荷载；

d——圆柱体直径或立方体边长；

l——圆柱体长度或立方体边长。

轴心抗拉强度标准值和立方体抗压强度标准值的关系为

$$f_{tk} = 0.88 \times 0.395 f_{cu,k}^{0.55}(1-1.645\delta)^{0.45}\alpha_{c2} \tag{2-10}$$

式中　δ——变异系数。

影响混凝土抗拉强度的因素很多，其中提高轴心抗拉强度最有效的措施是使骨料级配均匀和提高混凝土的密实度。

混凝土结构设计时，根据混凝土强度等级可以直接查《混凝土结构设计规范》(GB 50010—2010)得到混凝土轴心抗压强度标准值 f_{ck} 和设计值 f_c，混凝土轴心抗拉强度标准值 f_{tk} 和设计值 f_t。

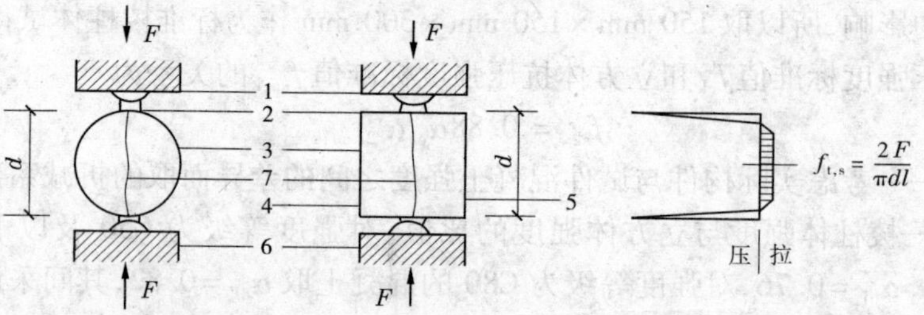

(a)圆柱体劈裂试验　(b)立方体劈裂试验　(c)劈裂面上水平应力分布

1—压力机的上压板；2—弧形垫条及垫层各一条；3—试件；4—浇模顶面；
5—浇模底面；6—压力机的下压板；7—试件破裂线

图 2-11　劈裂试验测试混凝土抗拉强度

(四)复合应力状态下混凝土的强度

在实际工程中，混凝土结构和构件大多处于复合应力状态，如框架柱既受轴向力的作用，又受弯矩和剪力的作用。节点区混凝土受力状态一般更为复杂，因此研究复合应力状态下混凝土的强度就十分必要。

1. 双向应力作用下混凝土的强度

如图 2-12 所示为混凝土双向受力试验结果。试件在两个平面作用有法向应力 σ_1 及 σ_2，第三个平面上应力为零。图中，第一象限为双向受拉情况，无论应力比值 σ_1/σ_2 如何，两方向的应力相互影响不大，实测破坏强度基本不变，双向受拉强度均接近于单向抗拉强度。第三象限为双向受压情况，混凝土强度与法向应力的比值 σ_1/σ_2 有关。大体上一向的强度随另一向压力的增加而增加，双向受压强度比单向受压强度有所提高，最多提高约 27%。第二、四象限为一向受压、另一向受拉的情况，此时混凝土的强度均低于单向受压或受拉的强度。

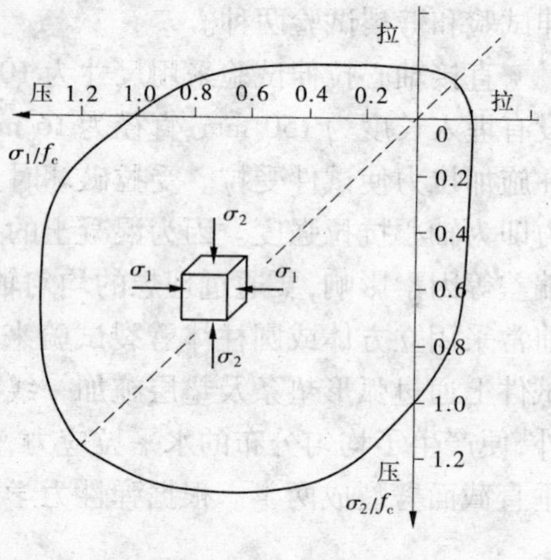

图 2-12　双向应力作用下混凝土的强度

2. 法向应力和切向应力作用下混凝土的强度

当混凝土上同时作用有剪力或扭矩引起的剪切力 τ 和轴力引起的法向应力 σ 时，形成剪压或剪拉复合应力状态，其关系曲线如图 2-13 所示。混凝土的抗剪强度随着拉应力的增大而减小；当压应力低时，抗剪强度随着压应力的增大而增大，当压应力大于 $0.6f'_c$ 时，抗剪强度随压应力的增大而减小。当存在剪应力时，混凝土的抗压强度和抗拉强度都低于单向抗压或抗拉强度。

3. 三向压力作用下混凝土的强度

混凝土在三向受压的情况下，由于受到侧向压力的约束作用，最大主压应力轴的抗压强度 $f'_{cc}(\sigma_1)$ 有较大程度的增长，其变化规律随两侧向压应力 (σ_2,σ_3) 的比值和大小而不同。根据圆柱体试件周围加侧向液压的试验结果，三向受压时混凝土纵向抗压强度的经

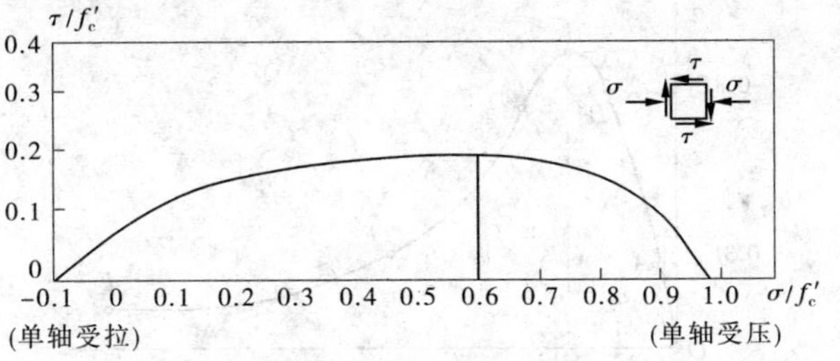

图 2-13　法向应力和切向应力作用下混凝土的强度

验公式为

$$f'_{cc} = f'_c + kf_L \tag{2-11}$$

式中　f'_{cc}——有侧向压力约束试件的轴心抗压强度；

f'_c——无侧向压力约束试件的轴心抗压强度；

f_L——侧向约束压应力；

k——侧向压应力效应系数，一般在 4.5～7，平均值为 5.6。

对于纵向受压的混凝土，如钢管混凝土柱、配螺旋箍筋的混凝土柱等，其混凝土的侧向变形受到约束，可以使混凝土的抗压强度有较大的提高，也可以使混凝土的延性有相应的提高。

《混凝土结构设计规范》(GB 50010—2010)规定，在三轴受压状态下，混凝土的抗压强度可根据 σ_2 与 σ_3 应力比值大小确定，其最高强度值不宜超过单轴抗压强度的 5 倍。

二、混凝土的变形

混凝土的变形包括受力变形和体积变形两种。混凝土的受力变形是指混凝土在一次短期加载、长期荷载作用或多次重复循环荷载作用下产生的变形；混凝土的体积变形也叫非受力变形，是指混凝土在硬化过程中收缩及环境温度或湿度改变时产生的变形。

(一)混凝土的受力变形

1. 一次短期加载作用下混凝土的变形性能

一次短期加载是指荷载由零开始单调增加到试件破坏，也称单调加荷。当对混凝土进行短期单向施加压力时，所获得的应力—应变关系曲线即为单轴受压应力—应变曲线，它是混凝土最基本的力学性能之一。棱柱体试件在一次短期加载下混凝土应力—应变曲线如图 2-14 所示。从图中可以看到，这条曲线包括上升段(OC)和下降段(CF)两个部分。上升段(OC)又可分为三段，从开始加载至 A 点($\sigma=(0.3\sim0.4)f_{ck}$)为第 1 阶段，这时试件应力较小，混凝土的变形主要是骨料和水泥结晶体受力产生的弹性变形，应力—应变关系接近直线，称 A 点为比例极限点。超过 A 点，裂缝稳定扩展，进入第 2 阶段，至临界点 B，临界点的应力可以作为长期抗压强度的依据(一般取 $0.8f_{ck}$)。此后，试件中所积蓄的弹性应变能保持大于裂缝发展所需要的能量，形成裂缝快速发展的不稳定状态直至峰点 C，这一阶段为第 3 阶段，这时的峰值应力 σ_{max} 通常作为混凝土棱柱体的抗压强度 f_{ck}，相应的应变称为峰值应变 ε_0，一般为 0.001 5～0.002 5，通常取为 0.002。

在下降段 CF，混凝土到达峰值应力后裂缝继续扩展、贯通，从而使应力—应变关系发

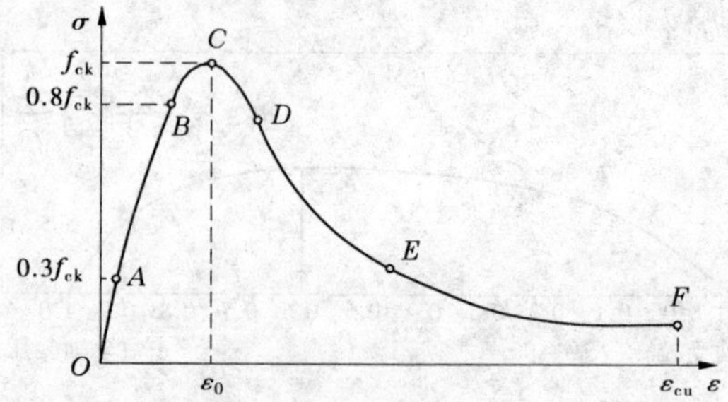

图 2-14　混凝土单轴受压应力—应变关系曲线

生变化。在超过峰值应力以后，裂缝迅速发展，荷载的传递路线不断减少，试件的平均应力强度下降，所以应力—应变曲线向下弯曲，当曲线到达拐点 D 之后，应力—应变曲线逐渐凸向水平轴方向，此段曲线中曲率最大的一点 E 称为收敛点。收敛点以后，主裂缝已很宽，内聚力几乎耗尽，对无侧向约束的混凝土已失去结构意义。

在普通试验机上采用等应力速率的加载方式进行试验时，很难获得应力—应变曲线的下降段，这是因为：当加载至混凝土达到轴心抗压强度时，试验机中积蓄的弹性应变能在接近试件破坏时会突然释放，致使试件发生脆性破坏。如果采用伺服试验机，在混凝土达极限强度时能以等应变速率加载；或在试件旁边附加设置高性能弹性元件共同承压，当混凝土达极限强度时能吸收试验机内积聚的应变能，就能测出具有真实下降段的应力—应变曲线。

对于不同强度等级混凝土，其应力—应变曲线的基本形状相似，具有相同的特征。混凝土的强度等级越高，上升段越长，峰点越高，峰值应变也有所增大；下降段越陡，单位应力幅度内应变越小，延性越差。

混凝土应力—应变曲线是混凝土构件受力性能分析的依据，因此应确定其数学模型。混凝土应力—应变关系的数学模型很多，国际上应用较广泛的有美国 E. Hognestad 模型、德国 Rüsch 模型等。

美国 E. Hognestad 建议：混凝土应力—应变曲线是由二次抛物线的上升段和斜直线的下降段组成的，如图 2-15 所示。

当 $\varepsilon \leqslant \varepsilon_c$ 时（上升段）　$$\sigma = f_c\left[2\frac{\varepsilon}{\varepsilon_0} - \left(\frac{\varepsilon}{\varepsilon_0}\right)^2\right] \tag{2-12}$$

当 $\varepsilon_c < \varepsilon \leqslant \varepsilon_{cu}$ 时（下降段）　$$\sigma = f_c\left(1 - 0.15\frac{\varepsilon - \varepsilon_0}{\varepsilon_{cu} - \varepsilon_0}\right) \tag{2-13}$$

式中　f_c——混凝土的峰值应力；

ε_0——对应于 f_c 的混凝土压应变，取 $\varepsilon_0 = 0.002$；

ε_{cu}——混凝土极限压应变，取 $\varepsilon_{cu} = 0.003\ 8$。

德国 Rüsch 建议：混凝土应力—应变曲线在上升段也是二次抛物线，但下降段为简单的水平线，如图 2-16 所示。

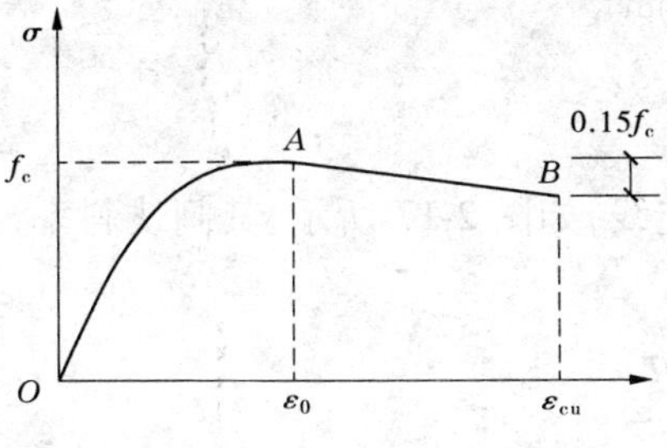

图 2-15　E. Hognestad 建议的模型

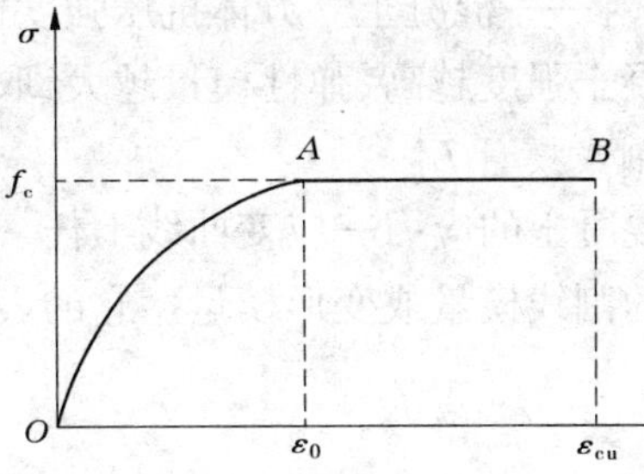

图 2-16　Rüsch 建议的模型

《混凝土结构设计规范》(GB 50010—2010)规定结构分析时混凝土单轴受压的应力—应变关系由曲线上升段和曲线下降段组成,其表达式为:

当 $\varepsilon_c \leqslant \varepsilon_0$ 时(上升段),有　$\sigma_c = f_c\left[1-\left(1-\frac{\varepsilon_c}{\varepsilon_0}\right)^n\right]$

当 $\varepsilon_c > \varepsilon_0$ 时(下降段),有　$\sigma_c = f_c$　(2-14)

式中　σ_c——混凝土压应变为 ε_c 时的混凝土压力;

f_c——混凝土轴心抗压强度设计值。

2. 混凝土的变形模量

混凝土为非弹性材料,混凝土的应力—应变关系呈现非线性性质,即在不同应力状态下,应力与应变的比值是一个变数。混凝土的变形模量有如下三种表示方法。

1)原点模量 E_c

原点模量也称为弹性模量,在混凝土轴心受压的应力—应变曲线上,过原点作该曲线的切线,如图 2-17 所示,其斜率即为混凝土的原点切线模量,通常称为混凝土的弹性模量 E_c,即

$$E_c = \tan\alpha_0 \tag{2-15}$$

式中　α_0——过原点所作应力—应变曲线的切线与应变轴间的夹角。

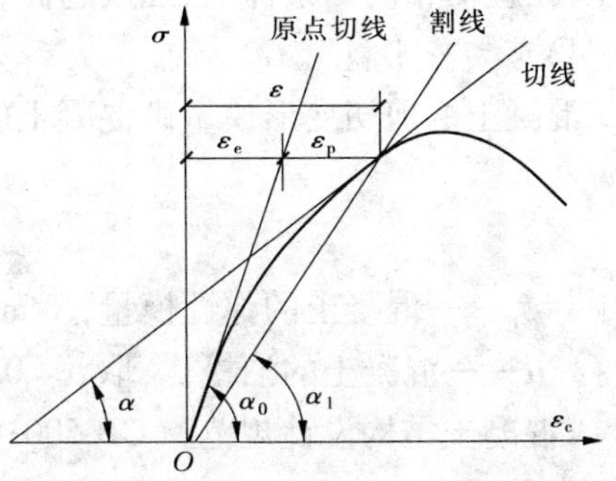

图 2-17　混凝土变形模量的表示方法

由于混凝土并非弹性材料,其应力—应变关系呈非线性,通过一次加载试验所得的曲线难以准确地确定混凝土的弹性模量 E_c。所以,通用的做法是对标准尺寸 150 mm×150 mm×300 mm 的棱柱体试件,施加荷载 $\sigma = 0.5f_c$,重复加载和卸载 5~10 次后,应力—应变曲线渐趋稳定并基本上趋于直线,该直线的斜率即定为混凝土的弹性模量。

采用标准棱柱体试件,在 $\sigma = 0.5\ \text{N/mm}^2 \sim f_c^0/3$(此处 f_c^0 为棱柱体试件抗压强度)应力范围内,通过反复加载和卸载消除混凝土的塑性变形后,测定混凝土的弹性模量。根据混凝土不同强度等级的弹性模量试验值的数理统计分析,得到混凝土弹性模量的计算公式为

$$E_c = \frac{10^5}{2.2 + \dfrac{34.7}{f_{cu,k}}} \tag{2-16}$$

式中　$f_{cu,k}$——混凝土立方体抗压强度标准值,N/mm^2。

混凝土强度越高,弹性模量越大,取值见附表1-3。

2)割线模量 E'_c

在混凝土的应力—应变曲线上任一点与原点连线,如图2-17所示,其割线斜率,即为混凝土的割线模量或变形模量。它的表达式为

$$E'_c = \tan\alpha_1 = \frac{\sigma_c}{\varepsilon_c} \tag{2-17}$$

式中　α_1——割线与应变轴间的夹角;

ε_c——总应变,由弹性应变 ε_e 和塑性应变 ε_p 组成。

混凝土的割线模量是一个变值。在同样应变条件下,混凝土强度越高,割线模量越大。

3)切线模量 E''_c

在混凝土的应力—应变曲线上任取一点,并作该点的切线,如图2-17所示,则其斜率即为混凝土的切线模量。它的表达式为

$$E''_c = \tan\alpha \tag{2-18}$$

式中　α——应力—应变曲线上某点的切线与应变轴间的夹角。

混凝土的切线模量也是一个变数,并随应力的增大而减小。对于不同强度等级的混凝土,在应变相同的条件下,强度越高,切线模量越大。

4)剪切变形模量 G_c

混凝土的剪切变形模量由混凝土的弹性模量 E_c 来确定,即

$$G_c = \frac{E_c}{2(\mu + 1)} \tag{2-19}$$

式中　E_c——混凝土的弹性模量,N/mm^2;

μ——混凝土的泊松比,取 $\mu = 0.2$。

《混凝土结构设计规范》(GB 50010—2010)规定,混凝土的剪切变形模量为0.4倍的弹性模量,即 $G_c = 0.4E_c$。

3. 混凝土单轴受拉应力—应变曲线

由于混凝土是由多相材料组成的,具有明显的脆性,要获得单轴抗拉的应力—应变曲线相当困难。利用电液伺服试验机,采用等应变加载制,天津大学测得混凝土轴心受拉的应力—应变曲线,如图2-18所示。

该曲线形状与受压时相似,也有明显的上升段和下降段两部分。试验表明,在试件加载初期,变形和应力呈线性增长,至峰值应力的40%~50%时达到比例极限,加载至峰值应力的76%~83%时达到临界点,峰值应力所对应的应变只有 $75 \times 10^{-6} \sim 115 \times 10^{-6}$。曲线下降段随混凝土强度的提高而更陡峭。受拉的弹性模量与受压的弹性模量值基本相同。由于混凝土受拉极限应变与混凝土配合比、养护条件和混凝土强度紧密相关,变化范围较大,取相应于抗拉强度 f_t 时的变形模量 $E'_c = E_c$,并取弹性系数 $\nu = 0.5$。

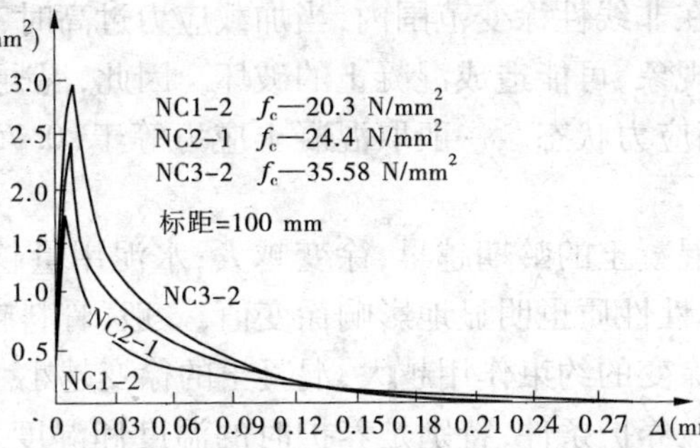

图 2-18 不同强度的混凝土拉伸应力—应变曲线

4. 混凝土的徐变

混凝土结构或材料在长期不变荷载作用下,其变形随时间而不断增长的现象称为混凝土的徐变。混凝土徐变的特性主要与时间有关,通常表现为前期增长快,以后逐渐减慢,经过 2 ~5 年后趋于稳定。混凝土的典型徐变曲线如图 2-19 所示,对棱柱体试件加载,当应力达到 $\sigma=0.5f_c$ 时,瞬间产生的应变为瞬时应变 ε_{ela},若保持荷载不变,随着加载时间的增长,混凝土的应变将增大,这就产生了混凝土的徐变应变 ε_{cr},徐变应变为瞬时应变的 1 ~4 倍。两年后卸荷,混凝土在卸荷瞬间恢复一部分应变,称为瞬时恢复应变 ε'_{ela},且 $\varepsilon'_{ela}<\varepsilon_{ela}$。当完全卸荷后,混凝土并不是处于静止状态,经过约 20 d 的恢复过程,徐变的恢复应变为弹性后效 ε''_{ela},其绝对值为徐变应变的 1/12 左右。试件中绝大部分不能恢复的应变,即为残余应变 ε'_{cr}。

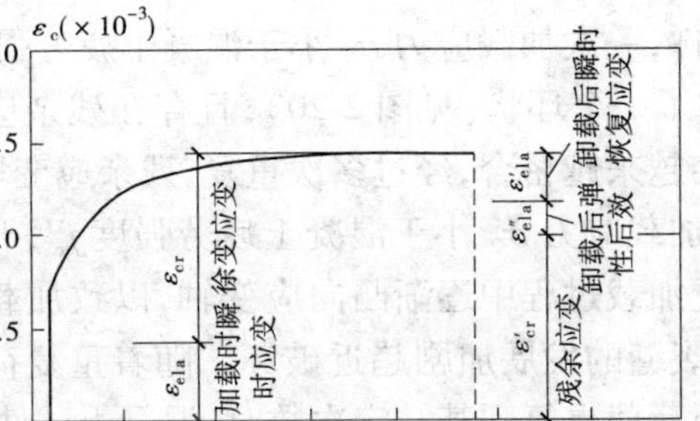

图 2-19 混凝土徐变(加荷卸荷应变—时间关系曲线)

徐变主要由两种原因引起:其一是当作用在混凝土构件上的应力不大时,混凝土具有黏性流动性质的水泥凝胶体,在荷载长期作用下产生黏性流动,从水泥凝胶体向水泥晶体应力重分布,使晶体承受更多的外力并产生弹性变形,使混凝土徐变变形增加;其二是当作用在混凝土构件上的应力较大时,混凝土中微裂缝在荷载长期作用下不断发展。

试验表明,混凝土的徐变与混凝土的应力大小有着密切的关系。应力越大,徐变也越大,随着混凝土应力的增加,混凝土徐变将发生不同的情况:

(1) 当混凝土应力较小时($\sigma\leqslant 0.5f_c$),徐变与应力成正比,曲线接近等间距分布,这种情况称为线性徐变。

(2) 当混凝土应力较大时($\sigma>0.5f_c$),徐变与应力不成正比,徐变变形比应力增长要快，称为非线性徐变。在非线性徐变范围内，当加载应力过高时，徐变变形急剧增加，不再收敛，呈非稳定徐变的现象，可能造成混凝土的破坏。因此，混凝土构件在使用期间，应当避免经常处于不变的高应力状态。一般取混凝土应力等于$(0.75\sim0.8)f_c$作为混凝土长期抗压极限强度。

试验表明：加载时混凝土的龄期越早，徐变越大；水泥用量越多，徐变越大；水灰比越大，徐变也越大；骨料弹性性质也明显地影响徐变值，一般，骨料越坚硬，弹性模量越高、骨料含量越多，对水泥石徐变的约束作用越大，混凝土的徐变越小。

混凝土的制作方法、养护条件，特别是养护时的温度和湿度对徐变也有重要影响，养护时温度高、湿度大，水泥水化作用充分，徐变小。而受到荷载作用后所处的环境温度越高、湿度越低，则徐变越大。构件的形状、尺寸也会影响徐变值，大尺寸试件内部失水受到限制，即构件的体表比大，徐变减小。钢筋的存在等对徐变也有影响。

徐变具有两面性：一是引起混凝土结构变形增大，导致预应力混凝土发生预应力损失，严重时还会引起结构破坏；二是徐变的发生对结构内力重分布有利，可以减小各种外界因素对超静定结构的不利影响，降低附加应力。

5. *重复荷载作用下的混凝土变形（疲劳变形）*

混凝土的疲劳是在荷载重复作用下产生的。混凝土在荷载重复作用下引起的破坏称为疲劳破坏。在工程结构中，钢筋混凝土吊车梁受到重复荷载的作用，钢筋混凝土道桥受到车辆振动的影响，以及港口海岸的混凝土结构受到波浪冲击而损伤等都属于疲劳破坏现象。疲劳破坏的特征是裂缝小而变形大，在重复荷载作用下，混凝土的强度和变形有着重要的变化。

对混凝土棱柱体试件，一次加载应力σ_1小于混凝土疲劳强度f_c^f时，其加载和卸载应力—应变曲线OAB形成了一个环状（见图2-20），且存在残余应变。而在多次加载、卸载作用下，应力—应变环会越来越密合，经过多次重复，残余应变增量逐渐减少，这个曲线就密合成一条直线。如果加载应力σ_2小于混凝土疲劳强度f_c^f，开始时，混凝土应力—应变曲线凸向应力轴，在重复加载过程中逐渐凸向应变轴，以致加载和卸载不能形成封闭环，这标志着混凝土内部微裂缝的发展加剧趋近破坏。随着重复荷载次数的增加，应力—应变曲线倾角不断减小，至荷载重复到某一定次数时，混凝土试件会因严重开裂或变形过大而导致破坏。

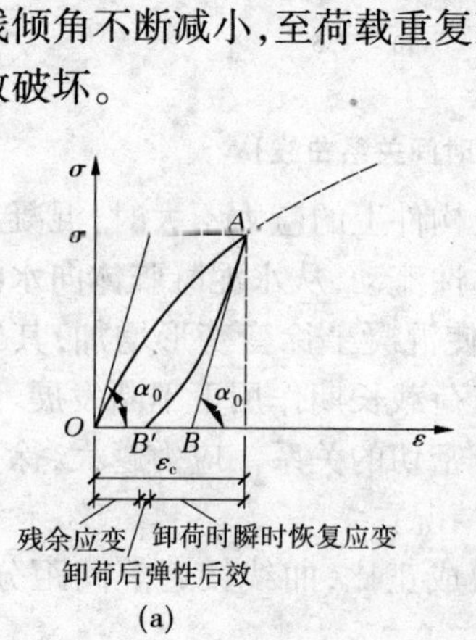

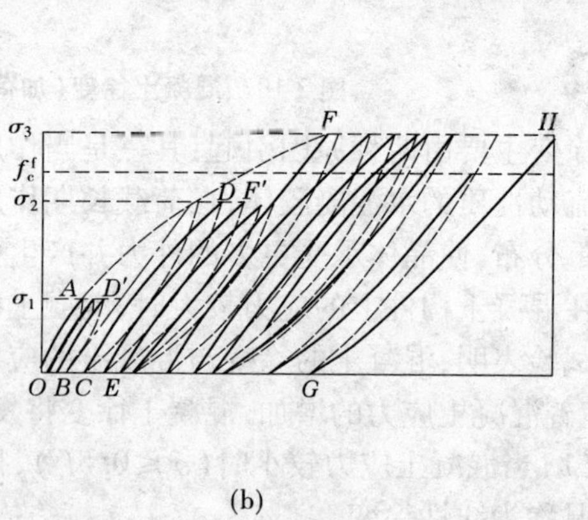

图2-20　混凝土在重复荷载作用下的应力—应变曲线

混凝土的疲劳强度用疲劳试验测定。疲劳试验采用100 mm×100 mm×300 mm或150 mm×150 mm×450 mm的棱柱体，把能使棱柱体试件承受200万次或其以上循环荷载而发生破坏的压应力值称为混凝土的疲劳抗压强度。

施加荷载时的应力大小是影响应力—应变曲线不同的发展和变化的关键因素，即混凝土的疲劳强度与重复作用时应力变化的幅度有关。在相同的重复次数下，疲劳强度随着疲劳应力比值的减小而增大。疲劳应力比值ρ_c^f按式(2-20)计算

$$\rho_c^f = \frac{\sigma_{c,min}^f}{\sigma_{c,max}^f} \tag{2-20}$$

式中　$\sigma_{c,min}^f$、$\sigma_{c,max}^f$——构件疲劳验算时，截面同一纤维上的混凝土最小应力及最大应力。

（二）混凝土的非受力变形

混凝土的非受力变形主要有混凝土的收缩、膨胀和温度变形。

混凝土硬化过程中体积的改变称为体积变形，它包括混凝土的收缩和膨胀两方面。

混凝土在空气中结硬时体积减小的现象称为收缩，混凝土在水中或饱和水状态下结硬时体积增大的现象称为膨胀。混凝土的收缩值比膨胀值大许多。因此，当收缩变形不能自由进行时将在混凝土中产生拉应力，从而有可能导致混凝土开裂。预应力混凝土结构会因混凝土硬化收缩而导致预应力钢筋的预应力损失。

混凝土的收缩是由凝胶体的体积凝结缩小和混凝土失水干缩共同引起的，收缩变形随时间的增长而增长，早期发展较快，一个月内可完成收缩总量的50%，而后发展渐缓，直至2年以上方可完成全部收缩，收缩应变总量为$(2\sim5)\times10^{-4}$，它是混凝土开裂时拉应变的2～4倍。

影响混凝土收缩的主要因素有以下几个方面：

(1)水泥用量。用量越大，收缩越大。

(2)水灰比。水灰比越大，收缩越大。

(3)水泥强度等级。强度等级越高，收缩越大。

(4)水泥品种。不同品种有不同的收缩量。

(5)混凝土骨料的性质。弹性模量越大，收缩越小。

(6)养护条件。温度、湿度越高，收缩越小。

(7)混凝土制作的质量。质量越好，密实度越高，收缩越小。

(8)构件尺寸(小构件，收缩大)等。

当温度变化时，混凝土的体积也会随之热胀冷缩，《混凝土结构设计规范》(GB 50010—2010)规定混凝土的温度线膨胀系数取为1×10^{-5}/℃。当温度变形受外界约束时，将在构件内产生温度应力，如果内外温差较大，会引起表层混凝土开裂。

第三节　钢筋与混凝土的黏结性能

一、黏结力的定义

钢筋混凝土构件受力后，会沿钢筋和混凝土的接触面上产生剪应力，这个剪应力被称

为黏结力。钢筋与混凝土之间的黏结力是保证钢筋和混凝土两种材料能共同工作的前提。如果钢筋和混凝土不能良好地黏结在一起，钢筋端部没有可靠的锚固，在荷载作用下，钢筋与混凝土就不能共同受力。

根据受力性质的不同，钢筋与混凝土之间的黏结应力可分为裂缝间的局部黏结应力（局部黏结）和钢筋端部的锚固黏结应力（锚固黏结）两种。如图 2-21（a）所示，在钢筋上施加拉力，钢筋与混凝土之间的端部存在黏结力，将钢筋的部分拉力传递给混凝土使混凝土受拉，经过一定的传递长度后，黏结应力为零。当截面上的应变很小时，钢筋和混凝土的应变相等，构件上没有裂缝，钢筋和混凝土界面上的黏结应力为零；当混凝土构件上出现裂缝时，开裂截面之间存在局部黏结应力，因为开裂截面钢筋的应变大，未开裂截面钢筋的应变小，黏结应力使远离裂缝处钢筋的应变变小，混凝土的应变从零逐渐增大，使裂缝间的混凝土参与工作。

在相邻两个开裂截面之间会产生局部黏结应力（局部黏结）。裂缝之间钢筋应力的变化受到黏结应力的影响，黏结应力使相邻两个裂缝之间混凝土参与受拉。局部黏结应力的丧失会影响构件的刚度的降低和裂缝的开展。

在混凝土结构设计中钢筋伸入支座或在连续梁顶部负弯距区段的钢筋截断时，应将钢筋延伸一定的长度，这就是钢筋的锚固。只有钢筋有足够的锚固长度，才能积累足够的黏结力，使钢筋能承受拉力。分布在锚固长度上的黏结应力，称锚固黏结应力，见图 2-21（b）。如果锚固黏结应力不足，通常采用机械锚固，即钢筋端部加弯钩、弯折，或在锚固区贴焊短钢筋、贴焊角钢等。光圆钢筋末端均需设置弯钩。

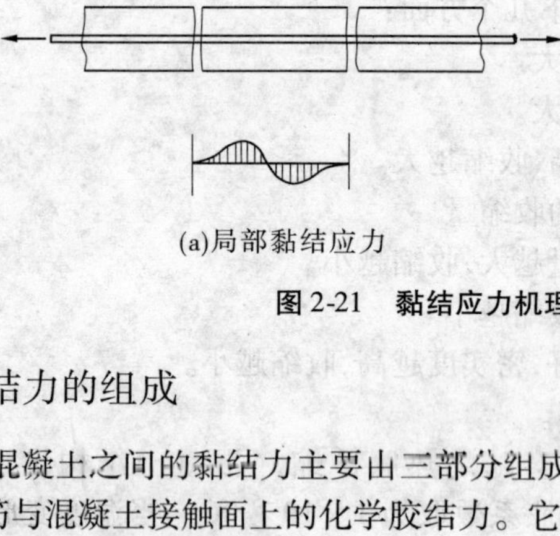

(a)局部黏结应力

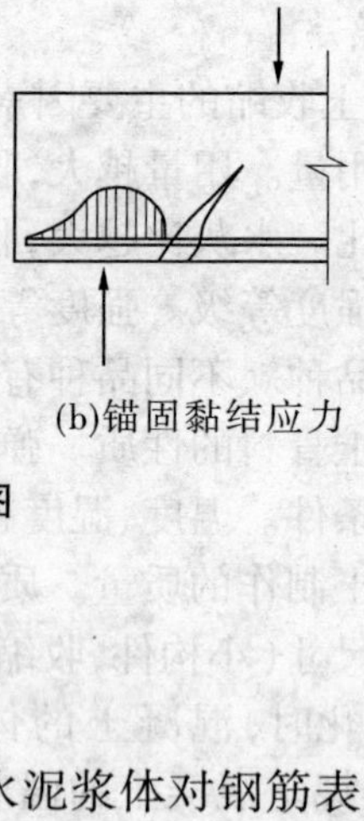

(b)锚固黏结应力

图 2-21　黏结应力机理分析图

二、黏结力的组成

钢筋与混凝土之间的黏结力主要由三部分组成：

（1）钢筋与混凝土接触面上的化学胶结力。它是由水泥浆体对钢筋表面氧化层的渗透及硬化过程中水泥晶体的生长等产生的。化学胶结力一般很小，当混凝土和钢筋界面发生相对滑动时，该力就会消失。

（2）混凝土收缩握裹钢筋而产生摩阻力。混凝土凝固收缩，体积缩小，对其内部的钢筋产生垂直于摩擦面的压应力。当钢筋和混凝土之间产生相对滑动或有滑动趋势时，钢筋与混凝土之间产生摩阻力。钢筋和混凝土之间压应力越大，接触面越粗糙，摩阻力就越大。

（3）钢筋表面凹凸不平与混凝土之间产生的机械咬合力。对于光圆钢筋，这种咬合力来自表面的粗糙不平。轻微腐蚀的钢筋表面有凹凸不平的蚀坑，摩阻力和机械咬合力较大。

光圆钢筋的黏结力主要由化学胶结力和摩阻力组成，相对较小。为了增加光圆钢筋与混凝土之间的黏结性能，减少滑移，光圆钢筋的端部要加弯钩或采取机械锚固措施。变形钢筋与混凝土之间的黏结也由化学胶结力、摩阻力和机械咬合力三部分组成。但是，带肋钢筋表面的横肋嵌入混凝土内并与之咬合，能显著提高钢筋与混凝土之间的黏结性能。所以，变形钢筋的黏结力主要是机械咬合力，如图2-22所示。

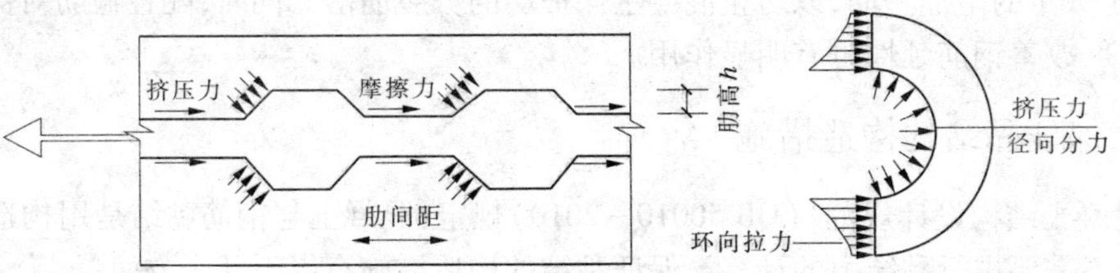

图2-22　变形钢筋的机械咬合力

三、黏结强度及其影响因素

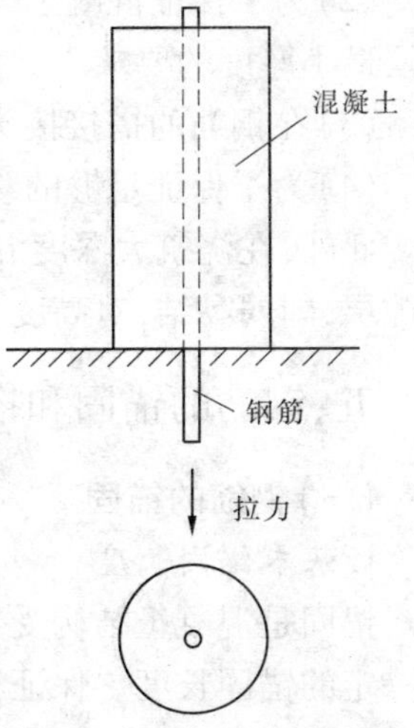

图2-23　混凝土单轴拉拔试验

钢筋的黏结强度一般用单轴拉拔试验测定，如图2-23所示。钢筋与混凝土界面上的平均黏结应力用下式表示

$$\tau = \frac{N}{\pi d l} \tag{2-21}$$

式中　τ——锚固黏结应力；

N——轴向拉力；

d——钢筋直径；

l——黏结长度。

通过试验发现，影响钢筋与混凝土黏结性能的因素很多，主要有钢筋的表面形状、混凝土强度、保护层厚度、钢筋净间距、横向钢筋约束和侧压力作用等。

(1)钢筋表面形状。与光圆钢筋相比，变形钢筋不仅锚固强度高，而且达极限强度时的变形小。相对肋面积越大，钢筋与混凝土的黏结性能越好，相对滑移越小。

(2)混凝土强度。

混凝土的强度越高，锚固强度越好，相对滑移越小。当其他条件基本相同时，黏结强度与混凝土的抗拉强度 f_t 大致成正比关系。

(3)混凝土保护层厚度。

使用变形钢筋，在黏结破坏时容易使周围混凝土产生劈裂裂缝。钢筋外围的混凝土保护层太薄，可能使外围混凝土产生径向劈裂而使黏结强度降低。增大保护层厚度，保持一定的钢筋间距，可以提高外围混凝土的抗劈裂能力，有利于黏结强度的充分发挥。试验结果表明，在一定相对埋置长度 l/d 的情况下，相对黏结强度 τ_u/f_t 与相对保护层厚度 c/d

的平方根成正比。

(4)钢筋净间距。

钢筋的净间距越大,锚固强度越大。当钢筋净距太小时,将可能出现水平劈裂而使整个保护层崩落,从而使黏结力显著降低。

(5)横向钢筋约束与侧向压力。

横向钢筋约束或侧向压力的作用,可以限制混凝土内部的裂缝发展,提高黏结强度。因此,在较大直径钢筋的锚固或搭接长度范围内,以及一排并列的钢筋根数较多时,均应设置一定数量的附加箍筋,以防止混凝土保护层的劈裂崩落。同时,配置箍筋对保护后期黏结强度,改善钢筋延性也有明显作用。

四、保证黏结的构造措施

《混凝土结构设计规范》(GB 50010—2010)规定:混凝土与钢筋黏结是用构造措施来保证的,不需要进行黏结力的计算。保证黏结的构造措施有以下几个方面:

(1)对不同强度等级的混凝土和钢筋,要保证最小搭接长度和锚固长度。

(2)为了保证混凝土与钢筋之间有足够的黏结,必须满足钢筋最小间距和混凝土保护层最小厚度的要求。

(3)在钢筋的搭接接头和锚固区范围内应加密箍筋。

(4)为了保证足够的黏结,钢筋端部应设置弯钩。

此外,在浇筑大深度混凝土时,为了防止在钢筋底面出现沉淀收缩和泌水,形成疏松空隙层,削弱黏结,对高度较大的混凝土构件应分层浇筑或二次浇捣。

五、钢筋的锚固和搭接

(一)钢筋的锚固

1. 基本锚固长度

锚固是混凝土结构受力的基础,为了保证钢筋与混凝上之间有可靠的黏结,钢筋必须有一定的锚固长度。保证钢筋的锚固是混凝土结构设计的重要内容。

钢筋的基本锚固长度取决于钢筋强度及混凝土抗拉强度,并与钢筋的外形有关。为了充分利用钢筋的抗拉强度,《混凝土结构设计规范》(GB 50010—2010)规定纵向受拉钢筋的锚固长度作为钢筋的基本锚固长度,它与钢筋强度、混凝土抗拉强度、钢筋直径及外形有关。

受拉钢筋的基本锚固长度计算公式为

普通钢筋
$$l_{ab}=\alpha\frac{f_y}{f_t}d \tag{2-22}$$

预应力钢筋
$$l_{ab}=\alpha\frac{f_{py}}{f_t}d \tag{2-23}$$

式中　l_{ab}——受拉钢筋的基本锚固长度;

f_y、f_{py}——普通钢筋、预应力钢筋的抗拉强度设计值,取值见附表 1-7、附表 1-8;

f_t——混凝土轴心抗拉强度设计值,取值见附表 1-2,为了保证高强混凝土中钢筋的锚固长度不致太短，当混凝土强度等级大于 C40 时，按 C40 取值；

d——钢筋的直径；

α——钢筋的外形系数，取值见表 2-1。

表 2-1　锚固钢筋的外形系数 α

钢筋类型	光圆钢筋	带肋钢筋	螺旋肋钢丝	三股钢绞线	七股钢绞线
钢筋外形系数 α	0.16	0.14	0.13	0.16	0.17

注：光圆钢筋末端应做 180°弯钩，但作受压钢筋时可不做弯钩。

2. 受拉钢筋的锚固长度

一般情况下，受拉钢筋的锚固长度可取基本锚固长度；当采取不同的埋置方式和构造措施时，锚固长度应按式（2-24）计算，且不小于 200 mm。

$$l_a = \zeta_a l_{ab} \tag{2-24}$$

式中　l_a——受拉钢筋的锚固长度；

ζ_a——锚固长度修正系数，对于多项时可以连乘，但不应小于 0.6，预应力筋取 1.0。

3. 锚固长度的修正

1）粗直径钢筋的修正

当带肋钢筋直径增大时，其横肋的相对高度逐渐减小，虽以加密肋距来弥补由此而引起的咬合力不足，钢筋的锚固强度仍随钢筋直径加粗而减小。因此，当带肋钢筋的公称直径大于 25 mm 时，锚固长度应乘以修正系数 1.10。

2）涂层钢筋的修正

环氧树脂涂层带肋钢筋能解决恶劣环境中钢筋的耐久性问题，但表面涂层会降低钢筋与混凝土之间的黏结性能，试验研究表明，锚固强度将降低 20% 左右，因此锚固长度应乘以修正系数 1.25。

3）保护层厚度的修正

当带肋钢筋在锚固区的混凝土保护层厚度较大时，其锚固长度可以适当减小，钢筋保护层厚度是钢筋直径的 3 倍时，其锚固长度可乘以修正系数 0.80；当钢筋保护层厚度是钢筋直径的 5 倍时，其锚固长度可乘以修正系数 0.70，中间按内插取值。

4）施工扰动的修正

当钢筋在混凝土施工过程中易受扰动（如滑模施工）时，由于混凝土在凝结前受到扰动而影响与钢筋的黏结作用，锚固长度应乘以修正系数 1.10。

5）配筋余量的修正

基本锚固长度是在充分利用钢筋强度的条件下建立的，而实际结构中锚固钢筋的实际应力很可能明显小于其设计强度，当受力钢筋实际配筋面积大于其设计计算值时，其锚固长度可乘以设计计算面积与实际配筋面积的比值。对于抗震设计及直接承受动力荷载的结构，不考虑上述配筋余量的修正。

6)机械锚固的修正

钢筋的锚固可采用机械锚固的形式。机械锚固的形式如图 2-24 所示,主要有弯钩、贴焊钢筋及焊锚板等。

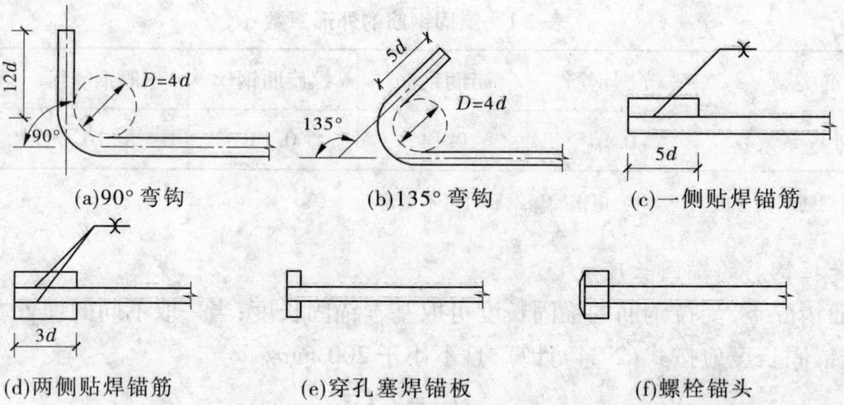

图 2-24　钢筋的机械锚固

采用机械锚固可以提高钢筋的锚固力,因此可以减少锚固长度。《混凝土结构设计规范》(GB 50010—2010)规定的锚固长度修正系数为 0.6,钢筋的机械锚固的形式和技术要求如表 2-2 所示。

表 2-2　钢筋弯钩和机械锚固的形式和技术要求

锚固形式	技术要求
90°弯钩	末端 90°弯钩,弯钩内径 $4d$,弯后直段长度 $12d$
135°弯钩	末端 135°弯钩,弯钩内径 $4d$,弯后直段长度 $5d$
一侧贴焊锚筋	末端一侧贴焊长 $5d$ 同直径钢筋
两侧贴焊锚筋	末端两侧贴焊长 $3d$ 同直径钢筋
焊端锚板	末端与厚度 d 的锚板穿孔塞焊
螺栓锚头	末端旋入螺栓锚头

注:1. 焊缝和螺纹长度应满足承载力要求。
2. 螺栓锚头和焊接锚板的承压净面积不应小于锚固钢筋截面面积的 4 倍。
3. 螺栓锚头的规格应符合相关标准的要求。
4. 螺栓锚头和焊接锚板的钢筋净间距不宜小于 $4d$,否则应考虑群锚效应的不利影响。
5. 截面角部的弯钩和一侧贴焊锚筋的布筋方向宜向截面内侧偏置。

(二)钢筋的搭接

当钢筋长度不够,或需要采用施工缝或后浇带等构造措施时,钢筋就需要搭接。搭接是指将两根钢筋的端头在一定长度内并放,并采用适当的连接将一根钢筋的力传给另一根钢筋。力的传递可以通过各种连接接头实现。由于钢筋通过连接接头传力总不如整体钢筋,所以钢筋搭接的原则是:接头应设置在受力较小处,同一根钢筋上应尽量少设接头,同一连接区段内接头钢筋面积率应满足要求,应优先采用机械连接。

轴心受拉及小偏心受拉杆件，如桁架和拱的拉杆的纵向受力钢筋不得采用绑扎搭接接头，当受拉钢筋的直径 $d>25$ mm 及受压钢筋的直径 $d>28$ mm 时，不宜采用绑扎搭接接头。承受疲劳荷载的构件，为避免其纵向受拉钢筋接头区域的混凝土疲劳破坏而引起连接失效，也不得采用绑扎搭接接头。

钢筋绑扎搭接接头连接区段的长度为 1.3 倍搭接长度。凡搭接接头中点位于该连接区段长度内的搭接接头均属于同一连接区段，如图 2-25 所示。同一连接区段内纵向钢筋搭接接头面积百分率为该区段内搭接接头的纵向受力钢筋截面面积与全部纵向受力钢筋截面面积的比值。

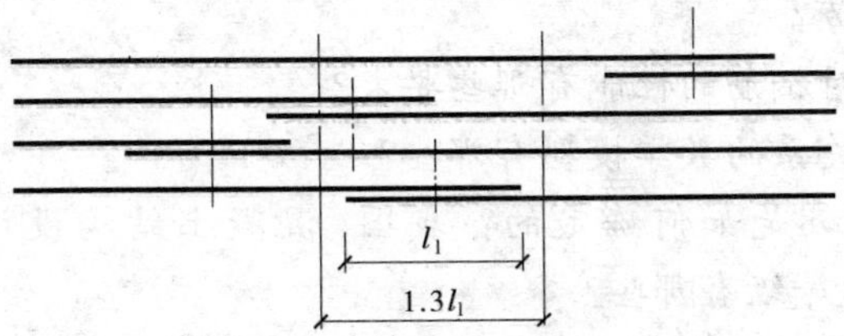

图 2-25　钢筋的搭接接头连接区

位于同一连接区段内的受拉钢筋搭接接头面积百分率：对于梁、板和墙类构件，不宜大于 25%；对于柱类构件，不宜大于 50%。当工程中确有必要增大受拉钢筋搭接接头的面积百分率时，对于梁类构件，不应大于 50%；对于板类、墙类及柱类构件，可根据实际情况放宽。

纵向受拉钢筋绑扎搭接接头的搭接长度应根据位于同一连接区段内的钢筋搭接接头的搭接长度按式(2-25)计算

$$l_1 = \zeta_1 l_a \tag{2-25}$$

式中　l_1——纵向受拉钢筋的搭接长度；

l_a——纵向受拉钢筋的锚固长度；

ζ_1——纵向受拉钢筋搭接长度修正系数，取值见表 2-3。

表 2-3　纵向受拉钢筋搭接长度修正系数

纵向受拉钢筋搭接接头面积百分率(%)	≤25	50	100
ζ_1	1.2	1.4	1.6

在任何情况下，纵向受拉钢筋绑扎搭接接头的搭接长度均不应小于 300 mm。构件中的纵向受压钢筋，当采用搭接连接时，其受压搭接长度不应小于 0.7，且不小于 200 mm。

在纵向受力钢筋搭接接头范围内应配置箍筋，其直径不应小于搭接钢筋较大直径的 0.25 倍。当钢筋受拉时，箍筋间距不应大于搭接钢筋较小直径的 5 倍，且不应大于 100 mm；当钢筋受压时，箍筋间距不应大于搭接钢筋较小直径的 10 倍，且不应大于 200 mm。当受压钢筋直径大于 25 mm 时，尚应在搭接接头两个端面外 100 mm 范围内各设置 2 根箍筋。

思考题

1. 混凝土结构中使用的钢筋主要有哪些种类？根据钢筋的力学性能，钢筋可以分为哪两种类型？其屈服强度如何取值？

2. 有明显屈服点钢筋和没有明显屈服点钢筋的应力—应变曲线有什么不同？

3. 钢筋的冷加工方法有哪几种？冷拉和冷拔后的力学性能有何变化？《混凝土结构设计规范》(GB 50010—2010)是否主张继续推广应用冷加工钢筋，为什么？

4. 什么是钢筋的疲劳？

5. 钢筋混凝土结构对钢筋的性能有哪些要求？

6. 钢筋应力—应变关系的数学模型有哪些？

7. 混凝土的强度等级是如何确定的？我国《混凝土结构设计规范》(GB 50010—2010)规定的混凝土强度等级有哪些？

8. 混凝土的立方体抗压强度$f_{cu,k}$、轴心抗压强度f_{ck}和轴心抗拉强度f_{tk}是如何确定的？为什么f_c低于f_{ck}？f_{ck}与$f_{cu,k}$有何关系？f_{tk}与$f_{cu,k}$有何关系？

9. 混凝土的受压破坏机理是什么？根据破坏机理，提高混凝土强度可采用什么方法？

10. 混凝土的单轴抗压强度与哪些因素有关？混凝土轴心受压应力—应变曲线有何特点？

11. 混凝土的变形模量和弹性模量是怎样确定的？各有什么用途？

12. 混凝土受拉应力—应变曲线有何特点？极限拉应变是多少？

13. 什么是混凝土的徐变？徐变的规律是什么？徐变对钢筋混凝土构件有何影响？影响徐变的主要因素有哪些？

14. 什么是混凝土的疲劳破坏？

15. 什么是混凝土的收缩？收缩有什么规律？与哪些因素有关？混凝土收缩对钢筋混凝土构件有什么影响？如何减少收缩？

16. 什么是钢筋和混凝土之间的黏结力？影响钢筋和混凝土黏结强度的主要因素有哪些？为保证钢筋和混凝土之间有足够的黏结力要采取哪些措施？

17. 在哪些情况下可以对钢筋的基本锚固长度进行修正？

18. 钢筋的连接应遵循哪些基本设计原则？

19. 如何求搭接连接区的长度？在搭接连接区内钢筋的接头面积百分率应满足什么条件？

第三章　混凝土结构设计方法

学习要求

要求掌握荷载和材料强度取值或计算，掌握按承载力极限状态和正常使用极限状态进行混凝土结构设计的设计表达式，理解结构功能要求、结构可靠度、极限状态、荷载代表值等基本概念。

结构设计是根据建筑方案确定结构布置方案、进行荷载汇集、内力计算之后，计算确定满足结构构件功能所需要的截面尺寸、选用材料及其强度等级、配筋和构造措施。结构设计的目的是科学合理地协调好结构安全与经济矛盾，使设计的结构在现有的科学技术基础上，保证结构安全可靠的前提下，用尽可能少的经济消耗，建成后能够满足结构全部预定功能要求，且有足够的可靠性。设计的原则是既可靠又经济、适用，且兼顾美观。

第一节　结构的功能要求和极限状态

一、结构的功能要求

按照国家《建筑结构可靠度设计统一标准》（GB 50068—2001）规定的设计使用年限内，结构必须满足下列各项功能要求。

（一）安全性

结构在预计的使用期限内，能承受正常施工和正常使用过程中可能出现的各种作用；在偶然事件发生时及发生后，仍能保持必要的整体稳定性，即使建筑物有局部破坏，也不致于引起建筑物的连续破坏或倒塌。

（二）适用性

结构在正常使用时具有良好的工作性能，如不发生超过规定限值的变形、裂缝及振幅。

（三）耐久性

结构在正常使用和正常维护下，能完好地使用到规定的年限，具有足够的耐久性能。如不发生钢筋严重锈蚀，混凝土严重风化、脱落等现象。

结构的安全性、适用性和耐久性统称为结构的可靠性，亦即结构在规定的时间内（目前我国规定设计基准期一般为 50 年）、规定的条件下（正常设计、正常施工和正常使用及维护），完成预定功能要求的能力。但设计基准期并不等于建筑结构的寿命，当结构使用年限达到或超过了 50 年设计基准期后，并不是意味着建筑物就立即报废而不能使用，只是结构完成预定功能的能力将逐渐降低。

二、结构功能的极限状态

整个结构或结构的一部分超过某一特定状态就不能满足设计规定的某一功能要求，此特定状态称为该功能的极限状态。

结构功能的极限状态分为两类：承载能力极限状态和正常使用极限状态。

(一)承载能力极限状态

承载能力极限状态指结构或结构构件达到了最大承载能力、出现疲劳现象或产生了不适于继续承载的变形，丧失了完成安全性功能的能力。当出现下列状态之一时，即认为超过了承载能力极限状态：

(1)整个结构或结构的一部分作为刚体失去平衡(倾覆、滑移等)。

(2)结构构件或构件间的连接因超过相应材料强度而破坏(包括疲劳破坏或因过大塑性变形而不适于继续承载)。

(3)结构转变为机动体系(如几何不变体系变为可变体系)。

(4)结构或构件丧失稳定(如柱子压屈)。

(二)正常使用极限状态

正常使用极限状态指结构或结构构件达到正常使用或耐久性能的某项规定限值的状态。当出现下列情况之一时，即可认为超过了正常使用极限状态，失去了适用和耐久功能：

(1)影响正常使用或外观的变形(梁的挠度过大)。

(2)影响正常使用或耐久性能的局部破坏(包括裂缝)。

(3)影响正常使用的振动。

(4)影响正常使用的其他特定状态(水池渗漏等)。

承载能力极限状态主要控制结构的安全性，一旦超过这种极限状态，结构整体破坏，会造成人身伤亡和重大经济损失，因此设计时要严格控制这种状态出现的几率。所有的结构构件都必须进行承载力极限状态的计算。

正常使用极限状态控制结构的适用性和耐久性，若超过这种状态，危险性比出现承载力极限状态的危险性小，但也不能忽视，设计时可靠性可比承载力极限状态略低一些。

在工程设计时，一般先按承载力极限状态设计结构构件，再按正常使用极限状态验算。

三、结构的设计使用年限

设计使用年限是指设计规定的结构或构件不需要进行大修即可按其预定的目的使用的时期，即结构在规定的条件下所应达到的使用年限。设计使用年限并不等同建筑结构的实际寿命，当结构实际使用年限达到或超过结构设计年限时，可靠度比设计目标下降。我国结构设计使用年限按《建筑结构可靠度设计统一标准》(GB 50068—2001)规定将各类建筑结构的设计使用年限分为四类，如表 3-1 所示，若业主提出更高的要求，也可经主管部门批准，按其要求设计。

表 3-1　设计使用年限分类

类别	设计使用年限(年)	示例
1	5	临时性结构
2	25	易于替换的结构构件
3	50	普通房屋和构筑物
4	100 及以上	纪念性建筑和特别重要的建筑物

第二节　极限状态设计的基本概念及原理

确定结构及结构构件是否超过极限状态,需要将极限状态量化,作为设计依据。极限状态受结构上的作用效应和结构抗力两方面因素的影响。

一、结构上的作用效应与结构抗力

(一)结构上的作用与作用效应

1. 作用

结构上的作用是指使结构产生内力和变形的所有原因,包括荷载、温度变化、基础沉降、混凝土收缩、地震等。当以力的形式作用在结构上时,称为直接作用,如荷载(集中荷载和均布荷载);当以变形形式作用于结构上时称为间接作用,如温度变化、基础沉降、地震等。

2. 作用效应

作用效应是指上述各种作用在结构上的反映,它使结构或构件产生内力(如弯矩、轴力、剪力、扭矩)和变形(挠度、侧移、裂缝),用 S 表示。当结构或构件的内力及变形是由荷载产生的时,称为荷载效应。

例如,某简支梁跨中点作用一集中力 P,计算跨度为 l_0,则由结构力学方法计算可知跨中点弯矩为 $M=\frac{1}{4}Pl_0$,支座处的剪力为 $V=\frac{P}{2}$,那么,弯矩 M 和剪力 V 均是作用效应,因为二者都是荷载作用下产生的,所以又称荷载效应,P 是荷载,亦即结构上的作用。

荷载效应是结构设计重要依据之一,由于在工程实际中作用于结构上的荷载大小、位置是随机变化的,即为随机变量,所以作用效应一般也是随机变量。

(二)结构抗力与材料强度

1. 结构抗力

结构抗力是指结构或结构构件承受作用效应的能力(如构件的抗弯和抗剪等承载力、刚度),用 R 表示。例如,前述简支梁,截面为 200 mm×500 mm,C20 混凝土,配有 3 Φ 20的 HRB335 钢筋,经计算(计算方法详见第四章)此梁能够承担的弯矩为 $M=108.7$ kN·m,即抗弯承载力,亦即抗力 $R=108.7$ kN·m。

影响结构抗力的主要因素有结构或构件的材料性能(如材料强度等)、截面形状、尺寸、计算模型的精确度等。因此，结构抗力也是一个随机变量。

2. 材料强度

材料强度有强度标准值和强度设计值两种。

1）材料强度标准值

材料强度标准值是指标准试件用标准试验方法测得的具有 95% 以上保证率的强度值。即实际强度大于或等于该强度值的百分率在 95% 以上，用 f_k 表示（如混凝土的轴心抗压强度标准值 f_{ck}、钢筋强度标准值 f_{yk}）。

2）材料强度设计值

材料强度标准值除以材料分项系数所得到的数值称为材料强度设计值。

在工程实际中，由于材料材质的不均匀性，各地区材料的离散性，实验室环境与实际工程的差别，以及施工中不可避免的偏差等因素，导致材料强度不稳定，即有变异性。为了考虑这一系列的不利影响，设计时将材料强度标准值除以一个大于 1 的系数，此系数称为材料分项系数。混凝土材料分项系数用 γ_c 表示，钢筋材料分项系数用 γ_s 表示。钢筋强度设计值 $f_y = \frac{f_{yk}}{\gamma_s}$，混凝土强度设计值 $f_c = \frac{f_{ck}}{\gamma_c}$，各种强度等级的混凝土设计值及各种钢筋强度设计值见附表 1-2 和附表 1-7。材料分项系数按《混凝土结构设计规范》（GB 50010—2010）选用如表 3-2 所示。

表 3-2　材料分项系数

混凝土	γ_c	轴心抗压、轴心抗拉	1.40
钢筋及预应力筋	γ_s	HPB300、HRB335、HRBF335 和 HRB400、HRBF400、RRB400 钢筋	1.10
		HRB500、HRBF500	1.15
		预应力钢筋、预应力钢丝、钢绞线	1.20

注：对中强度预应力钢丝和螺纹钢筋按上述原则计算并考虑工程经验适当调整。

二、极限状态方程

结构构件的工作状况是否安全可靠，主要取决于两个方面：一是结构上的作用，二是结构本身抗力，可以用作用效应 S 和结构抗力 R 之间的关系来描述如下

$$g(R,S) = R - S \tag{3-1}$$

该表达式称为结构功能函数，用 Z 表示，当 $Z=0$ 时，有

$$Z = R - S = g(R,S) = 0 \tag{3-2}$$

称为极限状态方程。

当 $Z>0(R>S)$ 时，结构能够完成预定功能，结构处于可靠状态。

当 $Z<0(R<S)$ 时，结构不能完成预定功能，结构处于失效状态。

当 $Z=0(R=S)$ 时，结构处于极限状态。

结构设计要满足安全性、适用性、耐久性功能要求，则设计的结构不应超过极限状态，

即结构必须满足

$$S \leqslant R \tag{3-3}$$

三、结构的可靠度、失效概率及可靠指标

结构设计要满足式(3-3)才是可靠安全的，由于作用效应 S 和结构抗力 R 都是随机变量，因此 $Z=R-S$ 也是随机变量，具有不确定性，只能用概率来度量结构的可靠性。

（一）结构可靠度

结构可靠度是结构在规定的时间内，在规定的条件下，完成预定功能的概率，用 p_s 表示，亦即可靠概率。结构可靠度是可靠性的概率度量。

（二）失效概率

失效概率是结构不能完成预定功能的概率，用 p_f 表示。

结构的可靠概率和失效概率是互补的，即

$$p_s + p_f = 1 \tag{3-4}$$

结构的可靠性也可用失效概率来度量，p_f 的大小就是图3-1中 $Z=R-S<0$ 部分的面积，即阴影部分面积。

$$p_f = \int_{-\infty}^{0} f(Z)\,\mathrm{d}Z \tag{3-5}$$

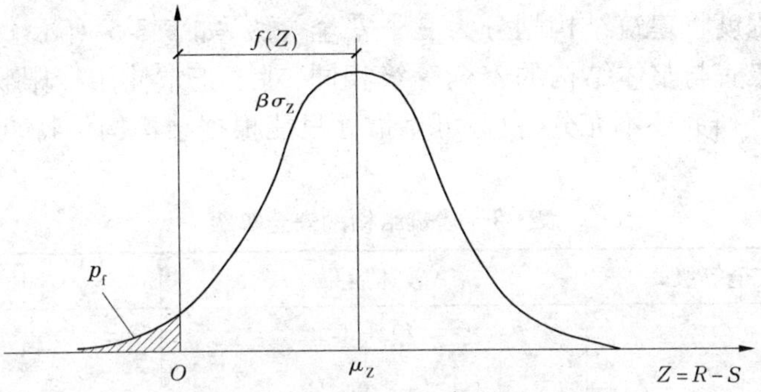

图3-1　随机变量 Z 的概率密度曲线

p_f 越小，结构越可靠。用失效概率来度量结构的可靠性有明确的物理意义，但因 p_f 积分计算复杂，因此《建筑结构可靠度设计统一标准》(GB 50068—2001)采用可靠指标 β 代替 p_f 来度量结构的可靠性。

（三）可靠指标 β 和目标可靠指标 $[\beta]$

1. 可靠指标

可靠指标 β 也是度量结构可靠性的一种量化指标，即为功能函数 Z 的平均值 μ_Z 与标准差 σ_Z 的比值，即

$$\beta = \frac{\mu_Z}{\sigma_Z} = \frac{\mu_R - \mu_S}{\sqrt{\sigma_R^2 + \sigma_S^2}} \tag{3-6}$$

式中　μ_S、σ_S——结构作用效应的平均值和标准差；

μ_R、σ_R——结构抗力的平均值和标准差。

由图3-1可知,可靠指标β越大,失效概率就越小,结构的可靠性越大,结构越可靠。可靠指标与失效概率的对应关系如表3-3所示。

表3-3　可靠指标与失效概率的对应关系

β	2.7	3.2	3.7	4.2
p_f	3.4×10^{-3}	6.8×10^{-4}	1.0×10^{-4}	1.3×10^{-5}

2.目标可靠指标

结构设计时应满足$\beta\geqslant[\beta]$,$[\beta]$是《建筑结构可靠度设计统一标准》(GB 50068—2001)规定的作为设计依据的可靠指标,称为目标可靠指标。对于承载力极限状态(安全性),目标可靠指标$[\beta]$根据结构构件的破坏类型及安全等级按表3-4确定。

表3-4　不同安全等级目标可靠指标$[\beta]$

破坏类型	安全等级		
	一级	二级	三级
延性破坏	3.7	3.2	2.7
脆性破坏	4.2	3.7	3.2

《建筑结构可靠度设计统一标准》(GB 50068—2001)依据建筑结构的重要性,破坏时造成后果的严重程度将建筑结构划分为三个安全等级,如表3-5所示。同一建筑结构中各类构件安全等级宜与整体结构的安全等级相同,对于正常使用极限状态(适用性和耐久性),目前国内外研究还不充分,目标可靠指标只能根据结构构件特点和工程经验及有关资料确定。

表3-5　建筑结构的安全等级

建筑结构的安全等级	破坏后果	建筑物类型
一级	很严重	重要的建筑物
二级	严重	一般建筑物
三级	不严重	次要建筑物

由上述讨论可知,极限状态设计的基本理论是以概率论为基础,以各种功能要求的极限状态作为设计依据的概率极限状态设计法。由于此方法还没有达到完善程度,有些因素没有考虑,计算中又作了一些假定和简化,因此称为近似概率法。该方法比过去采用的其他方法更为合理,但实际工程设计中直接利用$\beta\geqslant[\beta]$,计算非常麻烦,且某些变量统计数据很难齐全。因此,《建筑结构可靠度设计统一标准》(GB 50068—2001)又给出了以概率为基础的、以基本变量标准值和分项系数形式表达的极限状态实用设计方法及表达式。

第三节　极限状态实用设计表达式

荷载是结构上的直接作用,结构设计与之密切相关,必须先掌握其取值计算等。

一、荷载

(一)荷载的分类

荷载是指作用在结构上的集中力或分布力(如构件自重、人群、雪、风、家具设备等),又称直接作用。

荷载按其随时间变化情况,可分为永久荷载、可变荷载和偶然荷载。

1. 永久荷载

永久荷载又称恒荷载,是在结构使用期间其值不随时间变化,或其变化与平均值相比可以忽略不计的荷载,如结构或构件梁、板、柱等的构造层、装饰层、土体自重等。设计计算时按构件的尺寸及材料重力密度计算确定。

2. 可变荷载

可变荷载又称活荷载,是在结构使用期间其值随时间变化,且其变化与平均值相比不可忽略的荷载,如人群荷载、风荷载、雪荷载、吊车荷载、安装荷载等。

3. 偶然荷载

偶然荷载是在结构使用期间不一定出现,一旦出现,其量值很大,且持续时间较短的荷载,如地震力、爆炸力、撞击力等。

(二)荷载代表值

荷载是随机变量,大小、位置都在一定的范围内变动。例如风荷载的大小、方向,楼面人群,家具等荷载的大小、位置均随时间变化,设计时合理取值很重要,为此在大量实测及调查数据的基础上,应用概率统计方法处理得到各种荷载的概率分布和统计参数,并以此为依据规定一个公称值作为荷载的代表值。设计时,对于不同的荷载和不同的设计情况,应采用不同的代表值。

1. 荷载标准值

荷载标准值是该荷载在结构设计基准期(统一规定 50 年)内可能出现的最大值。荷载标准值是结构在使用期间,在正常情况下可能出现的具有一定保证率的偏大荷载值。若荷载标准值为

$$P_k = \mu_p + 1.645\sigma_p$$

式中　μ_p——荷载平均值;

σ_p——标准差。

P_k 具有 95% 的保证率,即在设计基准期内超过此标准值的荷载出现的概率为 5%。

我国《建筑结构荷载规范》(GB 50009—2001)中规定了各类荷载标准值的取法。将其作为基本代表值。荷载的其他代表值是以它为基础乘以适当的系数后得到的。

2. 永久荷载的代表值

对于永久荷载而言,只有一个代表值,这就是它的标准值。《建筑结构荷载规范》(GB 50009—2001)给出了常用材料和构件自重,设计时可据此求得恒荷载。

例如,某矩形截面钢筋混凝土梁,计算跨度为 $l_0 = 4.5$ m,截面尺寸 $b \times h = 200$ mm × 500 mm,求该梁自重标准值。

梁的自重是沿梁长方向连续、均匀分布的,则梁的自重标准值为

$$g_k = 0.2 \times 0.5 \times 25 = 2.5(\text{kN/m})$$

3. 可变荷载的代表值

对于可变荷载，根据设计的要求，分别取可变荷载标准值、可变荷载组合值、可变荷载频遇值、可变荷载准永久值作为代表值。

1) 可变荷载标准值

我国《建筑结构荷载规范》(GB 50009—2001)对楼面和屋面活荷载、雪荷载、风荷载、吊车荷载等可变荷载标准值，规定了具体数值或计算方法，设计时可以直接查用。

(1) 民用建筑楼面均布活荷载与屋面活荷载标准值，可由附表 4-1 查出。教室的楼面活荷载标准值是 2.0 kN/m^2。

在实际工程中，活荷载并不是同时布满所有各层楼面的，因此在设计梁、墙、柱和基础时，将楼面活荷载标准值乘以一个折减系数。

(2) 雪荷载标准值计算。在降雪地区，雪荷载不容忽视。屋面水平面上的雪荷载标准值按式(3-7)计算

$$S_k = \mu_r S_0 \tag{3-7}$$

式中　S_k——雪荷载标准值，kN/m^2；

S_0——基本雪压，kN/m^2，由《建筑结构荷载规范》(GB 50009—2001)中全国基本雪压分布图查得；

μ_r——屋面积雪分布系数，按不同类别的屋面形式取值，计算时可查《建筑结构荷载规范》(GB 50009—2001)得到。

(3) 风荷载标准值计算。风受到建筑物的阻碍和影响时，速度会改变，并在建筑物表面上形成压力和吸力，即为建筑物所受的风荷载。风荷载标准值可按式(3-8)计算

$$\omega_k = \beta_Z \mu_S \mu_Z \omega_0 \tag{3-8}$$

式中　ω_k——风荷载标准值，kN/m^2；

β_Z——风振系数，它是考虑脉动风压对结构产生的不利影响，《建筑结构荷载规范》(GB 50009—2001)规定，对于高度低于 30 m 或高宽比小于 1.5 的房屋结构，$\beta_Z = 1$，对于高度大于 30 m 且高宽比大于 1.5 的房屋结构及构架、塔架、烟囱等高耸结构，可按《建筑结构荷载规范》(GB 50009—2001)规定的方法计算；

μ_S——风荷载体型系数，对于矩形平面的多层房屋，迎风面为 +0.8(压)，背风面为 -0.5(吸)，《建筑结构荷载规范》(GB 50009—2001)给出各种体型房屋的风荷载体型系数；

μ_Z——风压高度变化系数；

ω_0——基本风压，kN/m^2，是以当地平坦空旷地带，离地面 10 m 高处统计得到的 50 年一遇 10 min 平均最大风速为标准确定的，可按《建筑结构荷载规范》(GB 50009—2001)中“全国基本风压分布图”查用。

2) 可变荷载组合值

当结构上同时作用有两种或两种以上可变荷载时，由于各种可变荷载同时出现不利的偏大值(标准值)的可能性较小，因此计算时采用可变荷载组合值进行计算。所谓荷载

组合值,是指将多种可变荷载中的第一个可变荷载(或称主导荷载,即产生荷载效应最大的荷载)仍取其标准值,其他荷载均采用标准值乘以小于1.0的荷载组合系数。可变荷载组合值可写成

$$Q_c = \psi_c Q_k \tag{3-9}$$

式中　Q_c——可变荷载组合值;

Q_k——可变荷载标准值;

ψ_c——可变荷载组合系数,一般楼面活荷载、雪荷载取0.7,风荷载取0.6,其他荷载取值按《建筑结构荷载规范》(GB 50009—2001)的规定取值。

3)可变荷载频遇值

可变荷载频遇值是指结构上时而出现的较大荷载。在规定的期限内(如设计基准期内)总持续时间较短或发生次数较少,使结构的破坏性有所减缓。可变荷载频遇值总是小于荷载标准值,可变荷载频遇值取可变荷载标准值乘以小于1.0的荷载频遇值系数,可表示成

$$Q_f = \psi_f Q_k \tag{3-10}$$

式中　Q_f——可变荷载频遇值;

ψ_f——可变荷载频遇值系数,按《建筑结构荷载规范》(GB 50009—2001)规定采用或查附表4-1。

可变荷载频遇值是正常使用极限状态按频遇组合设计时,采用的可变荷载代表值。

4)可变荷载准永久值

可变荷载准永久值是指可变荷载中在整个设计基准期内经常作用(可理解为总的持续时间不低于25年)的可变荷载。在规定的期限内(如设计基准期内)有较长的总持续时间。

可变荷载的准永久值是正常使用极限状态按准永久组合设计时采用的可变荷载代表值。实际上,它是考虑荷载的长期作用效应而对可变荷载标准值的一种折减(因为可变荷载时有时无、时大时小)。其大小为

$$Q_q = \psi_q Q_k \tag{3-11}$$

式中　Q_q——可变荷载准永久值;

Q_k——某种可变荷载(楼面或屋面活荷载、雪荷载、风荷载等)的标准值,分别按前述方法计算或查表;

ψ_q——折减系数,称为准永久系数,由附表4-1或《建筑结构荷载规范》(GB 50009—2001)查取。

(三)荷载分项系数及荷载设计值

1.荷载分项系数

荷载分项系数是考虑荷载超过标准值的可能性,以及不同变异性的荷载可能造成结构计算时可靠度不一致的调整系数。设计时,将荷载标准值乘以调整系数,此系数称为荷载分项系数,荷载分项系数又分为永久荷载分项系数 γ_G 和可变荷载分项系数 γ_Q。

1)永久荷载的分项系数 γ_G

当永久荷载的效应对结构不利时:对由可变荷载效应控制的组合,取1.2;对由永久

荷载效应控制的组合，取1.35。

当永久荷载的效应对结构有利时：一般情况下取1.0；对结构的倾覆、滑移或漂浮验算，取0.9。

2）可变荷载的分项系数 γ_Q

一般情况下取1.4，对标准值大于4 kN/m^2 的工业房屋楼面结构的活荷载，取1.3。

2.荷载设计值

荷载的标准值与荷载分项系数的乘积称为荷载设计值，也称为设计荷载。其数值大体上相当于结构在非正常使用情况下荷载的最大值，它比荷载的标准值具有更大的可靠度。

二、承载力极限状态设计表达式

结构构件的承载力设计应根据荷载效应（即内力）的基本组合或偶然组合进行荷载组合，确定最不利的效应组合，并按最不利的效应组合进行设计，其一般表达式为

$$\gamma_0 S \leqslant R \tag{3-12}$$

式中 γ_0——结构构件的重要系数，对于安全等级为一级或使用年限为100年以上的结构构件，不应小于1.1，对于安全等级为二级或使用年限为50年的结构构件，不应小于1.0，对于安全等级为三级或设计使用年限为5年以下的结构构件，不应小于0.9；

S——承载能力极限状态的荷载效应组合设计值，即内力（轴力、弯矩、剪力、扭矩）组合设计值；

R——结构构件承载力（抗力）设计值。

（一）荷载效应（内力）组合设计值 S 的计算

当结构上同时作用两种及两种以上可变荷载时，要考虑荷载效应（内力）组合。荷载效应组合是指在所有可能同时出现的各种荷载组合中，确定对结构或构件产生的总效应，取其最不利值。荷载效应（内力）组合设计值 S 的计算分为基本组合（永久荷载＋可变荷载）与偶然组合（永久荷载＋可变荷载＋偶然荷载）两种情况。

1.基本组合

1）由可变荷载控制的组合

$$S = \gamma_G S_{Gk} + \gamma_{Q1} S_{Q1k} + \sum_{i-2}^{n} \gamma_{Qi} \psi_{ci} S_{Qik} \tag{3-13}$$

式中 S_{Gk}——永久荷载标准值计算的荷载效应，即在计算截面上产生的内力，按结构力学方法计算得到；

S_{Q1k}——第一个（主导）可变荷载（在可变荷载中该可变荷载产生的效应即内力最大）的标准值在计算截面上产生的内力，按结构力学方法计算得到；

S_{Qik}——第 i 个可变荷载（除主导可变荷载外）的标准值在计算截面上产生的内力，$i=2\sim n$，n 为参与荷载组合的可变荷载数目；

γ_G——永久荷载分项系数；

γ_{Q1}、γ_{Qi}——第1个和第 i 个可变荷载分项系数；

ψ_{ci}——可变荷载的组合系数。

γ_G、γ_Q、γ_{Qi}、ψ_c 取值如前所述或见《建筑结构荷载规范》(GB 50009—2001)。

2)由永久荷载效应控制的组合

$$S = \gamma_G S_{Gk} + \sum_{i=1}^{n} \gamma_{Qi}\psi_{ci}S_{Qik} \tag{3-14}$$

式中　各符号含义同前。

对于以自重为主的结构构件,应采用永久荷载效应控制的基本组合设计值进行设计。按式(3-14)计算时,容许只考虑与结构自重方向一致的竖向可变荷载(如雪荷载、吊车荷载、竖向荷载)参与荷载效应组合。

3)一般排架、框架结构的荷载组合

对于一般排架、框架结构,内力基本组合设计值可采用简化规则,并应按下列组合值中取最不利值确定。

(1)由可变荷载效应控制的组合

$$S = \gamma_G S_{Gk} + \gamma_{Q1} S_{Q1k} \tag{3-15}$$

$$S = \gamma_G S_{Gk} + 0.9\sum_{i=1}^{n} \gamma_{Qi} S_{Qik} \tag{3-16}$$

(2)由永久荷载效应控制的组合,仍按式(3-14)计算。

2. 偶然组合

偶然组合是偶然状况下永久荷载、可变荷载、偶然荷载的效应组合。偶然荷载的代表值不乘分项系数,与偶然荷载同时出现的可变荷载可根据观测资料或工程经验采用适当的代表值,具体公式见有关规范的规定。

(二)结构构件承载力设计值 R 的计算

结构构件的承载力设计值与材料强度、材料用量、截面尺寸、形状等有关,即 $R = R(f_c, f_s, a_k, \cdots)$,其中 a_k 为几何参数标准值。根据结构构件类型的不同,承载力设计值 R(即构件能够承受的弯矩 M、轴力 N、剪力 V、扭矩 T)的计算方法也不相同,具体计算公式将在以后的各章进行研究。

三、正常使用极限状态设计表达式

对于使用时需要控制裂缝和变形的结构构件,除进行承载力计算外,还要进行正常使用极限状态的裂缝和变形验算。因为二者对应着结构的两个不同的阶段,因此要采用不同的荷载代表值和荷载效应组合进行验算及计算。由于荷载作用时间长短的不同,混凝土的徐变等特性,结构构件裂缝和变形也不同,且随时间推移而发展。因此,正常使用极限状态,根据不同的设计要求,采用荷载的标准组合、频遇组合或准永久组合,一般表达式为

$$S \leqslant C \tag{3-17}$$

式中　S——正常使用极限状态的荷载效应组合值;

C——结构或结构构件达到正常使用要求的规定限值,如变形、裂缝等限值。

(一)正常使用极限状态的荷载效应组合

(1)对于标准组合,荷载效应组合值 S 的计算。

标准组合是采用在设计基准期内根据正常使用条件可能出现最大可变荷载时的荷载标准值进行组合确定,其计算公式如下

$$S = S_{Gk} + S_{Q1k} + \sum_{i=2}^{n} \psi_{ci} S_{Qik} \tag{3-18}$$

(2)对于频遇组合,荷载效应组合值按下式计算

$$S = S_{Gk} + \psi_{f1} S_{Q1k} + \sum_{i=2}^{n} \psi_{qi} S_{Qik} \tag{3-19}$$

式中 ψ_{f1}——可变荷载 Q_1 的频遇值系数,按《建筑结构荷载规范》(GB 50009—2001)规定取值;

ψ_{qi}——可变荷载 Q_i 的准永久值系数,按《建筑结构荷载规范》(GB 50009—2001)规定取值。

(3)对于准永久组合,荷载效应组合值按下式计算

$$S = S_{Gk} + \sum_{i=1}^{n} \psi_{qi} S_{Qik} \tag{3-20}$$

(二)变形与裂缝验算

1. 变形验算

受弯构件挠度验算的一般公式为

$$f_{max} \leqslant [f] \tag{3-21}$$

式中 f_{max}——受弯构件按荷载效应标准组合并考虑荷载长期作用影响计算的最大挠度,具体计算方法见第四章;

$[f]$——《混凝土结构设计规范》(GB 50010—2010)规定的挠度限值(见附表 3-1)。

2. 裂缝验算

根据正常使用极限状态对结构构件的要求,将裂缝控制等级分为三级。

(1)一级:正常使用阶段严格要求不出现裂缝的构件。具体规定要求按荷载效应标准组合进行计算时,构件受拉边缘混凝土不产生拉应力。

(2)二级:一般要求不出现裂缝的构件。按荷载效应准永久组合进行计算时,构件受拉边缘混凝土不宜产生拉应力;按荷载效应标准组合计算时,构件受拉边缘混凝土允许产生拉应力,但拉应力不应大于混凝土轴心抗拉强度标准值。

(3)三级:允许出现裂缝的构件,最大裂缝宽度按荷载效应标准组合并考虑荷载长期作用组合的影响计算,其计算值不应超过允许值,即

$$w_{max} \leqslant [w_{lim}] \tag{3-22}$$

式中 w_{max}——按荷载效应标准组合并考虑荷载长期作用影响计算的裂缝宽度最大值,具体计算方法见第四章;

$[w_{lim}]$——《混凝土结构设计规范》(GB 50010—2010)允许的裂缝宽度值(见附表 3-3)。

【例 3-1】 某普通教室的钢筋混凝土楼面简支梁,计算跨度 $l_0 = 5.4$ m,梁上的板自重、板顶水磨石面层自重及板底粉刷层自重等合计永久荷载标准值为 16.7 kN/m,楼面使用活荷载传给梁的荷载标准 8.4 kN/m,梁的计算简图如图 3-2 所示,结构安全等级为二

级。试求按承载力计算时，荷载效应设计值梁跨中截面弯矩的组合设计值、最大剪力组合设计值。

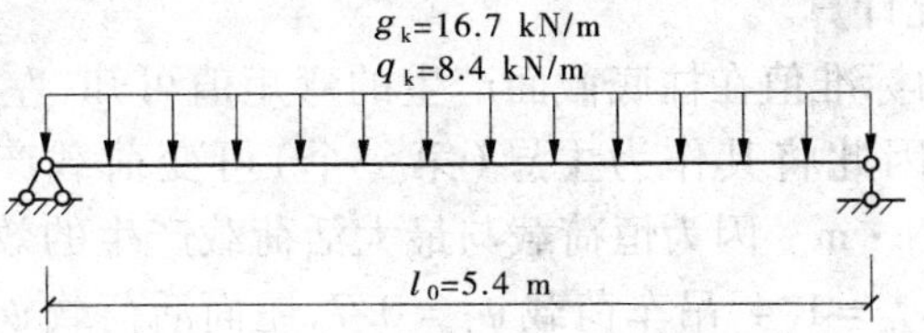

图 3-2　简支梁的计算简图

解：永久荷载的分项系数 $\gamma_G = 1.2$，梁上只有一种可变荷载，分项系数 $\gamma_Q = 1.4$。M、V 就是荷载效应，亦即 S。

（1）由可变荷载控制的组合计算。

$$M = \gamma_0(\gamma_G S_{Gk} + \gamma_{Q1} S_{Q1k}) = \gamma_0(\gamma_G M_{Gk} + \gamma_Q M_{Q1k})$$

$$= 1.0 \times (1.2 \times \frac{1}{8} g_k l_0^2 + 1.4 \times \frac{1}{8} q_k l_0^2)$$

$$= 1.2 \times \frac{1}{8} \times 16.7 \times 5.4^2 + 1.4 \times \frac{1}{8} \times 8.4 \times 5.4^2$$

$$= 115.9(\text{kN} \cdot \text{m})$$

$$V_{max} = \gamma_0(\gamma_G V_{Gk} + \gamma_{Q1} V_{Qk}) = 1.2 \times \frac{1}{2} g_k l_0 + 1.4 \times \frac{1}{2} q_k l_0$$

$$= \frac{1}{2} \times (1.2 \times 16.7 + 1.4 \times 8.4) \times 5.4 = 85.86(\text{kN})$$

此类题（或以后的截面设计）也可以这样计算，先计算出荷载设计值，再利用荷载设计值计算内力设计值，然后再进行组合，计算如下：

恒荷载设计值　　$g = 1.2g_k = 1.2 \times 16.7 = 20.04(\text{kN/m})$

活荷载设计值　　$q = 1.4q_k = 1.4 \times 8.4 = 11.76(\text{kN/m})$

则其内力组合设计值为

$$M = \frac{1}{8} g l_0^2 + \frac{1}{8} q l_0^2 = \frac{1}{8} \times 20.04 \times 5.4^2 + \frac{1}{8} \times 11.76 \times 5.4^2 = 115.9(\text{kN} \cdot \text{m})$$

$$V_{max} = \frac{1}{2} g l_0 + \frac{1}{2} q l_0 = \frac{1}{2} \times 20.04 \times 5.4 + \frac{1}{2} \times 11.76 \times 5.4 = 85.86(\text{kN})$$

（2）由永久荷载控制的组合。

$$M = \gamma_0(\gamma_G S_{Gk} + \gamma_{Q1} \psi_{c1} S_{Q1k})$$

$$= 1.0 \times (1.35 \times \frac{1}{8} \times 16.7 \times 5.4^2 + 1.4 \times 0.7 \times \frac{1}{8} \times 8.4 \times 5.4^2) = 112.2(\text{kN} \cdot \text{m})$$

$$V_{max} = \gamma_0(\gamma_G S_{Gk} + \gamma_{Q1} \psi_{c1} S_{Qik})$$

$$= 1.0 \times (1.35 \times \frac{1}{2} \times 16.7 \times 5.4 + 1.4 \times 0.7 \times \frac{1}{2} \times 8.4 \times 5.4) = 83.1(\text{kN})$$

【例 3-2】　某单层工业厂房排架结构，已知由结构内力计算的柱底截面的内力如下：恒荷载标准值产生的弯矩为 $M_{Gk} = -2.8\ \text{kN} \cdot \text{m}$（右侧受拉），屋面活荷载标准值产生弯

矩 $M_{Qk}=-0.3$ kN·m(右侧受拉)，吊车荷载标准值产生的弯矩 $M_{Qk}=65.6$ kN·m(左侧受拉)，求柱底截面的组合弯矩设计值。

解:(1)按一般情况计算。

比较各可变荷载的标准值在柱底截面产生的弯矩值可知，左来风荷载标准值在该截面产生的弯矩值最大，因此将其作为主导(第一个)可变荷载产生内力，即 $M_{Q1k}=65.6$ kN·m，$M_{Q2k}=-0.3$ kN·m。因为恒荷载与最大活荷载产生的效应 M 反号，所以取 $\gamma_G=1.0$，对结构有利，$\gamma_Q=\gamma_{Qi}=1.4$，吊车荷载 $\psi_c=0.7$，屋面活荷载 $\psi_c=0.7$。

由可变荷载控制时，由式(3-13)得

$$M=\gamma_G M_{Gk}+\gamma_{Q1}M_{Q1k}+\sum_{i=2}^{n}\gamma_{Qi}\psi_{ci}M_{Qik}=\gamma_G M_{Gk}+\gamma_{Q1}M_{Q1k}+\psi_{c2}\gamma_{Q2}M_{Q2k}$$
$$=1.0\times(-2.8)+1.4\times65.6+1.4\times0.7\times(-0.3)=88.75(\text{kN}\cdot\text{m})$$

由永久荷载控制时，由式(3-14)得

$$M=\gamma_G M_{Gk}+\sum_{i=1}^{n}\gamma_{Qi}\psi_{ci}M_{Qik}=1.0\times(-2.8)+1.4\times0.7\times(-0.3)+1.4\times0.7\times65.6$$
$$=61.19(\text{kN}\cdot\text{m})$$

(2)按简化公式计算。

由可变荷载控制时，由式(3-15)和式(3-16)得

$$M=\gamma_G M_{Gk}+\gamma_{Q1}M_{Q1k}=1.0\times(-2.8)+1.4\times65.6=89.04(\text{kN}\cdot\text{m})$$

$$M=\gamma_G M_{Gk}+0.9\sum_{i=1}^{n}\gamma_{Qi}M_{Qik}$$
$$=1.0\times(-2.8)+0.9\times[1.4\times65.6+1.4\times(-0.3)]=79.48(\text{kN}\cdot\text{m})$$

由永久荷载控制时的计算与一般情况由永久荷载控制时相同。

从本例计算可看出，两种计算公式的结果有一定差别。一般情况下，二者差别引起的误差可忽略。《建筑结构荷载规范》(GB 50009—2001)规定，对于一般的排架、框架结构可以采用简化公式计算。

【例 3-3】　某办公楼走廊平板计算跨度 $l_0=2\,160$ mm，现浇混凝土板板厚 90 mm，水磨石楼面，板底 20 mm 厚混合砂浆抹灰。已知钢筋混凝土自重 25 kN/m³，水磨石面层自重 0.65 kN/m²，混合砂浆自重 17 kN/m³。求该走廊板在正常使用极限状态下，分别按标准组合、频遇组合及准永久组合计算的跨中最大弯矩值。

解:(1)永久荷载标准值。

取走廊长方向 1 m 宽板带为计算单元，得沿板跨度每延米的均布荷载标准值：

现浇板的自重　　$0.09\times25\times1.0=2.25$(kN/m)

水磨石面层重　　$0.65\times1.0=0.65$(kN/m)

板底 20 mm 厚抹灰重　　$0.02\times17\times1.0=0.34$(kN/m)

$$g_k=2.25+0.65+0.34=3.24(\text{kN/m})$$

(2)可变荷载标准值。

查附表 4-1 得办公楼走廊的楼面均布活荷载标准值为 2.5 kN/m²，组合值系数、频遇值系数、准永久值系数分别为 0.7、0.6、0.5，1 m 宽板带上沿板跨度方向均匀分布的可变荷载标准值为

$$q_k = 2.5 \times 1.0 = 2.5(\mathrm{kN/m})$$

(3)按标准组合的跨中最大弯矩值。

由式(3-18)得

$$M = M_{Gk} + M_{Q1k} = \frac{1}{8}g_k l_0^2 + \frac{1}{8}q_k l_0^2 = \frac{1}{8} \times (3.24 + 2.5) \times 2.16^2 = 3.35(\mathrm{kN \cdot m})$$

(4)按频遇组合计算的跨中最大弯矩值。

由式(3-19)得

$$M = M_{Gk} + \psi_{f1} M_{Q1k}$$
$$= \frac{1}{8}g_k l_0^2 + 0.6 \times \frac{1}{8}q_k l_0^2 = \frac{1}{8} \times 3.24 \times 2.16^2 + 0.6 \times \frac{1}{8} \times 2.5 \times 2.16^2 = 2.76(\mathrm{kN \cdot m})$$

(5)按准永久组合计算的距中最大弯矩。

由式(3-20)得

$$M = M_{Gk} + \sum_{i=1}^{2} \psi_{qi} M_{Qik} = \frac{1}{8} \times 3.24 \times 2.16^2 + 0.5 \times \frac{1}{8} \times 2.5 \times 2.16^2 = 2.62(\mathrm{kN \cdot m})$$

思考题

1. 结构在设计基准期内使用时,应具备哪些功能要求?

2. 结构上的荷载分为哪几类?并举一实例说明。

3. 什么是结构的可靠度?用什么度量?

4. 永久荷载、可变荷载各有哪些代表值?

5. 永久荷载、可变荷载的分项系数在一般情况下各取多少?

6. 什么是荷载效应标准组合?什么是荷载效应频遇组合?什么是荷载效应的准永久组合?

7. 什么是作用效应?什么是结构抗力?

8. 按承载力极限状态及使用极限状态设计时设计表达式有什么不同?

9. 裂缝控制等级是如何划分的?每种裂缝控制等级有什么要求?

10. 什么是安全等级?什么是设计使用年限?什么是目标可靠指标?

习　题

1. 某学生宿舍的走廊地面做法如下;25 mm 厚预制水磨石板;8 mm 厚水泥砂浆结合层;15 mm 厚的水泥砂浆找平层;80 mm 厚钢筋混凝土现浇楼板,楼板跨度为 2.1 m。求此楼板上作用的恒荷载和活荷载设计值。

2. 某体操室的楼面简支梁,计算跨度 $l_0 = 6.0$ m,梁上作用恒荷载标准值为 10 kN/m(包括自重),活荷载标准值为 10.8 kN/m,试求:

(1)跨中最大弯矩设计值及支座最大剪力设计值;

(2)标准组合、频遇组合、准永久组合下的跨中最大弯矩值。

第四章　受弯构件正截面受弯承载力计算

学习要求

重点掌握受弯构件正截面承载力的计算公式及其适用条件、设计方法和步骤，受弯构件的基本构造要求；熟悉受弯构件承载力的主要影响因素及提高梁抗弯能力的措施。

第一节　概　述

一、受弯构件的分类

受弯构件是指承受荷载时截面上有弯矩和剪力共同作用的构件。实际工程中，典型的受弯构件是梁和板。梁与板的主要区别在于：梁的截面高度一般大于其宽度，而板的截面高度则远小于其宽度。梁的种类很多，其中有简支梁，如图4-1(a)所示，如车间吊车梁、支承于梁上或墙上的预置楼板等都可以简化为简支梁；悬臂梁，如图4-1(b)所示，如阳台、雨篷的挑梁可以简化为悬臂梁；连续梁，如图4-1(c)所示，如框架结构的主、次梁等。

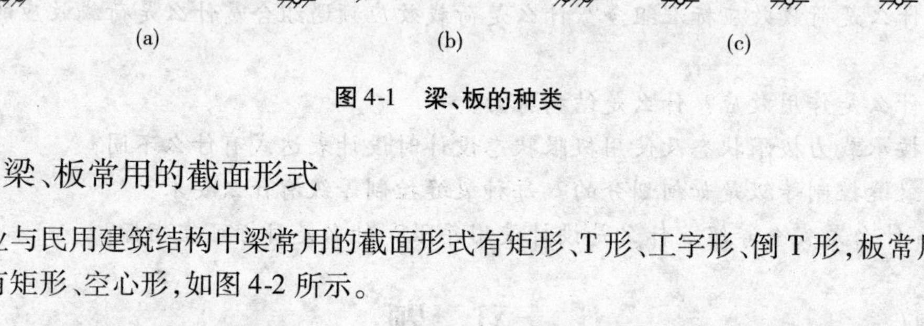

图4-1　梁、板的种类

二、梁、板常用的截面形式

工业与民用建筑结构中梁常用的截面形式有矩形、T形、工字形、倒T形，板常用的截面形式有矩形、空心形，如图4-2所示。

三、受弯构件的破坏类型

当构件只有弯矩作用时，构件可能会发生垂直于截面(正截面)的破坏，为防止发生(垂直截面)正截面破坏，要进行正截面承载力计算；当构件在弯矩和剪力共同作用下时，构件可能会沿着斜截面发生破坏，为防止发生斜截面破坏，要进行斜截面承载力计算。防止受弯构件发生正截面破坏是本章要解决的问题，防止受弯构件发生斜截面破坏是第五章要解决的问题。由于受弯构件是实际工程中应用最广泛的受力构件，所以对受弯构件的正截面承载能力计算问题是本课程的第一个重点。

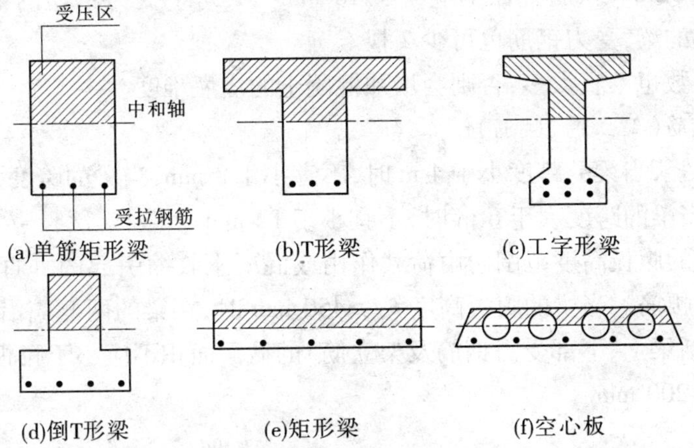

图 4-2　受弯构件常用截面形式

第二节　受弯构件的一般构造

一、梁的构造要求

(一)截面尺寸

梁高 h 可以根据高跨比来初定,工业与民用建筑结构中,简支梁的高跨比一般为 $h/l_0=1/15\sim1/12$,连续梁的高跨比一般为 $h/l_0=1/20\sim1/15$,悬臂梁的高跨比一般为 $h/l_0=1/8\sim1/6$。其中:h 为梁高,l_0 为计算跨度。梁的截面宽度可以根据高宽比来初定,矩形截面 $h/b=2\sim3.5$(b 为梁宽),T 形截面 h/b 一般取 2.5～4.0(b 为 T 形梁肋宽)。为了使构件截面尺寸统一,便于施工,对于现浇的钢筋混凝土构件,梁常用的宽度为 100 mm、150 mm、(180 mm)、200 mm、(220 mm)、250 mm,250 mm 以上以 50 mm 为模数递增。而梁的高度常为 250 mm、300 mm、350 mm、…,800 mm 以内以 50 mm 为模数递增,800 mm 以上以 100 mm 为模数递增。

(二)混凝土强度等级

现浇钢筋混凝土梁常用的强度等级是 C20、C25、C30,一般不超过 C40。由后面的内容可知,提高钢筋混凝土强度等级对增大受弯构件正截面受弯承载力的作用不显著。

(三)梁的配筋构造要求

1. 受力纵筋

为了保证钢筋骨架具有一定的刚度和便于施工,梁中的纵向受力钢筋直径不能太小,同时,为了避免受拉区混凝土产生过宽的裂缝,直径也不宜太大,常用钢筋直径为 12 mm、14 mm、16 mm、18 mm、20 mm、22 mm 和 25 mm。设计中,若采用两种不同直径的钢筋,为了便于施工中肉眼识别,钢筋直径相差应不小于 2 mm,但也不宜超过 6 mm。

在选择纵向受力钢筋直径时,如果梁高小于 300 mm,纵筋直径不应小于 8 mm;如果梁高大于等于300 mm,纵筋直径不应小于10 mm。梁跨中受力钢筋的根数一般不少于3～4根。特别小的梁,受力钢筋也可少2根。

梁中钢筋根数也不宜太多,否则会增加混凝土的浇灌难度。

2. 纵向构造筋(架立筋、腰筋)

架立筋的直径,当梁的跨度小于4 m时,不宜小于8 mm;当梁的跨度为4～6 m时,不宜小于10 mm;当梁的跨度大于6 m时,不宜小于12 mm。

为了抑制梁的腹板高度范围内由荷载作用或混凝土收缩引起的垂直裂缝开展,需要在梁的两侧布置腰筋。当梁的腹板高度 $h_w \geqslant 450$ mm时,在梁的两侧应沿高度配置腰筋,每侧腰筋(不包括梁上、下部受力钢筋及架立筋)的截面面积不应小于腹板面积的0.1%,且间距不应大于200 mm。

3. 弯起筋

弯起钢筋端部应留一定的锚固长度:在受拉区不小于 $20d$,在受压区不小于 $10d$,如图4-3所示。对于光面钢筋,在末端段还应设置弯钩。

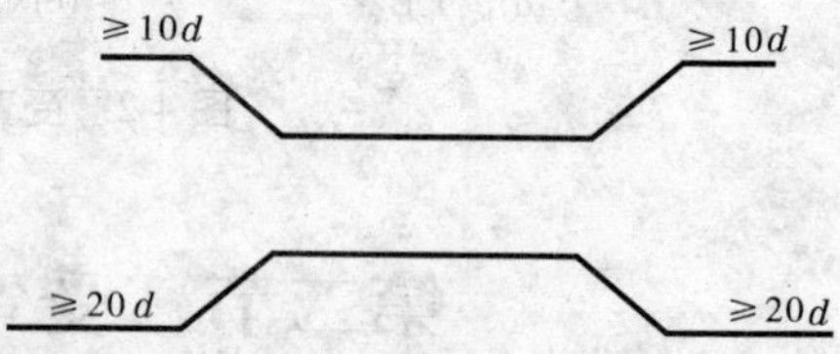

图4-3　弯筋构造

4. 箍筋

在混凝土梁中,宜采用箍筋作为承受剪力的钢筋。梁的箍筋宜采用HRB400级、HRBF400级、HPB300级、HRB500级、HRBF500级,也可采用HRB335级和HRBF335级钢筋,常用的直径是6 mm、8 mm和10 mm。

5. 钢筋净距、混凝土保护层、有效高度的概念

1)钢筋净距

为了便于混凝土浇捣并保证钢筋与混凝土之间有足够的黏结力,纵筋的净距应满足图4-4所示的要求。梁上部纵向钢筋的净距不应小于30 mm和 $1.5d$(d 为钢筋的最大直径),下部纵向钢筋的净距不应小于25 mm和 d。纵向受力钢筋尽可能排成一排,当根数较多时,也可排成两排。当两排布置不开时,也容许将钢筋成束布置(每束以2根为宜)。在受力钢筋多于两排的特殊情况下,第三排及以上各排的钢筋水平方向的间距应比下面两排的间距增大一倍,各排钢筋之间净距应大于等于25 mm和 d。钢筋排成两排或两排以上时,上、下排钢筋应对齐布置,不应错列,否则将使混凝土浇灌困难。

2)混凝土保护层

在钢筋混凝土构件中,为了防止钢筋生锈,在火灾情况下,为了延缓钢筋的升温速度,并保证钢筋和混凝土牢固黏结在一起,钢筋外面必须有足够厚度的混凝土保护层(用 c 表示),如图4-4所示。这种必要的保护层厚度主要与钢筋混凝土结构构件所处的环境类别和混凝土等级有关。纵向受力钢筋的混凝土保护层厚度(从钢筋外边缘算起)不应小于钢筋的公称直径及附表3-4所列的数值。混凝土结构的环境类别如附表3-2所示。

3)有效高度

有效高度是指从受拉钢筋合力作用点到受压边缘的距离,一般用 h_0 表示,如图4-4

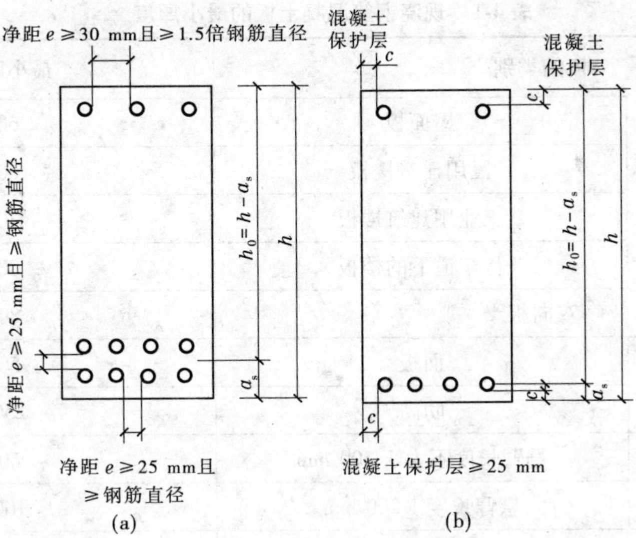

图 4-4　纵向受力钢筋间距

所示，则有

$$h_0 = h - a_s \tag{4-1}$$

式中　h——截面高度，mm；

a_s——受拉钢筋合力点到受拉边缘距离。

a_s 与钢筋布置有关，如果是单排钢筋（见图 4-4（b）），$a_s = c + d/2$；如果是双排钢筋（见图 4-4（a）），$a_s = c + d + e/2$。

其中，c 为混凝土保护层厚，见附表 3-4；d 为钢筋直径，mm；e 为钢筋净距，mm。

在正截面受弯承载力设计时，钢筋直径、数量和排数等还不知道，因此 a_s 往往需要预先估计。当环境类别为一类时（室内环境），一般取：梁内一排钢筋时，$a_s = 35$ mm；梁内两排钢筋时，$a_s = 50 \sim 60$ mm；对于板，$a_s = 20 \sim 30$ mm。

二、板的构造要求

（一）混凝土的强度等级

板的混凝土强度等级选取同梁，常选 C20、C25、C30，一般不超过 C40。

（二）板的厚度

现浇板的宽度一般较大，设计时可取单位宽度（$b = 1\ 000$ mm）进行计算。现浇钢筋混凝土板的跨度与厚度之比：钢筋混凝土单向板不大于 30，双向板不大于 40；无梁支承的有柱帽板不大于 35，无梁支承的无柱帽板不大于 30；预应力板可适当增加；当荷载、跨度较大时，板的跨度与厚度之比宜适当减小。钢筋混凝土现浇板的厚度除应满足跨度与厚度之比的要求，尚应满足表 4-1 的要求。

表 4-1　现浇钢筋混凝土板的最小厚度　（单位：mm）

板的类别		最小厚度
单向板	屋面板	60
	民用建筑楼板	60
	工业用建筑楼板	70
	行车道下的楼板	80
双向板		80
密肋板	面板	50
	肋高	250
悬臂板	悬臂长度不大于 500 mm	60
	悬臂长度 1 200 mm	100
无梁楼板		150
现浇空心楼盖		200

注：悬臂板的厚度是指悬臂根部厚度。

（三）板的受力钢筋

板的受拉钢筋常用 HRB400 级、HRB500 级、HRBF400 级、HRBF500 级钢筋，也可用 HRB335 级、HRBF335 级和 HPB300 级钢筋，常用的钢筋直径为 6 mm、8 mm、10 mm 和 12 mm，同一板中受力钢筋可以用两种不同直径，但两种直径宜相差在 2 mm 以上。为了防止施工时钢筋被踩下，用于现浇板的钢筋直径不宜小于 8 mm。

为传力均匀及避免混凝土局部破坏，板中的受力钢筋间距（中距）不能太稀，最大间距：当板厚 $h \leqslant 150$ mm 时，不宜大于 200 mm；当板厚 $h > 150$ mm 时，为 $1.5h$ 且不应大于 250 mm；当板厚 $h > 1\,000$ mm 时，为 $1/3h$，且不应大于 500 mm。

为了便于混凝土浇筑，保证钢筋周围混凝土的密实性，板内钢筋间距也不宜太密，最小间距为 70 mm，即每米板宽中最多放 14 根钢筋。板中钢筋的间距一般为 70 ~ 200 mm。

（四）板的分布钢筋

在板中垂直于受力钢筋方向还要布置分布钢筋。分布钢筋的作用是将板面荷载更均匀地传递给受力钢筋，同时，施工中用于固定受力钢筋，并起抵抗混凝土收缩和温度应力的作用。分布钢筋宜采用 HRB400 级、HRB500 级和 HPB300 级，常用直径为 6 mm 和 8 mm。单位长度上分布钢筋的截面面积不应小于单位长度上受力钢筋的截面面积的 15%，且不宜小于该方向板截面面积的 0.15%。分布钢筋的间距不宜大于 250 mm，直径不宜小于 6 mm。温度变化较大或集中荷载较大时，分布钢筋的截面面积应适当增加，其间距不宜大于 200 mm。

（五）保护层厚度

混凝土保护层厚度如附表 3-4 表示。

第三节　受弯构件正截面受弯承载力受力全过程的试验研究

一、受弯构件正截面受弯承载力的受力全过程

钢筋混凝土构件的计算理论是建立在大量的试验基础上的，因此在计算钢筋混凝土受弯构件之前，应该对它从开始受力直到破坏为止整个工作过程中的应力和应变变化规律有充分的了解。

为了着重研究正截面的应力和应变规律，钢筋混凝土梁受弯试验常采用两点对称加荷，使梁的中间处于纯弯曲状态，试验梁的布置和弯矩变化如图4-5所示。试验时，按预计的破坏荷载分级加载。采用仪表量测纯弯段内沿梁高两侧布置的测点的应变（梁的纵向变形），利用安装在跨中和两端的千分表测定梁的跨中挠度，并使用读书放大镜观测裂缝的出现与开展。

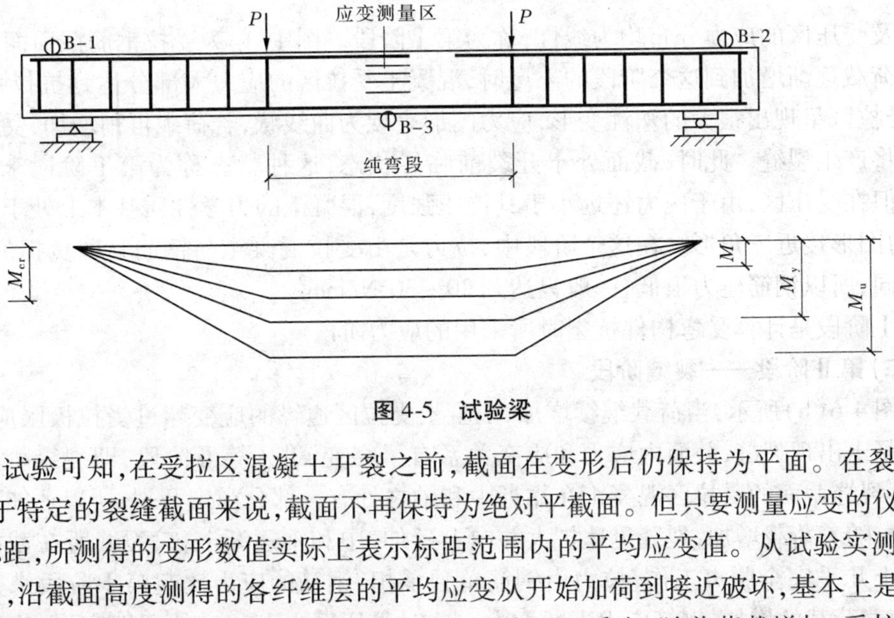

图4-5　试验梁

由试验可知，在受拉区混凝土开裂之前，截面在变形后仍保持为平面。在裂缝发生后，对于特定的裂缝截面来说，截面不再保持为绝对平截面。但只要测量应变的仪表有一定的标距，所测得的变形数值实际上表示标距范围内的平均应变值。从试验实测结果可以看出，沿截面高度测得的各纤维层的平均应变从开始加荷到接近破坏，基本上是按直线分布的，即可以认为始终符合平截面假定。由试验可以看出，随着荷载增加，受拉区裂缝向上延伸，中和轴不断上移，受压区高度逐渐减小。

图4-5中M代表荷载产生的弯矩，M_{cr}代表受拉区混凝土开裂时梁所承受的实测开裂弯矩，M_y代表受拉钢筋屈服时梁所承受的实测屈服弯矩，M_u代表截面破坏时所承受的实测极限弯矩。试验表明，钢筋混凝土梁从开始加荷到破坏，正截面上的应力和应变不断变化，其整个过程可分为三个阶段（见图4-6）。

（一）第Ⅰ阶段——未裂阶段

如图4-6（a）所示荷载很小时，梁的截面在弯曲后仍保持为平面。截面上混凝土应力σ_c与钢筋应力σ_s都不大，变形基本上是弹性的，应力与应变之间保持线性关系，混凝土

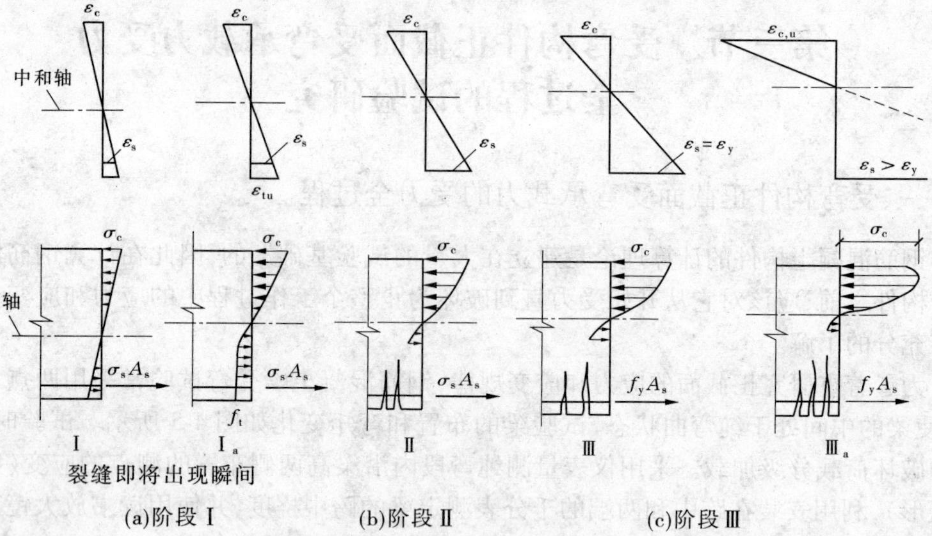

图 4-6　梁各受力阶段的应力、应变图

受拉区及受压区的应力分布均为线性，称为第Ⅰ阶段。图中 A_s 为受拉钢筋截面面积。

当荷载逐渐增加到这个阶段的末尾时，混凝土受拉区的应力大部分达到抗拉强度 f_t。此时，受拉区呈现出很大的塑性变形，应力图形表现为曲线状，若荷载再稍增加，受拉区混凝土就将产生裂缝。此时，截面处于开裂前临界状态，这种状态称为第Ⅰ阶段末，用 Ⅰ_a 表示。但在受压区，由于压力还远小于其抗压强度，混凝土的力学性质基本上处于弹性范围，应力图形接近三角形。在这个阶段中，拉力是由受拉混凝土与钢筋共同负担的，两者应变相同，所以钢筋应力很低，一般只达到 20 ~ 30 N/mm^2。

第Ⅰ阶段是计算受弯构件抗裂时所采用的应力阶段。

（二）第Ⅱ阶段——裂缝阶段

如图 4-6(b)所示，当荷载继续增加，混凝土受拉区边缘的应变超过受拉极限应变，受拉区混凝土出现裂缝，截面内应力和应变关系有了突变，进入第Ⅱ阶段，即裂缝阶段。在开始时，裂缝截面的受拉区混凝土在靠近中和轴之处有一部分尚未开裂，所以还能承受部分拉力。随着荷载增加，裂缝迅速扩大并向上延伸，中和轴逐渐上移，裂缝所在截面的受拉混凝土几乎完全脱离工作，拉力由钢筋单独承担，钢筋的应力比起第Ⅰ阶段来突然增大，且随着荷载的增加，钢筋应力不断增大。这时受压区也有一定的塑性变形，应力图形呈现平缓的曲线形。

第Ⅱ阶段是计算构件正常使用阶段的变形和裂缝宽度验算所依据的应力阶段。

（三）第Ⅲ阶段——破坏阶段

如图 4-6(c)所示，荷载继续增加，受拉钢筋应力就达到屈服强度 f_y。此时，钢筋应力增加不显著而应变迅速增加，促使裂缝急剧开展并向上延伸。随着中和轴不断上移，迫使混凝土受压区面积减小，混凝土的压应力增大，受压区混凝土的塑性特征也明显发展，压应力图形呈现显著的曲线形。在受压边缘混凝土应变达到了极限压应变时，混凝土发生纵向水平裂缝而被压碎，截面发生破坏，此种特定的受力状态称为第Ⅲ阶段末，用 Ⅲ_a 表示。

第Ⅲ阶段是按极限状态方法计算受弯构件正截面承载力时所依据的应力阶段。

应当指出,上述应力阶段是对钢筋用量适中的适筋梁来说的,对于钢筋用量过多或过少的梁应力状态并非如此。

二、正截面受弯承载力的三种破坏形态

在其他条件不变的情况下,随着配筋率的改变,构件的破坏特征将会发生变化,会发生三种破坏形态:少筋破坏、适筋破坏和超筋破坏。

(一)少筋破坏

当构件的受拉区配筋太少时($\rho < \rho_{min}$),随着荷载的增加,受拉区边缘出现裂缝,裂缝截面处的拉力即全部转由钢筋承受,由于钢筋配置较少,其应力突增,很快超过屈服极限进入强化阶段,甚至被拉断,裂缝就急速发展,构件也立即破坏,这种破坏称为少筋破坏。少筋破坏的受弯构件破坏前无明显预兆,破坏是突然发生的,呈脆性性质,如图 4-7(a)所示。在实际工程中,不允许采用少筋构件。一般用最小配筋率 ρ_{min} 来加以限制。$\rho = \rho_{min}$ 为少筋梁与适筋梁的界限配筋率,即是适筋梁的最小配筋率。

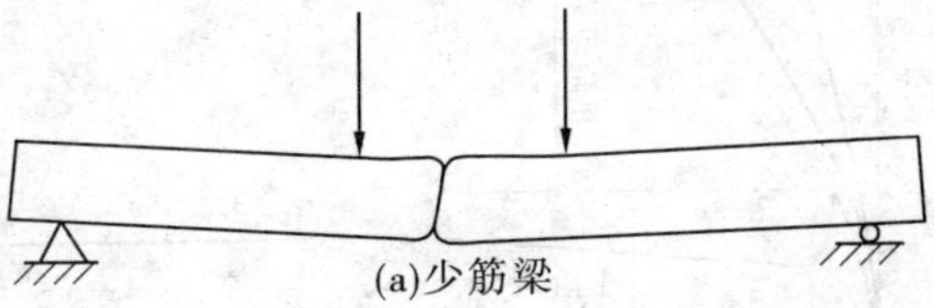

(a)少筋梁

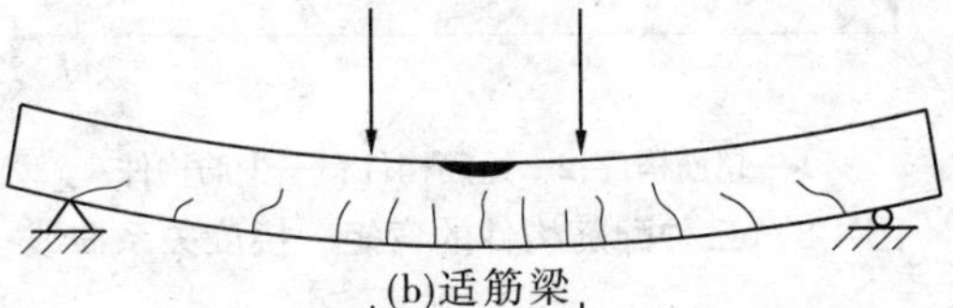

(b)适筋梁

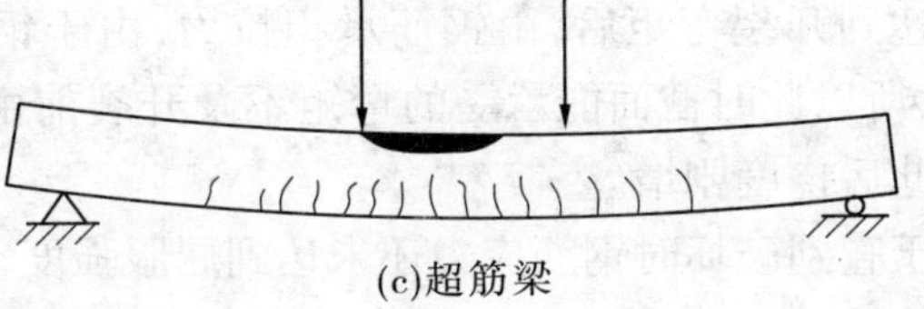

(c)超筋梁

图 4-7　梁的三种破坏形态

(二)适筋破坏

当构件的受拉区配置适量的钢筋时($\rho_{min} \leqslant \rho \leqslant \rho_{max}$),随着荷载的增加,受拉区边缘出现裂缝,裂缝截面处的拉力即全部转由钢筋承受,荷载继续增加,受拉区钢筋屈服,受压区高度减小,受压区混凝土被压碎导致构件破坏,这种破坏称为适筋破坏。适筋破坏前有明显的裂缝和塑性变形,破坏不是突然发生的,呈塑性性质,钢筋与混凝土的强度均得到充分发挥,如图 4-7(b)所示。实际设计中,必须将受弯构件设计成适筋构件。

(三)超筋破坏

当构件的受拉区配置太多的受拉钢筋时($\rho > \rho_{max}$),随着荷载的增加,受拉区边缘出现裂缝,裂缝截面处的拉力即全部转由钢筋承受,但由于钢筋配置太多,荷载继续增加,钢

筋还未屈服时受压区混凝土先压碎导致构件破坏，这种破坏称为超筋破坏（见图 4-7(c)）。超筋破坏带有脆性性质，破坏时钢筋的强度得不到充分利用，这不仅不经济，同时，破坏前毫无预兆，所以在实际工程中不允许采用超筋构件。

如图 4-8 所示为适筋、超筋和少筋构件的弯矩—挠度($M \sim f$)关系曲线。由图 4-8 可见，对于适筋构件，在裂缝出现前（第Ⅰ阶段）和裂缝出现后（第Ⅱ阶段），挠度随荷载的增加大致按线性增长。但裂缝出现后，由于混凝土退出工作，截面刚度显著降低，因此挠度的增长远较裂缝出现前为大。在第Ⅰ阶段进入到第Ⅱ阶段处，首先出现第一个转折点。当受拉钢筋达到屈服（进入第Ⅲ阶段）时，挠度急剧增加，曲线出现第二个转折点。第二个转折点出现后，在弯矩增加不大的情况下，挠度继续增加，表现出良好的延性性质。

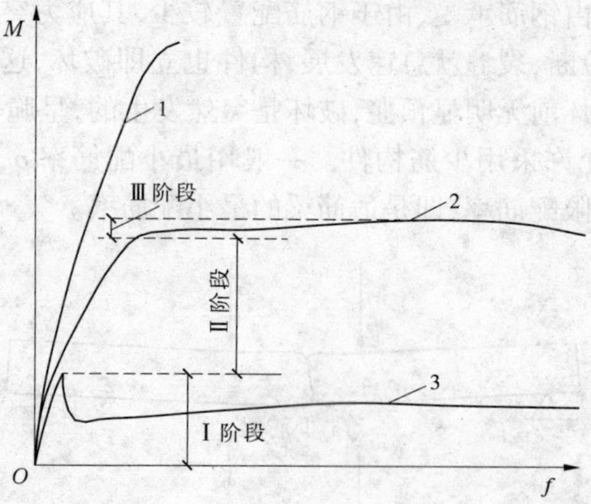

1—超筋构件；2—适筋构件；3—少筋构件

图 4-8　三种配筋构件的弯矩—挠度关系曲线

对于少筋构件，在达到开裂弯矩后，由钢筋承担拉力，由于钢筋配置少，钢筋很快屈服，甚至进入强化阶段，所以此时截面能承受的弯矩不及开裂前由混凝土承担的弯矩大，因而曲线有一下降段，此后挠度剧增。

对于超筋构件，由于直到破坏时钢筋应力还未达到屈服强度，因此挠度曲线没有第二转折点，呈现出突然的脆性破坏性质，延性极差。

综上所述，当受弯构件的截面尺寸、混凝土强度等级相同时，正截面破坏特征随配筋量多少而变化的规律是：

（1）配筋量过多时，钢筋不能充分发挥作用，构件破坏取决于混凝土的抗压强度及截面大小，破坏呈脆性。

（2）配筋量太少时，破坏弯矩接近于开裂弯矩，其大小取决于混凝土的抗拉强度和截面大小。

（3）合理的配筋量应在这两个限度之间，既要避免发生超筋破坏，也要避免发生少筋破坏。

因此，在下面基本公式建立时，是以适筋破坏情况为依据的。

第四节　混凝土构件正截面承载力的计算原理

一、正截面承载力计算的基本假定

《混凝土结构设计规范》(GB 50010—2010)规定，包括受弯构件在内的各种混凝土构件的正截面承载力应按下列四个基本假定进行计算：

(1)截面应变保持平面(平截面假定)。

(2)不考虑混凝土的抗拉强度。

(3)混凝土受压区的应力—应变曲线按下列规定取用，如图4-9所示，其数学表达式为：

当 $\varepsilon_c \leqslant \varepsilon_0$ 时(上升段)　$$\sigma_c = f_c\left[1-\left(1-\frac{\varepsilon_c}{\varepsilon_0}\right)^n\right] \tag{4-2}$$

当 $\varepsilon_0 < \varepsilon_c \leqslant \varepsilon_{cu}$ 时(水平段)　$$\sigma_c = f_c \tag{4-3}$$

$$n = 2 - \frac{1}{60}(f_{cu,k} - 50) \tag{4-4}$$

$$\varepsilon_0 = 0.002 + 0.5(f_{cu,k} - 50) \times 10^{-5} \tag{4-5}$$

$$\varepsilon_{cu} = 0.0033 - (f_{cu,k} - 50) \times 10^{-5} \tag{4-6}$$

式中　σ_c——混凝土压应变为 ε_c 时的混凝土压应力；

f_c——混凝土轴心抗压强度设计值；

ε_c——受压区混凝土压应变；

ε_0——混凝土压应力刚达到 f_c 时的混凝土压应变，当计算的 ε_0 值小于0.002时，取为0.002；

ε_{cu}——混凝土的极限压应变，当处于非均匀受压时，按式(4-6)计算，如 ε_{cu} 计算的值大于0.003 3，取为0.003 3，当处于轴心受压时取为 ε_0；

$f_{cu,k}$——混凝土立方体抗压强度标准值；

n——系数，当计算的 n 值大于2.0时，取为2.0。

对于混凝土各强度等级，各参数按式(4-4)～式(4-6)的计算结果如表4-2所示。规范建议的公式仅适用于正截面计算。

表4-2　混凝土应力—应变曲线参数取值

混凝土强度等级	≤C50	C55	C60	C65	C70	C75	C80
n	2	1.92	1.83	1.75	1.67	1.58	1.5
ε_0	0.002	0.002 025	0.002 05	0.002 075	0.002 1	0.002 125	0.002 15
ε_{cu}	0.003 3	0.003 25	0.003 2	0.003 15	0.003 1	0.003 05	0.003

(4)有明显屈服点的钢筋(热轧钢筋等)，其应力和应变关系可简化为理想的弹塑形曲线，如图4-10所示。当 $0 \leqslant \varepsilon_s \leqslant \varepsilon_y$ 时，$\sigma_s = \varepsilon_s E_s$；而当 $\varepsilon_s > \varepsilon_y$ 时，$\sigma_s = f_y$，f_y 为钢筋的抗拉强度设计值。

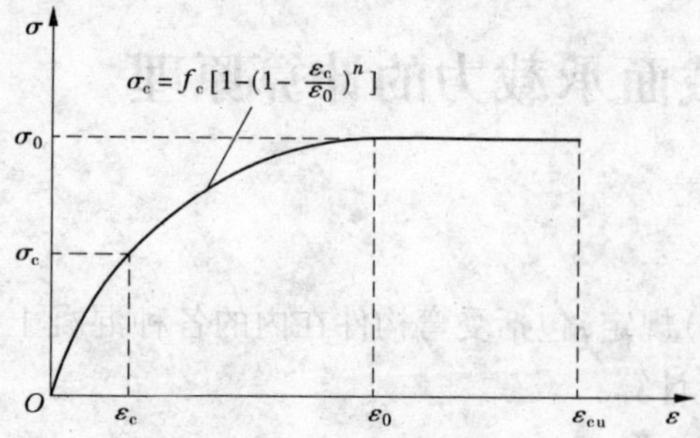

图 4-9　混凝土受压的应力—应变曲线

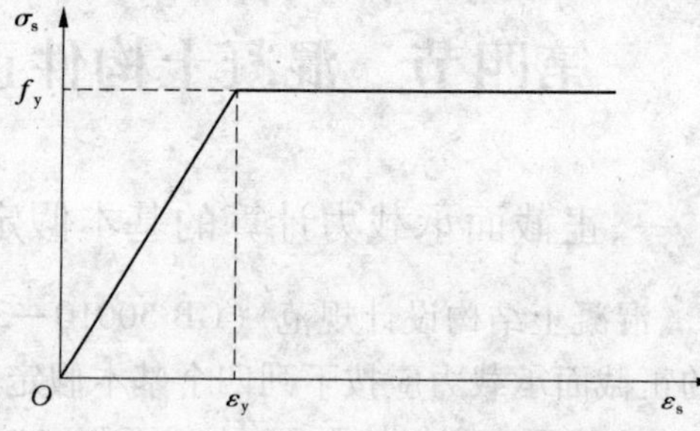

图 4-10　钢筋应力—应变曲线

二、受压区混凝土的压应力的合力及作用点

如图 4-11 所示为一单筋矩形截面适筋梁的应力图形。由于采用了基本假定(1)和基本假定(3)，其受压区的应力图形符合图 4-9 所示的应力—应变规律，即符合式(4-2)和式(4-3)，所以此图形可称为理论应力图形。

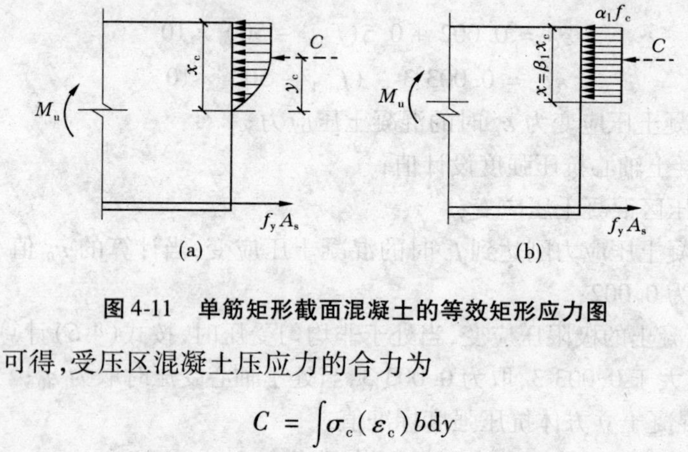

图 4-11　单筋矩形截面混凝土的等效矩形应力图

由图 4-11 可得，受压区混凝土压应力的合力为

$$C = \int \sigma_c(\varepsilon_c) b\mathrm{d}y \tag{4-7}$$

合力 C 到中和轴的距离为

$$y_c = \frac{\int_0^{x_c} \sigma_c(\varepsilon_c) by\mathrm{d}y}{C} = \frac{\int_0^{x_c} \sigma_c(\varepsilon_c) y\mathrm{d}y}{\int_0^{x_c} \sigma_c(\varepsilon_c)\mathrm{d}y} \tag{4-8}$$

式中　x_c——中和轴高度，即混凝土受压区的理论高度。

由平截面假定可得距中和轴 y 处任意纤维的压应变

$$\varepsilon_c = \frac{\varepsilon_{cu}}{x_c} y \tag{4-9}$$

由式(4-9)得，$y = \varepsilon_c \dfrac{x_c}{\varepsilon_{cu}}$，$\mathrm{d}y = \dfrac{x_c}{\varepsilon_{cu}} \mathrm{d}\varepsilon_c$，将 $\mathrm{d}y$ 代入式(4-8)和式(4-9)，得受压区压应力的合力 C 和 C 到中和轴的距离分别为

$$C = \int_0^{\varepsilon_{cu}} \sigma_c(\varepsilon_c) b \frac{x_c}{\varepsilon_{cu}} d\varepsilon_c = x_c b \frac{\int_0^{\varepsilon_{cu}} \sigma_c(\varepsilon_c) d\varepsilon_c}{\varepsilon_{cu}} = x_c b \frac{C_{cu}}{\varepsilon_{cu}} \tag{4-10}$$

$$y_c = \frac{\int_0^{\varepsilon_{cu}} \sigma_c(\varepsilon_c) b (\frac{x_c}{\varepsilon_{cu}})^2 \varepsilon_c d\varepsilon_c}{x_c b \frac{C_{cu}}{\varepsilon_{cu}}} = x_c \frac{y_{cu}}{\varepsilon_{cu}} \tag{4-11}$$

式中　C_{cu}——混凝土压应力—应变曲线所围成的面积；

y_{cu}——混凝土压应力—应变曲线所围成面积的形心到中和轴的距离。

三、受压区混凝土等效矩形应力图

由式(4-10)、式(4-11)知，合力 C 和作用位置 y_c 仅与混凝土应力—应变曲线形状及受压区高度 x_c 有关，而在 M_u 的计算中也仅需要知道 C 的大小和作用位置就够了。因此，为了简化计算，可取等效矩形应力图形代替受压区混凝土的理论应力图形，如图 4-11 所示。应力图形等效的原则是：

(1)混凝土的合力 C 大小不变；

(2)混凝土的合力 C 作用点位置不变。

等效矩形应力图形由无量纲参数 α_1 和 β_1 来确定。计算时，等效矩形应力图形的受压区高度为 $\beta_1 x_c$，受压区混凝土应力值为 $\alpha_1 f_c$，x_c 为受压区混凝土的实际高度。

由等效原则(1)，得

$$\int_0^{x_c} \sigma_c b dy = \alpha_1 f_c b x \tag{4-12}$$

由等效原则(2)，得

$$\frac{\int_0^{x_c} \sigma_c b y dy}{\int_0^{x_c} \sigma_c b dy} = \frac{1}{2}\beta_1 x \tag{4-13}$$

由式(4-12)、式(4-13)，根据不同强度等级的混凝土可以计算出不同的应力图形系数 α_1 和 β_1。《混凝土结构设计规范》(GB 50010—2010)建议采用的应力图形系数 α_1 和 β_1：对于中低强度混凝土，当混凝土强度等级≤C50 时，$\alpha_1 = 1.0$，$\beta_1 = 0.8$；当混凝土强度等级为 C80 时，$\alpha_1 = 0.94$，$\beta_1 = 0.74$；混凝土强度等级在 C50 ~ C80 时 α_1、β_1 系数线性内插。计算的 α_1 和 β_1 如表 4-3 所示。

表 4-3　混凝土受压区等效矩形应力图系数 α_1 和 β_1

混凝土强度等级	≤C50	C55	C60	C65	C70	C75	C80
α_1	1.0	0.99	0.98	0.97	0.96	0.95	0.94
β_1	0.8	0.79	0.78	0.77	0.76	0.75	0.74

四、界限相对受压区高度及界限配筋率、最小配筋率

(一) 混凝土界限相对受压区高度 ξ_b

前面介绍适筋梁的破坏情况是受拉钢筋先屈服($\varepsilon_s > \varepsilon_y$)，$\varepsilon_y$ 为钢筋的屈服应变，然后是受压区混凝土边缘应变达到极限压应变($\varepsilon_c = \varepsilon_{cu}$)；超筋梁破坏情况是受拉钢筋始终未屈服($\varepsilon_s < \varepsilon_y$)，破坏是由受压区混凝土边缘应变达到极限压应变($\varepsilon_c = \varepsilon_{cu}$)，混凝土压碎引起的。很显然，它们之间存在着一种界限破坏，即受拉钢筋屈服($\varepsilon_s = \varepsilon_y = \frac{f_y}{E_s}$)和受压混凝土压碎($\varepsilon_c = \varepsilon_{cu}$)同时发生的破坏，称为界限破坏。由平截面假定(见图 4-12)，设发生界限破坏时受压区中和轴高度为 x_{cb}，则有

$$\frac{x_{cb}}{h_0} = \frac{\varepsilon_{cu}}{\varepsilon_{cu} + \varepsilon_y} \tag{4-14}$$

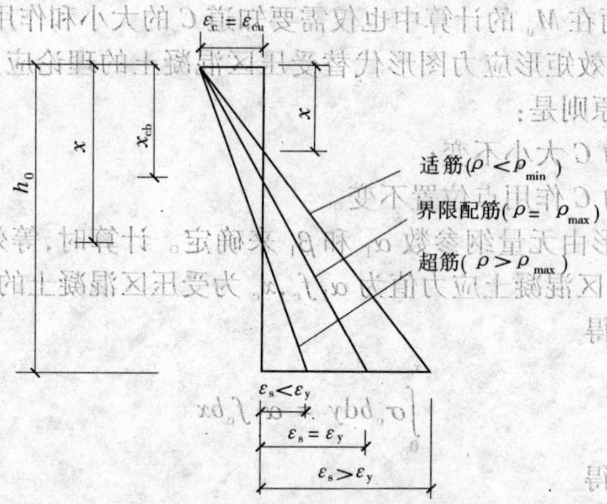

图 4-12　不同配筋的截面应变图

把 $x_b = \beta_1 x_{cb}$ 代入式(4-14)，得：

有屈服点的钢筋

$$\frac{x_b}{\beta_1 h_0} = \frac{\varepsilon_{cu}}{\varepsilon_{cu} + \varepsilon_y} \tag{4-15a}$$

无屈服点的钢筋

$$\frac{x_b}{\beta_1 h_0} = \frac{\varepsilon_{cu}}{\varepsilon_{cu} + 0.002 + \frac{f_y}{E_s}} \tag{4-15b}$$

式中　h_0——截面有效高度；

x_b——混凝土界限受压区高度；

f_y——纵向钢筋的抗拉强度设计值；

ε_{cu}——非均匀受压的混凝土极限压应变值，按式(4-6)计算，混凝土强度等级≤C50 时，$\varepsilon_{cu} = 0.003\ 3$。

设 $\xi_b = \frac{x_b}{h_0}$，称为混凝土界限相对受压区高度，则有：

有屈服点的钢筋
$$\xi_b = \frac{\beta_1}{1 + \frac{f_y}{E_s \varepsilon_{cu}}} \tag{4-16a}$$

无屈服点的钢筋
$$\xi_b = \frac{\beta_1}{1 + \frac{0.002}{\varepsilon_{cu}} + \frac{f_y}{E_s \varepsilon_{cu}}} \tag{4-16b}$$

由式(4-16a)算得的 ξ_b 见表 4-4。

表 4-4　混凝土相对界限受压区高度 ξ_b

钢筋级别	抗拉强度设计值（N/mm^2）	ξ_b						
		≤C50	C55	C60	C65	C70	C75	C80
HPB300	270	0.576	0.566	0.556	0.547	0.537	0.528	0.518
HRB335、HRBF335	300	0.550	0.541	0.531	0.522	0.512	0.503	0.493
HRB400、HRBF400、RRB400	360	0.518	0.508	0.500	0.490	0.481	0.472	0.463
HRB500、HRBF500	435	0.482	0.473	0.464	0.455	0.447	0.438	0.429

（二）界限配率 ρ_{max}

当混凝土相对界限受压区高度 $\xi > \xi_b$ 时，属于超筋梁；当混凝土相对受压区高度 $\xi < \xi_b$ 时，属于适筋梁；当 $\xi = \xi_b$ 属于界限情况，与此对应的纵向受拉钢筋配筋率，称为最大配筋率或界限配筋率，记为 ρ_{max}，根据力的平衡条件，有

$$\alpha_1 f_c b x_b = A_s f_y = \rho_{max} b h_0 f_y \tag{4-17}$$

则
$$\rho_{max} = \frac{x_b}{h_0} \frac{\alpha_1 f_c}{f_y} = \xi_b \frac{\alpha_1 f_c}{f_y} \tag{4-18}$$

（三）最小配筋率 ρ_{min}

为了防止发生少筋破坏，必须要确定构件的最小配筋率 ρ_{min}。最小配筋率是适筋梁和少筋梁的界限，最小配筋率是根据钢筋混凝土的抗弯承载力与同一截面尺寸、同一强度等级的素混凝土梁的开裂弯矩相等的原则确定的。

《混凝土结构设计规范》（GB 50010—2010）规定：

（1）受弯构件、偏心受拉构件、轴心受拉构件，其一侧纵向受拉钢筋的配筋率不应小于 0.2% 和 45 $\frac{f_t}{f_y}$% 中的较大值。

（2）板类受弯构件（不包括悬臂板）的受拉钢筋，当采用强度为 400 MPa、500 MPa 的钢筋时，其最小配筋百分率应允许采用 0.15% 和 45 $\frac{f_t}{f_y}$% 中的较大值。

第五节　单筋矩形截面受弯构件正截面受弯承载力计算

一、基本计算公式及适用条件

（一）基本计算公式

单筋矩形截面受弯构件正截面承载力计算简图如图 4-13 所示。

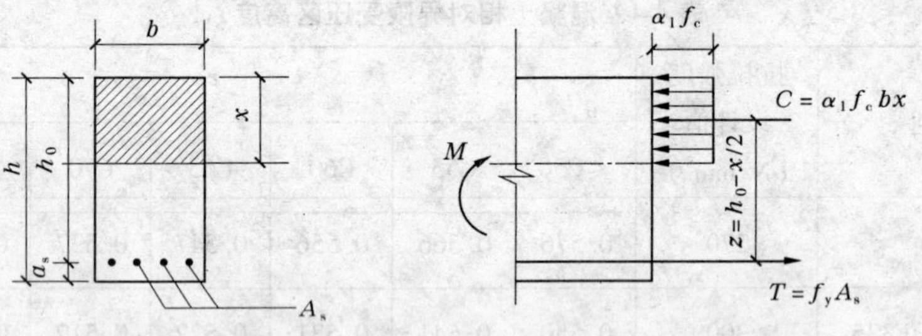

图 4-13　受弯构件单筋矩形截面正截面承载力计算简图

根据力的平衡条件建立平衡方程，得

$$\alpha_1 f_c bx = f_y A_s \tag{4-19}$$

根据力矩的平衡条件建立平衡方程，得

$$M \leqslant M_u = \alpha_1 f_c bx\left(h_0 - \frac{x}{2}\right) \tag{4-20a}$$

$$M \leqslant M_u = A_s f_y\left(h_0 - \frac{x}{2}\right) \tag{4-20b}$$

式中　M——构件在荷载作用下截面弯矩设计值；

M_u——构件受弯承载力设计值；

A_s——纵向受拉钢筋截面面积；

f_y——纵向受拉钢筋抗拉强度设计值；

b——截面宽度；

x——混凝土的受压区高度；

h_0——构件截面有效高度，$h_0 = h - a_s$；

h——截面高度；

a_s——受拉钢筋合力作用点到受拉边缘的距离。

（二）适用条件

（1）为保证受拉钢筋先屈服，防止发生超筋破坏，应满足

$$x \leqslant \xi_b h_0 \quad 或 \quad \xi \leqslant \xi_b \tag{4-21}$$

$$\rho = \frac{A_s}{bh_0} \leqslant \rho_{max} = \xi_b \frac{\alpha_1 f_c}{f_y} \tag{4-22}$$

（2）为了防止发生少筋破坏，应该满足

$$A_s \geqslant \rho_{min} bh \tag{4-23}$$

二、正截面承载力基本公式应用的两类工程问题

(一)截面设计

截面设计时,一般可先根据建筑使用要求、荷载效应(弯矩设计值)大小及所选用的混凝土与钢筋等级,凭设计经验或参考类似结构定出构件的截面尺寸 b 或 h,然后计算受拉钢筋截面面积 A_s。

在设计中,可有多种不同截面尺寸的选择。显然,截面尺寸定得大,配筋率 ρ 就可小一些。截面尺寸定得小,ρ 就会大一些。截面尺寸的选择应使计算配筋率处在经济配筋范围内。对一般板和梁,其经济配筋范围为:

板　　0.4% ~0.8%

矩形截面梁　　0.6% ~1.5%

T 形截面梁　　0.9% ~1.8%(相对于梁肋来说)

应当指出,对于有特殊使用要求的构件,则应灵活处理。例如,对抗裂有要求的构件,其配筋率应低于上列数值;为了减轻自重的预制构件,配筋率也可采用高于上列的数值。

正截面抗弯的设计步骤如下。

(1)作出板和梁的计算简图。

计算简图中应表示支座和荷载情况及计算跨度。

简支板、梁(见图 4-14)的计算跨度 l_0 可取下列各 l_0 值的较小值:

实心板

$$\left.\begin{aligned} l_0 &= l_n + a \\ l_0 &= l_n + h \\ l_0 &= 1.1 l_n \end{aligned}\right\}\text{(取小值)}$$

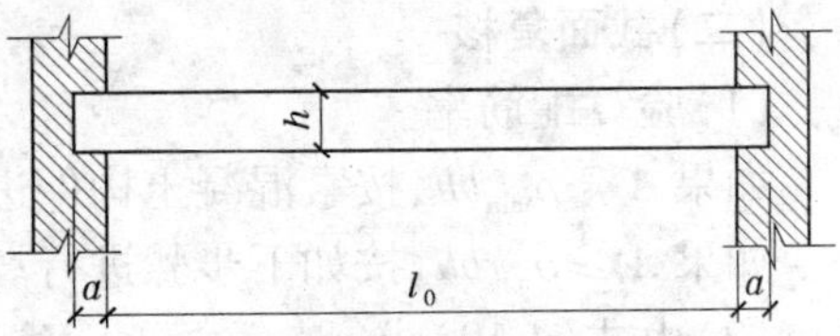

图 4-14　板、梁计算简图

空心板和简支梁

$$\left.\begin{aligned} l_0 &= l_n + a \\ l_0 &= 1.05 l_n \end{aligned}\right\}\text{(取小值)}$$

式中　l_n——板或梁的净跨度;

a——板或梁的支承长度;

h——板厚。

(2)内力计算。

对于简支板或梁,应按作用在板或梁上的全部荷载(永久荷载及可变荷载),求出跨中最大弯矩设计值。对外伸梁和连续梁,则应根据永久荷载及最不利位置的可变荷载,分别求出简支跨跨中最大正弯矩和支座最大负弯矩设计值。

现浇板的宽度一般比较大,板的计算宽度 b 可取单位宽度 1 m 进行计算。

(3)配筋计算。

配筋计算可按基本式(4-19)、式(4-20a)或式(4-20b)直接计算或按简化后的式(4-26)、式(4-27a)或式(4-27b)计算,计算方法在后面将分别介绍。

(4)绘制截面配筋图。

配筋图上应表示截面尺寸和配筋情况,注意按适当比例正规绘制。

(二)截面复核

已知截面尺寸、混凝土和钢筋等级、受拉钢筋截面面积 A_s,求 M_u。

截面复核可直接用基本式(4-19)、式(4-20a)或式(4-20b)计算,也可按简化后的式(4-26)、式(4-27a)或式(4-27b)用系数法计算,计算方法在后面将分别介绍。

三、直接基本公式的截面设计法

(一)截面设计

(1)首先由公式(4-20a)求 x,可得

$$x = h_0 - \sqrt{h_0^2 - \frac{2M}{\alpha_1 f_c b}} \tag{4-24}$$

(2)验算适用条件。

如果 $x \leqslant \xi_b h_0$,将 x 代入(4-19)求 A_s。如果 $x > \xi_b h_0$,说明受压区承载力不足,采取下列措施增加受压区承载力:①加大截面尺寸;②提高混凝土强度等级;③配受压钢筋。

(3)计算 A_s。将 x 代入式(4-19)得

$$A_s = \frac{\alpha_1 f_c b x}{f_y} \tag{4-25}$$

(4)验算配筋率。

如果 $A_s \geqslant \rho_{min} bh$,按计算的 A_s 选配钢筋;如果 $A_s < \rho_{min} bh$,按 $A_s = \rho_{min} bh$ 选配钢筋。

(二)截面复核

(1)验算配筋率。

如果 $A_s < \rho_{min} bh$,按素混凝土构件进行承载力计算。

如果 $A_s \geqslant \rho_{min} bh$,按如下步骤进行。

(2)由式(4-19)求 x

$$x = \frac{A_s f_y}{\alpha_1 f_c b}$$

(3)验算条件。

如果 $x \leqslant \xi_b h_0$,由式(4-20a)求 $M_u = \alpha_1 f_c bx(h_0 - \frac{x}{2})$。

如果 $x > \xi_b h_0$,把 $x = \xi_b h_0$ 代入式(4-20a)求 $M_u = \alpha_1 f_c b h_0^2 \xi_b (1 - 0.5\xi_b)$。

(4)截面复核。

如果 $M \leqslant M_u$,截面安全;如果 $M > M_u$,截面不安全。

四、正截面受弯承载力的计算系数法

根据式(4-19)、式(4-20a)或式(4-20b)解联立方程计算比较麻烦,可将公式变换为如下形式

$$\alpha_1 f_c b \xi h_0 = f_y A_s \tag{4-26}$$

$$M \leqslant M_u = \alpha_1 f_c b h_0^2 \xi (1 - 0.5\xi) \tag{4-27a}$$

$$M \leqslant M_u = A_s f_y h_0 (1 - 0.5\xi) \tag{4-27b}$$

取计算系数

$$\alpha_s = \xi(1 - 0.5\xi)$$

$$\gamma_s = 1 - 0.5\xi$$

式中：α_s——截面抵抗矩系数，相当于均质弹性体矩形截面梁抵抗矩 W 中的系数 $\frac{1}{6}$；

γ_s——内力矩的内力臂系数。

（一）截面设计

（1）首先由式（4-27a）求 α_s

$$\alpha_s = \frac{M}{\alpha_1 f_c b h_0^2}$$

由 α_s 求 ξ 可得

$$\xi = 1 - \sqrt{1 - 2\alpha_s}$$

（2）验算适用条件。

如果 $\xi \leqslant \xi_b$，将 ξ 代入式（4-26）求 A_s。如果 $\xi > \xi_b$，说明受压区承载力不足，采取下列措施增加受压区承载力：①加大截面尺寸；②提高混凝土强度等级；③配受压钢筋。

（3）计算 A_s。

将计算得到的 ξ 代入式（4-26）得

$$A_s = \frac{\alpha_1 f_c b \xi h_0}{f_y}$$

（4）验算配筋率。

如果 $A_s \geqslant \rho_{min} bh$，按计算的 A_s 选配钢筋；如果 $A_s < \rho_{min} bh$，按 $A_s = \rho_{min} bh$ 选配钢筋。

（二）截面复核

（1）验算配筋率。

如果 $A_s < \rho_{min} bh$，按素混凝土构件进行承载力计算。如果 $A_s \geqslant \rho_{min} bh$，按如下步骤进行。

（2）由式（4-26）求 ξ

$$\xi = \frac{A_s f_y}{\alpha_1 f_c b h_0}$$

（3）验算适用条件。

如果 $\xi \leqslant \xi_b$，由式（4-27a）得：$M_u = \alpha_1 f_c b h_0^2 \xi (1 - 0.5\xi)$。

如果 $\xi > \xi_b$，把 $\xi = \xi_b$ 代入式（4-27a）得：$M_u = \alpha_1 f_c b h_0^2 \xi_b (1 - 0.5\xi_b)$，$M_u$ 为单筋矩形截面的最大受弯承载力。

（4）截面复核。

如果 $M \leqslant M_u$，截面安全；如果 $M > M_u$，截面不安全。

【例 4-1】　已知钢筋混凝土矩形梁，处于二 a 类环境，其截面尺寸 $b \times h = 250\ \text{mm} \times 500\ \text{mm}$，承受弯矩设计值 $M = 160\ \text{kN} \cdot \text{m}$，采用 C30 混凝土和 HRB400 级钢筋。试配置受拉钢筋。

解：本题属于截面设计类型。

（1）设计参数。

查附表 1-2 和附表 1-7 及表 4-2、表 4-3 可知，C30 混凝土 $f_c = 14.3\ \text{N/mm}^2$，$f_t = 1.43\ \text{N/mm}^2$；HRB400 级钢筋 $f_y = 360\ \text{N/mm}^2$；$\alpha_1 = 1.0$，$\xi_b = 0.518$。查附表 3-4，C30 混凝土二 a环境，取 $a_s = c + \frac{d}{2} = 25 + \frac{20}{2} = 35(\text{mm})$，则 $h_0 = h - a_s = 500 - 35 = 465(\text{mm})$；查附表 3-6，$\rho_{\min} = 0.2\% > 45\frac{f_t}{f_y} = 0.18\%$，取 $\rho_{\min} = 0.20\%$。

(2)计算钢筋面积。

①利用基本公式直接计算。

由式(4-20a)可得

$$x = h_0 - \sqrt{h_0^2 - \frac{2M}{\alpha_1 f_c b}} = 465 - \sqrt{465^2 - \frac{2 \times 160 \times 10^6}{1.0 \times 14.3 \times 250}}$$
$$= 109.03(\text{mm}) < \xi_b h_0 = 0.518 \times 465 = 240.87(\text{mm})$$

由式(4-19)可得

$$A_s = \frac{\alpha_1 f_c b x}{f_y} = \frac{1.0 \times 14.3 \times 250 \times 109.03}{360} = 1\ 082.73(\text{mm}^2) > \rho_{\min} bh$$
$$= 0.20\% \times 250 \times 500 = 250(\text{mm}^2)$$

②计算系数法。

由式(4-27a)计算 α_s 得

$$\alpha_s = \frac{M}{\alpha_1 f_c b h_0^2} = \frac{160 \times 10^6}{1 \times 14.3 \times 250 \times 465^2} = 0.207$$

则 $$\xi = 1 - \sqrt{1 - 2\alpha_s} = 1 - \sqrt{1 - 2 \times 0.207} = 0.234 < \xi_b$$

满足适用条件。

将 ξ 代入式(4-26)求 A_s 得

$$A_s = \frac{\alpha_1 f_c b \xi h_0}{f_y} = \frac{1.0 \times 14.3 \times 250 \times 0.234 \times 465}{360}$$
$$= 1\ 080.54(\text{mm}^2) > \rho_{\min} bh = 250\ \text{mm}^2$$

符合适用条件，查附表 2-1，实际选用 2 ⌀ 18 + 2 ⌀ 20(A_s = 1 137 mm^2)。实际面积比计算面积大一点，满足工程需要。另外，2 ⌀ 18 + 2 ⌀ 20 需要的最小梁宽为

$$b_{\min} = 2c + 3e + 2d_1 + 2d_2 = 2 \times 25 + 3 \times 25 + 2 \times 18 + 2 \times 20$$
$$= 201(\text{mm}) < b = 250\ \text{mm}$$

满足要求，所以最终实际配 2 ⌀ 18 + 2 ⌀ 20 的钢筋。

(3)绘配筋图，如图 4-15 所示。

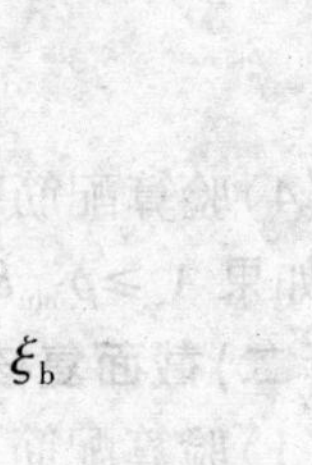

图 4-15　例 4-1 配筋图

【例 4-2】　已知钢筋混凝土矩形梁，处于二 b 类环境，承受弯矩设计值 M = 185 kN · m，采用 C40 混凝土和 HRB400 级钢筋，试按正截面承载力要求确定截面尺寸及纵向钢筋截面面积。

解：本题属于截面设计类型。

(1)设计参数。

查附表 1-2、附表 1-7、表 4-2、表 4-3 可知，C40 混凝土 f_c =

19.1 N/mm²，$f_t = 1.71\ \text{N/mm}^2$；HRB400 级钢筋 $f_y = 360\ \text{N/mm}^2$；$\alpha_1 = 1.0$，$\xi_b = 0.518$。查附表 3-4，C40 混凝土二 b 类环境，取 $a_s = c + d/2 = 35 + 20/2 = 45(\text{mm})$。查附表 3-6，$\rho_{min} = 0.2\% < 45\dfrac{f_t}{f_y}\% = 0.21\%$，取 $\rho_{min} = 0.21\%$。

（2）截面设计。

根据我国建筑设计经验，对于单筋矩形截面梁，经济配筋率为 0.6% ~ 1.5%。于是，假定取 $\rho = 1.0\%$，$b = 250$ mm。

由式（4-26）可得

$$\xi = \rho\frac{f_y}{\alpha_1 f_c} = 1.0\% \times \frac{360}{1.0 \times 19.1} = 0.188$$

由式（4-27a）可得

$$h_0 = \sqrt{\frac{M}{\alpha_1 f_c b\xi(1 - 0.5\xi)}} = \sqrt{\frac{185 \times 10^6}{1.0 \times 19.1 \times 250 \times 0.188 \times (1 - 0.5 \times 0.188)}}$$
$$= 476.93(\text{mm})$$

$$h = h_0 + a_s = 476.93 + 45 = 521.93(\text{mm})$$

取梁截面面积为 $b \times h = 250\ \text{mm} \times 500\ \text{mm}$。

（3）计算钢筋面积 A_s。

$$h_0 = h - a_s = 500 - 45 = 455(\text{mm})$$

由式（4-20a）计算 x

$$x = h_0 - \sqrt{h_0^2 - \frac{2M}{\alpha_1 f_c b}} = 455 - \sqrt{455^2 - \frac{2 \times 185 \times 10^6}{1.0 \times 19.1 \times 250}}$$
$$= 95.08(\text{mm}) < \xi_b h_0 = 0.518 \times 455 = 235.69(\text{mm})$$

满足适用条件

由式（4-19）可得

$$A_s = \frac{\alpha_1 f_c bx}{f_y} = \frac{1.0 \times 19.1 \times 250 \times 95.08}{360} = 1\ 261.13(\text{mm}^2) > \rho_{min}bh$$
$$= 0.21\% \times 250 \times 500 = 262.5(\text{mm}^2)$$

符合适用条件，查附表 2-1，实际选用 4 Φ 20（$A_s = 1\ 256\ \text{mm}^2$），实际面积比计算面积小 $\dfrac{1\ 261.13 - 1\ 256}{1\ 256} \approx 0.33\% < 5\%$，钢筋净间距 $s_n = (250 - 2 \times 25 - 4 \times 20)/3 = 40(\text{mm}) > d$，且 $s_n > 25$ mm，符合要求。

（4）绘制配筋图，如图 4-16 所示。

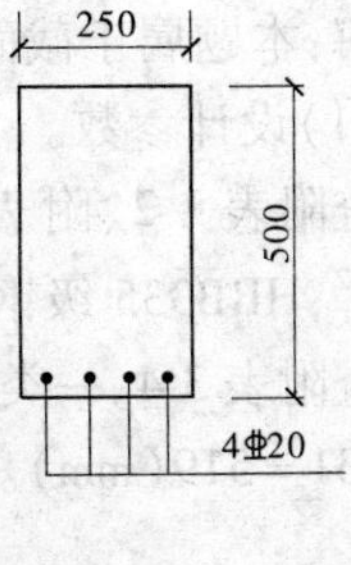

图 4-16　例 4-2 配筋图

【例 4-3】　已知某单跨简支板，处于一类环境，计算跨度 $l_0 = 2.5$ m，承受均布荷载设计值 $g + q = 6\ \text{kN/m}^2$（包括板自重），采用 C30 混凝土和 HRB335 级钢筋，试配置该简支板的受拉钢筋。

解：本题属于截面设计类型。

（1）设计参数。

查附表 1-2、附表 1-7、表 4-2、表 4-3 可知：C30 混凝土 $f_c = 14.3\ \mathrm{N/mm^2}$，$f_t = 1.43\ \mathrm{N/mm^2}$；HRB335 级钢筋 $f_y = 300\ \mathrm{N/mm^2}$；$\alpha_1 = 1.0$，$\xi_b = 0.55$。

取 1 m 宽板带为计算单元，$b = 1\ 000$ mm，初选 $h = 80$ mm（约为宽度的 1/30）。

查附表 3-4，一类环境，$c = 15$ mm，则 $a_s = c + d/2 = 15 + 10/2 = 20$（mm），$h_0 = h - a_s = 80 - 20 = 60$（mm）。

查附表 3-6，$\rho_{min} = 0.2\% < 45 f_t/f_y\% = 45 \times 1.43/300\% = 0.21\%$，所以取 $\rho_{min} = 0.21\%$。

（2）内力计算。

简支板的受力为跨内受均布荷载的单跨结构，由题目可知，$l_0 = 2\ 500$ mm，承受的均布荷载的设计值为：$q + g = 6.0$ kN/m，故跨中最大弯矩设计值为

$$M = \gamma_0 \frac{1}{8}(q+g)l_0^2 = 1.0 \times \frac{1}{8} \times 6.0 \times 2.5^2 = 4.69(\mathrm{kN \cdot m})$$

（3）计算钢筋截面面积。

由式（4-27a）可得

$$\alpha_s = \frac{M}{\alpha_1 f_c b h_0^2} = \frac{4.69 \times 10^6}{1 \times 14.3 \times 1\ 000 \times 60^2} = 0.091$$

$$\xi = 1 - \sqrt{1 - 2\alpha_s} = 1 - \sqrt{1 - 2 \times 0.091} = 0.1 < \xi_b$$

满足适用条件

由式（4-26）可得

$$A_s = \frac{\alpha_1 f_c b \xi h_0}{f_y} = \frac{1.0 \times 14.3 \times 1\ 000 \times 0.1 \times 60}{300} = 286(\mathrm{mm^2}) > \rho_{min} bh$$

$$= 0.21\% \times 1\ 000 \times 80 = 168(\mathrm{mm^2})$$

满足适用条件。

（4）选配钢筋、绘配筋图。

查附表 2-2，实际选用Φ 8@170（$A_s = 296\ \mathrm{mm^2}$），如图 4-17 所示。

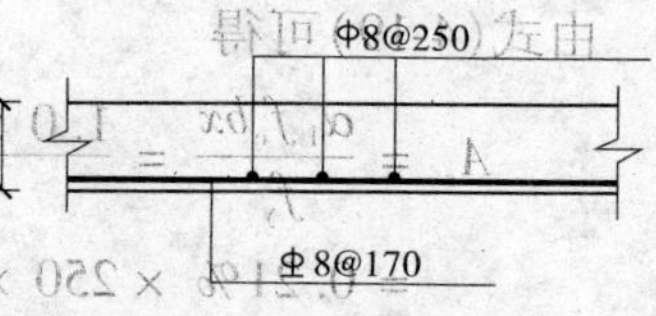

图 4-17　例 4-3 配筋图

【例 4-4】　已知钢筋混凝土矩形梁，处于一类环境，其截面尺寸 $b \times h = 250\ \mathrm{mm} \times 550\ \mathrm{mm}$，采用 C25 混凝土，配有 HRB335 级钢筋 3 Φ 22（$A_s = 1\ 140\ \mathrm{mm^2}$）。试验算此梁承受弯矩设计值 $M = 150\ \mathrm{kN \cdot m}$ 时，是否安全？

解：本题属于截面复核类。

（1）设计参数。

查附表 1-2、附表 1-7、表 4-2、表 4-3 可知：C25 混凝土 $f_c = 11.9\ \mathrm{N/mm^2}$，$f_t = 1.27\ \mathrm{N/mm^2}$；HRB335 级钢筋 $f_y = 300\ \mathrm{N/mm^2}$；$\alpha_1 = 1.0$，$\xi_b = 0.55$。

查附表 3-4，一类环境，$c = 20$ mm，则 $a_s = c + d/2 = 20 + 22/2 = 31$（mm），$h_0 = h - a_s = 550 - 31 = 519$（mm）。

查附表 3-6，$\rho_{min} = 0.2\% > 45\dfrac{f_t}{f_y}\% = 45 \times \dfrac{1.27}{300}\% = 0.19\%$，取 $\rho_{min} = 0.2\%$。

(2)公式适用条件判断。

①判断是否少筋。

$$A_s = 1\,140\ \text{mm}^2 > \rho_{\min} bh = 0.2\% \times 250 \times 550 = 275(\text{mm}^2)$$

截面不会发生少筋破坏。

②计算受压区高度,判断是否超筋。

由式(4-19)可得

$$x = \frac{f_y A_s}{\alpha_1 f_c b} = \frac{300 \times 1\,140}{1.0 \times 11.9 \times 250} = 115(\text{mm}) < \xi_b h_0 = 0.55 \times 519 = 285.45(\text{mm})$$

截面不会发生超筋破坏。

③截面承载能力验算。

$$M_u = \alpha_1 f_c bx\left(h_0 - \frac{x}{2}\right) = 1.0 \times 11.9 \times 250 \times 115 \times \left(519 - \frac{115}{2}\right)$$

$$= 157.89 \times 10^6 (\text{N} \cdot \text{mm}) = 157.89\ \text{kN} \cdot \text{m} > M = 150\ \text{kN} \cdot \text{m}$$

配筋能满足承载力要求,截面安全。

第六节　双筋矩形截面受弯构件的正截面承载力计算

一、概述

前面介绍单筋矩形截面设计时,如果出现 $\xi \geqslant \xi_b$ ($x \geqslant \xi_b h_0$) 或 $M > \alpha_1 f_c b h_0^2 \xi_b (1 - 0.5\xi_b)$,说明受压区承载力不足,可采取加大截面、提高混凝土强度等级等措施。如果上面两种措施受到限制,可采用配受压钢筋(即双筋矩形截面)。另外,如果受弯构件在不同的荷载组合情况下产生变号弯矩,则需在截面的顶部和底部均配置纵向钢筋,因而也会形成双筋截面。双筋梁可以提高承载力,提高延性,减小构件变形,但一般情况下采用双筋截面是不经济的,设计时还是应该尽量避免。实际工程中有受弯双筋矩形截面的构件存在,所以要研究其正截面承载力计算问题,建立其正截面承载力计算公式。

二、基本公式及适用条件

(一)基本公式建立

在考虑了受压钢筋参加工作后,就可以得出如图 4-18 所示的双筋矩形截面抗弯承载力计算的应力图形。

根据图 4-18 的计算简图,利用力和力矩平衡可写出如下的方程

$$\alpha_1 f_c bx + A'_s \sigma'_s = A_s f_y \tag{4-28}$$

$$M \leqslant M_u = \alpha_1 f_c bx\left(h_0 - \frac{x}{2}\right) + A'_s \sigma'_s (h_0 - a'_s) \tag{4-29}$$

式中　A'_s——纵向受压钢筋面积;

　　σ'_s——构件破坏时受压钢筋应力。

σ'_s 应该等于多少是要解决的关键问题。如图 4-19 所示,截面应变符合平截面假定。

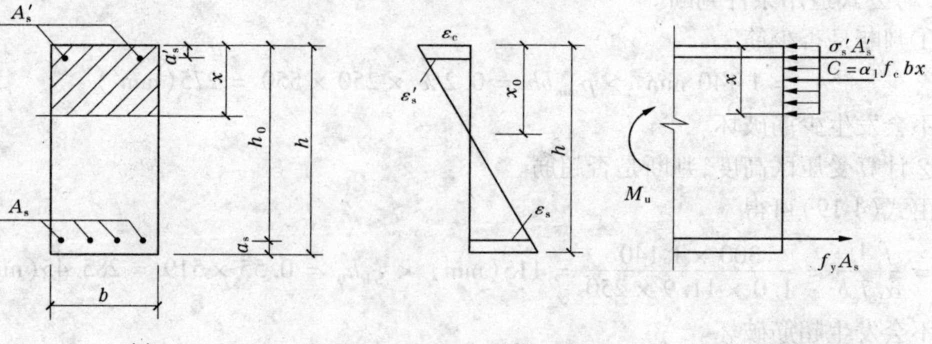

图 4-18　双筋矩形截面的计算简图

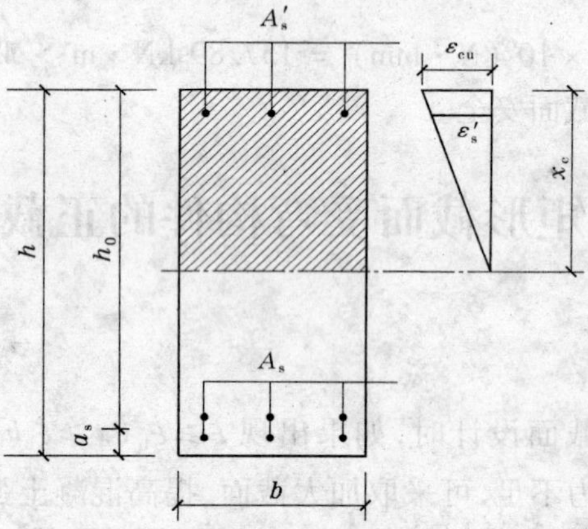

图 4-19　受压钢筋应变分布简图

$$\frac{\varepsilon'_s}{\varepsilon_{cu}}=\frac{x_c-a'_s}{x_c}$$

则

$$\varepsilon'_s=\frac{x_c-a'_s}{x_c}\varepsilon_{cu}=(1-\frac{a'_s}{x/\beta_1})\varepsilon_{cu}=(1-\frac{\beta_1 a'_s}{x})\varepsilon_{cu}$$

若取 $a'_s=\frac{1}{2}x$，则

$$\varepsilon'_s=(1-\frac{0.5x\beta_1}{x})\varepsilon_{cu}=(1-0.5\beta_1)\varepsilon_{cu}$$

当 $f_{cu,k}=80\ \text{N/mm}^2$ 时，$\varepsilon_{cu}=0.003$，$\beta_1=0.74$，可得 $\varepsilon'_s=0.001\ 89$，相应的压应力 $\sigma'_s=\varepsilon'_s E_s=0.001\ 89\times2\times10^5=378(\text{N/mm}^2)$。由附表 1-7 知，对于 HPB300 级、HRB400 级、HRBF400 级、HRB500 级、HRBF500 级、RRB400 级钢筋，σ'_s 值已超过钢筋的抗拉强度设计值 f_y，所以当 $x\geqslant2a'_s$ 时，采用上述钢筋，受压钢筋都可以达到屈服，也就是 $\sigma'_s=f'_y$。将式(4-28)和式(4-29)中的 σ'_s 用 f'_y 代替，得到双筋矩形截面的正截面承载力计算式(4-30)和式(4-31)，可见纵向受压钢筋的应力用 f'_y 表示的先决条件是：$x\geqslant2a'_s$，其含义是受压钢筋的位置离中和轴不能太近，否则受压钢筋应变 ε'_s 太小，以致其应力达不到抗压强度设计值 f'_y。

$$\alpha_1 f_c bx + A'_s f'_y = A_s f_y \tag{4-30}$$

$$M \leqslant M_u = \alpha_1 f_c bx\left(h_0 - \frac{x}{2}\right) + A'_s f'_y (h_0 - a'_s) \tag{4-31}$$

(二)适用条件

为了保证受拉钢筋先达到屈服,必须满足 $x \leqslant \xi_b h_0$ 或 $\xi \leqslant \xi_b$;为了保证受压钢筋能达到屈服,必须满足 $x \geqslant 2a'_s$。

三、基本公式的应用

(一)截面设计

1. 第一种情况

已知弯矩设计值 M,截面尺寸 b、$h(h_0)$,材料强度 f_y、f'_y 和 f_c,求截面配筋 A'_s 和 A_s。未知数:受压区高度 x、截面配筋 A'_s 和 A_s。

$$\alpha_1 f_c b\xi h_0 + A'_s f'_y = A_s f_y \tag{4-32}$$

$$M \leqslant M_u = \alpha_1 f_c bh_0^2 \xi(1 - 0.5\xi) + A'_s f'_y (h_0 - a'_s) \tag{4-33}$$

两个方程,三个未知数,得不到确定解。根据充分利用受压区混凝土受压,使钢筋用量 $A'_s + A_s$ 为最小的原则,取 $x = x_b = \xi_b h_0$ 或 $\xi = \xi_b$,截面配筋即可求。

设计步骤:

(1)假定 $\xi = \xi_b$。

(2)由式(4-33)可求得 A'_s

$$A'_s = \frac{M - \alpha_1 f_c bh_0^2 \xi_b (1 - 0.5\xi_b)}{f'_y (h_0 - a'_s)}$$

或

$$A'_s = \frac{M - \alpha_{s,max} \alpha_1 f_c bh_0^2}{f'_y (h_0 - a'_s)}$$

(3)由式(4-32)求 A_s

$$A_s = \frac{\alpha_1 f_c b\xi_b h_0 + A'_s f'_y}{f_y} \quad 或 \quad A_s = \frac{\alpha_1 f_c b\xi_b h_0}{f_y} + A'_s$$

2. 第二种情况

已知弯矩设计值 M,截面尺寸 b、$h(h_0)$,材料强度 f_y、f'_y 和 f_c 及 A'_s,求 A_s。未知数:受压区高度 x、截面配筋 A_s。

两个方程,两个未知量,可得确定解。

设计步骤:

(1)首先由式(4-31)求 x 或由式(4-33)先求 α_s、再求 ξ 和 x。

$$x = h_0 - \sqrt{h_0^2 - \frac{2[M - A'_s f'_y (h_0 - a'_s)]}{\alpha_1 f_c b}}$$

或

$$\alpha_s = \frac{M - A'_s f'_y (h_0 - a'_s)}{\alpha_1 f_c bh_0^2} \rightarrow \xi \leqslant 1 - \sqrt{1 - 2\alpha_s} \rightarrow x = \xi h_0$$

(2)验算适用条件及求 A_s。

如果 $2a'_s \leqslant x \leqslant \xi_b h_0$,将 x 代入式(4-30)求 A_s,得

$$A_s = \frac{\alpha_1 f_c bx + A'_s f'_y}{f_y}$$

如果 $x < 2a'_s$，说明受压钢筋应力未达到屈服，令 $x = 2a'_s$，如图 4-20 所示，用所有的力对受压钢筋合力作用点取矩，建立式(4-34)

$$M \leqslant M_u = A_s f_y (h_0 - a'_s) \qquad (4\text{-}34)$$

则

$$A_s = \frac{M}{f_y (h_0 - a'_s)} \qquad (4\text{-}35)$$

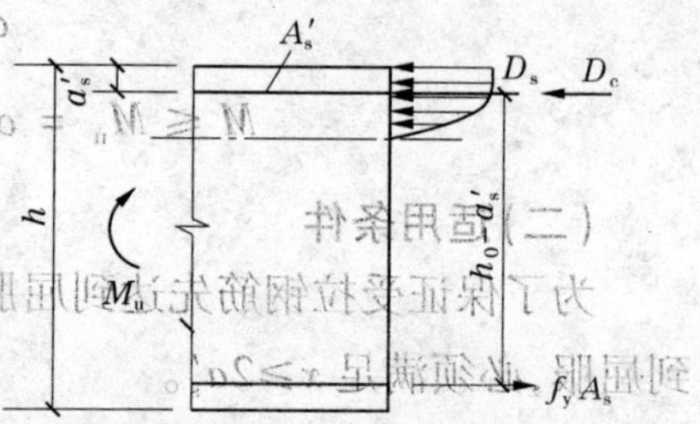

图 4-20 $x < 2a'_s$ 进双筋截面计算简图

如果 $x > \xi_b h_0$，表明 A'_s 配置不足，可按截面设计的第一种情况计算，即 A'_s 和 A_s 均为未知情况重新计算。

(二) 截面复核

已知：b、h、a_s、a'_s、A_s、A'_s、f_y、f'_y、f_c，求 M_u。

设计步骤：

(1) 验算配筋率。

如果 $A_s < \rho_{min} bh$，按素混凝土构件计算 M_u；如果 $A_s \geqslant \rho_{min} bh$，按如下步骤进行。

(2) 先由式(4-30)求 x

$$x = \frac{A_s f_y - A'_s f'_y}{\alpha_1 f_c b}$$

(3) 验算条件及求 M_u。

如果 $2a'_s \leqslant x \leqslant \xi_b h_0$，则

$$M_u = \alpha_1 f_c bx (h_0 - x/2) + A'_s f'_y (h_0 - a'_s)$$

或

$$M_u = \alpha_1 f_c bh_0^2 \xi (1 - 0.5\xi) + A'_s f'_y (h_0 - a'_s)$$

如果 $x < 2a'_s$，则

$$M_u = f_y A_s (h_0 - a'_s)$$

如果 $x > \xi_b h_0$，则

$$M_u = \alpha_1 f_c bh_0^2 \xi_b (1 - 0.5\xi_b) + A'_s f'_y (h_0 - a'_s)$$

(4) 截面复核。

如果 $M \leqslant M_u$，截面安全；如果 $M > M_u$，截面不安全。

【例 4-5】 已知某矩形截面梁，处于二 a 类环境，截面尺寸 $b \times h = 250\ \text{mm} \times 500\ \text{mm}$，采用 C30 混凝土和 HRB400 级钢筋，截面弯矩设计值 $M = 380\ \text{kN} \cdot \text{m}$。试配置截面钢筋。

解：本题属于截面设计类型。

(1) 设计参数。

查附表 1-2 和附表 1-7 及表 4-2、表 4-3，可知，C30 混凝土 $f_c = 14.3\ \text{N/mm}^2$，$f_t = 1.43\ \text{N/mm}^2$；HRB400 级钢筋 $f_y = f'_y = 360\ \text{N/mm}^2$；$\alpha_1 = 1.0$，$\xi_b = 0.518$，$\alpha_{s,max} = \xi_b (1 - 0.5\xi_b) = 0.518 \times (1 - 0.5 \times 0.518) = 0.384$。查附表 3-4，C30 混凝土二 a 类环境，$c = 25\ \text{mm}$，则 $a_s = c + d/2 = 25 + 20/2 = 35(\text{mm})$，$h_0 = h - a_s = 500 - 35 = 465(\text{mm})$。查附表 3-6，$\rho_{min} = 0.2\% > 45 f_t / f_y \% = 0.175\%$，取 $\rho_{min} = 0.2\%$。

(2) 计算钢筋截面面积。

由式(4-20a)可得

$$x = h_0 - \sqrt{h_0^2 - \frac{2M}{\alpha_1 f_c b}} = 465 - \sqrt{465^2 - \frac{2 \times 380 \times 10^6}{1.0 \times 14.3 \times 250}}$$

$$= 404.68(\mathrm{mm}) > \xi_b h_0 = 0.518 \times 465 = 240.87(\mathrm{mm})$$

所以,需要按双筋矩形截面计算,属于双筋截面的第一种情况,假定 $\xi = \xi_b$,即 $\alpha_s = \alpha_{s,\max}$。

由公式(4-33)可得

$$A'_s = \frac{M - \alpha_{s,\max}\alpha_1 f_c b h_0^2}{f'_y(h_0 - a'_s)} = \frac{380 \times 10^6 - 0.384 \times 1.0 \times 14.3 \times 250 \times 465^2}{360 \times (465 - 35)}$$

$$= 537.25(\mathrm{mm}^2) > \rho_{\min} bh = 0.2\% \times 250 \times 500 = 250(\mathrm{mm}^2)$$

按构造要求,查附表 2-1 选 2 Φ 12 + 2 Φ 14 的钢筋($A'_s = 534\ \mathrm{mm}^2$),比计算面积小不到 5%,满足要求。

再由(4-32)可得

$$A_s = \frac{\alpha_1 f_c b \xi_b h_0 + A'_s f'_y}{f_y} = \frac{1 \times 14.3 \times 250 \times 0.518 \times 465 + 534 \times 360}{360}$$

$$= 2\,925.97(\mathrm{mm}^2) > \rho_{\min} bh = 0.2\% \times 250 \times 500 = 250(\mathrm{mm}^2)$$

符合适用条件,实际选用 6 Φ 25 的钢筋($A_s = 2\,945\ \mathrm{mm}^2$),但按单排布置需要的最小宽度大于梁宽,必须采用双排布置,这样 a_s 就不能按单排计算,a_s 取 60 mm 重新计算。计算得 $A'_s = 783.44\ \mathrm{mm}^2$,选 4 Φ 16($A'_s = 804\ \mathrm{mm}^2$),$A_s = 3\,067.37\ \mathrm{mm}^2$,选 8 Φ 22($A_s = 3\,041\ \mathrm{mm}^2$),选筋面积比计算面积少 $\frac{3\,067.37 - 3\,041}{3\,041} = 0.87\%$,不超过 5%,满足工程要求。

(3)绘制配筋图,如图 4-21 所示。

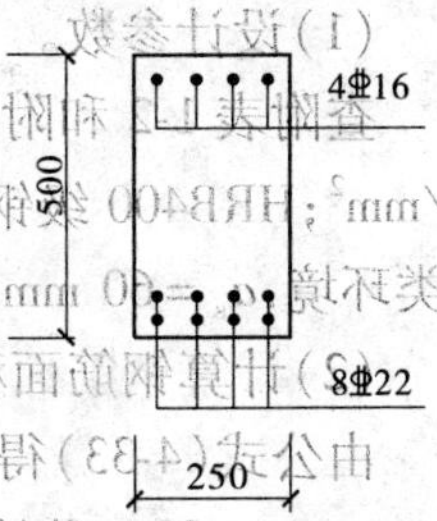

图 4-21　例 4-5 配筋简图

【例 4-6】　已知条件同例 4-5,但在受压区已配有 3 Φ 22($A'_s = 1\,140\ \mathrm{mm}^2$)的 HRB400 级钢筋。试计算受拉钢筋的截面面积 A_s。

解:本题属于设计类型。

(1)设计参数。

查附表 1-2 和附表 1-7 及表 4-2、表 4-3 可知:C30 混凝土 $f_c = 14.3\ \mathrm{N/mm^2}$,$f_t = 1.43\ \mathrm{N/mm^2}$;HRB400 级钢筋 $f_y = 360\ \mathrm{N/mm^2}$;$\alpha_1 = 1.0$,$\xi_b = 0.518$。查附表 3-4,C30 混凝土二 a 类环境,$a_s = 60$ mm,$a'_s = 35$ mm,则 $h_0 = h - a_s = 500 - 60 = 440(\mathrm{mm})$。

(2)计算钢筋面积。

由式(4-33)得

$$\alpha_s = \frac{M - f'_y A'_s(h_0 - a'_s)}{\alpha_1 f_c b h_0^2} = \frac{380 \times 10^6 - 360 \times 1\,140 \times (440 - 35)}{1.0 \times 14.3 \times 250 \times 440^2} = 0.309$$

根据 α_s 值可求得 ξ 为

$$\xi = 1 - \sqrt{1 - 2\alpha_s} = 1 - \sqrt{1 - 2 \times 0.309} = 0.382 < \xi_b = 0.518$$

将 ξ 值代入式(4-32),得

$$A_s = \frac{\alpha_1 f_c b\xi h_0 + f'_y A'_s}{f_y} = \frac{1.0\times 14.3\times 250\times 0.382\times 440 + 360\times 1\,140}{360}$$

$$= 2\,809.13(\text{mm}^2) > \rho_{min}bh = 0.2\%\times 250\times 500 = 250(\text{mm}^2)$$

(3)选配钢筋、绘配筋简图,如图 4-22 所示。

查附表 2-1,实际选用 4 ⌀ 20 + 4 ⌀ 22(A_s = 2 776 mm²),选筋面积比计算面积少$\frac{2\,809.13-2\,776}{2\,776}=1.19\%$,不超过 5%,满足工程要求。

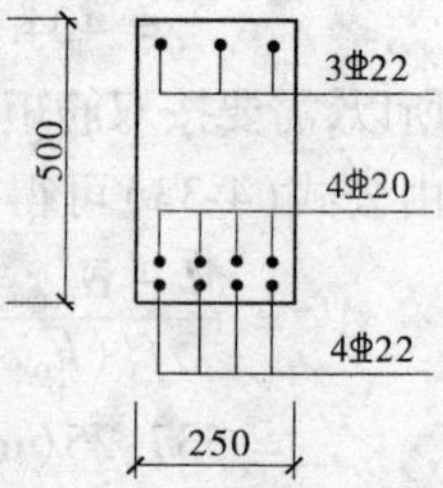

图 4-22 例 4-6 配筋简图

(4)讨论。

例 4-5 中,$A'_s + A_s$ = 783.44 + 3 067.37 = 3 850.81(mm²);例 4-6 中,$A'_s + A_s$ = 1 140 + 2 809.13 = 3 949.13(mm²)。由例 4-5和例 4-6 比较,例 4-5 的用钢量比例 4-6 的用钢量要少。

【例 4-7】 已知条件同例 4-5,但在受压区已配有 4 ⌀ 25(A'_s = 1 964 mm²)的 HRB400 级钢筋。试计算受拉钢筋的截面面积 A_s。

解:本题属于设计类型。

(1)设计参数。

查附表 1-2 和附表 1-7 及表 4-2、表 4-3 可知:C30 混凝土 f_c = 14.3 N/mm², f_t = 1.43 N/mm²;HRB400 级钢筋 f_y = 360 N/mm²;α_1 = 1.0,ξ_b = 0.518。查附表 3-4,C30 混凝土二 a 类环境,a_s = 60 mm,a'_s = 35 mm,则 $h_0 = h - a_s = 500 - 60 = 440$(mm)。

(2)计算钢筋面积。

由公式(4-33)得

$$\alpha_s = \frac{M - f'_y A'_s(h_0 - a'_s)}{\alpha_1 f_c b h_0^2} = \frac{380\times 10^6 - 360\times 1\,964\times(440-35)}{1.0\times 14.3\times 250\times 440^2} = 0.135$$

根据 α_s 值可求得 ξ 为

$$\xi = 1 - \sqrt{1-2\alpha_s} = 1 - \sqrt{1 - 2\times 0.135} = 0.146 < \xi_b = 0.518$$

则 $$x = \xi h_0 = 0.146\times 440 = 64.24(\text{mm}) < 2a'_s = 2\times 35 = 70(\text{mm})$$

应根据式(4-34)计算 A_s,得

$$A_s = \frac{M}{f_y(h_0 - a_s)} = \frac{380\times 10^6}{360\times(440-35)} = 2\,606.31(\text{mm}^2)$$

(3)选配钢筋、绘配筋简图,如图 4-23 所示。查附表 2-1,实际选用 7 ⌀ 22(A_s = 2 661 mm²)。

(4)讨论。

例 4-5 中,$A'_s + A_s$ = 783.44 + 3 067.37 = 3 850.81(mm²);例 4-6 中,$A'_s + A_s$ = 1 140 + 2 809.13 = 3 949.13(mm²);例 4-7 中,$A'_s + A_s$ = 1 964 + 2 606.31 = 4 570.3(mm²)。由例 4-5、例 4-6 和例 4-7 比较,可以看出,让混凝土充分发挥作用即($\xi = \xi_b$)时,总用钢量比其他情况总用钢量都少,而当 $x < 2a'_s$ 时,因为受压钢筋未屈服,所以钢筋用量最多。

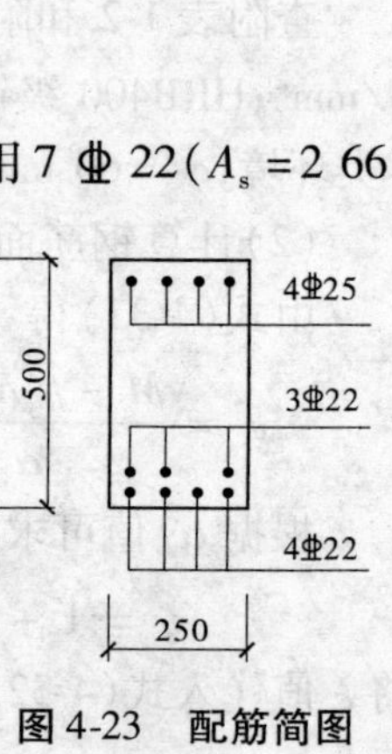

图 4-23 配筋简图

【例4-8】　已知矩形截面梁,处于三a类环境,截面尺寸 $b \times h = 250\ mm \times 500\ mm$,采用C30混凝土和HRB335级钢筋。在受压区配有3 Φ 16的钢筋,在受拉区配有3 Φ 22的钢筋。试验算此梁承受弯矩设计值 $M = 120\ kN \cdot m$ 时,是否安全?

解:本题属于截面复核类型。

(1)设计资料。

查附表1-2和附表1-7及表4-2和表4-3,可知C30混凝土 $f_c = 14.3\ N/mm^2$,$f_t = 1.43\ N/mm^2$;HRB335级钢筋 $f_y = f'_y = 300\ N/mm^2$;$\alpha_1 = 1.0$,$\xi_b = 0.55$。查附表2-1可知,$A'_s = 603\ mm^2$,$A_s = 1\ 140\ mm^2$。查附表3-4,C30混凝土三a类环境,取 $a_s = 50\ mm$,$a'_s = 50\ mm$,则 $h_0 = h - a_s = 500 - 50 = 450(mm)$。

(2)截面复核。

由基本式(4-32)得

$$\xi = \frac{A_s f_y - A'_s f'_y}{\alpha_1 f_c b h_0} = \frac{(1\ 140 - 603) \times 300}{1.0 \times 14.3 \times 250 \times 450} = 0.10 < \xi_b = 0.55$$

则
$$x = \xi h_0 = 0.10 \times 450 = 45(mm) < 2a'_s = 100\ mm$$

说明受压钢筋有富余,在破坏时,受压钢筋达不到屈服强度,由式(4-34)得

$$M_u = f_y A_s (h_0 - a'_s) = 300 \times 1\ 140 \times (450 - 50)$$
$$= 136.8 \times 10^6 (N \cdot mm) = 136.8\ kN \cdot m > 120\ kN \cdot m$$

截面满足承载力要求,安全。

第七节　T形截面受弯构件正截面受弯承载力计算

一、概述

(一)T形截面的形成及其应用

前面介绍单、双筋矩形截面正截面承载力计算公式时,忽略混凝土的抗拉作用,因为混凝土的抗拉强度很低,受拉区的混凝土在构件破坏前就已经开裂了,不参加梁的受弯工作,所以承载力计算公式与受拉区的截面形状和大小没有关系。如图4-24所示,对于截面尺寸较大的矩形截面构件,将受拉区部分混凝土挖去,既可节省混凝土又可减轻构件自重,但又不降低承载力,真是有百利而无一害的事情。所以,在实际工程中经常会遇到T形截面的构件,如现浇肋形楼盖的连续梁(见图4-25)跨中是T形截面(下部受拉、上部受压),可按T形截面梁计算,支座附近截面按矩形截面计算(下部受压,上部受拉);工业厂房中的吊车梁一般是预制的T形梁等。还有一些其他截面形式的预制构件如双T形屋面板、I形吊车梁、薄腹屋面梁以及预制空心板等(见图4-25),也按T形受弯构件考虑。

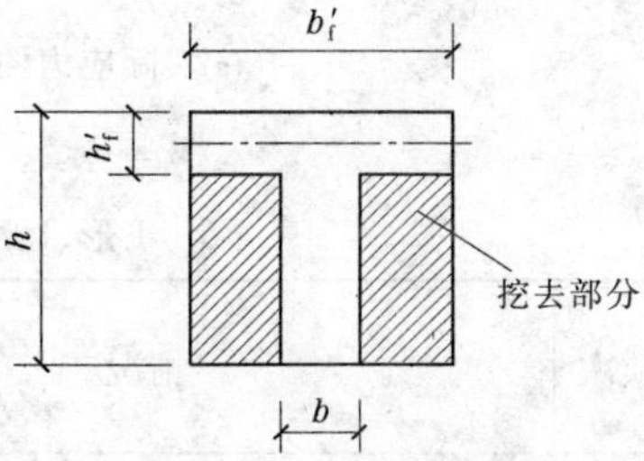

图4-24　T形截面梁的形成

(二)T形截面翼缘有效计算宽度 b'_f 的确定

T形截面与矩形截面的主要区别在于翼缘部分是否参与受压。试验研究与理论分析

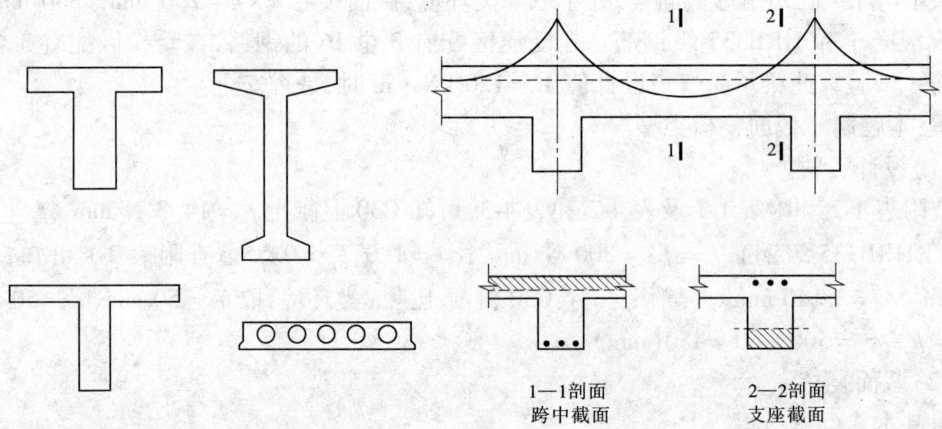

图 4-25　工程结构中的 T 形截面

表明，翼缘的压应力分布不均匀，离梁肋近的压应力大，离梁肋远的压应力小，离梁肋越远的压应力越小（见图 4-26（a）），可见翼缘参与受压的有效宽度是有限的。因此，在设计 T 形截面梁时应将翼缘限制在一定范围内，该范围称为翼缘计算宽度 b_f'，同时假定在 b_f' 范围内压应力均匀分布（见图 4-26（b））；《混凝土结构设计规范》（GB 50010—2010）规定了 T 形、I 形及倒 L 形截面受弯构件翼缘计算宽度 b_f' 的取值，考虑到 b_f' 与翼缘厚度、梁跨度和受力状态等因素有关，应按表 4-5 中规定各项的最小值取用。

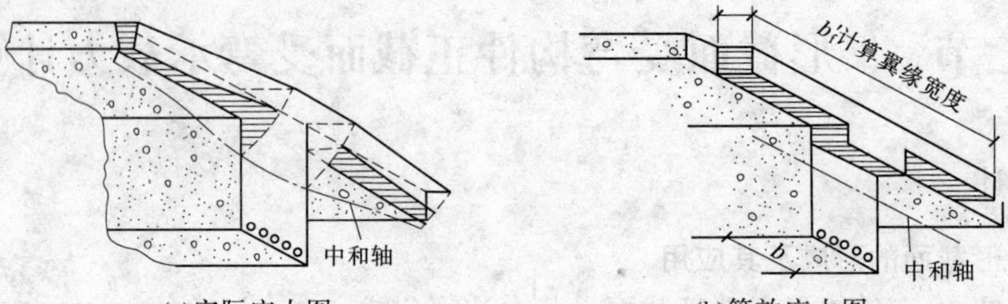

(a)实际应力图　　(b)等效应力图

图 4-26　T 形截面应力分布

表 4-5　T 形、I 形及倒 L 形截面受弯构件构件翼缘计算宽度 b_f'

项次	情况	T 形、I 形截面		倒 L 形截面
		肋形梁、肋形板	独立梁	肋形梁、肋形板
1	按计算跨度 l_0 考虑	$l_0/3$	$l_0/3$	$l_0/6$
2	按梁（纵肋）净距 s_n 考虑	$b+s_n$	—	$b+s_n/2$
3	按翼缘高度 h_f' 考虑（$h_f'/h_0<0.05$）	$b+12h_f'$	b	$b+5h_f'$

注：1. 表中 b 为腹板宽度。

2. 如肋形梁在梁跨内设有间距小于纵肋间距的横肋，可不遵守表列情况 3 的规定。

3. 对加腋的 T 形、I 形及倒 L 形截面，当受压区加腋的高度 $h_h \geqslant h_f'$ 且加腋的宽度 $b_h \leqslant 3h_h$ 时，其翼缘计算宽度可按表列情况 3 的规定分别增加 $2b_h$（T 形、I 形截面）和 b_h（倒 L 形截面）。

4. 独立梁受压区的翼缘板在荷载作用下经验算沿纵肋方向可能产生裂缝时，其计算宽度应取腹板宽度 b。

5. 表中符号意义见图 4-27。

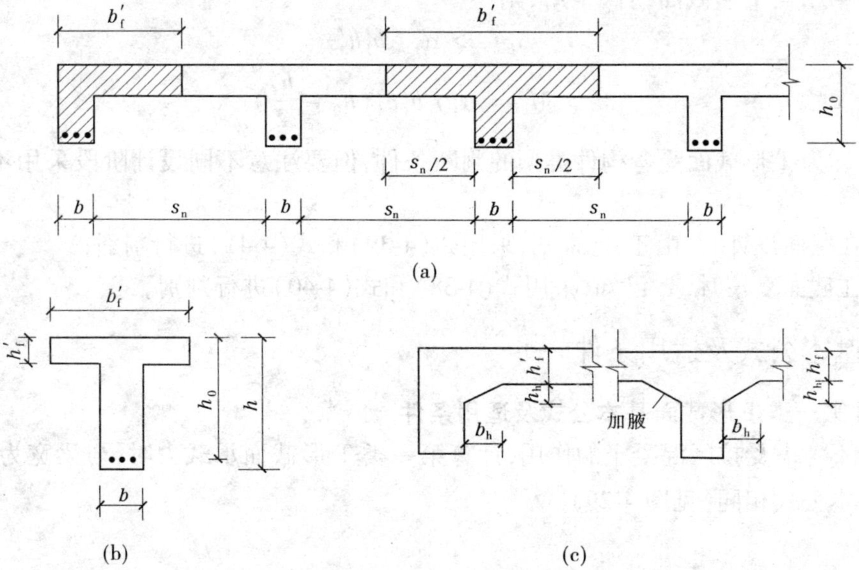

图 4-27　表 4-4 说明附图

(三)T 形截面的分类

通常可以按中和轴所在位置不同把 T 形截面分为两类:第一类是中和轴通过翼缘,如图 4-28(a)所示,即 $x < h_f'$;第二类是中和轴通过腹板,如图 4-28(c)所示,即 $x > h_f'$。要判断中和轴所在位置,首先应对界限位置进行分析,界限位置是中和轴通过翼缘下边缘,即 $x = h_f'$ 处(见图 4-28(b))。

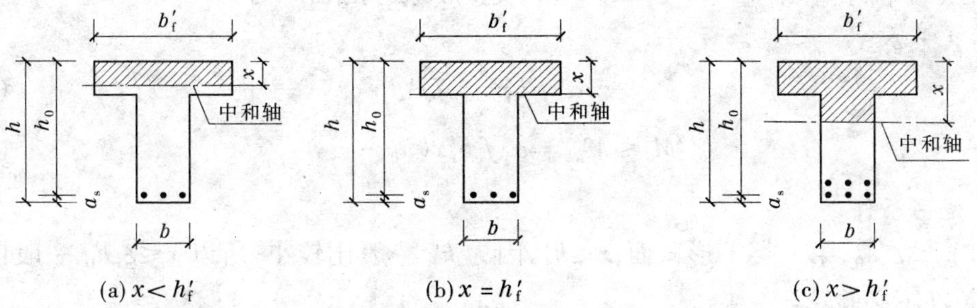

图 4-28　T 形截面判断图

根据力和力矩平衡条件可得

$$\alpha_1 f_c b_f' h_f' = f_y A_s \tag{4-36}$$

$$M_u = \alpha_1 f_c b_f' h_f' (h_0 - \frac{h_f'}{2}) \tag{4-37}$$

对于第一类 T 形截面,有 $x \leqslant h_f'$,则

$$A_s f_y \leqslant \alpha_1 f_c b_f' h_f' \tag{4-38}$$

$$M \leqslant M_u = \alpha_1 f_c b_f' h_f' (h_0 - \frac{h_f'}{2}) \tag{4-39}$$

对于第二类 T 形截面，有 $x > h'_f$，则

$$A_s f_y > \alpha_1 f_c b'_f h'_f \tag{4-40}$$

$$M > M_u = \alpha_1 f_c b'_f h'_f (h_0 - \frac{h'_f}{2}) \tag{4-41}$$

以上即为 T 形截面受弯构件类型的判断条件，但要注意不同设计阶段采用不同的判别公式：

(1) 在截面设计时，由于 A_s 未知，采用式(4-39)和式(4-41)进行判别；

(2) 在截面复核时，A_s 已知，采用式(4-38)和式(4-40)进行判别。

二、基本公式及适用条件

(一) 第一类 T 形截面基本公式及适用条件

由于不考虑受拉区混凝土的作用，计算第一类 T 形截面承载力时，与梁宽为 b'_f 矩形截面的基本公式相同(见图 4-29)。

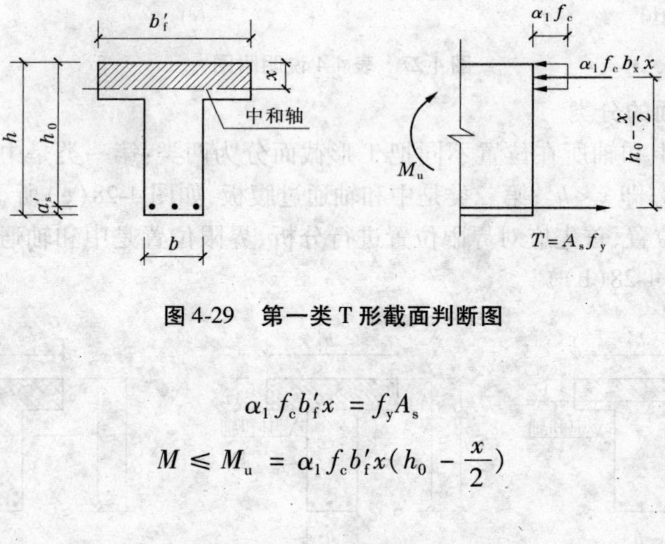

图 4-29　第一类 T 形截面判断图

1. 基本公式

$$\alpha_1 f_c b'_f x = f_y A_s \tag{4-42}$$

$$M \leqslant M_u = \alpha_1 f_c b'_f x (h_0 - \frac{x}{2}) \tag{4-43}$$

2. 适用条件

(1) $x \leqslant \xi_b h_0$，第一类 T 形截面，$x \leqslant h'_f$，因为 h'_f 一般比较小，所以 $x \leqslant \xi_b h_0$ 一般自然满足，此条件不必验算。

(2) $\rho \geqslant \rho_{min} \frac{h}{h_0}$。应该注意，尽管第一类 T 形截面承载力计算按 $b'_f \times h$ 的矩形截面计算，但最小配筋面积按 $\rho_{min} bh$ 而不是 $\rho_{min} b'_f h$。这是因为最小配筋率 ρ_{min} 是在钢筋混凝土梁开裂后的受弯承载力与相同截面素混凝土梁受弯承载力相同的条件下得出来的，而素混凝土 T 形截面受弯构件的受弯承载力与素混凝土矩形截面的受弯承载力接近，为简化计算，按 $b \times h$ 的矩形截面的受弯构件的 ρ_{min} 来判断。

对于 I 形截面和倒 T 形截面，应满足 $A_s \geqslant \rho_{min}[bh + (b_f - b)h_f]$，其中，$b_f$、$h_f$ 分别为 I 形截面、倒 T 形截面的受拉翼缘宽度和高度。

(二) 第二类 T 形截面基本公式及适用条件

第二类 T 形截面的中和轴在腹板内，即 $x > h'_f$，可将该截面分为矩形截面和伸出翼缘

两部分,如图4-30所示。

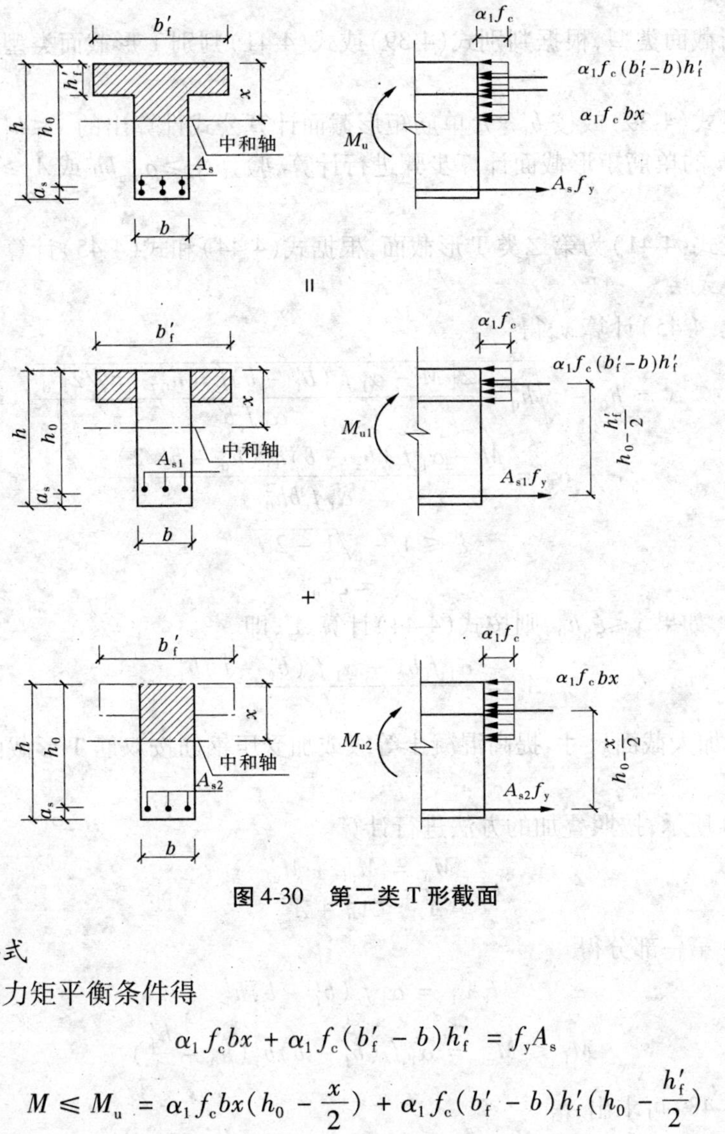

图4-30　第二类T形截面

1. 基本公式

根据力和力矩平衡条件得

$$\alpha_1 f_c bx + \alpha_1 f_c(b'_f - b)h'_f = f_y A_s \tag{4-44}$$

$$M \leqslant M_u = \alpha_1 f_c bx(h_0 - \frac{x}{2}) + \alpha_1 f_c(b'_f - b)h'_f(h_0 - \frac{h'_f}{2}) \tag{4-45}$$

2. 适用条件

(1)$x \leqslant \xi_b h_0$。

(2)$\rho \geqslant \rho_{min}\frac{h}{h_0}$,即$A_s \geqslant \rho_{min}bh$或$A_s \geqslant \rho_{min}[bh + (b_f - b)h_f]$。该条件一般都可满足,可不必验算。

三、基本公式的应用

(一)截面设计

已知:截面尺寸、混凝土强度等级、钢筋级别和截面弯矩设计值M,求受拉钢筋截面面

积 A_s。

计算步骤：

首先判断截面类型，根据判别式(4-39)或式(4-41)判别T形截面类型，然后选择公式进行计算。

如果满足式(4-39)或按 $b_f' \times h$ 单筋矩形截面计算公式计算出的 $x \leqslant h_f'$ 为第一类T形截面，按 $b_f' \times h$ 的单筋矩形截面计算步骤进行计算，验算 $A_s \geqslant \rho_{min} bh$ 或 $A_s \geqslant \rho_{min}[bh + (b_f - b)h_f]$。

如果满足式(4-41)为第二类T形截面，根据式(4-44)和式(4-45)计算。

1. 基本公式法

首先由式(4-45)计算 x，得

$$x = h_0 - \sqrt{h_0^2 - \frac{2[M - \alpha_1 f_c(b_f' - b)h_f'(h_0 - h_f'/2)]}{\alpha_1 f_c b}}$$

或

$$\alpha_s = \frac{M - \alpha_1 f_c(b_f' - b)h_f'(h_0 - h_f'/2)}{\alpha_1 f_c b h_0^2}$$

则

$$\xi \leqslant 1 - \sqrt{1 - 2\alpha_s}$$

$$x = \xi h_0$$

验算适用条件，如果 $x \leqslant \xi_b h_0$，则按式(4-44)计算 A_s，即

$$A_s = \frac{\alpha_1 f_c bx + \alpha_1 f_c(b_f' - b)h_f'}{f_y}$$

如果 $x > \xi_b h_0$，加大截面尺寸、提高混凝土等级或加受压钢筋按双筋T形截面计算。

2. 叠加法

如图4-30所示，按照叠加的方法进行计算。

$$M_u = M_{u1} + M_{u2} \tag{4-46}$$

$$A_s = A_{s1} + A_{s2} \tag{4-47}$$

由图4-30第一部分得

$$f_y A_{s1} = \alpha_1 f_c(b_f' - b)h_f' \tag{4-48}$$

$$M_1 \leqslant M_{u1} = \alpha_1 f_c(b_f' - b)h_f'(h_0 - \frac{h_f'}{2}) \tag{4-49}$$

根据式(4-48)可求出 A_{s1}

$$A_{s1} = \frac{\alpha_1 f_c(b_f' - b)h_f'}{f_y}$$

由图4-30第二部分得

$$f_y A_{s2} = \alpha_1 f_c bx \tag{4-50}$$

$$M_2 \leqslant M_{u2} = M_u - M_{u1} = \alpha_1 f_c bx(h_0 - \frac{x}{2}) = \alpha_1 \alpha_s f_c b h_0^2 \tag{4-51}$$

与梁宽为 b 的单筋矩形截面一样，由式(4-51)计算出 x，验算适用条件，如果 $x \leqslant \xi_b h_0$，则按下式计算 A_{s2}

$$A_{s2} = \frac{\alpha_1 f_c bx}{f_y} \tag{4-52}$$

如果 $x>\xi_b h_0$，加大截面尺寸、提高混凝土强度等级或加受压钢筋按双筋截面计算。

最后根据式(4-47)将两部分计算的钢筋面积叠加，就得到所需的受拉钢筋面积 A_s。

(二)截面复核

已知：截面尺寸、受拉钢筋面积 A_s、混凝土强度等级、钢筋级别及截面弯矩设计值，要求复核截面受弯承载力 M_u 是否满足要求。

复核步骤：

首先根据判别式(4-38)或式(4-40)判别截面类型，根据不同的截面类型，选择相应的公式计算，并且验算适用条件。

如果满足 $A_s f_y \leqslant \alpha_1 f_c b_f' h_f'$，属于第一类 T 形截面，按 $b_f' \times h$ 的单筋矩形截面受弯构件复核方法进行；当满足 $A_s f_y > \alpha_1 f_c b_f' h_f'$，属于第二类 T 形截面，则由式(4-44)计算 x，即

$$x=\frac{A_s f_y-\alpha_1 f_c(b_f'-b)h_f'}{\alpha_1 f_c b}$$

如果 $x\leqslant\xi_b h_0$，将 x 代入式(4-45)求 M_u，即

$$M_u=\alpha_1 f_c bx\left(h_0-\frac{x}{2}\right)+\alpha_1 f_c(b_f'-b)h_f'\left(h_0-\frac{h_f'}{2}\right)$$

如果 $x>\xi_b h_0$，说明超筋，把 $x=\xi_b h_0$ 代入式(4-45)求 M_u，即

$$M_u=\alpha_1\xi_b(1-0.5\xi_b)f_c bh_0^2+\alpha_1 f_c(b_f'-b)h_f'\left(h_0-\frac{h_f'}{2}\right)$$

或

$$M_u=\alpha_1\alpha_{s,\max}f_c bh_0^2+\alpha_1 f_c(b_f'-b)h_f'\left(h_0-\frac{h_f'}{2}\right)$$

如果 $M\leqslant M_u$，截面安全；如果 $M>M_u$，截面不安全。

【例 4-9】 已知一 T 形截面梁，腹板截面尺寸为 $b\times h=250\ \text{mm}\times600\ \text{mm}$，$b_f'=650\ \text{mm}$，$h_f'=120\ \text{mm}$，混凝土强度等级为 C25，采用 HRB400 级钢筋，梁所承受的弯矩设计值为 $M=240\ \text{kN·m}$，环境类别为二 a 类。求所需受拉钢筋截面面积 A_s。

解：(1)设计参数。

查附表 1-2 和附表 1-7 及表 4-2 和表 4-3 可知：C25 混凝土 $f_c=11.9\ \text{N/mm}^2$，$f_t=1.27\ \text{N/mm}^2$；HRB400 级钢筋 $f_y=360\ \text{N/mm}^2$；$\alpha_1=1.0$，$\xi_b=0.518$。查附表 3-4，C25 混凝土二 a 类环境，取 $a_s=35$ mm。则 $h_0=h-a_s=600-35=565(\text{mm})$。则

$$\rho_{\min}=0.2\%>45\frac{f_t}{f_y}\%=45\times\frac{1.27}{360}\%=0.159\%$$

(2)判别类型。

$$M_u=\alpha_1 f_c b_f' h_f'\left(h_0-\frac{h_f'}{2}\right)=1.0\times11.9\times650\times120\times\left(565-\frac{120}{2}\right)$$
$$=468.74\times10^6(\text{N·mm})=468.74\ \text{kN·m}>M=240\ \text{kN·m}$$

属于第一类 T 形截面。

(3)计算受拉钢筋截面面积。

首先由式(4-43)计算 x，得

$$x=h_0-\sqrt{h_0^2-\frac{2M}{\alpha_1 f_c b_f'}}=565-\sqrt{565^2-\frac{2\times240\times10^6}{1\times11.9\times650}}=57.88(\text{mm})$$

再由式(4-42)计算 A_s，得

$$A_s = \frac{\alpha_1 f_c b'_f x}{f_y} = \frac{1 \times 11.9 \times 650 \times 57.88}{360} = 1\,243.62(\text{mm}^2) > \rho_{\min} bh$$

$$= 0.2\% \times 250 \times 600 = 300\ \text{mm}^2$$

(4)选配钢筋、绘配筋简图(见图4-31)。

由附表2-1选用4 Φ 20($A_s = 1\,256\ \text{mm}^2$)。

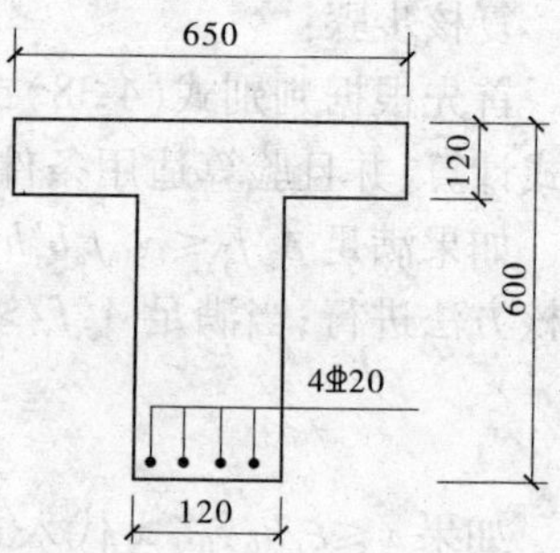

图4-31　例4-10配筋简图

【例4-10】　已知T形截面梁，处于一类环境，截面尺寸 $b \times h = 200\ \text{mm} \times 450\ \text{mm}$，$b'_f = 400\ \text{mm}$，$h'_f = 100\ \text{mm}$，采用C30混凝土和HRB335级钢筋。在受拉区配有3 Φ 20的钢筋，试验算此梁承受弯矩设计值 $M = 100\ \text{kN} \cdot \text{m}$ 时，是否安全？

解：(1)设计参数。

HRB335级钢筋 $f_y = 300\ \text{N/mm}^2$；$\alpha_1 = 1.0$，$\xi_b = 0.55$。查附表3-4，C30混凝土一类环境，取 $a_s = 30\ \text{mm}$，则 $h_0 = h - a_s = 450 - 30 = 420(\text{mm})$。

由3 Φ 20查附表2-1得 $A_s = 942\ \text{mm}^2$。$\rho_{\min} = 45\frac{f_t}{f_y}\% = 45 \times \frac{1.43}{300}\% = 0.215\% > 0.2\%$。

(2)判断截面类型。

由式(4-38)得

$$A_s f_y = 942 \times 300 = 282.6 \times 10^3(\text{N}) = 282.6\ \text{kN} \leqslant \alpha_1 f_c b'_f h'_f$$

$$= 1.0 \times 14.3 \times 400 \times 100 = 572 \times 10^3(\text{N}) = 572(\text{kN})$$

为第一类T形截面，按第一类T形截面进行计算。

(3)验算配筋率。

$$\rho = \frac{A_s}{bh_0} = \frac{942}{200 \times 420} = 1.12\% > \rho_{\min}$$

(4)承载力计算。

首先由式(4-42)计算 x，得

$$x = \frac{A_s f_y}{\alpha_1 f_c b'_f} = \frac{942 \times 300}{1 \times 14.3 \times 400} = 49.41(\text{mm})$$

再由式(4-43)计算 M_u，得

$$M_u = \alpha_1 f_c b'_f x\left(h_0 - \frac{x}{2}\right) = 1.0 \times 14.3 \times 400 \times 49.41 \times \left(420 - \frac{49.41}{2}\right)$$

$$= 111.7 \times 10^6(\text{N} \cdot \text{mm}) = 111.7\ \text{kN} \cdot \text{m}$$

(5)截面复核。

因为 $M = 100\ \text{kN} \cdot \text{m} < M_u$，所以截面安全。

【例4-11】　已知一肋形楼盖的次梁，计算跨度 $l_0 = 3.6\ \text{m}$，间距为2.1 m，截面尺寸如图4-32所示。跨中最大弯矩设计值 $M = 400\ \text{kN} \cdot \text{m}$ 时，混凝土强度等级为C30，钢筋采用

HRB400 级，环境类别为二 b 类，试计算该次梁所需的纵向受力钢筋面积 A_s。

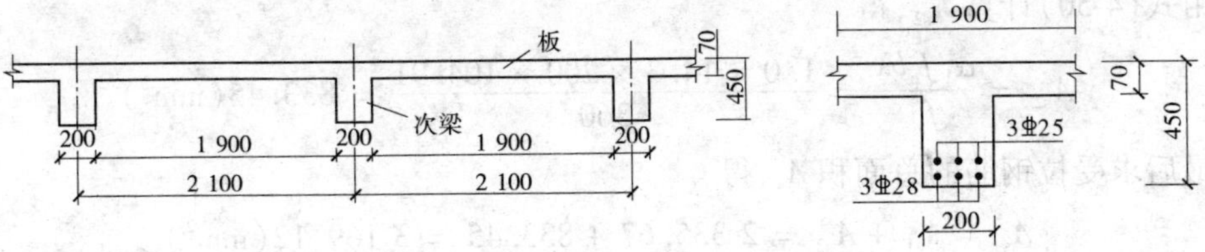

图 4-32　例 4-11 图

解：(1) 设计参数。

查附表 1-2、附表 1-7 及表 4-2、表 4-3 可知：C30 混凝土 $f_c = 14.3\ \text{N/mm}^2$，$f_t = 1.43\ \text{N/mm}^2$；HRB400 级钢筋 $f_y = 360\ \text{N/mm}^2$；$\alpha_1 = 1.0$，$\xi_b = 0.518$。查附表 3-4，C30 混凝土二 b 类环境，$a_s = c + d + e/2 = 25 + 20 + 25/2 = 57.5(\text{mm})$，取 $a_s = 60$ mm，则 $h_0 = h - a_s = 450 - 60 = 390(\text{mm})$，$\rho_{\min} = 0.2\% > 45\dfrac{f_t}{f_y}\% = 45 \times \dfrac{1.43}{360}\% = 0.179\%$。

(2) 确定翼缘计算宽度 b'_f。

由表 4-4，按次梁计算跨度考虑 $b'_f = l_0/3 = 3\,600/3 = 1\,200(\text{mm})$；按次梁净距 s_n 考虑，$b'_f = b + s_n = 200 + 1\,900 = 2\,100(\text{mm})$；按次梁翼缘高度 h'_f 考虑，由于 $b + 12h'_f = 200 + 12 \times 70 = 1\,040(\text{mm})$，根据 b'_f 取以上三项最小值的要求，最后取 $b'_f = 1\,040$ mm。

(3) 判断截面类型。

由式(4-41)得

$$\alpha_1 f_c b'_f h'_f \left(h_0 - \frac{h'_f}{2}\right) = 1.0 \times 14.3 \times 1\,040 \times 70 \times \left(390 - \frac{70}{2}\right) = 369.57 \times 10^6 (\text{N} \cdot \text{mm})$$

$$= 369.57\ \text{kN} \cdot \text{m} < M = 400\ \text{kN} \cdot \text{m}$$

属于第二类 T 形截面。

(4) 计算钢筋面积 A_s。

首先由式(4-48)计算 A_{s1}

$$A_{s1} = \frac{\alpha_1 f_c (b'_f - b) h'_f}{f_y} = \frac{1.0 \times 14.3 \times (1\,040 - 200) \times 70}{360} = 2\,335.67(\text{mm}^2)$$

由式(4-49)计算 M_{u1}

$$M_{u1} = \alpha_1 f_c (b'_f - b) h'_f \left(h_0 - \frac{h'_f}{2}\right) = 1.0 \times 14.3 \times (1\,040 - 200) \times 70 \times \left(390 - \frac{70}{2}\right)$$

$$= 298.50 \times 10^6 (\text{N} \cdot \text{mm}) = 298.50\ \text{kN} \cdot \text{m}$$

由式(4-46)计算 M_{u2}，得

$$M_{u2} = M_u - M_{u1} = 400 - 298.50 = 101.50(\text{kN} \cdot \text{m})$$

由式(4-51)计算 α_s，得

$$\alpha_s = \frac{M_{u2}}{\alpha_1 f_c b h_0^2} = \frac{101.50 \times 10^6}{1.0 \times 14.3 \times 200 \times 390^2} = 0.233$$

$$\xi = 1 - \sqrt{1 - 2\alpha_s} = 1 - \sqrt{1 - 2 \times 0.233} = 0.269$$

$x = \xi h_0 = 0.269 \times 390 = 104.91(\text{mm}) < \xi_b h_0 = 0.518 \times 390 = 202.02(\text{mm})$

由式(4-50)计算 A_{s2},得

$$A_{s2} = \frac{\alpha_1 f_c bx}{f_y} = \frac{1.0 \times 14.3 \times 200 \times 104.91}{360} = 833.45(\text{mm}^2)$$

最后求受拉钢筋的总面积 A_s,得

$$A_s = A_{s1} + A_{s2} = 2\ 335.67 + 833.45 = 3\ 169.12(\text{mm}^2)$$

(5)选配钢筋绘配筋简图。

受拉钢筋选用 3 ⏀ 25 + 3 ⏀ 28($A_s = 1\ 473 + 1\ 847 = 3\ 320(\text{mm}^2)$),配筋简图如图4-32所示。

【例4-12】 已知T形截面吊车梁,处于二a类环境,截面尺寸为 $b'_f = 450$ mm,$h'_f = 100$ mm,$b = 250$ mm,$h = 600$ mm,采用C30混凝土和HRB400级钢筋。试计算如果受拉钢筋为6 ⏀ 20,截面所能承受的弯矩设计值是多少?

解:本题属于截面复核类型。

(1)设计参数。

查附表1-2和附表1-7及表4-2、表4-3,C30混凝土,$f_c = 14.3\ \text{N/mm}^2$,$f_t = 1.43\ \text{N/mm}^2$;HRB400级钢筋,$f_y = 360\ \text{N/mm}^2$;$\alpha_1 = 1.0$,$\xi_b = 0.518$。查附表3-4,C30混凝土二a类环境,取 $a_s = c + d + e/2 = 25 + 20 + 25/2 = 57.5(\text{mm})$,则 $h_0 = h - a_s = 600 - 57.5 = 542.5(\text{mm})$。由6 ⏀ 20查附表2-1得 $A_s = 1\ 884\ \text{mm}^2$。

(2)判断截面类型。

由式(4-40)得

$$\alpha_1 f_c b'_f h'_f = 1.0 \times 14.3 \times 450 \times 100 = 643.5 \times 10^3(\text{N}) = 643.5\ \text{kN} < f_y A_s$$
$$= 360 \times 1\ 884 = 678.24 \times 10^3(\text{N}) = 678.24\ \text{kN}$$

为第二类T形截面,按第二类T形截面公式计算。

(3)计算截面弯矩设计值。

由式(4-44)计算 x,得

$$x = \frac{A_s f_y - \alpha_1 f_c (b'_f - b) h'_f}{\alpha_1 f_c b} = \frac{1\ 884 \times 360 - 1.0 \times 14.3 \times (450 - 250) \times 100}{1.0 \times 14.3 \times 250}$$
$$= 109.72(\text{mm}) < \xi_b h_0 = 0.518 \times 542.5 = 281.02(\text{mm})$$

则由式(4-45)可得

$$M_u = \alpha_1 f_c (b'_f - b) h'_f \left(h_0 - \frac{h'_f}{2}\right) + \alpha_1 f_c bx \left(h_0 - \frac{x}{2}\right)$$
$$= 1.0 \times 14.3 \times (450 - 250) \times 100 \times \left(542.5 - \frac{100}{2}\right) +$$
$$1.0 \times 14.3 \times 250 \times 109.72 \times \left(542.5 - \frac{109.72}{2}\right)$$
$$= 332.13 \times 10^6(\text{N} \cdot \text{mm}) = 332.13\ \text{kN} \cdot \text{m}$$

截面能承受的弯矩设计值为332.13 kN · m。

习　题

一、填空题

1. 在荷载作用下,钢筋混凝土梁正截面受力和变形的发展过程可划分为三个阶段,第Ⅰ阶段末的应力图形可作为________的计算依据,第Ⅱ阶段的应力图形可作为________的计算依据,第Ⅲ阶段末的应力图形可作为________的计算依据。

2. 适筋梁的破坏始于________,它的破坏特征属于________。超筋梁的破坏始于________,它的破坏特征属于________。

3. 截面的有效高度为纵向受拉钢筋________与________的距离。

4. 一配置 HRB335 级热轧钢筋的单筋矩形截面梁,$\xi_b = 0.55$,该梁所能承受的最大弯矩等于________。若该梁承受的弯矩设计值大于上述最大弯矩,则应________或________。

5. 受弯构件正截面计算假定的受压混凝土应力图形中,混凝土强度等级≤C50 时,$\varepsilon_0 =$ ________,$\varepsilon_u =$ ________。

6. 混凝土强度等级≤C50 且为 HPB300 级钢筋时,$f_y = f'_y =$ ________;$\xi_b =$ ________,$\alpha_{s,max} =$ ________。

7. 受弯构件的正截面破坏形态有________、________和超筋破坏。

8. HRB400 级钢筋,C30 以下等级混凝土,受弯构件纵向受拉钢筋的最小配筋率$\rho_{min} =$ ________。

9. 截面设计时,可取截面有效高度:一排钢筋时 $h_0 = h -$ ________;两排钢筋时,$h_0 = h -$ ________。

10. 梁下部钢筋的净距为________ mm,上部钢筋的净距为________ mm。

11. 受弯构件 $\rho \geqslant \rho_{min}$ 是为了________,$\rho \geqslant \rho_{max}$ 是为了________。

12. 受弯构件要求 $\rho_{min} \leqslant \rho \leqslant \rho_{max}$,关于 ρ 的计算式为:单筋矩形截面梁________。

13. T 形截面连续梁,跨中按________截面,而支座按________截面计算。

14. 受弯构件强度计算公式是在配筋量________的条件下推导出来的。

二、判断题

1. 梁中受力筋排成两排或两排以上时,上下排钢筋应相互错位。(　　)

2. 适筋梁在破坏时呈现出塑性破坏的特征。(　　)

3. 在 T 形梁中,当 $M \leqslant b'_f h'_f \alpha_1 f_c\left(h_0 - \frac{h'_f}{2}\right)$ 时,属于第二种 T 形梁。(　　)

4. 钢筋用量过多的梁在破坏时呈现出脆性破坏的特征。(　　)

5. 钢筋混凝土受弯构件的应力应变过程第Ⅲ阶段(破坏阶段)是计算其正截面承载能力计算时所依据的应力阶段。(　　)

6. 钢筋混凝土梁的应力和应变过程中第Ⅱ阶段(开裂阶段)是计算构件裂缝宽度时所依据的应力阶段。(　　)

7. $x=\xi_b h_0$ 是受弯构件少筋与适筋的界限。(　　)

8. 在适筋梁中提高混凝土强度等级时,对提高受弯承载力的作用很大。(　　)

9. 界限受压高度系数 ξ_b 与混凝土等级无关。(　　)

三、简答题

1. 适筋梁从开始加载到正截面承载力破坏经历了哪几个阶段? 各阶段截面上应变—应力分布、裂缝开展、中和轴位置、梁的跨中挠度的变化规律如何? 各阶段的主要特征是什么? 每个阶段是哪种极限状态设计的基础?

2. 适筋梁、超筋梁和少筋梁的破坏特征有何不同?

3. 什么是界限破坏? 界限破坏时的界限相对受压区高度 ξ_b 与什么有关? ξ_b 与最大配筋率 ρ_{max} 有何关系?

4. 适筋梁正截面承载力计算中,如何假定钢筋和混凝土材料的应力?

5. 单筋矩形截面承载力计算公式是如何建立的? 为什么要规定其使用范围? 公式适用条件是什么?

6. α_s、γ_s 和 ξ 的物理意义是什么? 试说明其相互关系及变化规律。

7. 钢筋混凝土梁若配筋率不同,即 $\rho<\rho_{min}$,$\rho_{min}<\rho<\rho_{max}$,$\rho=\rho_{max}$,$\rho>\rho_{max}$,试回答下列问题:

(1)它们属于何种破坏? 破坏现象有何区别?

(2)哪些截面能写出极限承载力受压区高度 x 的计算公式? 哪些截面不能?

(3)破坏时钢筋应力各等于多少?

(4)破坏时截面承载力 M_u 各等于多少?

8. 在正截面承载力计算中,对于混凝土强度等级小于 C50 的构件和混凝土强度等级等于及大于 C50 的构件,其计算有什么区别?

9. 在双筋截面中受压钢筋起什么作用? 为何一般情况下采用双筋截面,受弯构件不经济? 在什么条件下可采用双筋截面梁?

10. 为什么在双筋矩形截面承载力计算中必须满足 $x\geqslant 2a_s'$ 的条件? 当双筋矩形截面出现 $x<2a_s'$ 时应当如何计算?

11. 在矩形截面弯矩设计值、截面尺寸、混凝土强度等级和钢筋级别都已知的条件下,如何判别应设计成单筋还是双筋?

12. 设计双筋截面,A_s 及 A_s' 均未知时,x 应如何取值? 当 A_s' 已知时,应当如何求 A_s?

13. T 形截面翼缘计算宽度为什么是有限的? 取值与什么有关?

14. 根据中和轴位置不同,T 形截面的承载力计算有哪几种情况? 截面设计和承载力复核时应如何判断?

15. 第一类 T 形截面梁为什么可以按宽度为 b_f' 的矩形截面计算? 如何计算其最小配筋面积?

16. T 形截面承载力计算公式与单筋矩形截面及双筋矩形截面承载力计算公式有何

异同?

四、计算设计题

1. 已知钢筋混凝土矩形梁,处于一类环境,其截面尺寸 $b \times h = 250\ mm \times 500\ mm$,承受弯矩设计值 $M = 130\ kN \cdot m$,采用 C25 混凝土和 HRB335 级钢筋。试配置截面钢筋。

2. 已知钢筋混凝土矩形梁,处于二 b 类环境,承受弯矩设计值 $M = 160\ kN \cdot m$,采用 C30 混凝土和 HRB400 级钢筋,试按正截面承载力要求确定截面尺寸及纵向钢筋截面面积。

3. 已知某单跨简支板,处于一类环境,计算跨度 $l = 2.18\ m$,承受均布荷载设计值 $g + q = 6.5\ kN/m^2$(包括板自重),采用 C25 混凝土和 HPB300 级钢筋。试配置该简支板的受拉钢筋。

4. 已知钢筋混凝土矩形梁,处于二 b 类环境,其截面尺寸 $b \times h = 250\ mm \times 550\ mm$,采用 C25 混凝土,配有 HRB335 级钢筋 3 Φ 22($A_s = 1\ 140\ mm^2$)。试验算此梁承受弯矩设计设计值 $M = 150\ kN \cdot m$ 时,是否安全?

5. 已知某矩形截面梁,处于一类环境,截面尺寸 $b \times h = 250\ mm \times 500\ mm$,采用 C30 混凝土和 HRB400 级钢筋,截面弯矩设计值 $M = 350\ kN \cdot m$,试配置截面钢筋。

6. 已知条件同 5,但在受压区已配有 3 Φ 22 的 HRB400 级钢筋。试计算受拉钢筋的截面面积 A_s。

7. 已知矩形截面梁,处于二 b 类环境,截面尺寸 $b \times h = 250\ mm \times 500\ mm$,采用 C30 混凝土和 HRB400 级钢筋。在受压区配有 3 Φ 20 的钢筋,在受拉区配有 3 Φ 22 的钢筋,试验算此梁承受弯矩设计值 $M = 170\ kN \cdot m$ 时,是否安全?

8. 已知 T 形截面梁,处于一类环境,截面尺寸 $b \times h = 250\ mm \times 650\ mm$,$b_f' = 600\ mm$,$h_f' = 120\ mm$,承受弯矩设计值 $M = 450\ kN \cdot m$,采用 C30 混凝土和 HRB400 级钢筋。求该截面所需的纵向受力钢筋。若选用混凝土强度等级为 C50,其他条件不变,试求纵向受力钢筋截面面积,并将两种情况进行对比。

9. 已知 T 形截面吊车梁,处于二 b 类环境,截面尺寸为 $b_f' = 550\ mm$,$h_f' = 100\ mm$,$b = 250\ mm$,$h = 600\ mm$。承受弯矩设计值 $M = 490\ kN \cdot m$,采用 C25 混凝土和 HRB335 级钢筋。试配置截面钢筋。

10. 已知 T 形截面吊车梁,处于一类环境,截面尺寸为 $b_f' = 450\ mm$,$h_f' = 100\ mm$,$b = 250\ mm$,$h = 550\ mm$,采用 C30 混凝土和 HRB400 级钢筋。试计算如果受拉钢筋为 6 Φ 22,截面所能承受的弯矩设计值是多少?

第五章　受弯构件斜截面受剪承载力计算

学习要求

掌握无腹筋梁和有腹筋梁斜截面受剪承载力的计算公式和适用条件，防止斜压破坏和斜拉破坏的措施；掌握斜截面破坏的主要形态及斜截面抗剪承载力主要影响因素；掌握受弯承载力的作法、弯起钢筋的弯起位置及纵向受力筋截断位置确定。了解纵向受力筋锚固及箍筋的构造要求。

第一节　概　述

受弯构件除承受弯矩外，还承受剪力。试验研究和工程实践都表明，在钢筋混凝土受弯构件中某些区段常常产生斜裂缝，并可能沿斜截面（斜裂缝）发生破坏。斜截面破坏往往带有脆性破坏的性质，缺乏明显的预兆，因此在实际工程中应当避免，在设计时必须进行斜截面承载力的计算。

为了防止受弯构件发生斜截面破坏，应使构件具有合理的截面尺寸和合理的配筋构造并配置必要的箍筋（板由于所受剪力很小，一般靠混凝土即足以抵抗，故一般不需要在板内配置箍筋）。箍筋也与梁底纵筋和架立钢筋绑扎或焊接在一起，形成钢筋骨架，使各种钢筋得以在施工时维持在正确的位置上。当构件承受的剪力较大时，在优先采用箍筋的前提下，还可设置斜钢筋，斜钢筋一般利用梁内的纵筋弯起而形成，称为弯起钢筋。箍筋和弯起钢筋（或斜筋）又统称为腹筋（见图 5-1）。

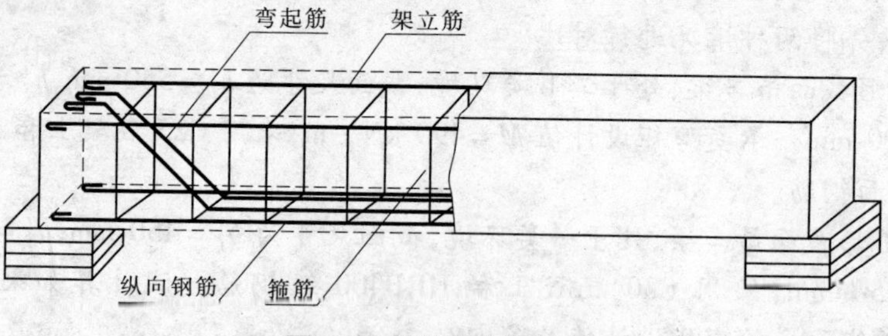

图 5-1　箍筋和弯起钢筋

第二节　简支梁斜截面受剪破坏机理

图 5-2 所示的矩形截面梁受对称集中荷载作用，当忽略梁的自重时，在纯弯区段 CD 段仅有弯矩作用，截面上只会产生正应力；在弯剪区段 AC 段和 DB 段，由于截面上同时作用有弯矩和剪力，弯矩产生正应力，剪力产生切应力。如果梁在跨中截面有足够的受弯承

载力，则有可能在支座附近区段发生斜截面破坏。

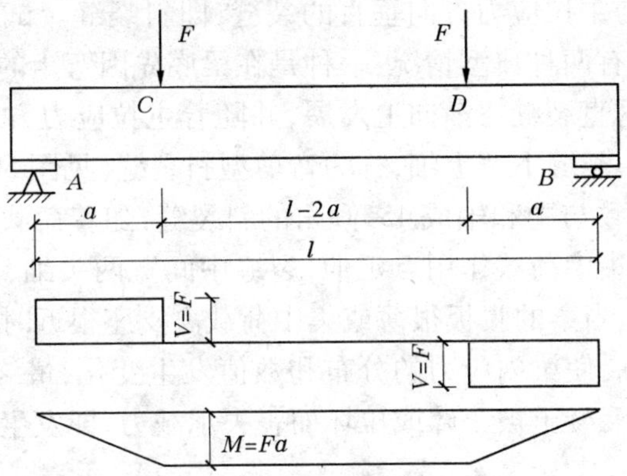

图 5-2　对称加载简支梁

在荷载较小梁内尚未出现裂缝之前，梁处于整体工作阶段，此时可将钢筋混凝土梁视为匀质弹性体，按材料力学的方法来分析它的应力，并画出梁在荷载作用下的主应力迹线（见 5-3(a)），其中实线为主拉应力，虚线为主压应力。在截面 1—1 上取出 3 个微元 1、2、3，图 5-3(b) 显示了它们的应力状态。位于中和轴处的微元 1，正应力 σ_0，切应力 τ 最大，主拉应力 σ_{tp} 和主压应力 σ_{cp} 与梁轴线成 45°；位于受压区的微元 2，由于压应力的存在，主拉应力 σ_{tp} 减小，主压应力 σ_{cp} 增大，主拉应力与梁轴线夹角大于 45°；位于受拉区的微元 3，由于拉应力的存在，主拉应力 σ_{tp} 增大，主压应力 σ_{cp} 减小，主拉应力与梁轴线夹角小于 45°。对于匀质弹性体的梁来说，当主拉应力或主压应力达到材料的抗拉或抗压强度时，将引起构件截面的开裂和破坏。

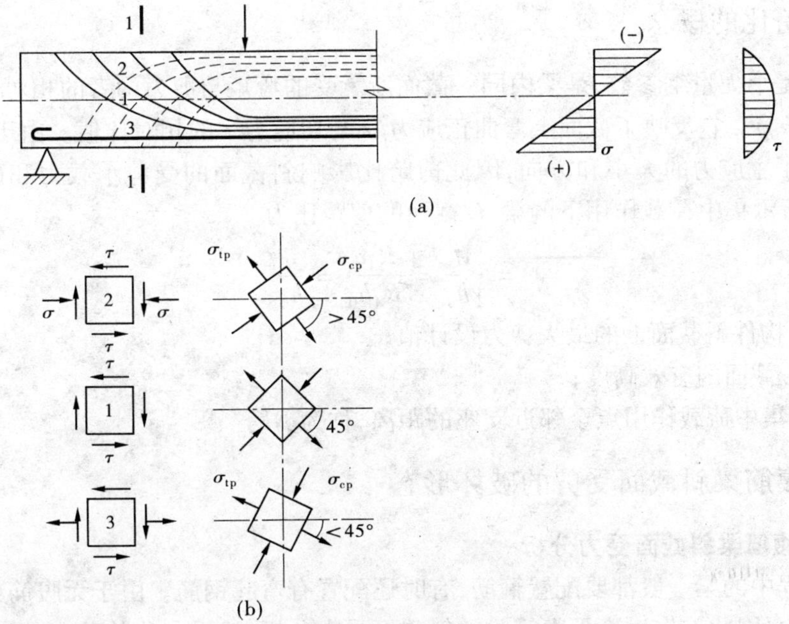

图 5-3　梁的应力状态

由于混凝土的抗拉强度很低,因此随着荷载的增加,当主拉应力 σ_{tp} 值超过混凝土的抗拉强度时,将会出现与主拉应力方向垂直的裂缝,即斜裂缝。试验研究表明,无腹筋简支梁的斜裂缝出现过程有两种典型情况:一种是在梁底先因弯矩的作用而出现垂直裂缝,随着荷载的增加,初始垂直裂缝逐渐向上发展,并随着主拉应力方向的改变而发生倾斜,向集中荷载作用点延伸,裂缝下宽上细,称为弯剪型斜裂缝(见图 5-4(a));另一种是首先在梁中和轴附近出现大致与中和轴成 45°倾角的斜裂缝,随着荷载增加,裂缝沿主压应力迹线方向分别向支座和集中荷载作用点延伸,裂缝中间宽两头细,呈枣核形,称为腹剪型斜裂缝(见图 5-4(b))。当梁的腹板很薄或集中荷载离支座很近时,通常会出现这种斜裂缝。斜裂缝的出现和发展使梁内应力的分布和数值发生变化,最终导致在剪力较大的近支座区段内不同部位的混凝土被压碎或拉坏而丧失承载力,即发生斜截面破坏。

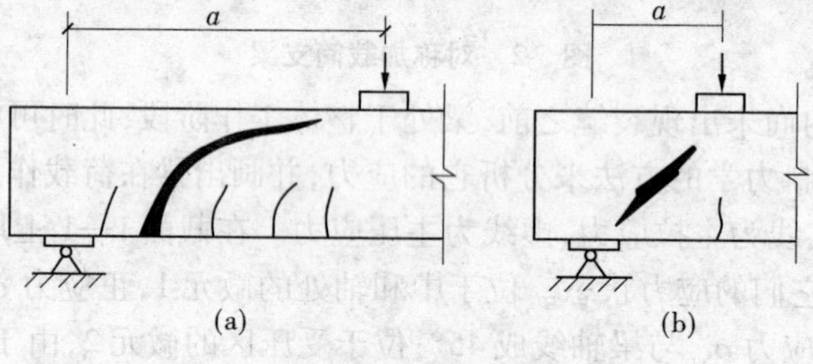

图 5-4　两种斜裂缝

第三节　斜截面受剪破坏的三种主要形态

一、剪跨比的概念

剪跨比是个无量纲参数,是梁内同一截面所承受的弯矩与剪力两者的相对比值,定义为 $\lambda = M/(Vh_0)$。它反映了截面上弯曲正应力 σ 与切应力 τ 的相对比值。由于正应力和切应力决定了主应力的大小和方向,因此剪跨比影响斜截面的受剪承载力和破坏形态。对如图 5-5 所示集中荷载作用下的梁,C 截面的剪跨比为

$$\lambda = \frac{M}{Vh_0} = \frac{R_A a}{R_A h_0} = \frac{a}{h_0} \tag{5-1}$$

式中　V——构件斜截面上的最大剪力设计值;

h_0——截面的有效高度;

a——集中荷载作用点至邻近支座的距离,称为剪跨。

二、无腹筋梁斜截面受剪的破坏形态

(一)无腹筋梁斜截面受力分析

实际工程中的梁一般都要配置箍筋,有时还配置有弯起钢筋。由于无腹筋梁较简单、影响因素较少,因此首先讨论无腹筋梁的斜截面受力分析,然后在此基础上讨论有腹筋梁的斜截面受力分析。

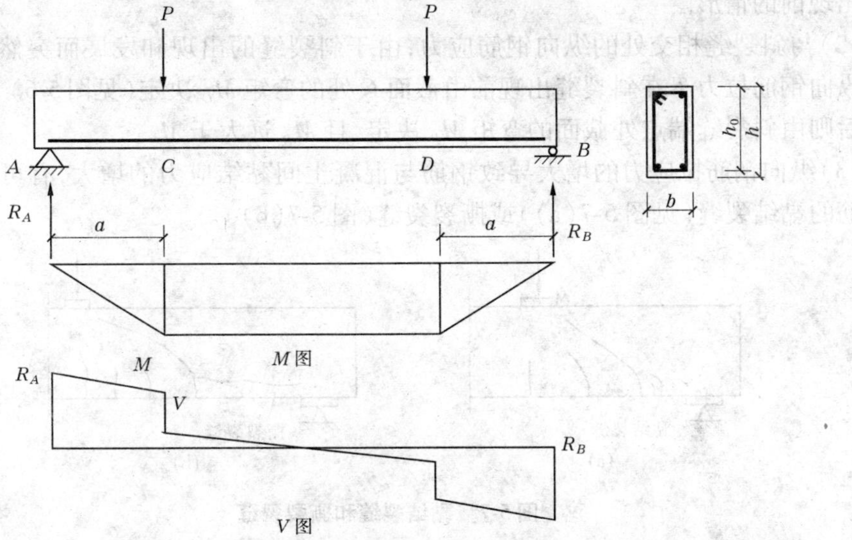

图 5-5　集中荷载作用下梁的剪跨比 λ

当无腹筋梁出现斜裂缝后，以图 5-6 所示斜裂缝 CB 为界取出隔离体，图中 C 点为斜裂缝起点，B 点为该裂缝端点，斜裂缝上方未开裂的部分 AB 段称为剪压区。考虑隔离体的平衡条件，与剪力 V 平衡的力有：剪压区 AB 面上的剪应力合力 V_c，由于开裂面 BC 两侧凸凹不平产生的骨料咬合力 V_a 的竖向分力，穿过斜裂缝的纵向钢筋在与斜裂缝相交处的销栓力 V_s；与弯矩 M 平衡的力矩主要是由纵向钢筋拉力 T 和剪压区 AB 面上的压应力合力 D_c 组成的内力矩。

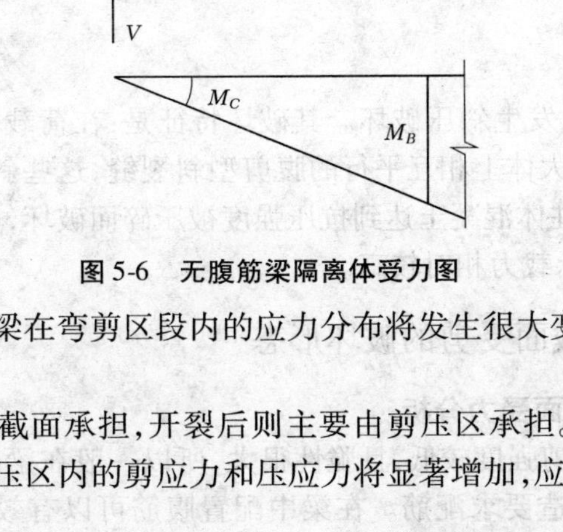

图 5-6　无腹筋梁隔离体受力图

由于斜裂缝的出现，梁在弯剪区段内的应力分布将发生很大变化，主要表现在以下几方面：

(1)开裂前剪力由全截面承担，开裂后则主要由剪压区承担。由于剪压区截面面积远小于全截面面积，故剪压区内的剪应力和压应力将显著增加，应力的分布规律不同于斜裂缝出现前的情形。

(2)与斜裂缝相交处的纵向钢筋应力,由于斜裂缝的出现和发展而突然增大。因为该处纵向钢筋拉力 T 在斜裂缝出现前由截面 C 处的弯矩 M_C 决定(见图5-6),而在斜裂缝出现后则由斜裂缝端点处截面的弯矩 M_B 决定,且 M_B 远大于 M_C。

(3)纵向钢筋拉应力的增大导致钢筋与混凝土间黏结应力的增大,有可能出现沿纵向钢筋的黏结裂缝(见图5-7(a))或撕裂裂缝(图5-7(b))。

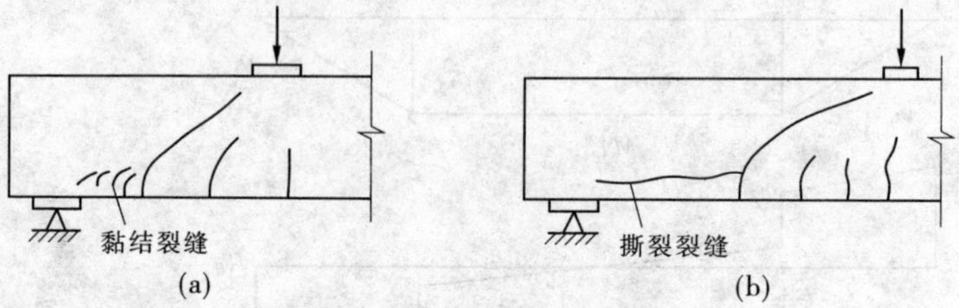

图5-7　黏结裂缝和撕裂裂缝

(二)无腹筋梁斜截面破坏的主要形态

对于无腹筋梁,其斜截面破坏形态主要取决于剪跨比 λ 的大小,主要破坏形态有斜拉破坏、剪压破坏、斜压破坏三种。

1. 斜拉破坏

当剪跨比较大时($\lambda>3$)发生斜拉破坏。其破坏特征是:斜裂缝一旦出现就很快向上伸展到梁顶面,同时向下伸展,形成贯通截面的裂缝,将梁劈裂为两部分而破坏;也可能在余裂缝与受拉纵筋相交后沿纵筋形成撕裂裂缝而导致梁的破坏。这种破坏是由于混凝土斜向拉坏引起的,整个破坏过程发展急速而突然,破坏荷载与开裂荷载相差极小,如图5-8(a)所示。

2. 剪压破坏

当剪跨比 $1\leqslant\lambda\leqslant3$ 时,发生剪压破坏。其破坏特征是:斜裂缝出现后,随着荷载的继续增大,将出现一条延伸较长、相对开展较宽的主要斜裂缝,称为临界斜裂缝。荷载继续增大,临界斜裂缝上端剩余截面逐渐缩小,最终剩余的受压区混凝土在剪压复合应力作用下被剪压破坏,如图5-8(b)所示。这种破坏仍为脆性破坏,其承载力较斜拉破坏高,较斜压破坏低。

3. 斜压破坏

当剪跨比 $\lambda<1$ 时,发生斜压破坏。其破坏特征是:在荷载作用点和支座之间,即梁的腹部首先出现一系列大体上相互平行的腹剪型斜裂缝,这些斜裂缝将梁腹分割为若干根斜向"短柱",最后因柱体混凝土达到抗压强度被压碎而破坏,如图5-8(c)所示,这种破坏也属于脆性破坏,但承载力相对较高。

三、有腹筋梁斜截面受剪的破坏形态

(一)有腹筋梁斜截面受力分析

由于无腹筋梁的抗剪强度较低,且脆性很大,所以一般在梁中均配有腹筋,即使按计算不需配筋时也需按构造要求配筋。在梁中配置腹筋可以有效地提高斜截面受剪承载

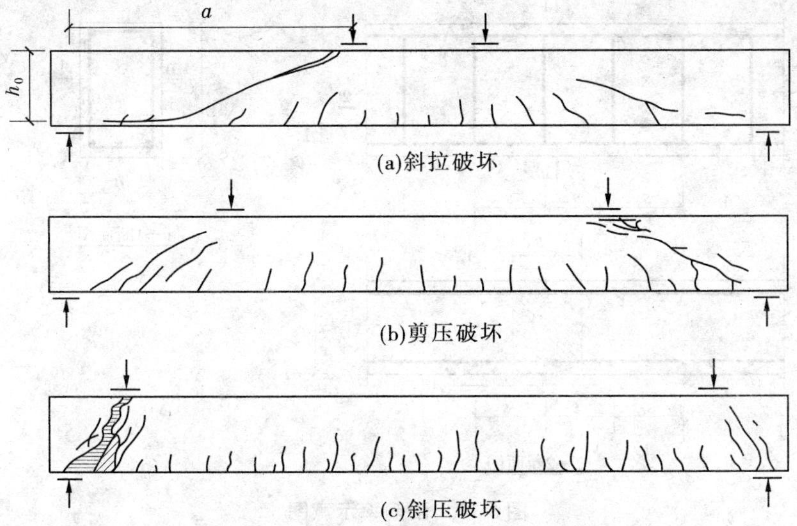

图 5-8　无腹筋梁斜截面破坏的主要形态

力。与无腹筋梁相比,有腹筋梁斜截面受力性能将发生以下变化(见图 5-9):

(1)在斜裂缝出现前,腹筋应力很小,主要由混凝土承担剪力;斜裂缝出现后,与斜裂缝相交的腹筋应力显著增大,直接承担部分剪力。

(2)腹筋限制了斜裂缝的开展和延伸,增大了斜裂缝上方剪压区的截面面积,从而提高了剪压区混凝土的抗剪能力;此外,腹筋还将减小斜裂缝宽度,提高开裂面间的骨料咬合力;箍筋能限制纵向钢筋的竖向位移,阻止混凝土沿纵向钢筋的撕裂,提高纵向钢筋的销栓作用。

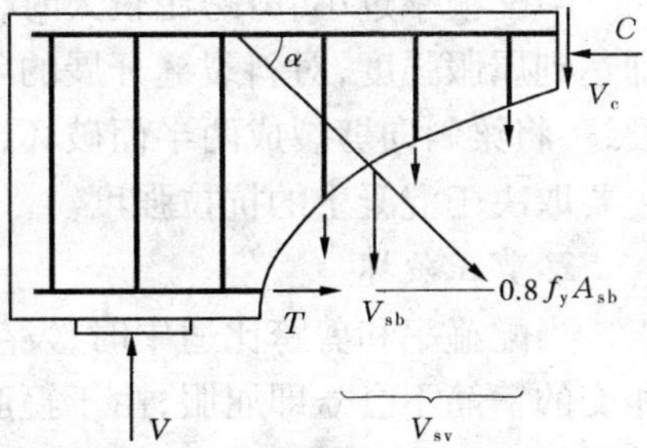

图 5-9　有腹筋梁隔离体受力图

(二)有腹筋梁斜截面受剪破坏形态

有腹筋梁斜截面受剪破坏形态也可分为斜拉破坏、剪压破坏、斜压破坏三种,与无腹筋梁不同的是它的破坏形态还与梁的配箍率有关。截面配箍率 ρ_{sv} 反映了梁中箍筋的数量,以式(5-2)表示

$$\rho_{sv}=\frac{A_{sv}}{bs}=\frac{nA_{sv1}}{bs} \tag{5-2}$$

式中　ρ_{sv}——配箍率;

A_{sv}——配置在同一截面内箍筋各肢的全部截面面积;

n——同一截面内箍筋的肢数;

A_{sv1}——单肢箍筋的截面面积;

b——梁的截面(或腹板)宽度;

s——沿梁长度方向箍筋的间距。

由式(5-2)可见,所谓配箍率是指单位水平截面面积上的箍筋截面面积,如图 5-10 所示。

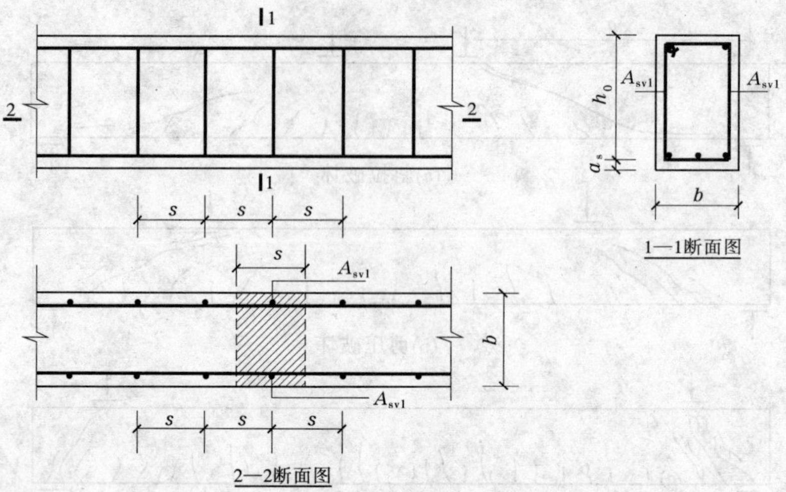

图 5-10　配筋率示意图

1. 斜拉破坏

当配箍率过小、剪跨比较大时，发生斜拉破坏。其破坏特征是：斜裂缝一旦出现，箍筋即达到屈服强度，对斜裂缝开展的限制作用消失，斜裂缝就很快向梁顶延伸，形成临界斜裂缝，将梁斜向劈裂成两半而破坏，其破坏性质与无腹筋梁相似。这种破坏的受剪承载力主要取决于混凝土的抗拉强度。

2. 剪压破坏

当配箍率和剪跨比适中时，发生剪压破坏。其破坏特征是：斜裂缝出现后，与斜裂缝相交的箍筋不会立即屈服，由于箍筋受力，延缓和限制了斜裂缝的开展，荷载可以有较大的增长。当荷载继续增加，箍筋屈服后，就不能再限制斜裂缝的开展。最后剪压区混凝土在压应力和切应力的共同作用下达到极限强度，梁丧失承载力。

3. 斜压破坏

当配箍率过大时，发生斜压破坏。其破坏特征是：受荷后，梁的腹部首先出现一系列大体上相互平行的腹剪型斜裂缝，斜裂缝间的混凝土达到抗压强度被压碎而破坏，但此时箍筋并未屈服。斜压破坏时斜裂缝多而密，梁腹部发生斜向膨出，其受剪承载力取决于混凝土抗压强度和截面尺寸，再增加箍筋用量对受剪承载力的提高已不起作用。

上述三种破坏形态均属于脆性破坏。其中，斜拉破坏的突然性更为显著，且承载力很低，斜压破坏时箍筋并未充分发挥作用，故斜截面受剪承载力计算是针对剪压破坏而言的，在设计中应采取措施避免出现斜压破坏和斜拉破坏。

第四节　受弯构件斜截面受剪承载力计算

一、影响斜截面受剪承载力的主要因素

影响梁斜截面受剪承载力的因素很多，主要有剪跨比、腹筋的数量及其强度、混凝土强度、纵向钢筋配筋率、截面尺寸和形状、预应力和轴力等。

(一)剪跨比

试验研究表明,对集中荷载作用下的无腹筋梁,剪跨比是影响破坏形态和受剪承载力最主要的因素之一。图5-11为其他条件相同的无腹筋梁在不同剪跨比时的试验结果。从图中可以看出,随着剪跨比的增大,破坏形态发生显著变化,梁的受剪承载力明显降低。小剪跨比时,大多发生斜压破坏,受剪承载力很高;中等剪跨比时,大多发生剪压破坏,受剪承载力次之;大剪跨比时,大多发生斜拉破坏,受剪承载力很低。当剪跨比 $\lambda>3$ 时,剪跨比对受剪承载力无显著的影响。

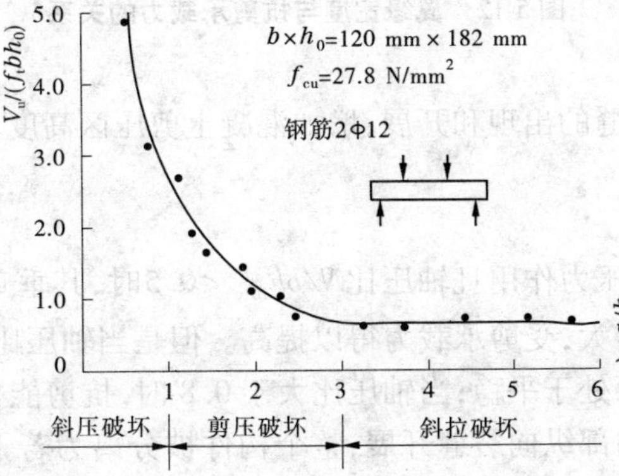

图5-11　剪跨比的影响

对有腹筋梁,在低配箍时剪跨比的影响较大,在中等配箍时剪跨比的影响次之,在高配箍时剪跨比的影响较小。

在均布荷载作用下跨高比 l/h 对梁的受剪承载力有较大影响,随着跨高比的增大,受剪承载力下降;但当跨高比 $l/h>10$ 以后,跨高比对受剪承载力的影响则不显著。

(二)腹筋的数量及其强度

有腹筋梁出现斜裂缝以后,腹筋不仅可以直接承受部分剪力,还能抑制斜裂缝的开展和延伸,提高剪压区混凝土的抗剪能力和纵筋的销栓作用,间接地提高梁的受剪承载力。试验研究表明,当腹筋数量适当时,梁的受剪承载力随腹筋数量的增大和强度的提高而有较大幅度的提高。

(三)混凝土的强度

从前面斜截面受剪破坏形态的论述可知,斜拉破坏主要取决于混凝土的抗拉强度,剪压破坏和斜压破坏则主要取决于混凝土的抗压强度。因此,在剪跨比和其他条件相同时,斜截面受剪承载力随混凝土强度的提高而增大。

(四)纵筋配筋率

增大纵筋配筋率,可增大剪压区的高度,从而提高混凝土的抗剪能力,同时可使开裂面间的骨料咬合力及纵筋的销栓作用有所增强,因而间接地提高了梁的受剪承载力。

(五)截面尺寸和形状

无腹筋梁,截面尺寸的大小对抗剪强度有相当大的影响,尺寸越大抗剪承载力越低。若配置了腹筋后,尺寸的影响就减小了。至于截面形状,主要是指T形和I形截面梁,受压翼缘的存在对斜截面受剪承载力有一定的提高,但翼缘过大,其增大作用处于平缓。此外，腹板宽度增大也可提高梁的抗剪强度(见图 5-12)。

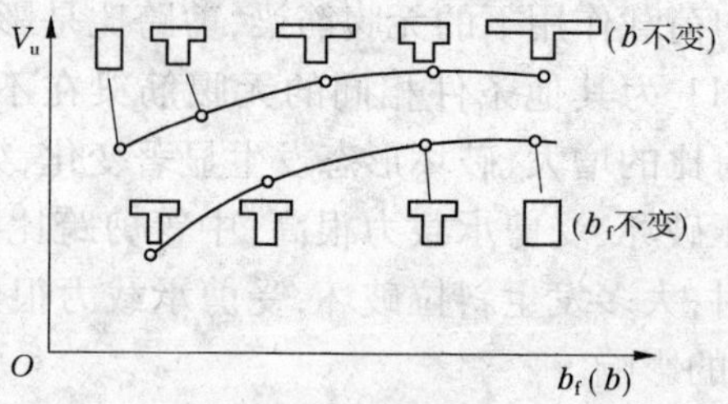

图 5-12　翼缘宽度与抗剪承载力的关系

(六)预应力

预应力能阻滞斜裂缝的出现和开展，增加混凝土剪压区高度，从而拉高混凝土所承担的抗剪能力。

(七)轴向力

弯剪构件受到轴向压力作用且轴压比$N/bh_0f_c<0.5$时，其垂直裂缝出现较晚，斜裂缝倾角变小，且其剪压区增大，受剪承载力得以提高。但是当轴压比达 0.5 ~0.8 时，抗剪承载力不再有明显提高，而处于平稳；当轴压比大于 0.8 时，抗剪能力反而下降，这是由于在高压应力下，使混凝土内部纵向裂缝开展，整个构件被分离为若干小柱，抗剪能力就下降了。

其他影响抗剪承载力的因素还很多。对于配腹筋的梁，影响抗剪承载力的决定性因素当然是配筋的数量(配箍率)和配筋的形式(直径、间距、肢数等)。

二、斜截面承载力计算的基本公式

(一)计算公式

从有腹筋梁的斜截面受力分析中可知，有腹筋梁的受剪承载力主要由截面剪压区混凝土承受的剪力 V_c、开裂面间骨料咬合力 V_a 的竖向分力、纵向钢筋的销栓力 V_s、与斜裂缝相交的箍筋承受的剪力 V_{sv} 以及与斜裂缝相交的弯起钢筋承受的剪力 V_{sb} 组成。但由于开裂面间的骨料咬合力 V_a 和纵向钢筋的销栓力 V_s 很难精确确定，而且是次要因素，因此为了简化计算并便于应用，《混凝土结构设计规范》(GB 50010—2010)采用半理论半经验的方法建立受剪承载力计算公式。

1. 无腹筋受弯构件的斜截面受剪承载力

板类构件通常承受的荷载不大，剪力较小。因此，一般不必进行斜截面承载力计算，也不需配置箍筋和弯起钢筋。但是，当板上承受荷载较大时，需要对其进行斜截面承载力计算。

不配置箍筋和弯起钢筋的一般板类受弯构件，其斜截面受剪承载力应符合下列规定

$$V \leqslant 0.7\beta_h f_t bh_0 \tag{5-3}$$

$$\beta_h = \left(\frac{800}{h_0}\right)^{1/4} \tag{5-4}$$

式中　V——构件斜截面上的最大剪力设计值；

β_h——截面高度影响系数：当 $h_0<800$ mm 时，取 $h_0=800$ mm，当 $h_0>2\ 000$ mm

时，取 $h_0 = 2\,000$ mm；

f_t——混凝土轴心抗拉强度设计值；

b——矩形截面的宽度，T 形截面或 I 形截面的腹板宽度。

2. 仅配置箍筋受弯构件的斜截面受剪承载力

矩形、T 形和 I 形截面的受弯构件，当仅配置箍筋时，其斜截面受剪承载力应按下式计算

$$V \leqslant V_{cs} + V_p \tag{5-5}$$

$$V_{cs} = \alpha_{cv} f_t b h_0 + f_{yv} \frac{A_{sv}}{s} h_0 \tag{5-6}$$

$$V_p = 0.05 N_{p0} \tag{5-7}$$

式中　V_{cs}——构件斜截面上混凝土和箍筋的受剪承载力设计值；

V_p——由预加力所提高的构件受剪承载力设计值；

α_{cv}——斜截面受剪承载力系数，对于一般受弯构件取 0.7，对于集中荷载作用下（包括作用有多种荷载，其中集中荷载对支座截面或节点边缘所产生的剪力值占总剪力值的 75% 以上的情况）的独立梁，取 $\frac{1.75}{\lambda + 1}$，λ 为计算截面的剪跨比，可取 $\lambda = a/h_0$（a 为集中荷载作用点至支座或节点边缘的距离），当 $\lambda < 1.5$ 时，取 $\lambda = 1.5$，当 $\lambda > 3$ 时，取 $\lambda = 3$；

f_{yv}——箍筋抗拉强度设计值；

A_{sv}——配置在同一截面内箍筋各肢的全部截面面积，即 nA_{sv1}，此处，n 为在同一个截面内箍筋的肢数，A_{sv1} 为单肢箍筋的截面面积；

N_{p0}——计算截面上混凝土法向预应力等于零时的预加力，当 N_{p0} 大于 $0.3 f_c A_0$ 时，取 $0.3 f_c A_0$，f_c 为混凝土轴心抗压强度设计值，A_0 为构件的换算截面面积；

其他符号含义同前。

3. 同时配置箍筋和弯起钢筋的受弯构件的斜截面受剪承载力

矩形、T 形和 I 形截面的受弯构件，当配置箍筋和弯起钢筋时，其斜截面受剪承载力应符合下列公式

$$V \leqslant V_u = V_{cs} + V_p + 0.8 f_y A_{sb} \sin\alpha_s + 0.8 f_{py} A_{pb} \sin\alpha_p \tag{5-8}$$

式中　V——配置弯起钢筋处的剪力设计值；

V_u——梁斜截面破坏时所承受的总剪力设计值；

A_{sb}、A_{pb}——同一弯起平面内弯起普通钢筋、弯起预应力筋的截面面积；

V_p——由预加力所提高的构件受剪承载力设计值，但计算预加力 N_{p0} 时不考虑弯起预应力筋的作用；

α_s、α_p——弯起普通钢筋、弯起预应力筋钢筋与构件纵向轴线的夹角，一般取 45°，当梁高 $h \geqslant 800$ mm 时取为 60°；

f_y——弯起钢筋的抗拉强度设计值；

0.8——考虑靠近剪压区的弯起钢筋在斜截面破坏时，其应力达不到 f_y 的应力不均匀系数。

（二）计算公式的适用条件

梁的斜截面受剪承载力计算式(5-5)～式(5-8)仅适用于剪压破坏情况。为了防止斜压破坏和斜拉破坏,《混凝土结构设计规范》(GB 50010—2010)规定了其上、下限值。

1. 最小截面尺寸限制(上限值)

当发生斜压破坏时,梁腹的混凝土被压碎,箍筋不屈服,其受剪承载力主要取决于构件的腹板宽度、梁截面高度及混凝土强度。所以,构件截面尺寸不能太小,否则箍筋配置再多也不能提高斜截面受剪承载力。矩形、T 形和 I 形截面的受弯构件,截面尺寸应符合下列条件:

当 $h_w/b \leqslant 4$ 时

$$V \leqslant 0.25\beta_c f_c b h_0 \tag{5-9}$$

当 $h_w/b \geqslant 6$ 时

$$V \leqslant 0.20\beta_c f_c b h_0 \tag{5-10}$$

当 $4 < h_w/b < 6$ 时,按线性内插法确定。

式中 V——构件斜截面上的最大剪力设计值;

β_c——混凝土强度影响系数:当混凝土强度等级不超过 C50 时,取 $\beta_c = 1.0$,当混凝土强度等级为 C80 时,取 $\beta_c = 0.8$,其间按线性内插法取用;

b——矩形截面的宽度,T 形截面或 I 形截面的腹板宽度;

h_w——截面的腹板高度:矩形截面取有效高度,T 形截面取有效高度减去翼缘高度,I 形截面取腹板净高。

对于 T 形或 I 形截面的简支受弯构件,当有实践经验时,式(5-9)中的系数可改用 0.3。在设计中,若此限制条件得不到满足,应加大截面尺寸或提高混凝土的强度等级。

2. 最小配箍率和构造配箍(下限值)

为避免因箍筋过少而发生斜拉破坏,《混凝土结构设计规范》(GB 50010—2010)规定:当 $V > 0.7f_t bh_0 + 0.05N_{p0}$ 时,配箍率应满足最小配箍率要求,即

$$\rho_{sv} = \frac{A_{sv}}{bs} \geqslant \rho_{sv,\min} = 0.24\frac{f_t}{f_{yv}} \tag{5-11}$$

此外,如果箍筋间距很大,乃至破坏斜裂缝不能穿过必要数量的箍筋,同样会出现斜拉破坏;如果箍筋直径过小,则不能保证钢筋骨架的刚度。为此,《混凝土结构设计规范》(GB 50010—2010)规定了梁中箍筋的间距不宜大于表 5-1 的规定(弯起钢筋对支座而言的前一排弯起点至后一排弯终点的距离也不宜大于此规定),箍筋直径不宜小于表 5-2 的规定。

表 5-1　梁中箍筋的最大间距 s_{max}　(单位:mm)

梁高 h	$V > 0.7f_t bh_0 + 0.05N_{p0}$	$V \leqslant 0.7f_t bh_0 + 0.05N_{p0}$
$150 < h \leqslant 300$	150	200
$300 < h \leqslant 500$	200	300
$500 < h \leqslant 800$	250	350
$h > 800$	300	400

表 5-2　梁中箍筋的最小直径 d_{min}　（单位：mm）

梁高 h	箍筋直径
$h \leq 800$	6
$h > 800$	8

注：梁中配有计算需要的纵向受压钢筋时，箍筋直径尚不应小于 $d/4$（d 为纵向受压钢筋的最大直径）。

对于矩形、T 形和 I 形截面的一般受弯构件，符合下列条件时，可不进行斜截面受剪承载力计算，可仅按构造配置箍筋。

$$V \leqslant \alpha_{cv} f_t b h_0 + 0.05 N_{p0} \tag{5-12}$$

否则，应按计算配置箍筋或同时配置箍筋和弯起钢筋。

第五节　受弯构件斜截面承载力设计计算步骤

一、斜截面受剪承载力计算截面的选择

在计算斜截面受剪承载力时，其剪力设计值的计算截面应按下列规定采用：

(1) 支座边缘截面（见图 5-13(a)、(b) 中的截面 1—1）；

(2) 受拉区弯起钢筋弯起点处的截面（见图 5-13(a) 中的截面 2—2、3—3）；

(3) 箍筋截面面积或间距改变处的截面（见图 5-13(b) 中的截面 4—4）；

(4) 腹板宽度改变处的截面。

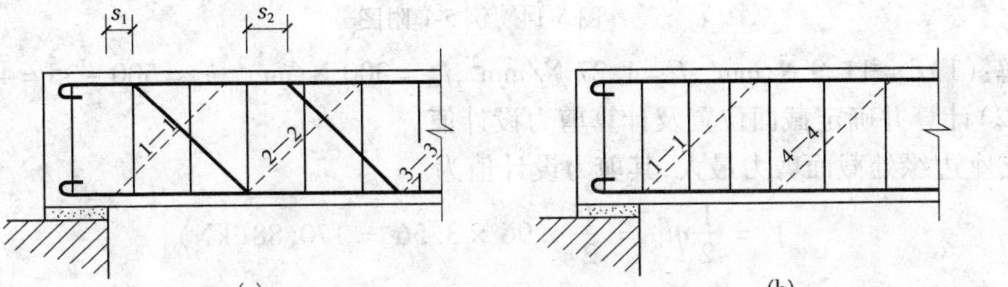

图 5-13　斜截面受剪承载力计算位置

上述截面均为斜截面受剪承载力较薄弱的位置，在计算时应取其相应区段内的最大剪力值作为剪力设计值。

设计时，弯起钢筋距支座边缘距离 s_1 及弯起钢筋之间的距离 s_2 均不应大于箍筋最大间距 s_{max}，以保证可能出现的斜裂缝与弯起钢筋相交。

二、设计计算步骤

受弯构件斜截面受剪承载力计算，包括截面设计和截面复核两类。

（一）截面设计

通过正截面承载力计算，受弯构件的截面尺寸、混凝土强度等级、纵向受力钢筋的级别和数量已经确定，计算构件所需腹筋数量。其步骤为：

(1)确定计算截面位置,计算其剪力设计值。

(2)按截面尺寸限制条件复核截面尺寸。

(3)按式(5-12)验算是否可按构造配置箍筋。

(4)若不能按构造配置箍筋,按式(5-5)~式(5-8)计算所需腹筋数量。

当仅配箍筋时,先由式(5-6)计算$\frac{A_{sv}}{s}$,然后假设箍筋直径和肢数,计算箍筋的间距。当同时配置箍筋和弯起钢筋时,可先由纵向受力钢筋的配置情况确定弯起钢筋的截面面积,然后由式(5-8)计算所需箍筋的数量;也可先由构造要求选定箍筋的直径和间距,然后由式(5-8)计算弯起钢筋的截面面积。

【例5-1】 一矩形截面简支梁,两端搁置在砖墙上,净跨度 $l_n = 3\ 560$ mm。该梁承受均布荷载设计值 $q = 96$ kN/m(包括梁的自重),截面尺寸 $b \times h = 200\ \text{mm} \times 500\ \text{mm}$(见图5-14),混凝土强度等级C25,箍筋采用HRB335级钢筋,纵向受力钢筋按正截面受弯承载力计算配置HRB400级钢筋。试计算仅配箍筋时所需的箍筋用量。

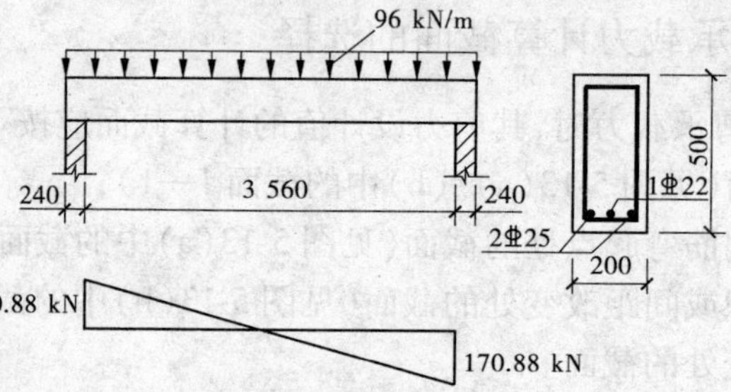

图5-14　例5-1附图

解:(1)$f_c = 11.9\ \text{N/mm}^2$, $f_t = 1.27\ \text{N/mm}^2$, $f_{yv} = 300\ \text{N/mm}^2$, $h_0 = 500 - 35 = 465$(mm)。

(2)计算并确定截面位置及计算剪力设计值。

支座边缘处截面剪力最大,其剪力设计值为

$$V = \frac{1}{2}ql_n = \frac{1}{2} \times 96 \times 3.56 = 170.88(\text{kN})$$

(3)验算截面尺寸。

$$h_w = h_0 = 465\ \text{mm}, h_w/b = 465/200 = 2.325 < 4$$

$$0.25\beta_c f_c bh_0 = 0.25 \times 1.0 \times 11.9 \times 200 \times 465 = 276.68(\text{kN}) > 170.88\ \text{kN}$$

截面尺寸满足要求。

(4)验算是否可按构造配置箍筋。

$$0.7f_t bh_0 = 0.7 \times 1.27 \times 200 \times 465 = 82.68(\text{kN}) < 170.88\ \text{kN}$$

应按计算配置箍筋。

(5)计算箍筋用量。

由式(5-6)得

$$\frac{A_{sv}}{s} = \frac{nA_{sv1}}{s} \geqslant \frac{V - 0.7f_t bh_0}{f_{yv}h_0} = \frac{170.88 \times 10^3 - 0.7 \times 1.27 \times 200 \times 465}{300 \times 465} = 0.632(\text{mm}^2/\text{mm})$$

若选用双肢⌀8箍筋,$n = 2$, $A_{sv1} = 50.3\ \text{mm}^2$,可求得

$$s \leqslant \frac{2 \times 50.3}{0.632} = 159(\text{mm})$$

取 $s = 150\ \text{mm} < s_{max} = 200\ \text{mm}$。即沿梁全长配置双肢Φ 8@150 箍筋。

(6)最小配箍率验算。

$$\rho_{sv} = \frac{nA_{sv1}}{bs} = \frac{2 \times 50.3}{200 \times 150} = 0.335\% > \rho_{sv,min} = 0.24\frac{f_t}{f_y} = 0.24 \times \frac{1.27}{300} = 0.1\%$$

满足要求。

【例 5-2】　一矩形截面简支梁承受荷载设计值如图 5-15 所示。梁截面尺寸 $b \times h = 250\ \text{mm} \times 500\ \text{mm}$，混凝土强度等级 C30，箍筋采用 HPB300 级钢筋，截面有效高度 $h_0 = 460\ \text{mm}$，梁内纵向钢筋采用 HRB335 级 4 Φ 25。求所需配置的箍筋。

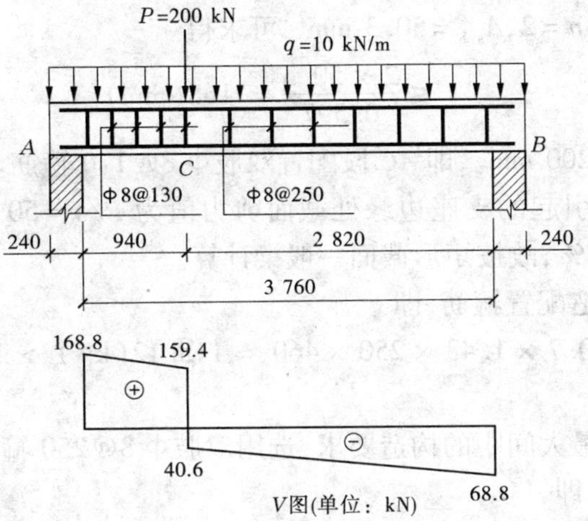

图 5-15　例 5-2 附图

解：(1) $f_c = 14.3\ \text{N/mm}^2$，$f_t = 1.43\ \text{N/mm}^2$，$f_{yv} = 270\ \text{N/mm}^2$。

(2)计算并确定截面位置及计算剪力设计值。

作出梁的剪力图，如图 5-15 所示，支座边缘处截面剪力最大，其剪力设计值分别为

$$V_A = \frac{3}{4}P + \frac{1}{2}ql_n = \frac{3}{4} \times 200 + \frac{1}{2} \times 10 \times 3.76 = 168.8(\text{kN})$$

$$V_B = \frac{1}{4}P + \frac{1}{2}ql_n = \frac{1}{4} \times 200 + \frac{1}{2} \times 10 \times 3.76 = 68.8(\text{kN})$$

(3)复核截面尺寸。

$$h_w = h_0 = 460\ \text{mm} \qquad \frac{h_w}{b} = \frac{460}{250} = 1.84 < 4$$

$$0.25\beta_c f_c bh_0 = 0.25 \times 1.0 \times 14.3 \times 250 \times 460 = 411.13(\text{kN}) > V_A = 168.8\ \text{kN}$$

截面尺寸满足要求。

(4)求所需配置的箍筋。

因 AC 段和 CB 段剪力差别较大，应分段配置箍筋。

AC 段：集中荷载引起的支座边缘处截面剪力值为 $3P/4 = 150\ \text{kN}$，与总剪力值之比为 $150/168.8 = 88.9\% > 75\%$，故按承受集中荷载作用的独立梁计算。

验算是否可按构造配置箍筋，即

$$\lambda = \frac{a}{h_0} = \frac{940}{460} = 2.043$$

$$\left(\frac{1.75}{\lambda + 1} + 0.24\right) f_t b h_0 = \left(\frac{1.75}{2.043 + 1} + 0.24\right) \times 1.43 \times 250 \times 460$$

$$= 134.04(\text{kN}) < V_A = 168.8\ \text{kN}$$

需按计算配置箍筋。

由式(5-6)得

$$\frac{nA_{sv1}}{s} \geqslant \frac{V - \frac{1.75}{\lambda + 1} f_t b h_0}{f_{yv} h_0} = \frac{168.8 \times 10^3 - \frac{1.75}{2.043 + 1} \times 1.43 \times 250 \times 460}{270 \times 460} = 0.597$$

若选用双肢Φ 8 箍筋，$n = 2$，$A_{sv1} = 50.3\ \text{mm}^2$，可求得

$$s \leqslant \frac{2 \times 50.3}{0.597} = 168(\text{mm})$$

取 $s = 170\ \text{mm} < s_{max} = 200\ \text{mm}$。即 AC 段配置双肢Φ 8@170 箍筋。

CB 段：集中荷载引起的支座边缘处截面剪力值为 $P/4 = 50\ \text{kN}$，与总剪力值之比为 $50/68.8 = 72.7\% < 75\%$，故按矩形截面一般梁计算。

验算是否可按构造配置箍筋，即

$$0.7 f_t b h_0 = 0.7 \times 1.43 \times 250 \times 460 = 115.12(\text{kN}) > V_B = 68.8\ \text{kN}$$

可按构造配置箍筋。

根据最小直径及最大间距的构造要求，选用双肢Φ 8@250 箍筋。

最小配箍率验算，即

$$\rho_{sv} = \frac{nA_{sv1}}{bs} = \frac{2 \times 50.3}{250 \times 250} = 0.16\% \approx \rho_{sv,min} = 0.24\frac{f_t}{f_{yv}} = 0.24 \times \frac{1.43}{210} = 0.16\%$$

满足要求。CB 段配置双肢Φ 8@250 箍筋。

【例 5-3】　一矩形截面简支梁，两端搁置在砖墙上，净跨度 $l_n = 3\ 560\ \text{mm}$，截面尺寸 $b \times h = 200\ \text{mm} \times 500\ \text{mm}$。该梁承受永久均布荷载标准值 $g_k = 25\ \text{kN/m}$，可变均布荷载标准值 $q_k = 50\ \text{kN/m}$，混凝土强度等级 C30，箍筋采用 HPB300 级钢筋，纵筋采用 HRB335 级，已配 2 Φ 25 + 1 Φ 22，弯起钢筋利用梁底纵筋弯起，试按斜截面受剪承载力要求确定箍筋和弯起钢筋。

解：(1) $f_c = 14.3\ \text{N/mm}^2$，$f_t = 1.43\ \text{N/mm}^2$，$f_{yv} = 270\ \text{N/mm}^2$，$f_y = 300\ \text{N/mm}^2$，$h_0 = 500 - 35 = 465(\text{mm})$。

(2)计算并确定截面位置及计算剪力设计值。

支座边缘处截面剪力最大，其剪力设计值为

$$V = \frac{1}{2} \times (\gamma_g g_k + \gamma_Q q_k) l_n = \frac{1}{2} \times (1.2 \times 25 + 1.4 \times 50) \times 3.56 = 178(\text{kN})$$

(3)验算截面尺寸。

$$h_w = h_0 = 465\ \text{mm},\ h_w/b = 465/200 = 2.325 < 4$$

$$0.25\beta_c f_c b h_0 = 0.25 \times 1.0 \times 14.3 \times 200 \times 465 = 332.48(\text{kN}) > 178\ \text{kN}$$

截面尺寸满足要求。

(4)验算是否可按构造配置箍筋。

$$0.7f_tbh_0 = 0.7\times1.43\times200\times465 = 93.10(\text{kN}) < 178\ \text{kN}$$

应按计算配置箍筋。

(5)配箍筋和弯起钢筋。

①根据表5-1、表5-2规定,选Φ8@200双肢箍,则

$$A_{sb}\geqslant\frac{V-V_{cs}}{0.8f_y\sin\alpha_s}=\frac{178\times10^3-0.7\times1.43\times200\times465-270\times\dfrac{2\times50.3}{200}\times465}{0.8\times300\times\sin45^\circ}$$
$$=128(\text{mm}^2)$$

实际弯起1Φ22,$A_{sb}=380.1\ \text{mm}^2$,满足要求。

弯起点的受剪承载力验算如下:

上面的计算考虑的是从支座边A处向上发展的斜截面AI(见图5-16),为了保证沿梁各斜截面的安全,对纵筋弯起点C处的斜截面CJ也应该验算。根据图5-16,弯起钢筋的上弯点到支座边缘的距离应符合$s_1\leqslant s_{max}$,本例取$s_1=50$ mm,由$\alpha_s=45^\circ$可求出弯起钢筋的下弯点到支座边缘的距离为480 mm,因此C处的剪力设计值为

$$V_1=\frac{1}{2}\times(1.2\times25+1.4\times50)\times(3.56-2\times0.48)=130(\text{kN})$$

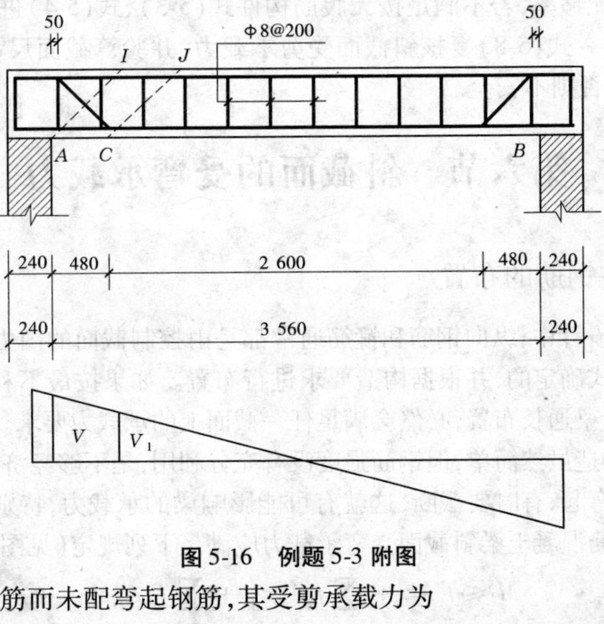

图5-16　例题5-3附图

CJ截面只配箍筋而未配弯起钢筋,其受剪承载力为

$$V_{cs}=0.7f_tbh_0+f_{yv}\frac{nA_{sv1}}{s}h_0$$
$$=0.7\times1.43\times200\times465+270\times\frac{2\times50.3}{200}\times465$$
$$=158\ 444.6(\text{N})=158.44\ \text{kN}>V_1=130\ \text{kN}$$

CJ斜截面受剪承载力满足要求。

②先选择弯起钢筋再配置箍筋

弯起1Φ22,其承担的剪力为

$$V_{sb}=0.8A_{sb}f_y\sin\alpha_s=0.8\times380.1\times300\times0.717=65.41(\text{kN})$$

混凝土和箍筋承担的剪力为

$$V_{cs}=V-V_{sb}=178-65.41=112.59(\text{kN})<0.1f_tbh_0=132.99\ \text{kN}$$

可按构造选配箍筋,选Φ8@200,根据式(5-6)得

$$\begin{aligned}V_{cs}&=0.7f_tbh_0+f_{yv}\frac{nA_{sv1}}{s}h_0\\&=0.7\times1.43\times200\times465+270\times\frac{2\times50.3}{200}\times465\\&=156.24(\text{kN})>100.59\ \text{kN}\end{aligned}$$

满足要求。

验算弯筋弯起点处的斜截面,该处的剪力设计值为

$$V=130\ \text{kN}<156.24\ \text{kN}$$

满足要求。

(二)截面复核

已知剪力设计值,构件的截面尺寸、混凝土强度等级、纵向受力钢筋的级别和数量、腹筋的数量及布置等,复核斜截面受剪承载力是否满足要求。复核步骤是:

(1)验算最小配箍率,若不满足按无腹筋构件式(5-3)、式(5-4)进行复核。

(2)按式(5-5)~式(5-8)复核斜截面受剪承载力,并验算截面尺寸限制条件,若均能满足,斜截面安全,否则不安全。

第六节　斜截面的受弯承载力

一、受弯构件钢筋的布置

在受弯构件的设计中,纵向钢筋和箍筋通常都是由控制截面的内力根据正截面和斜截面的承载力计算公式确定的,并根据构造要求进行布置。如果按最不利内力计算的纵筋既不弯起也不截断,沿梁通长布置,必然会满足任一截面上的承载力要求。这种纵筋沿梁通长布置的配筋方式,构造虽然简单,但钢筋强度没有充分利用,是不够经济的。在实际工程中,部分纵筋有时要弯起,有时要截断,这就有可能影响梁的承载力,特别是影响斜截面的受弯承载力。普通钢筋混凝土梁斜截面受弯承载力应满足下列规定(见图5-17)

$$M\leqslant f_yA_sz+\sum f_yA_{sb}z_{sb}+\sum f_{yv}A_{sv}z_{sv}\tag{5-13}$$

此时,斜截面的水平投影长度 c 可按下列条件确定

$$V=\sum f_yA_{sb}\sin\alpha_s+\sum f_{yv}A_{sv}\tag{5-14}$$

式中　M——构件斜截面受压区末端的弯矩设计值;

V——斜截面受压区末端的剪力设计值;

z——纵向受拉钢筋的合力至受压区合力点的距离,可近似取 $z=0.9h_0$;

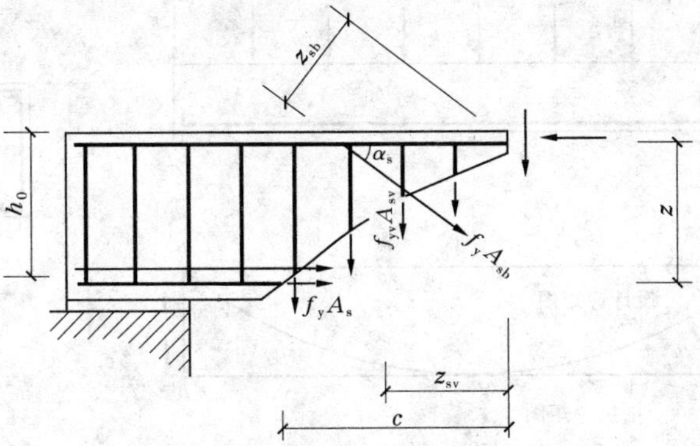

图 5-17　受弯构件斜截面受弯承载力计算简图

z_{sb}——同一弯起平面内弯起钢筋的合力至斜截面受压区合力点的距离；

z_{sv}——同一斜截面上箍筋的合力至斜截面受压区合力点的距离。

当受弯构件中配置的纵向受力钢筋满足弯起、截断和锚固各项要求以及箍筋的间距符合构造要求时，可不进行构件斜截面的受弯承载力计算。因此，需要掌握如何根据正截面和斜截面的受弯承载力来确定纵筋的弯起点和截断位置及锚固要求。

二、抵抗弯矩图的概念及绘制方法

抵抗弯矩图又称 M_R 图，是按照梁实配的纵向钢筋的数量计算并画出的各截面所能承受实际弯矩（抵抗弯矩）的图形。

抵抗弯矩可近似由下式求出

$$M_R = f_yA_sh_0\left(1 - \frac{\rho f_y}{2\alpha_1 f_c}\right) \tag{5-15}$$

式中　M_R——总的抵抗弯矩值；

A_s——实际配置的纵向受拉钢筋截面面积。

其中，每根钢筋的抵抗弯矩值可近似按相应的钢筋截面面积与总受拉钢筋面积比分配，即

$$M_{Ri} = \frac{A_{si}}{A_s}M_R \tag{5-16}$$

式中　M_{Ri}——任意一根纵筋的总的抵抗弯矩值；

A_{si}——任意一根纵筋的截面面积。

图 5-18 所示为一承受均布荷载的简支梁，设计弯矩图为 aob，根据 o 点最大弯矩计算所需纵向受拉钢筋为 4 Φ 20。钢筋若是通长布置，则按照定义，抵抗弯矩图是矩形 $aa'b'b$。由图 5-18 可见，抵抗弯矩图完全包住了设计弯矩图，所以梁各截面（正截面和斜截面）受弯承载力都满足。显然在设计弯矩图与抵抗弯矩图之间钢筋强度有富余，且受力弯矩越小，钢筋强度富余就越多。为了节省钢材，可以将其中一部分纵向受拉钢筋在保证正截面和斜截面受弯承载力的条件下弯起或截断。

如图 5-19 所示，根据钢筋面积比划分出各钢筋所能抵抗的弯矩。分界点为 l 点，$l-n$ 是①号钢筋（2 Φ 20）所抵抗的弯矩值；$l-m$ 是②号钢筋（2 Φ 20）所抵抗的弯矩值。现拟

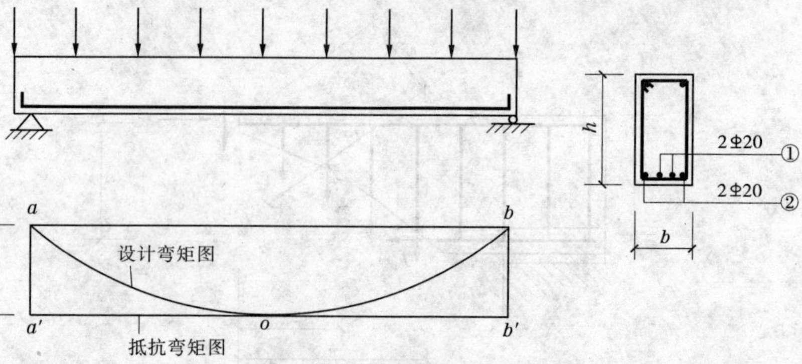

图 5-18　抵抗弯矩图

将①号钢筋截断，首先过点 l 画一条水平线，该线与设计弯矩图的交点为 e、f，其对应的截面为 E、F，在 E、F 截面处为①号钢筋的“理论不需要点”，因为剩下②号钢筋已足以抵抗设计弯矩，e、f 称为①号钢筋的“理论截断点”，同时是余下的②号钢筋的“充分利用点”，因为在 e、f 处的抵抗弯矩恰好与设计弯矩值相等，②号钢筋的抗拉强度被充分利用。值得注意的是，e、f 虽然为①号钢筋的“理论截断点”，实际上①号钢筋是不能在 e、f 点截断的，还必须再延伸一段锚固长度后才能切断，而且一般在梁的下部受拉区是不截断钢筋的。

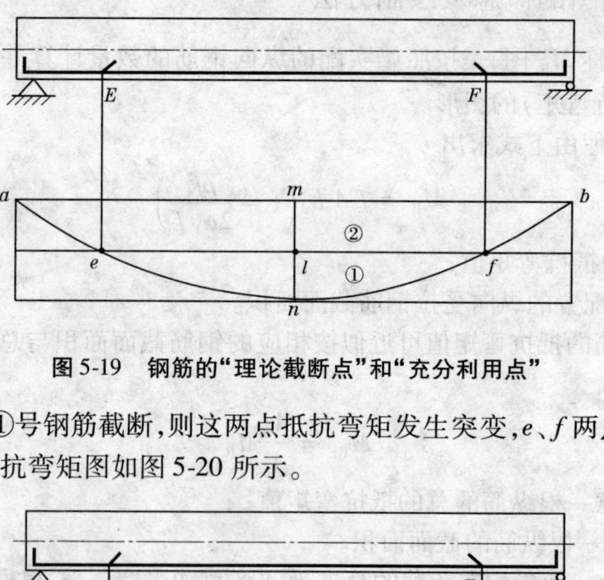

图 5-19　钢筋的“理论截断点”和“充分利用点”

若在 e、f 处将①号钢筋截断，则这两点抵抗弯矩发生突变，e、f 两点之外抵抗弯矩减少了 ge 和 hf。其抵抗弯矩图如图 5-20 所示。

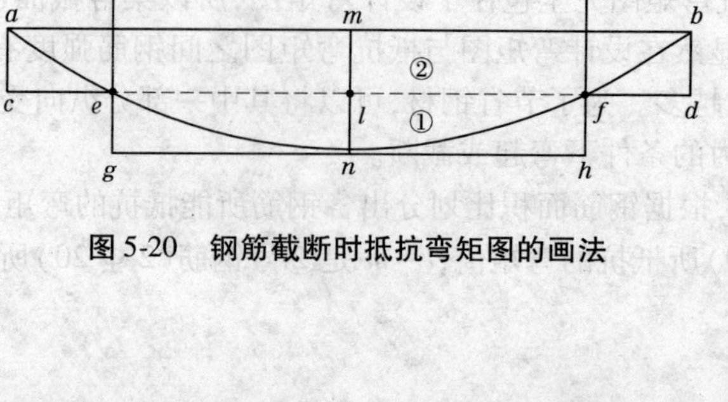

图 5-20　钢筋截断时抵抗弯矩图的画法

如图 5-21 所示，若将①号钢筋在 K、L 截面处开始弯起，由于该钢筋是从弯起点开始逐渐由受拉区进入受压区，逐渐脱离受拉工作，所以其抵抗弯矩也是自弯起点处逐渐减小，直至弯起钢筋与梁轴线相交截面（I、J 截面）处，此时①号钢筋进入了受压区，其抵抗弯矩消失。故该钢筋在弯起部分的抵抗弯矩值成直线变化，即斜线段 ki 和 lj；在 i 点和 j 点之外，①号钢筋不再参加正截面受弯工作。其抵抗弯矩图如图 5-21 中 $aciknljbd$ 所示。

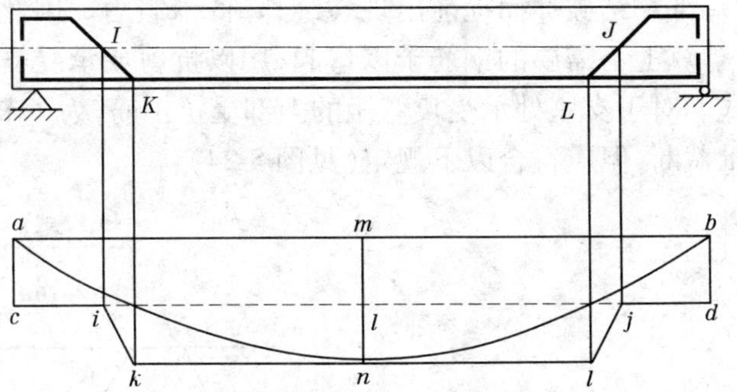

图 5-21　钢筋弯起时抵抗弯矩图的画法

三、保证受弯构件斜截面受弯承载力的方法

保证受弯构件斜截面受弯承载力的方法有纵向钢筋的弯起和纵向钢筋的截断。

（一）纵向钢筋的弯起

纵向受拉钢筋弯起时，应同时满足下列 3 种要求。

（1）保证正截面的受弯承载力。在梁的受拉区中，弯起钢筋的弯起点应设在按正截面受弯承载力计算不需要该钢筋截面之前，同时弯起钢筋与梁中心线的交点应在钢筋的"理论不需要点"之外，即要使整个抵抗弯矩图都包在设计弯矩图之外，如图 5-22 所示。

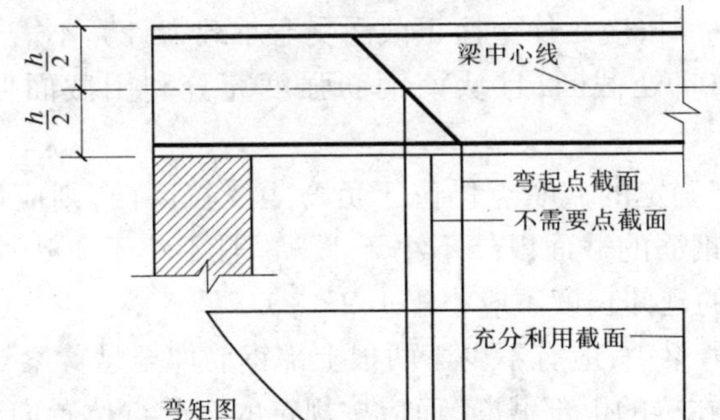

图 5-22　纵向受拉钢筋的弯起

（2）保证斜截面的受弯承载力。纵筋的弯起点与该钢筋"充分利用点"之间的距离不应小于 $h_0/2$，如图 5-22 所示。

(3)保证斜截面的受剪承载力。当按计算需设置弯起钢筋时,应保证前一排钢筋的下弯点至后一排钢筋的上弯点的距离不应大于表 5-1 中的规定,如图 5-23 所示。否则,斜裂缝就可能不与弯起钢筋相交,使斜截面因受剪承载力不足而发生破坏。

(二)纵向钢筋的截断

纵向受拉钢筋不宜在受拉区截断,因为截断处钢筋面积骤然减少,使得混凝土中拉应力突增,可能引起局部黏结破坏而提前出现裂缝,降低承载力。因此,对梁底部承受正弯矩的钢筋,通常将计算上不需要的钢筋予以弯起,用以抗剪或承受支座负弯矩,而不采用将钢筋截断的方式。对于支座处承受负弯矩的上部受拉钢筋,为了节约钢筋,可将计算上不需要的钢筋分批截断,但应符合以下规定(见图 5-24):

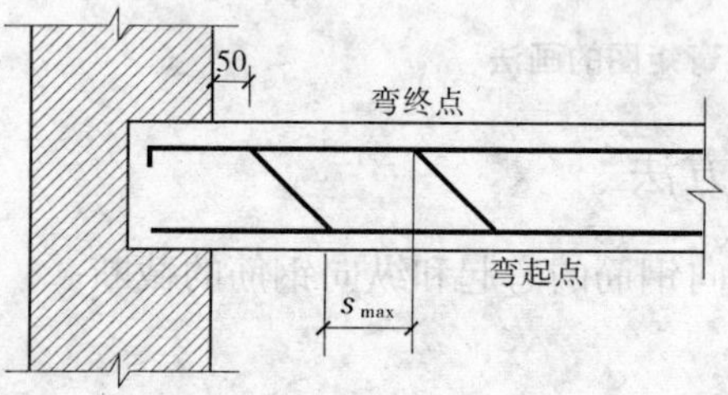

图 5-23　弯起钢筋最大间距

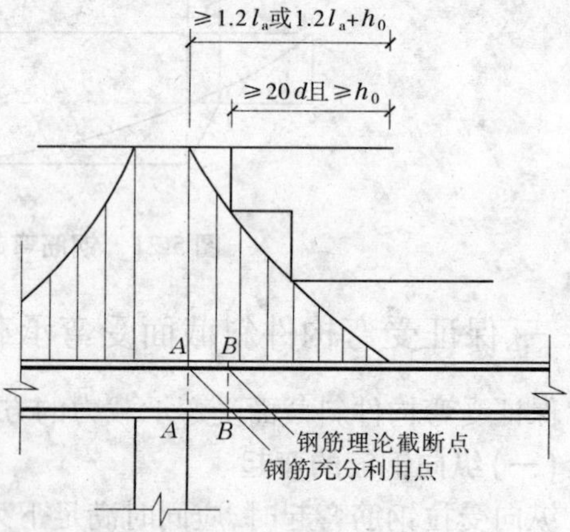

图 5-24　钢筋的截断位置

(1)当 $V \leqslant 0.7 f_t b h_0$ 时,应延伸至按正截面受弯承载力计算不需要该钢筋的截面以外不小于 $20d$ 处截断,且从该钢筋强度充分利用截面伸出的长度不应小于 $1.2 l_a$。

(2)当 $V > 0.7 f_t b h_0$ 时,应延伸至按正截面受弯承载力计算不需要该钢筋的截面以外不小于 h_0 且不小于 $20d$ 处截断,且从该钢筋强度充分利用截面伸出的长度不应小于 $1.2 l_a + h_0$。

(3)若按上述规定确定的截断点仍位于负弯矩受拉区内,则应延伸至按正截面受弯承载力计算不需要该钢筋的截面以外不小于 $1.3 h_0$ 且不小于 $20d$ 处截断,且从该钢筋强度充分利用截面伸出的延伸长度不应小于 $1.2 l_a + 1.7 h_0$。

在钢筋混凝土悬臂梁中,应有不少于两根上部钢筋伸至悬臂梁外端,并向下弯折不小于 $12d$;其余钢筋不应在梁的上部截断,而应按规定的弯起点位置向下弯折并在梁的下边锚固。

四、受弯构件的构造要求

(一)纵向钢筋的锚固

伸入支座的纵向钢筋也应有足够的锚固长度,以防止斜裂缝形成后纵向钢筋被拔出。简支梁和连续梁简支端的下部纵向受力钢筋伸入梁支座范围内的锚固长度 l_{as}(见图 5-25)应符合下列条件:

当 $V \leqslant 0.7f_t bh_0$ 时

$$l_{as} \geqslant 5d$$

当 $V > 0.7f_t bh_0$ 时

带肋钢筋　$l_{as} \geqslant 12d$

光面钢筋　$l_{as} \geqslant 15d$

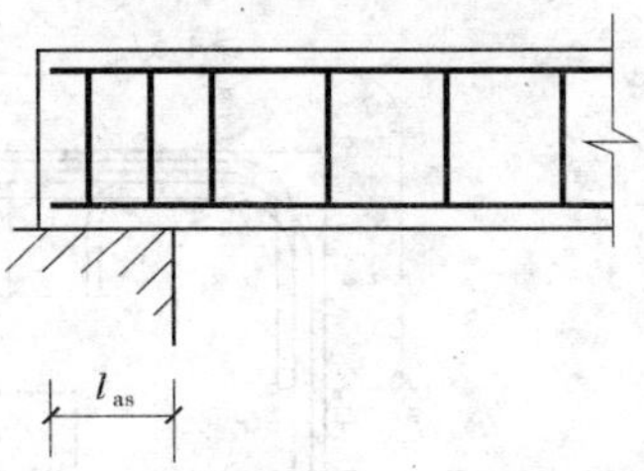

图 5-25　简支端支座钢筋的锚固

当纵向受力钢筋伸入梁支座范围内的锚固长度不符合上述规定时，应采取弯钩或机械锚固措施。采取弯钩或机械锚固措施时，包括弯钩或锚固端头在内的锚固长度（投影长度）可取为基本锚固长度的60%。弯钩和机械锚固形式见图 2-24 和表 2-2。

框架梁上部纵向钢筋伸入中间层端节点的锚固长度应符合下列要求：

（1）当采用直线锚固形式时，不应小于受拉钢筋锚固长度 l_a，且伸过柱中心线不宜小于 $5d$（d 为梁上部钢筋直径）。

（2）当柱截面尺寸不足时，梁上部纵向钢筋可采用上述钢筋端部加机械锚头的锚固方式。梁上部纵向钢筋宜伸至柱外侧纵向钢筋内边，包括机械锚头在内的水平投影锚固长度不应小于 $0.4l_{ab}$（见图 5-26）。

（3）梁上部钢筋也可采用90°弯折锚固的方式，此时梁上部纵向钢筋应伸至柱外侧纵向钢筋内边并向节点内弯折，其包含弯弧在内的水平投影长度不应小于 $0.4l_{ab}$，包含弯弧在内的垂直投影长度取为 $15d$（见图 5-26）。

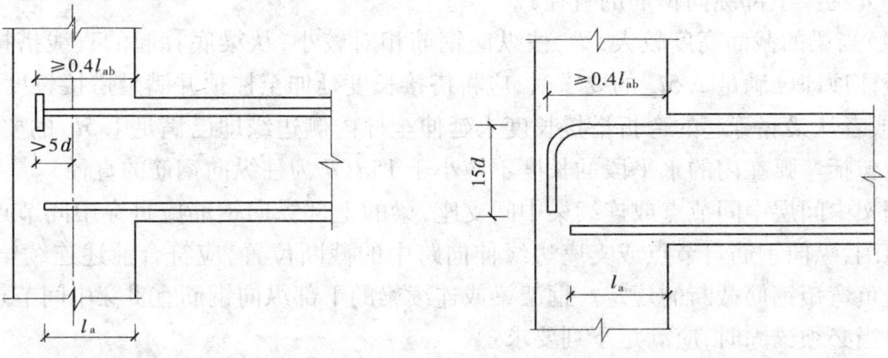

(a)钢筋端部加锚头锚固　(b)钢筋末端90°弯折锚固

图 5-26　梁上部纵向钢筋在框架中间层端节点内的锚固

框架梁顶层端节点纵向受力钢筋的锚固，可将柱外侧纵向钢筋的相应部分弯入梁内，做梁上部纵向钢筋使用；也可将梁上部钢筋与柱外侧纵向钢筋在顶层端节点及其附近部位搭接，搭接可采用下列方式。

（1）搭接接头可沿顶层节点外侧及梁端顶部布置，搭接长度不应小于 $1.5l_{ab}$（见图 5-27（a））。其中，伸入梁内的柱外侧钢筋截面面积不宜小于其全部面积的65%；梁宽范围以外的柱外侧钢筋宜沿节点顶部伸到柱内边锚固。当柱外侧纵向钢筋位于柱顶第一层时，钢筋伸至柱内边后宜向下弯折不小于 $8d$（d 为柱纵向钢筋的直径）后截断；当柱外侧纵向钢筋位于柱顶第二层时，可不向下弯折。当现浇板厚度大于等于 100 mm 时，梁宽范围以外的柱外侧纵向钢筋也可伸入现浇板内，其长度与伸入梁内的柱纵向钢筋相同。

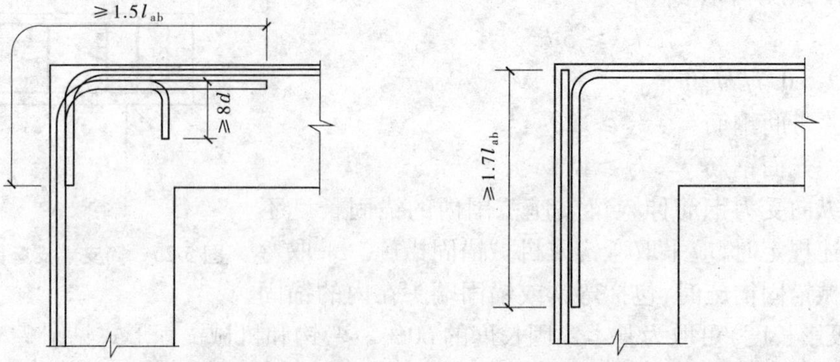

(a)钢筋接头沿顶层端节点外侧及梁端顶部布置　　(b)搭接接头沿节点外侧直线布置

图 5-27　顶层端节点梁、柱纵向钢筋在节点内的锚固与搭接

(2)当柱外侧纵向钢筋配筋率大于 1.2%时,伸入梁内柱纵向钢筋应满足(1)规定且宜分两批截断,截断点之间的距离不宜小于 $20d$(d 为柱外侧纵向钢筋的直径)。梁上部纵向钢筋应伸至节点外侧并向下弯至梁下边缘高度位置截断。

(3)纵向钢筋搭接接头也可沿节点柱顶外侧直线布置(见图 5-27(b)))此时,搭接长度自柱顶算起不应小于 $1.7l_{ab}$。当梁上部纵向钢筋的配筋率大于 1.2%时,弯入柱外侧的梁上部纵向钢筋应满足(1)规定的搭接长度,且宜分两批截断,截断点之间的距离不宜小于 $20d$(d 为梁上部纵向钢筋的直径)。

(4)当梁的截面高度较大,梁、柱纵向钢筋相对较小,从梁底算起的直线搭接长度未延伸至柱顶即已满足 $1.5l_{ab}$ 的要求时,应将搭接长度延伸至柱顶并满足搭接长度 $1.7l_{ab}$ 的要求;或者从梁底算起的弯折搭接长度未延伸至柱内侧边缘即已满足 $1.5l_{ab}$ 的要求时,其弯折后包括弯弧在内的水平段的长度不应小于 $15d$(d 为柱纵向钢筋的直径)。

框架中间层中间节点或连续梁中间支座,梁的上部纵向钢筋应贯穿中间节点或中间支座范围,纵向钢筋自节点或支座边缘伸向跨中的截断位置,应符合前述连续梁(板)支座承受负弯矩钢筋截断的规定。框架梁或连续梁的下部纵向钢筋宜贯穿中间节点或中间支座。当必须锚固时,应满足下列要求:

(1)当计算中不利用钢筋强度时,对带肋钢筋其伸入节点等于或支座的锚固长度不小于 $12d$(d 为钢筋的最大直径),对光面钢筋不小于 $15d$。

(2)当计算中充分利用钢筋的抗拉强度时(此时支座受正弯矩作用),下部纵向钢筋应锚固在节点或支座内;采用直线锚固形式时,锚固长度不应小于 l_a(见图 5-28(a))。

(3)当计算中充分利用钢筋的抗压强度时(此时支座受负弯矩作用),下部纵向钢筋应按受压钢筋锚固在中间节点或中间支座内,其直线锚固长度不应小于 $0.7l_a$;下部纵向钢筋也可贯穿节点或支座范围,并在节点或支座以外梁内弯矩较小处设置搭接接头。

(4)当柱截面尺寸不足时,宜按前述的规定采用钢筋端部加锚头的机械锚固措施,也可采用带 90°弯折锚固的方式。

(5)钢筋可在节点或支座外梁中弯矩较小处设置搭接接头,搭接长度的起始点至节点或支座边缘的距离不应小 $1.5h_0$(见图 5-28(b))。

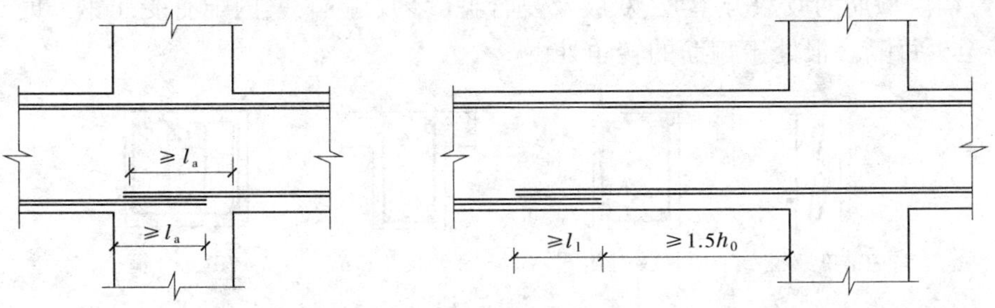

(a)下部纵向钢筋在节点中直线锚固　(b)下部纵向钢筋在节点或支座范围外的搭接

图 5-28　梁下部纵向钢筋在中间节点或中间支座范围的锚固与搭接

框架梁下部纵向钢筋伸入端节点的锚固应满足下列要求：

(1)当计算中充分利用该钢筋的抗拉强度时，钢筋的锚固方式及长度应与上部钢筋的规定相同。

(2)当计算中不利用该钢筋的强度或仅利用该钢筋的抗压强度时，伸入节点的锚固长度应分别符合上述中间节点梁下部纵向钢筋锚固的规定。

柱纵向钢筋应贯穿中间层的中间节点或端节点，接头应设在节点区外。柱纵向钢筋在顶层中节点的锚固应符合下列要求：

(1)柱纵向钢筋应伸至柱顶，且自梁底算起的锚固长度不应小于 l_a。

(2)当截面尺寸不满足直线锚固要求时，可采用 90°弯折锚固措施。此时，包括弯弧在内的钢筋垂直投影锚固长度不应小于 $0.5l_{ab}$，在弯折平面内包含弯弧段的水平投影长度不宜小于 $12d$(见图 5-29(a))。

(3)当截面尺寸不足时，也可采用带锚头的机械锚固措施。此时，包含锚头在内的竖向锚固长度不应小于 $0.5l_{ab}$(图 5-29(b))。

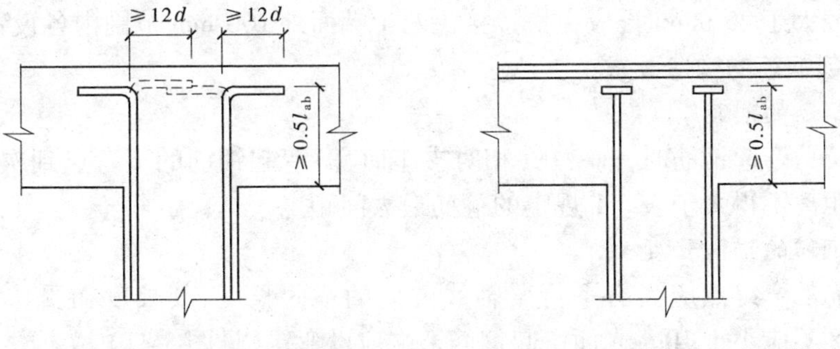

(a)柱纵向钢筋90° 弯折锚固　(b)柱纵向钢筋端头加锚板锚固

图 5-29　顶层节点中柱纵向钢筋在节点内的锚固

(二)箍筋的构造要求

1. 箍筋的形式与肢数

箍筋在梁内除承受剪力外，还起着固定纵筋位置，使梁内钢筋形成骨架的作用。箍筋有开口式和封闭式两种(见图 5-30)，通常采用封闭式箍筋。对现浇 T 形截面梁，由于在翼缘顶部通常另有横向钢筋，也可采用开口式箍筋。箍筋端部弯钩通常用 135°，不宜采用90°弯钩。箍筋的肢数分单肢、双肢及复合箍(多肢箍)。梁内配有受压钢筋时,应使受压钢筋至少每隔一根处于箍筋的转角处。

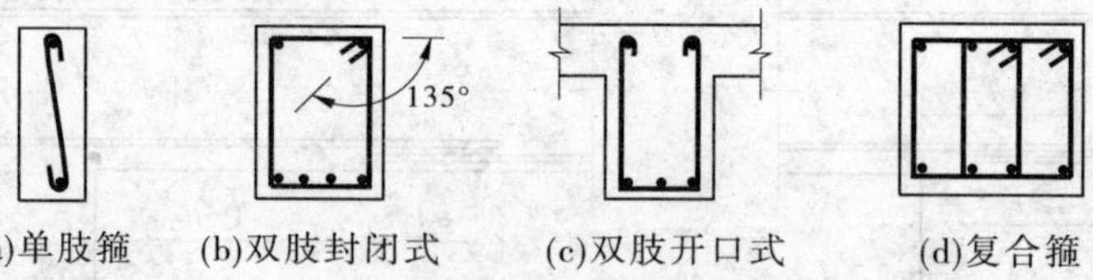

图 5-30 箍筋的形式和肢数

2. 箍筋的直径和间距

箍筋的直径和间距除应按计算确定并符合最小直径和间距 $s \leqslant s_{max}$ 的规定外,当梁中配有按计算需要的纵向受压钢筋时,箍筋应做成封闭式,此时箍筋的间距不应大于 $15d$(d 为纵向受压钢筋的最小直径),同时不应大于 400 mm;当一层内的纵向受压钢筋多于 5 根且直径大于 18 mm 时,箍筋间距不应大于 $10d$。当梁的宽度大于 400 mm 且一层内的纵向受压钢筋多于 3 根时,或当梁的宽度不大于 400 mm 但一层内纵向受压钢筋多于 4 根时,应设置复合箍筋。

3. 箍筋的布置

按计算不需要配箍筋的梁,当截面高度大于 300 mm 时,应沿梁全长设置箍筋;当截面高度为 150 ~ 300 mm 时,可仅在构件端部各 1/4 跨度范围内设置箍筋,但当构件中部 1/2 跨度范围内有集中荷载作用时,应沿梁全长设置箍筋;当截面高度小于 150 mm 时,可不设箍筋。

在受力钢筋搭接长度范围内应配置箍筋,箍筋直径不应小于搭接钢筋直径的 0.25 倍。当为受拉搭接时,箍筋间距不应大于搭接钢筋较小直径的 5 倍,且不应大于 100 mm;当为受压搭接时,箍筋间距不应大于搭接钢筋较小直径的 10 倍,且不应大于 200 mm。当受压钢筋直径大于 25 mm 时,应在搭接接头两个端面外 100 mm 范围内各设置两个箍筋。

(三)弯起钢筋的构造要求

1. 弯起钢筋的间距

当设置抗剪弯起钢筋时,前一排(相对支座而言)弯起钢筋的下弯点到次一排弯起钢筋上弯点的距离不得大于表 5-1 规定的箍筋最大间距 s_{max}。

2. 弯起钢筋的锚固长度

弯起钢筋的弯终点应尚有平行梁轴线方向的锚固长度,其长度在受拉区不应小于 $20d$,在受压区不应小于 $10d$,光面弯起钢筋末端应设弯钩(见图 5-31)。

3. 弯起钢筋的弯起角度

梁中弯起钢筋的弯起角度一般可取 45°,当梁截面高度大于 800 mm 时,取 60°。梁底层钢筋中的角部钢筋不应弯起。

4. 受剪弯起钢筋的形式

当为了满足材料抵抗弯矩图的需要,不能弯起纵向受拉钢筋时,可设置单独的受剪弯起钢筋。单独的受剪弯起钢筋应采用鸭筋而不应采用浮筋,否则一旦弯起钢筋滑动将使斜裂缝开展过大(见图 5-32)。

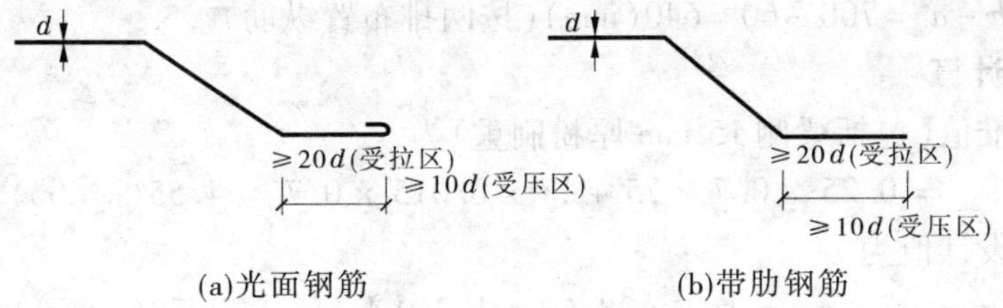

图 5-31　弯起钢筋的锚固

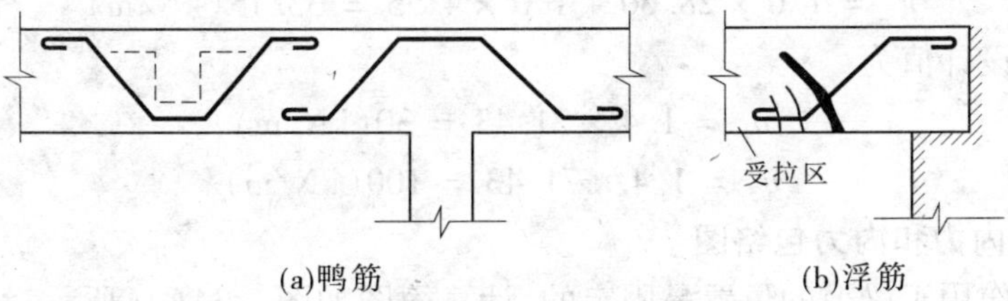

图 5-32　鸭筋和浮筋

第七节　受弯构件设计实例

本例综合运用前述受弯构件承载力的计算和构造知识，对一简支教室楼面的钢筋混凝土伸臂梁进行设计，使初学者对梁的设计全貌有较清楚的了解。在例题中，初步涉及活荷载的布置及内力组合的概念，为梁、板结构设计打下基础。

一、设计条件

某支承在 370 mm 厚砖墙上的钢筋混凝土伸臂梁，其跨度 $l_1=7.0$ m，伸臂长度 $l_2=1.86$ m，自楼面传来的永久荷载标准值 $g_{1k}=28.60$ kN/m（未包括梁自重），活荷载标准值 $q_{1k}=21.43$ kN/m，$q_{2k}=71.43$ kN/m（见图 5-33）。采用强度等级为 C25 的混凝土，纵向受力钢筋为 HRB335 级，箍筋和构造钢筋为 HPB300 级。环境类别为一类。试设计该梁并绘制配筋详图。

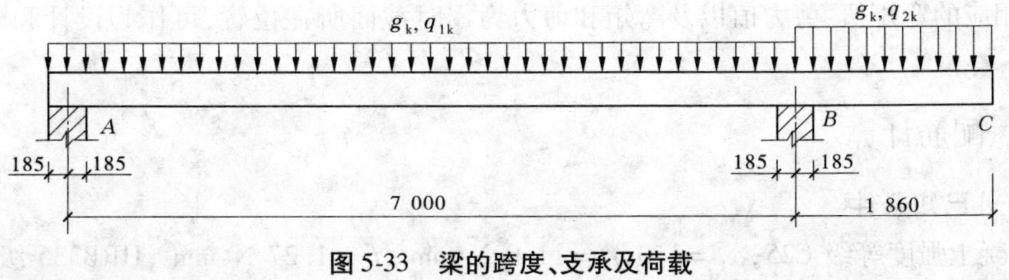

图 5-33　梁的跨度、支承及荷载

二、梁的内力计算

（一）截面尺寸选择

取高跨比 $h/l=1/10$，则 $h=700$ mm；按高宽比的一般规定，取 $b=250$ mm，$h/b=2.8$。

初选 $h_0=h-a_s=700-60=640$(mm)(按两排布置纵筋)。

(二)荷载计算

梁自重标准值(包括梁侧 15 mm 厚粉刷重)为

$$g_{2k}=0.25\times0.7\times25+17\times0.015\times0.7=4.55(\mathrm{kN/m})$$

则梁的恒荷载设计值为

$$g=g_1+g_2=1.2\times28.60+1.2\times4.55=39.78(\mathrm{kN/m})$$

当考虑悬臂的恒载对求 AB 跨正弯矩有利时,取 $\gamma_G=1.0$,则此时的悬臂恒载设计值为

$$g'=1.0\times28.60+1.0\times4.55=33.15(\mathrm{kN/m})$$

活荷载的设计值为

$$q_1=1.4\times21.43=30(\mathrm{kN/m})$$

$$q_2=1.4\times71.43=100(\mathrm{kN/m})$$

(三)梁的内力和内力包络图

恒荷载 g 作用于梁上的位置是固定的,计算简图如图 5-34(a)所示;活荷载 q_1、q_2 的作用位置有三种可能情况,如图 5-34(b)、(c)、(d)所示。

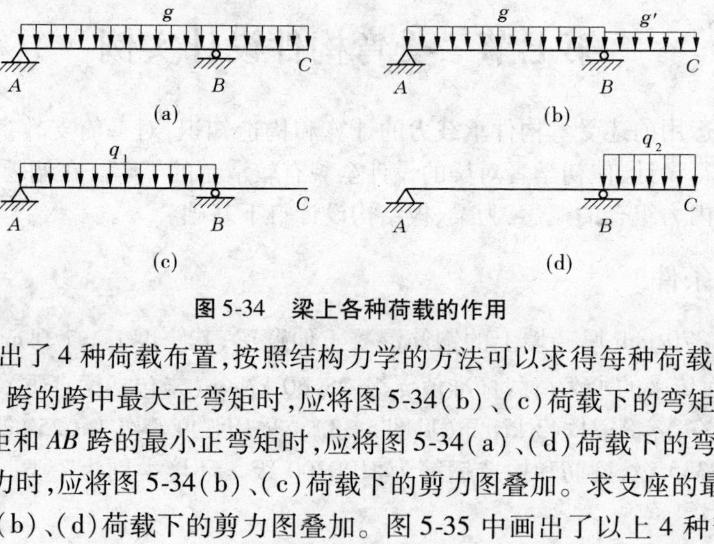

图 5-34　梁上各种荷载的作用

图 5-34 画出了 4 种荷载布置,按照结构力学的方法可以求得每种荷载下的弯矩图和剪力图。求 AB 跨的跨中最大正弯矩时,应将图 5-34(b)、(c)荷载下的弯矩叠加。求支座 B 的最大负弯矩和 AB 跨的最小正弯矩时,应将图 5-34(a)、(d)荷载下的弯矩叠加。求 A 支座的最大剪力时,应将图 5-34(b)、(c)荷载下的剪力图叠加。求支座的最大剪力时,应将图 5-34(a)、(b)、(d)荷载下的剪力图叠加。图 5-35 中画出了以上 4 种弯矩和剪力叠加图,相应的弯矩值、剪力值以及弯矩和剪力为零时截面所在位置,可作为设计和配筋的依据。

三、配筋计算

(一)已知条件

混凝土强度等级 C25,$\alpha_1=1.0$,$f_c=11.9\ \mathrm{N/mm^2}$,$f_t=1.27\ \mathrm{N/mm^2}$;HRB335 级钢筋,$f_y=300\ \mathrm{N/mm^2}$,$\xi_b=0.550$;HPB300 级钢筋,$f_{yv}=270\ \mathrm{N/mm^2}$。

(二)截面尺寸验算

沿梁全长的剪力设计值的最大值在 B 支座左边缘,$V_{max}=266.65$ kN。

$h_w/b=640/250=2.56<4$,属一般梁。

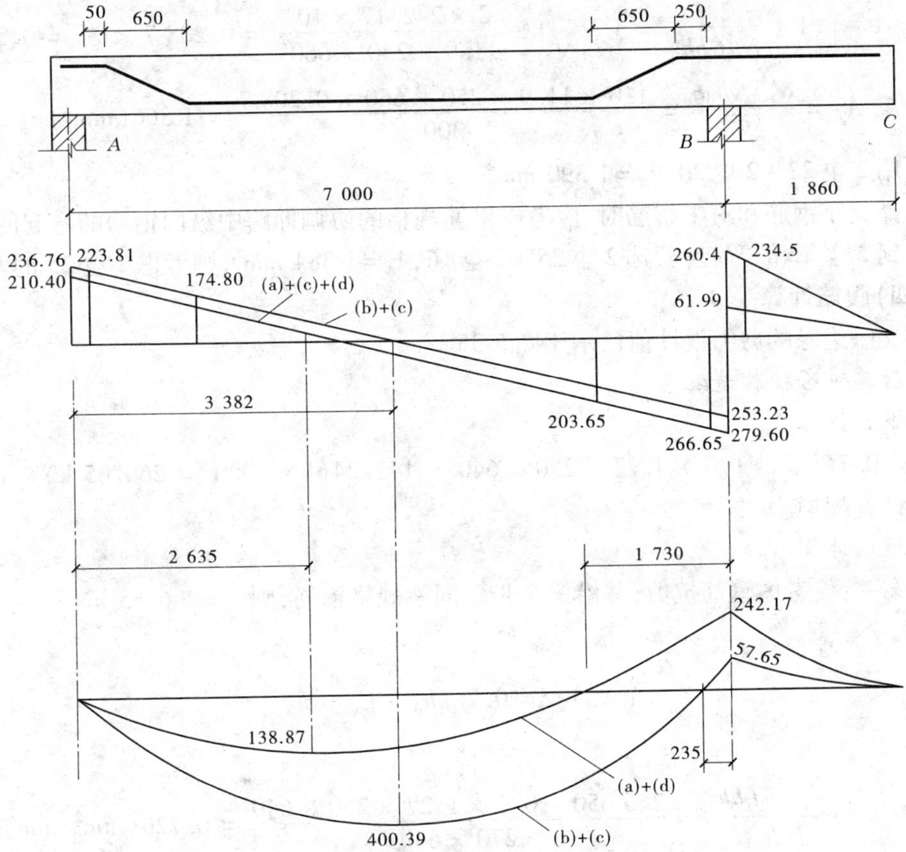

图 5-35　梁的内力图和内力包络图

$$0.25f_c bh_0 = 0.25 \times 11.9 \times 250 \times 640 = 476(\text{kN})$$

截面尺寸满足要求。

(三)纵筋计算(一般采用单筋截面)

1. 跨中截面($M = 400.39\ \text{kN} \cdot \text{m}$)

$$\xi = 1 - \sqrt{1 - \frac{2M}{\alpha_1 f_c bh_0^2}} = 1 - \sqrt{1 - \frac{2 \times 400.39 \times 10^6}{11.9 \times 250 \times 640^2}} = 0.4145 < \xi_b = 0.550$$

$$A_s = \frac{\alpha_1 f_c bh_0 \xi}{f_y} = \frac{1.0 \times 11.9 \times 250 \times 640 \times 0.4145}{300} = 2631(\text{mm}^2)$$

$$0.45\frac{f_t}{f_y} = 0.45 \times \frac{1.27}{300} = 0.19\% < 0.2\%$$

所以

$$A_{smin} = 0.2\% bh = 0.2\% \times 250 \times 700 = 350(\text{mm}^2) < A_s = 263\ \text{mm}^2$$

选用 4 Φ 25 + 2 Φ 22, $A_s = 2724\ \text{mm}^2$。

2. 支座截面($M = 242.17\ \text{kN} \cdot \text{m}$)

本梁支座弯矩较小(是跨中弯矩的 60.48%),可按单排配筋,令 $a_s = 40$ mm,则 $h_0 = 700 - 40 = 660(\text{mm})$。按同样的计算步骤,可得

$$\xi = 1 - \sqrt{1 - \frac{2M}{\alpha_1 f_c b h_0^2}} = 1 - \sqrt{1 - \frac{2 \times 242.17 \times 10^6}{11.9 \times 250 \times 660^2}} = 0.208\ 7 < \xi_b = 0.550$$

$$A_s = \frac{\alpha_1 f_c b h_0 \xi}{f_y} = \frac{1.0 \times 11.9 \times 250 \times 660 \times 0.208\ 7}{300} = 1\ 366(\text{mm}^2)$$

选用2 Φ 22 +2 Φ 20,A_s =1 390 mm^2。

选择支座钢筋和跨中钢筋时,应考虑钢筋规格的协调即跨中纵向钢筋的弯起问题,则是考虑到2 Φ 22 的弯起(若选2 Φ 25 +2 Φ 16,A_s =1 384 mm^2,则考虑2 Φ 25 的弯起)。

(四)腹筋计算

各支座边缘的剪力设计值已示于图5-35。

1. 验算可否按构造配箍

由下式计算

$$0.7 f_t b h_0 = 0.7 \times 1.27 \times 250 \times 640 = 142.24(\text{kN}) < V = 266.65\ \text{kN}$$

知需按计算配箍。

2. 箍筋计算

方案一:仅考虑箍筋抗剪,并沿梁全长配同一规格箍筋,则 V=266.65 kN。

由

$$V \leqslant V_{cs} = 0.7 f_t b h_0 + f_{yv} \frac{A_{sv}}{s} h_0$$

有

$$\frac{A_{sv}}{s} = \frac{V - 0.7 f_t b h_0}{f_{yv} h_0} = \frac{266\ 650 - 0.7 \times 1.27 \times 250 \times 640}{270 \times 640} = 0.720(\text{mm}^2/\text{mm})$$

选用双肢箍(n =2)Φ 8(A_{sv1} =50.3 mm^2),有

$$s = \frac{nA_{sv1}}{0.720} = \frac{2 \times 50.3}{0.720} = 139(\text{mm})$$

实选Φ 8@130,满足计算要求。全梁按此直径和间距配置箍筋。

方案二:配置箍筋和弯起钢筋共同抗剪。在 AB 段内配置箍筋和弯起钢筋,弯起钢筋参与抗剪并抵抗 B 支座负弯矩;BC 段仍配双肢箍。计算过程列表进行(见表5-3)。

表5-3　腹筋计算表

截面位置	A 支座	B 支座左	B 支座右
剪力设计值 V(kN)	223.81	266.65	234.50
$V_c = 0.7 f_t b h_0$(kN)	142.2		142.2
选用箍筋(直径、间距)	Φ 8@200		Φ 8@140
$V_{cs} = V_c + f_{yv} \frac{A_{sv}}{s} h_0$(kN)	209.8		238.8
$V - V_{cs}$(kN)	14.01	56.85	—
$A_{sb} = \frac{V - V_{cs}}{0.8 f_y \sin\alpha}(\text{mm}^2)$	83	335	—

续表 5-3

截面位置	A 支座	B 支座左	B 支座右
弯起钢筋选择	2 Φ 20	2 Φ 20($A_{sb}=628\ \text{mm}^2$)	
弯起点距支座边缘距离(mm)	$50+650=700$	$250+650=900$	
弯起上点处剪力设计值 V_2(kN)	174.8	$266.65\times\left(1-\frac{900}{3\ 809}\right)=203.60$	—
是否需第二排弯起筋	$V_2<V_{cs}$	$V_2<V_{cs}$,不需要	

四、作材料图和进行钢筋布置

伸臂梁配筋图见图 5-36。

纵筋的弯起和截断位置由材料图确定,故需按比例设计绘制弯矩图和材料图。A 支座按计算可以不配弯筋,本例中仍将②号钢筋在 A 支座处弯起。

(一)确定各纵筋承担的弯矩

跨中钢筋 4 Φ 25 +2 Φ 22,由抗剪计算可知需弯起 2 Φ 22,故可将跨中钢筋分为两种:①4 Φ 25 伸入支座;②2 Φ 22 弯起。按它们的面积比例将正弯矩包络图用虚线分为两部分,第一部分就是相应钢筋可承担的弯矩,虚线与包络图的交点就是钢筋强度的充分利用截面或不需要截面。

支座负弯矩钢筋 2 Φ 22 +2 Φ 20,其中 2 Φ 22 利用跨中的弯起钢筋②抵抗部分负弯矩,2 Φ 20 抵抗其余的负弯矩,编号为③,两部分钢筋也按其面积比例将负弯矩包络图用虚线分成两部分。

在排列钢筋时,应将伸入支座的跨中钢筋、最后截断的负弯矩钢筋(或不截断的负弯矩钢筋)排在相应弯矩包络图内的最长区段内,然后排列弯起点离支座距离最近(负弯矩钢筋为最远)的弯起钢筋、离支座较远截面截断的负弯矩钢筋。

(二)确定弯起钢筋的弯起位置

由抗剪计算确定的弯起钢筋位置作材料图。显然,②号筋的材料图全部覆盖相应弯矩图,且弯起点离它的强度充分利用截面的距离都大于 $h_0/2$。故它满足抗剪、正截面抗弯、斜截面抗弯的三项要求。

当不需要弯起钢筋抗剪而仅需要弯起钢筋弯起后抵抗负弯矩时,只需满足后两项要求(材料图覆盖弯矩图、弯起点离开其钢筋充分利用截面距离 $h_0/2$)。

(三)确定纵筋截断位置

②号钢筋的理论截断位置就是按正截面受弯承载力计算不需要该钢筋的截面(图中 D 处),从该处向外的延伸长度应不小于 $20d=20\times22=440$(mm),且不小于 $1.3h_0=1.3\times660=858$(mm);同时,从该钢筋强度充分利用截面(图中 C 处)的延伸长度应不小于 $1.2l_a+1.7h_0=1.2\times661+1.7\times660=1\ 915$(mm)。根据材料图,可知其实际截断位置由尺寸 1 915 mm 控制。

③号钢筋的理论截断点是图中的 E 点和 F 点,其中 $h_0=660$ mm;$2l_a+h_0=1.2\times728+660=1\ 534$(mm)。根据材料图,该筋的左端截断位置由 660 mm 控制。

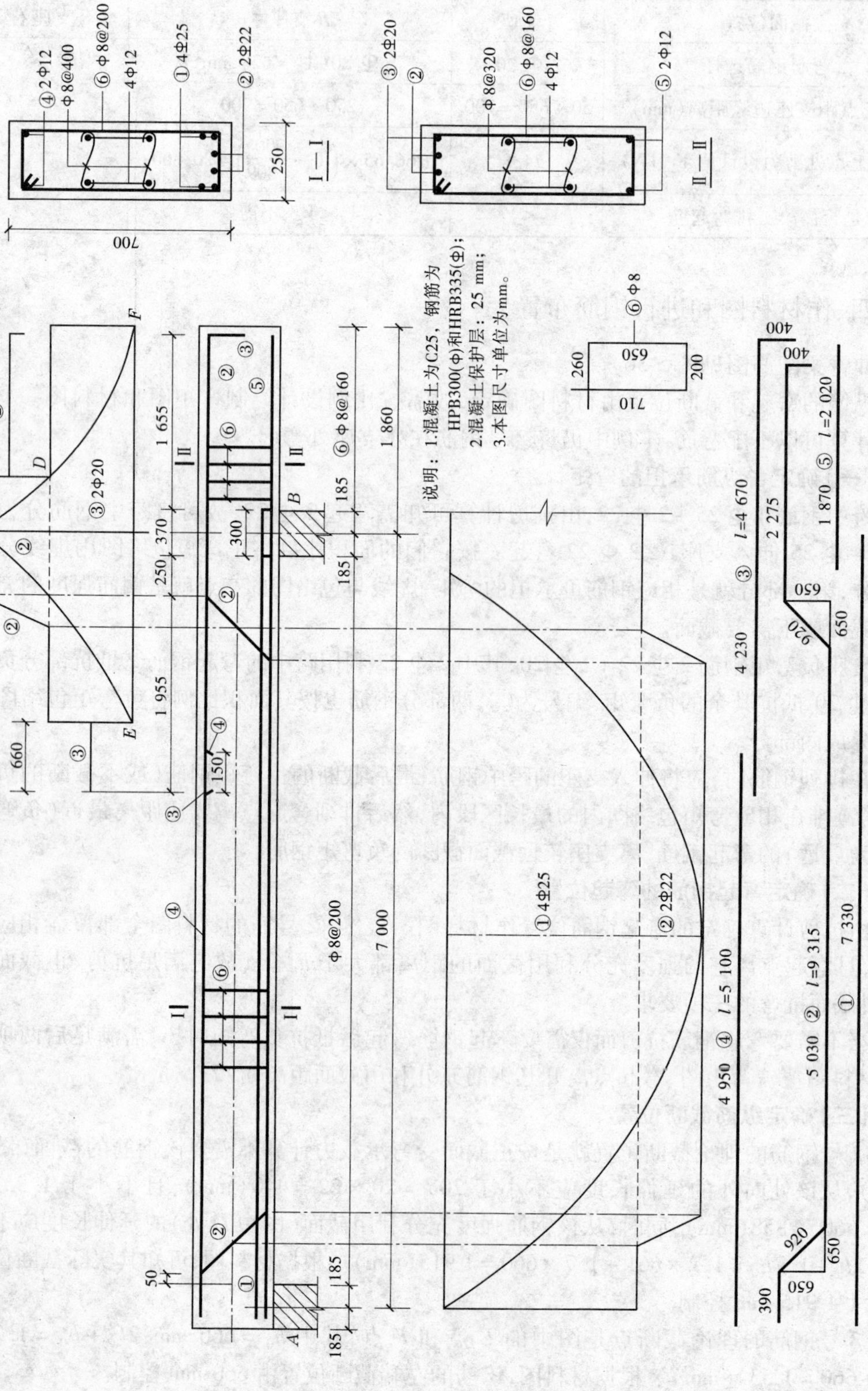
④2Φ12
Φ8@400
⑥Φ8@200
4Φ12
①4Φ25
②2Φ22
250
700
Ⅰ—Ⅰ
③2Φ20
②
Φ8@320
⑥Φ8@160
4Φ12
⑤2Φ12
Ⅱ—Ⅱ
说明：1.混凝土为C25，钢筋为HPB300(Φ)和HRB335(Φ)；
2.混凝土保护层：25 mm；
3.本图尺寸单位为mm。
⑥Φ8
260
650
200
710
③2Φ20
C
D
E
F
660
1 955
250
370
1 655
150
300
185
1 860
⑥Φ8@160
Φ8@200
7 000
50
A
B
①4Φ25
②2Φ22
④ l=5 100
4 950
② l=9 315
5 030
① 7 330
③ l=4 670
4 230
2 275
⑤ l=2 020
1 870
400
920
650
390

图 5-36　伸缩梁配筋图

五、绘梁的配筋图

梁的配筋图包括纵断面图、横断面图及单根钢筋图（对简单配筋，可只画纵断面图或横断面图）。纵断面图表示各钢筋沿梁长方向的布置情形，横断面图表示钢筋在同一截面内的位置。

（一）按比例画出梁的纵断面和横断面

纵、横断面可用不同比例。当梁的纵横向断面尺寸相差悬殊时，在同一纵断面图中，纵横向可选用不同比例。

（二）画出钢筋的位置并编号

画出每种规格钢筋在纵、横断面上的位置并进行编号（钢筋的直径、强度、外形尺寸完全相同时，用同一编号）。

（1）直钢筋①4 Φ 25 全部伸入支座，伸入支座的锚固长度 $l_{as} \geqslant 12d = 12 \times 25 = 300$（mm）。考虑到施工方便，伸入 A 支座长度取 $370 - 20 = 350$（mm）；伸入 B 支座长度取 350 mm。故该钢筋总长 $= 350 + 350 + 7\,000 - 370 = 7\,330$（mm）。

（2）弯起钢筋②2 Φ 22 根据作材料图后确定的位置，在 A 支座附近弯上后锚固于受压区，应使其水平长度 $\geqslant 10d = 10 \times 22 = 220$（mm），实际取 $370 - 30 + 50 = 390$（mm）；在 B 支座左侧弯起后，穿过支座伸至其端部后下弯 $20d$。该钢筋斜弯段的水平投影长度 $= 700 - 25 \times 2 = 650$（mm）（弯起角度 $\alpha = 45°$，该长度即为梁高减去两倍混凝土保护层厚度），则②号钢筋的各段长度和总长度即可确定。

（3）负弯矩钢筋③2 Φ 20 左端的实际截断位置为正截面受弯承载力计算不需要该钢筋的截面之外 660 mm。同时，从该钢筋强度充分利用截面延伸的长度为 1 955 mm，大于 $1.2l_a + h_0$。右端向下弯折 $20d = 400$ mm。该筋同时兼作梁的架立钢筋。

（4）AB 跨内的架立钢筋可选 2 Φ 12，左端伸入支座内 $370 - 25 = 345$（mm）处，右端与③号钢筋搭接，搭接长度可取 150 mm（非受力搭接）。该钢筋编号为④，其水平长度 $= 345 + 7\,000 - 370 - (250 + 1\,925) + 150 = 4\,950$（mm）。

伸臂下部的架立钢筋可同样选 2 Φ 12，在支座 B 内与①号筋搭接 150 mm，其水平长度 $= 1\,860 + 185 - 150 - 25 = 1\,870$（mm），钢筋编号为⑤。

（5）箍筋编号为⑥，在纵断面图上标出不同间距的范围。

（三）绘出单根钢筋图（或作钢筋表）

该部分详见图 5-36。

思考题

1. 为什么梁一般在跨中产生垂直裂缝而在支座附近产生斜裂缝？斜裂缝有哪两种形式？

2. 影响梁斜截面受剪承载力的主要因素有哪些？

3. 梁的斜截面受剪破坏形态主要有哪几种？它们分别在什么情况下发生？破坏特征和性质如何？

4. 有腹筋梁斜截面受剪承载力计算公式有什么限制条件？其意义是什么？

5. 什么叫抵抗弯矩图？它与设计弯矩图有什么关系？

6. 梁中弯起钢筋的弯起点位置有哪些要求？

7. 如何确定梁中负弯矩钢筋的截断位置？

8. 钢筋伸入支座的锚固长度有哪些要求？

9. 为什么弯起钢筋的强度取 $0.8f_y$？

习　题

1. 一钢筋混凝土矩形截面简支梁，净跨 $l_n=6.76$ m，截面尺寸 $b\times h=220$ mm $\times 600$ mm，采用 C20 混凝土，纵筋采用 HRB335 级，箍筋采用 HPB300 级，承受均布荷载设计值 41 kN/m（包括自重）。①确定纵向受力钢筋；②如果只配箍筋不配弯起钢筋，试确定箍筋的直径和间距；③如果既配箍筋又配弯起钢筋，试确定箍筋和弯起钢筋。

2. 如图 5-37 所示的钢筋混凝土矩形截面简支梁，两端支承在墙上，截面尺寸 $b\times h=$ 200 mm $\times 500$ mm，承受均布荷载设计值 12 kN/m（包括自重），两个集中荷载设计值 $F=$ 85 kN，采用 C30 混凝土，纵筋和箍筋均采用 HRB335 级。①如果只配箍筋不配弯起钢筋，试确定箍筋的直径和间距；②如果既配箍筋又配弯起钢筋，试确定箍筋和弯起钢筋。

3. 钢筋混凝土矩形截面伸臂梁承受荷载（均为设计值，忽略梁自重）如图 5-38 所示，截面尺寸 $b\times h=200$ mm $\times 500$ mm，采用 C20 混凝土，箍筋选用 HPB300 级，如果只配箍筋不配弯起钢筋，试确定箍筋的直径和间距。（提示：应分别对 A 支座、B 支座左及 B 支座右截面进行计算，分段配筋，可以列表计算）

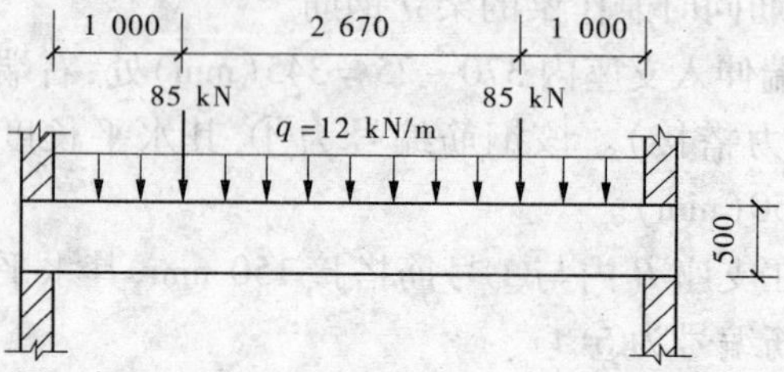

图 5-37

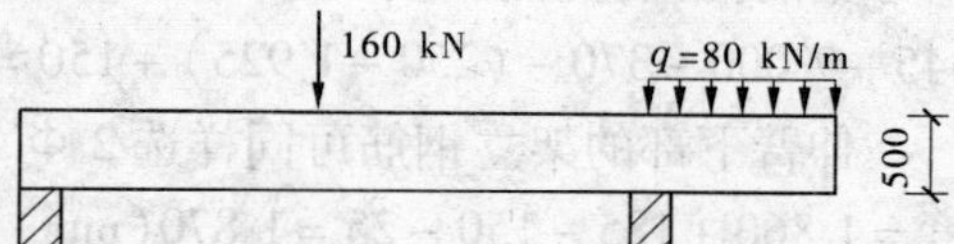

图 5-38

4. 一 T 形截面简支梁 $b\times h=200$ mm $\times 600$ mm，$b'_f=600$ mm，$h'_f=80$ mm，净跨 $l_n=$ 6.76 m，采用 C30 混凝土，并已沿梁全长配 HRB335 级Φ 8@200 箍筋，试按受剪承载力确定该梁所能承受的均布荷载设计值。

5. 一钢筋混凝土矩形截面伸臂梁，计算简图及承受荷载设计值（包括自重）如图 5-39 所示，截面尺寸 $b\times h=250$ mm $\times 650$ mm，采用 C30 混凝土，纵筋和箍筋均采用 HRB400 级，若利用梁底纵筋弯起承受剪力，试确定箍筋和纵筋弯起或截断的位置，并画出材料抵抗弯矩图。

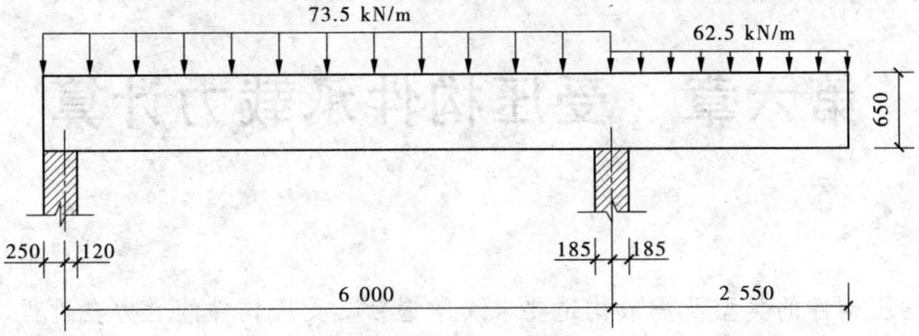

图 5-39

第六章　受压构件承载力计算

学习要求

掌握受压构件的类型及一般构造要求。掌握轴心受压构件的受力全过程、破坏形态、正截面受压承载力的计算方法。了解螺旋箍筋柱的原理与应用。熟练掌握偏心受压构件正截面两种破坏形态的特征及其正截面应力的计算简图。掌握偏心受压构件正截面受压承载力一般计算公式的原理。熟练掌握非对称配筋与对称式配筋矩形截面及对称式配筋I形截面偏心受压构件正截面受压承载力的计算方法。掌握偏向受压构件相关曲线的概念及其应用。了解双向偏心受压构件正截面承载力的计算原理。熟悉偏心受压构件斜截面受剪承载力的计算方法。

第一节　受压构件的类型及一般构造要求

一、受压构件的类型

工程中以承受轴向压力为主的构件称为受压构件。如单层厂房柱，多层和高层建筑中的框架柱、剪力墙、筒体，桁架的受压弦杆和腹杆，桥梁结构中的桥墩、桩，水塔和烟囱的筒壁等都属于受压构件。受压构件按其受力情况可分为轴心受压构件、单向偏心受压构件和双向偏心受压构件(见图6-1)。

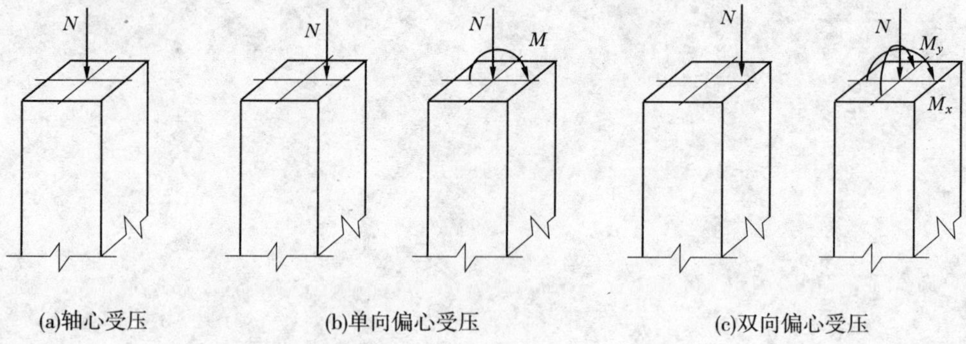

图6-1　受压构件类型

为了工程设计方便，一般不考虑混凝土材料的不匀质性和钢筋不对称布置的影响，近似地用轴向压力的作用点与构件正截面形心的相对位置来划分受压构件的类型。当构件截面上仅作用轴向压力，且其作用点与构件正截面形心重合时，称为轴心受压构件。当轴向压力作用点与构件截面形心不重合时，称为偏心受压构件。当轴向压力作用点仅对构件正截面的一个主轴有偏心距时,称为单向偏心受压构件;对构件正截面的两个主轴都有偏心距时,称为双向偏心受压构件。如果将偏心受压构件截面上的轴向力移到截面形心,则构件将承受轴力和弯矩的共同作用,如图 6-1(b)、(c)所示。

二、一般构造要求

设计中受压构件除满足承载力计算要求外,还应满足相应的构造要求。这些构造要求内容多而复杂,这里只介绍与受压构件有关的基本构造要求,以配合本章讲授的设计计算内容。

(一)截面形式和尺寸

钢筋混凝土受压构件截面形式的选择要考虑到受力合理和模板制作方便。轴心受压构件的截面多采用方形或矩形,有时也采用圆形或多边形。偏心受压构件一般采用矩形截面,当截面尺寸较大时,为节约混凝土和减轻柱的自重,装配式受压构件也常采用I形截面形式。

钢筋混凝土受压构件的截面尺寸不宜小于 250 mm×250 mm,避免长细比过大降低构件截面的承载力,一般长细比宜控制在 $l_0/b \leqslant 30$、$l_0/h \leqslant 25$、$l_0/d \leqslant 25$(l_0 为柱的计算长度,b、h、d 分别为柱的短边、长边尺寸和圆形柱的截面直径)。此外,为了施工支模方便,柱的截面尺寸宜使用整数,在 800 mm 以下时取 50 mm 的倍数,在 800 mm 以上时取 100 mm 的倍数;I 形截面要求翼缘厚度不宜小于 120 mm,腹板厚度不宜小于 100 mm。

(二)材料强度

混凝土强度等级对受压构件正截面承载力的影响较大。为了减小构件截面尺寸及节省钢材,宜采用强度等级较高的混凝土,一般设计中采用 C30 ~ C50 或更高。

纵向受力钢筋应采用 HRB400、HRB500、HRBF400、HRBF500 钢筋,箍筋宜采用 HRB400、HRBF400、HPB300、HRB500、HRBF500 钢筋,也可采用 HRB335、HRBF335 钢筋。

(三)纵向钢筋

轴心受压构件中的纵向钢筋应沿构件截面周边均匀布置,偏心受压构件中的纵向钢筋应布置在偏心方向的两侧。矩形截面受压构件中纵向受力钢筋根数不应少于 4 根,以便与箍筋形成钢筋骨架。圆形截面受压构件中纵向钢筋宜沿周边均匀布置,根数不宜少于 8 根,且不应少于 6 根。

为了减少钢筋在施工时可能产生的纵向弯曲,宜采用较粗的钢筋。纵向钢筋直径不宜小于 12 mm,通常在 16 ~ 32 mm 范围内选用。当偏心受压柱的截面高度 $h \geqslant 600$ mm 时,在柱的侧面上应设置直径为 10 ~ 16 mm 的纵向构造钢筋,以防止构件因温度和混凝土收缩应力而产生裂缝,并相应地设置复合箍筋或拉筋。

柱内纵向钢筋的净距不应小于 50 mm,且不宜大于 300 mm;在偏心受压柱中,垂直于弯矩作用平面的侧面上的纵向受力钢筋以及轴心受压柱中各边的纵向受力钢筋,其中距不宜大于 300 mm;水平浇筑的预制柱,纵向钢筋最小净间距可按梁的有关规定取用。

对于受压构件,全部纵向钢筋最小配筋率,对强度等级 300 MPa、335 MPa 的钢筋为

0.6%，对强度等级 400 MPa 的钢筋为 0.55%，对强度等级 500 MPa 的钢筋为 0.5%，同时一侧钢筋的配筋率不应小于 0.2%。为了施工方便和经济要求，全部纵向钢筋配筋率不宜超过 5%。

（四）箍筋

受压构件中的周边箍筋应做成封闭式，也可焊接成封闭环式。箍筋直径不应小于 $d/4$（d 为纵向钢筋的最大直径），且不应小于 6 mm。箍筋间距不应大于 400 mm 及构件截面的短边尺寸，且不应大于 $15d$（d 为纵向钢筋的最小直径）。当柱截面短边尺寸大于 400 mm 且各边纵向钢筋多于 3 根时，或当柱截面短边尺寸不大于 400 mm 但各边纵向钢筋多于 4 根时，应设置复合箍筋，如图 6-2 所示。柱中全部纵向受力钢筋的配筋率大于 3% 时，箍筋直径不应小于 8 mm，间距不应大于 $10d$，且不应大于 200 mm；箍筋末端应做成 135°弯钩，且弯钩末端平直段长度不应小于 $10d$（d 为纵向受力钢筋的最小直径）。

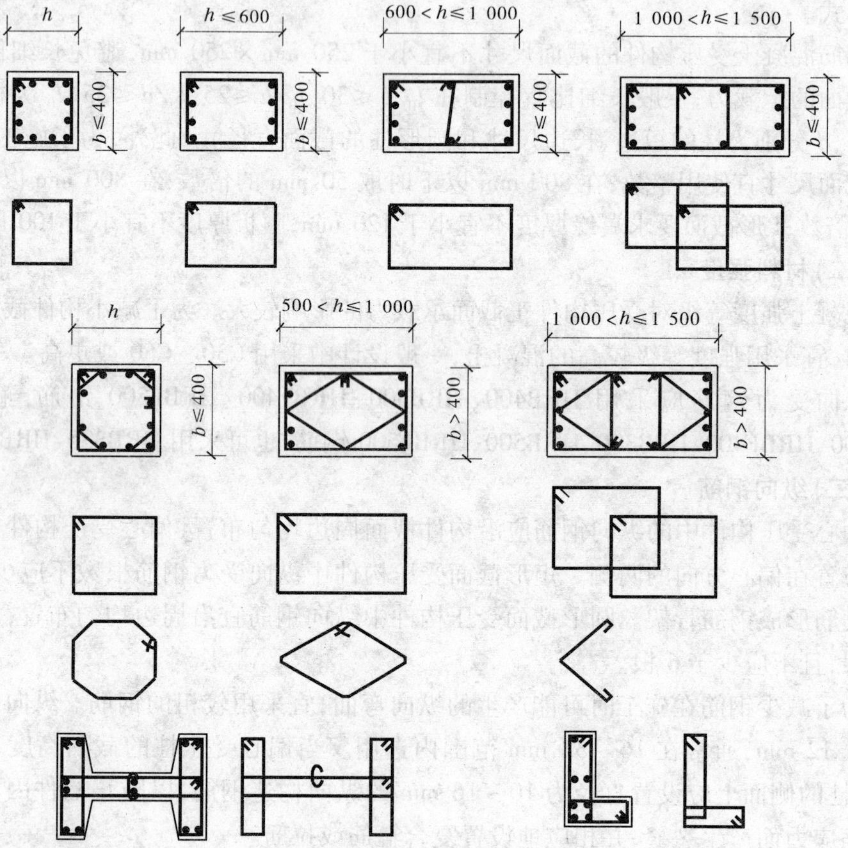

图 6-2　柱的箍筋形式

对于截面形状复杂的柱，不可采用具有内折角的箍筋，避免产生向外的拉力，致使折角处的混凝土破损，而应采用分离式箍筋，见图 6-3。

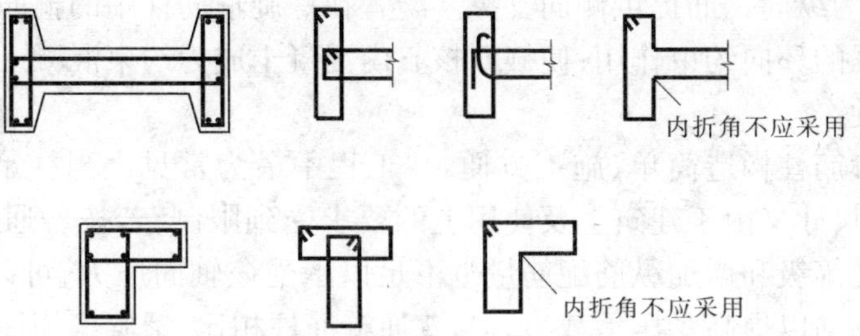

图 6-3　复杂截面柱的箍筋形式

第二节　轴心受压构件正截面受压承载力计算

由于混凝土材料的非均质性、钢筋实际布置的不对称性、竖向荷载作用位置的偏差以及制作安装的误差等,实际工程中并不存在理想的轴心受压构件。但是对于某些构件,如以承受恒载为主的多层房屋的中柱、桁架的受压腹杆等,其截面上的弯矩很小,以承受轴向压力为主,可以近似地按照轴心受压构件进行计算。此外,轴心受压构件正截面承载力计算还用于偏心受压构件垂直于弯矩平面的承载力验算。

柱是工程中最具有代表性的受压构件。按照柱中箍筋的作用及配置方式的不同,轴心受压构件可分为两种情况:普通箍筋柱和螺旋箍筋柱。普通箍筋柱中配有纵向受压钢筋和普通箍筋,螺旋箍筋柱中配有纵向受压钢筋和螺旋式(或焊接环式)箍筋。其截面和配筋形式如图 6-4 所示。

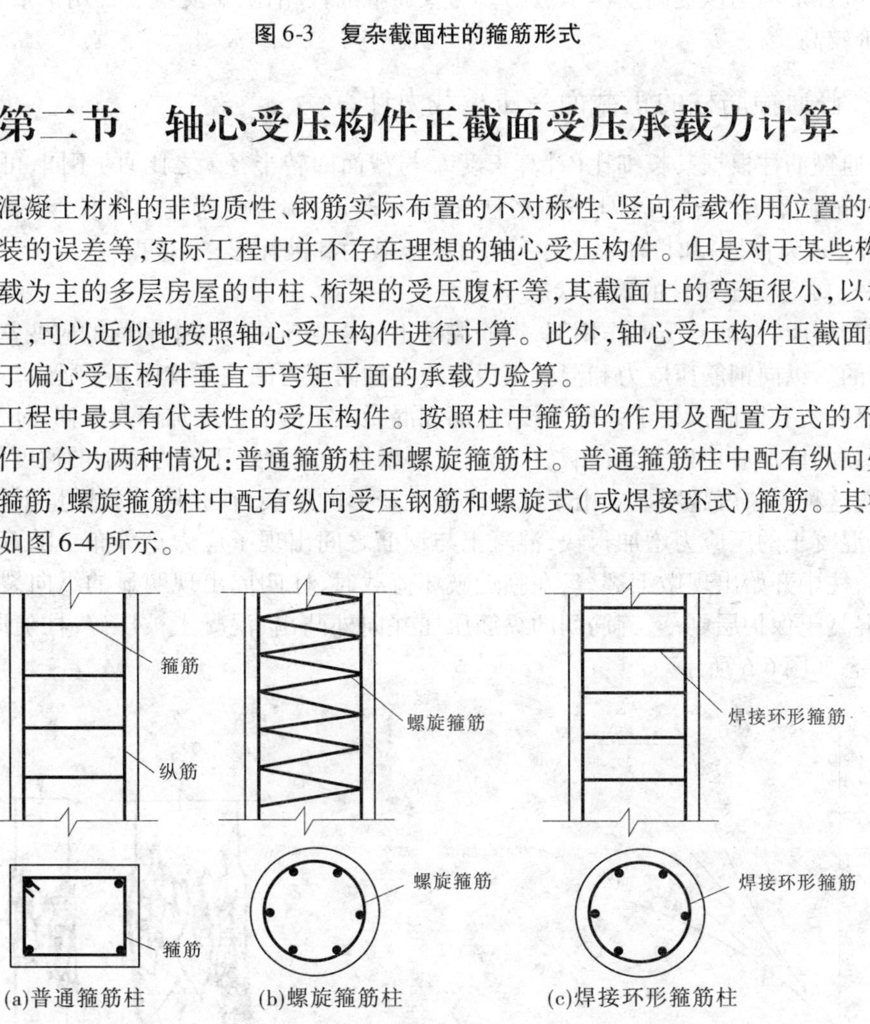

图 6-4　受压构件类型

轴心受压柱的轴向压力主要由混凝土承担,但纵向钢筋的配置仍是不可缺少的,它可以协助混凝土承受压力,有效减小截面尺寸,能够抵抗因偶然偏心在构件受拉边产生的拉应力;防止构件突然的脆性破坏,改善混凝土的变形能力;配置纵筋还可以减小混凝土的收缩与徐变变形。

箍筋的作用主要是固定纵向钢筋的位置,与纵筋形成空间钢筋骨架,并且防止纵向钢筋受力后外凸,为纵向钢筋提供侧向支撑。配置在螺旋箍筋柱中的箍筋一般间距较密,它对混凝土有很强的环向约束作用,使截面核心内混凝土成为约束混凝土,可显著提高构件的承载力和延性。

由于普通箍筋柱构造简单、施工方便,在工程中最为常见。当柱承受很大的轴向压力,同时其截面尺寸又由于建筑上及使用上的要求受到限制,若按普通箍筋柱设计,即使提高混凝土强度等级和增加纵筋配筋量也不足以承受该轴向压力,可以考虑采用螺旋箍筋或焊接环形箍筋以提高受压承载力。与普通箍筋柱相比,螺旋箍筋柱用钢量大,施工复杂,造价较高。

一、普通箍筋柱的正截面受压承载力计算

普通箍筋柱根据其长细比(计算长度 l_0 与截面回转半径 i 之比)的不同,可分为短柱(对于一般截面 $l_0/i \leqslant 28$;对于矩形截面 $l_0/b \leqslant 8$,b 为截面较小边长;对于圆形截面 $l_0/d \leqslant 7$,d 为直径)和长柱。长柱和短柱的承载力和破坏形态不同。

(一)轴心受压短柱的破坏状态

试验表明,在轴心压力作用下,钢筋混凝土轴心受压短柱整个截面的应变基本上是均匀分布的。纵向钢筋压应力和混凝土压应力与轴向压力的关系如图 6-5 所示。当荷载较小时,混凝土和钢筋都处于弹性阶段,纵筋和混凝土压应力的增加以及纵向压应变的增加均与荷载的增加成正比。当荷载较大时,变形增加的速度快于外力增加的速度,纵筋配筋量越少,这种现象就越明显。由于混凝土塑性变形的发展,在相同荷载增量下,钢筋的压应力比混凝土的压应力增加得快,混凝土与钢筋之间出现了应力重分布。随着荷载的继续增加,柱中开始出现微细裂缝,在临近破坏荷载时,柱四周出现明显的纵向裂缝及压坏痕迹,混凝土保护层剥落,箍筋间的纵筋压屈并向外凸出,混凝土被压碎,柱随即破坏,其破坏形态如图 6-6 所示。

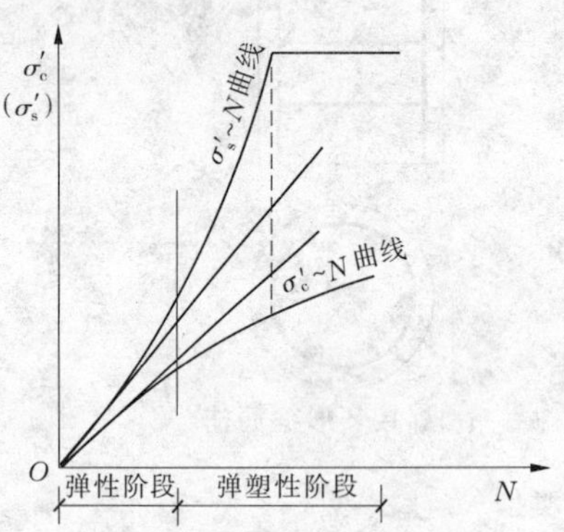

图 6-5　荷载—应力曲线示意图

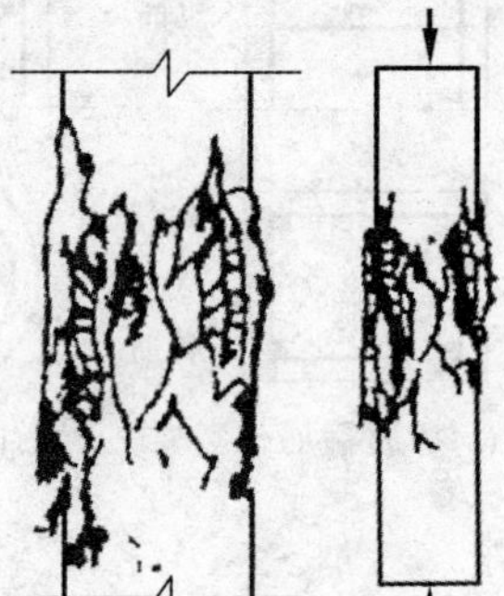
图 6-6　短柱的破坏

素混凝土棱柱体受压试件达到最大压应力值时的最大轴心压应变值约为 0.002,而钢筋混凝土短柱达到最大压应力值时的最大轴心压应变值可达 0.002 5,甚至更大。这是因为配置纵向钢筋后改善了混凝土的变形性能,使得混凝土应力接近或达到峰值时,其应力可向纵向钢筋卸载。同时,所配箍筋对混凝土也起到一定的约束作用。最大轴心压应

变的增加，使得热轧钢筋（包括 HRB500 级和 HRBF500 级钢筋）的抗压强度得以充分发挥。

（二）轴心受压长柱的破坏状态

如前所述，理想的轴心受压构件是不存在的，荷载的微小初始偏心不可避免，这对于短柱的承载力和破坏形态没有明显的影响，但对长柱承载力及破坏形态的影响却不可忽视。初始偏心会使长柱构件产生附加弯矩和侧向挠曲，而侧向挠曲又增大了荷载的偏心距，随着荷载的增加，附加弯矩和侧向挠度将不断增大，这样相互影响的结果使长柱最终在弯矩与轴力的共同作用下发生破坏。其破坏特征是构件凹侧先出现纵向裂缝，随后混凝土被压碎，箍筋之间的纵筋向外压屈，构件凸侧混凝土出现横向裂缝，侧向挠度急剧增大，如图 6-7 所示。长柱的承载力低于其他条件相同的短柱。当荷载长期作用时，由于混凝土的徐变，侧向挠度将增大更多，长柱的承载力也将比短柱的承载力降低更多。对于长细比较大的构件还有可能在材料发生破坏之前由于失稳而丧失承载力。《混凝土结构设计规范》（GB 50010—2010）采用稳定系数 φ 来表示长柱承载力降低的程度，即

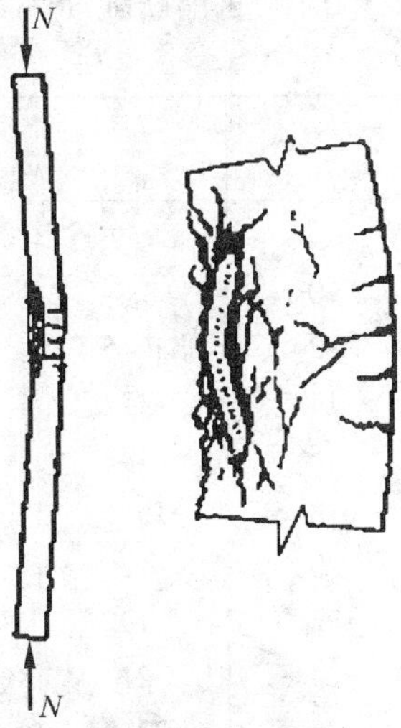

图 6-7　长柱的破坏

$$\varphi = \frac{N_u^l}{N_u^s} \tag{6-1}$$

式中　N_u^l、N_u^s——长柱、短柱的承载力。

稳定系数 φ 值主要与构件长细比有关，长细比越大，φ 值越小。此外，混凝土强度和配筋率对稳定系数也有一定的影响，但影响较小。《混凝土结构设计规范》（GB 50010—2010）中的稳定系数 φ 是根据长细比的大小，同时考虑荷载的初始偏心及长期荷载的不利影响给出的，如表 6-1 所示。表 6-1 中的计算长度与构件两端支承情况有关。在实际结构中，构件端部的连接构造比较复杂，为此，《混凝土结构设汁规范》（GB 50010—2010）对单层房屋排架柱、框架柱等的计算长度作了具体规定。

（三）轴心受压构件承载力计算方法

根据上述分析，轴心受压构件的计算简图如图 6-8 所示，考虑稳定及构件可靠度的调整因素，并使长柱与短柱的计算公式统一，《混凝土结构设计规范》（GB 50010—2010）给出了配置普通箍筋的轴心受压构件正截面承载力计算公式为

$$N \leqslant N_u = 0.9\varphi(f_c A + f_y' A_s') \tag{6-2}$$

式中　N——轴心压力设计值；

N_u——轴心受压承载力设计值；

0.9——可靠度调整系数；

φ——钢筋混凝土轴心受压构件稳定系数，按表 6-1 采用；

f_c——混凝土轴心抗压强度设计值；

A——构件截面面积；

f'_y——纵向钢筋的抗压强度设计值；

A'_s——全部纵向钢筋的截面面积。

当纵向钢筋配筋率大于3%时，式(6-2)中的A应改用$(A-A'_s)$代替。

表 6-1　钢筋混凝土轴心受压构件的稳定系数

$\frac{l_0}{b}$	$\frac{l_0}{d}$	$\frac{l_0}{i}$	φ	$\frac{l_0}{b}$	$\frac{l_0}{d}$	$\frac{l_0}{i}$	φ
≤8	≤7	≤28	1.0	30	26	104	0.52
10	8.5	35	0.98	32	28	111	0.48
12	10.5	42	0.95	34	29.5	118	0.44
14	12	48	0.92	36	31	125	0.40
16	14	55	0.87	38	33	132	0.36
18	15.5	62	0.81	40	34.5	139	0.32
20	17	69	0.75	42	36.5	146	0.29
22	19	76	0.70	44	38	153	0.26
24	21	83	0.65	46	40	160	0.23
26	22.5	90	0.60	48	41.5	167	0.21
28	24	97	0.56	50	43	174	0.19

注：表中l_0为构件的计算长度；b为矩形截面的短边尺寸；d为圆形截面的直径；i为截面的最小回转半径。

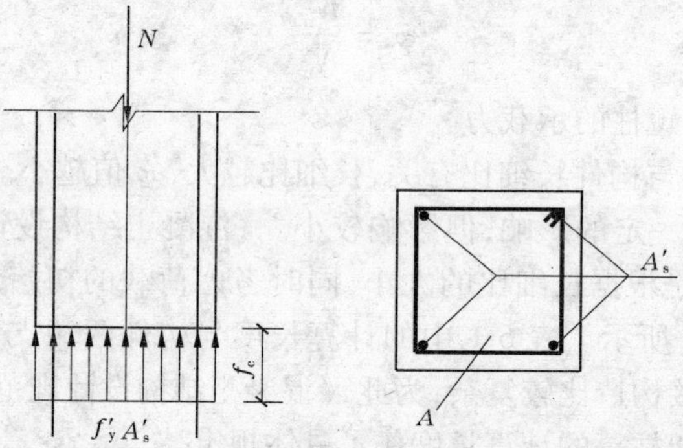

图 6-8　普通箍筋柱受压承载力计算简图

轴心受压构件正截面承载力计算可分为截面设计和截面复核两类。

截面设计时，一般是已知轴心压力设计值N和材料强度设计值（即f_c、f'_y），需确定截面面积A（或截面尺寸b、h等）和纵向钢筋截面面积A'_s。此时，承载力计算公式只有式(6-2)一个，而未知数却有3个（即A、A'_s和φ），可先根据设计经验初步给定截面尺寸以确定A，也可先假定$\rho'\left(即\frac{A'_s}{A}\right)$和$\varphi$，然后由式(6-2)确定$A$。求出$A$后，即可根据构件的实际长度和支承情况确定计算长度$l_0$，计算其长细比，由表6-1查得稳定系数$\varphi$。于是，可由式(6-2)求得$A'_s$。最后，还应验算是否满足最小配筋率等构造要求。

截面复核时，需先根据长细比查得稳定系数，然后将稳定系数和已知的截面尺寸、材料强度、配筋量等相关参数代入式(6-2)即可。若该式成立，说明截面安全；否则，说明截面不安全。

【例 6-1】　钢筋混凝土框架柱的截面尺寸为 450 mm×450 mm,承受轴向压力设计值 $N=3\ 000$ kN,柱的计算长度 $l_0=5.8$ m,混凝土强度等级为 C30,钢筋采用 HRB400 级。要求确定纵筋数量 A_s'。

解:根据选用材料,可知:混凝土 $f_c=14.3$ N/mm^2,纵筋 $A_s'=370$ N/mm^2。

由 $l_0/b=5\ 800/450=12.89$,查表 6-1,得 $\varphi=0.936\ 7$。

按式(6-2)求 A_s',即

$$A_s'=\frac{1}{f_y'}\left(\frac{N}{0.9\varphi}-f_cA\right)=\frac{1}{360}\left(\frac{3\ 000\times10^3}{0.9\times0.936\ 7}-14.3\times450\times450\right)=1\ 841.2(\text{mm}^2)$$

配筋率为

$$\rho'=\frac{A_s'}{A}=\frac{1\ 841.2}{450\times450}=0.009\ 1>\rho_{\min}'=0.55\%\quad 且\ \rho'<3\%$$

选用 4 ⏀20 + 4 ⏀16,$A_s'=1\ 256+804=2\ 060(\text{mm}^2)$,直径 20 mm 的钢筋布置在截面四角,直径 16 mm 的钢筋布置在截面四边中部。

截面一侧配筋率为

$$\rho'=\frac{314.2\times2+201.1}{450\times450}=0.004\ 1>0.2\%$$

满足要求。

【例 6-2】　某建筑门厅处有现浇柱 4 根,截面尺寸为 300 mm×300 mm。由两端支承条件确定其计算长度 $l_0=4.2$ m;柱内配置 4 根直径 22 mm 的 HRB400 级钢筋($A_s'=1\ 520$ mm^2),混凝土强度等级 C30。柱的轴向压力设计值 $N=1\ 480$ kN。验算截面是否安全。

解:由 $l_0/b=4\ 200/300=14$,查表 6-1 得,$\varphi=0.92$。查表可知:$f_c=14.3$ N/mm^2,$f_y'=360$ N/mm^2。

按式(6-2),得

$$\begin{aligned}N_u&=0.9\varphi(f_cA+f_y'A_s')=0.9\times0.92\times(14.3\times300^2+360\times1\ 520)\\&=1\ 518.7\times10^3(\text{N})=1\ 528.7\ \text{kN}>N=1\ 480\ \text{kN}\end{aligned}$$

截面安全。

二、螺旋箍筋柱的正截面承载力计算

(一)螺旋箍筋柱的受力特点

当轴心受压构件承受的轴向压力较大,同时其截面尺寸由于建筑上或使用功能上的要求受到限制时,若按配有纵筋和普通箍筋的柱来计算,即使提高混凝土强度等级和增加纵筋用量仍不能满足受压承载力要求,可考虑采用配有螺旋式或焊接环式箍筋柱(以下统称螺旋箍筋柱),增强对核心混凝土的横向约束作用,以提高构件的承载能力。

当轴心受压荷载不很大时,构件螺旋箍筋应力较小,对核心混凝土的横向变形约束作用并不明显,此时构件的荷载—应变曲线与普通箍筋柱基本相同,如图 6-9 所示。随着荷载逐步增大,混凝土压应变达到无约束混凝土的极限压应变时,螺旋箍筋外的混凝土保护层开始崩裂剥落,混凝土的截面减小,荷载略有降低。这时,核心部分混凝土由于受到螺旋箍筋的约束，仍能继续承受压力，其抗压强度超过了轴心抗压强度 f_c，补偿了剥落的外围混凝土所承担的外力，荷载—应变曲线逐步回升。同时，螺旋箍筋（或焊接环形箍筋）的拉应力增大，直到其应力达到屈服强度，不再发挥对混凝土的横向变形约束作用，核心混凝土的抗压强度不再提高，构件因混凝土压碎而破坏。

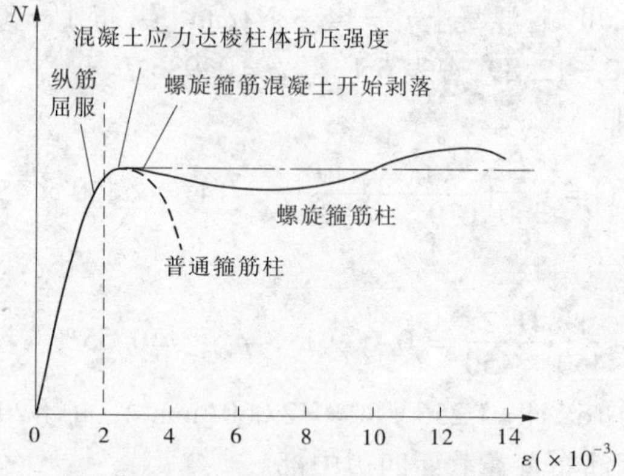

图 6-9　轴心受压柱的荷载—应变曲线

由此可以看出，螺旋箍筋能够有力地限制核心混凝土的横向变形，使核心混凝土处于三向受压状态，提高混凝土的抗压强度，从而提高了柱的承载力。虽然螺旋箍筋水平放置，但它间接地起到了提高构件轴心受压承载力的作用，所以这种钢筋又称为间接钢筋。此外，螺旋箍筋柱的变形能力也提高很多，具有较好的延性。由于混凝土保护层在螺旋箍筋受到较大拉应力时就开裂，故在承载力计算时不考虑此部分混凝土的作用。

（二）承载力计算

螺旋箍筋柱核心区混凝土受到轴向压力和四周径向均匀压力的共同作用，利用圆柱体侧向均匀受压试验所得的近似计算公式，并考虑螺旋箍筋对不同强度等级混凝土的约束效果，可得核心区约束混凝土的抗压强度为

$$f = f_c + 4\alpha\sigma_r \tag{6-3}$$

式中　f——约束混凝土的轴心抗压强度；

f_c——混凝土的轴心抗压强度；

α——间接钢筋对混凝土约束的折减系数：当混凝土强度等级不超过 C50 时，取 1.0，当混凝土强度等级为 C80 时，取 0.85，其间按线性内插法确定；

σ_r——当间接钢筋的应力达到屈服强度时，核心区混凝土受到的径向压应力值。

在一个螺旋箍筋间距 s 范围内，σ_r 的合力应与钢筋的拉力相平衡，由力的平衡条件可得

$$\sigma_r s d_{cor} = 2f_{yv}A_{ss1} \tag{6-4}$$

于是

$$\sigma_r = \frac{2f_{yv}A_{ss1}}{sd_{cor}} = \frac{2f_{yv}A_{ss1}\pi d_{cor}}{4\frac{\pi d_{cor}^2}{4}s} = \frac{f_{yv}A_{ss0}}{2A_{cor}} \tag{6-5}$$

$$A_{ss0} = \frac{\pi d_{cor}A_{ss1}}{s} \tag{6-6}$$

式中 A_{ss1}——单根间接钢筋的截面面积；

f_{yv}——间接钢筋的抗拉强度设计值；

s——间接钢筋沿构件轴线方向的间距；

d_{cor}——构件的核心截面直径，取间接钢筋内表面之间的距离；

A_{ss0}——间接钢筋的换算截面面积；

A_{cor}——构件的核心截面面积，取间接钢筋内表面范围内的混凝土截面面积。

将式(6-5)代入式(6-3)，得

$$f = f_c + \frac{2\alpha f_{yv} A_{ss0}}{A_{cor}} \tag{6-7}$$

轴心受压螺旋箍筋柱破坏时，受压纵筋应力达到其屈服强度，考虑间接钢筋对混凝土的约束作用，核心区混凝土的应力达到约束轴心抗压强度 f，混凝土保护层剥落。根据力的平衡条件，同时考虑可靠度调整系数0.9，得轴心受压螺旋箍筋柱的受压承载力计算公式为

$$N \leqslant N_u = 0.9(f_c A_{cor} + f_y' A_s' + 2\alpha f_{yv} A_{ss0}) \tag{6-8}$$

(三)设计需要注意的事项

当按式(6-8)计算螺旋箍筋柱的受压承载力时，必须满足有关条件，否则就不能考虑箍筋的约束作用。《混凝土结构设计规范》(GB 50010—2010)规定，凡属下列情况之一者，不考虑间接钢筋的影响而按式(6-2)计算构件的承载力：

(1)当 $l_0/d > 12$ 时，因构件长细比较大，有可能受纵向弯曲影响致使螺旋箍筋尚未屈服而构件已经破坏。

(2)当按式(6-8)算得的受压承载力小于按式(6-2)算得的受压承截力时。

(3)当间接钢筋的换算截面面积 A_{ss0} 小于纵向钢筋的全部截面面积的25%时，可以认为间接钢筋配置太少，对核心区混凝土的约束作用不明显。

此外，为了防止间接钢筋外面的混凝土保护层不致过早脱落，按式(6-8)算得的受压承载力不应大于按式(6-2)算得的承载力的1.5倍。为了便于施工，间接钢筋的间距不宜小于40 mm，也不应大于80 mm及 $d_{cor}/5$。

【例6-3】 某商住楼底层门厅采用现浇钢筋混凝土柱，承受轴向压力设计值 N = 5 600 kN，计算长度 l_0 = 5.4 m，混凝土强度等级为C30，纵筋采用HRB400级，箍筋采用HRB335级。建筑要求柱截面为圆形，直径为 d = 500 mm。要求进行柱的受压承载力计算。

解：先按普通箍筋柱计算。

查表可知：混凝土 $f_c = 14.3\ \text{N/mm}^2$，纵筋 $f_y' = 360\ \text{N/mm}^2$，箍筋 $f_{yv} = 300\ \text{N/mm}^2$。

(1)计算稳定系数 φ。

$$l_0/d = 5\,400/500 = 10.8$$

查表6-1，得 $\varphi = 0.956$。

(2)求纵筋 A_s'。

圆形混凝土柱截面面积 $A = \pi d^2/4 = \frac{3.14 \times 500^2}{4} = 19.63 \times 10^4\ (\text{mm}^2)$

由式(6-2)得

$$A_s' = \frac{1}{f_y'}\left(\frac{N}{0.9\varphi} - f_c A\right) = \frac{1}{360} \times \left(\frac{5\ 600 \times 10^3}{0.9 \times 0.956} - 14.3 \times 19.63 \times 10^4\right)$$
$$= 10\ 281.97(\mathrm{mm}^2)$$

(3)核算配筋率。

$$\rho' = A_s'/A = 10\ 281.97/(19.63 \times 10^4) = 5.24\%$$

若混凝土强度等级不再提高,则配筋率太高。由于$\frac{l_0}{d}<12$,可以考虑采用螺旋箍筋柱。

(4)假定纵筋配筋率为$\rho'=0.04$,则$A_s'=\rho' A=0.04\times19.63\times10^4=7\ 852(\mathrm{mm}^2)$,选用16 Φ 25,$A_s'=7\ 854\ \mathrm{mm}^2$。混凝土保护层厚度取为30 mm,则得

$$d_{cor} = d - 30 \times 2 = 500 - 60 = 440(\mathrm{mm})$$

$$A_{cor} = \frac{1}{4}\pi d_{cor}^2 = \frac{1}{4} \times 3.14 \times 440^2 = 15.20 \times 10^4(\mathrm{mm}^2)$$

(5)计算螺旋筋的换算截面面积。

混凝土强度等级<C50,$\alpha=1.0$,由式(6-8)可得

$$A_{ss0} = \frac{\frac{N}{0.9} - (f_c A_{cor} + f_y' A_s')}{2\alpha f_{yv}}$$
$$= \frac{\frac{5\ 600 \times 10^3}{0.9} - (14.3 \times 15.20 \times 10^4 + 360 \times 7\ 854)}{2 \times 1.0 \times 300} = 2\ 035.3(\mathrm{mm}^2)$$

$$A_{ss0} > 0.25A_s' = 0.25 \times 7\ 854 = 1\ 963.5(\mathrm{mm}^2)$$

满足构造要求。

(6)计算螺旋筋的间距。

假定螺旋箍筋直径$d=10$ mm,则单肢螺旋筋面积$A_{ss1}=78.5\ \mathrm{mm}^2$。螺旋筋的间距可由式(6-6)求得

$$s = \frac{\pi d_{cor} A_{ss1}}{A_{ss0}} = \frac{3.14 \times 440 \times 78.5}{2\ 035.3} = 54.22(\mathrm{mm})$$

取$s=50$ mm,满足构造要求。

(7)根据配置的螺旋筋计算间接配筋柱轴向压力承载能力。

$$A_{ss0} = \frac{\pi d_{cor} A_{ss1}}{s} = \frac{3.14 \times 440 \times 78.5}{50} = 2\ 169.11(\mathrm{mm}^2)$$

$$N_u = 0.9(f_c A_{cor} + f_y' A_s' + 2\alpha f_{yv} A_{ss0})$$
$$= 0.9 \times (14.3 \times 15.20 \times 10^4 + 360 \times 7\ 854 + 2 \times 1.0 \times 300 \times 2\ 169.11)$$
$$= 5\ 672 \times 10^3(\mathrm{N}) = 5\ 672.0\ \mathrm{kN}$$

按式(6-2)得

$$N_u = 0.9\varphi(f_c A + f_y' A_s')$$
$$= 0.9 \times 0.956 \times [14.3 \times (19.63 \times 10^4 - 7\ 854) + 360 \times 7\ 854]$$
$$= 4\ 751.3(\mathrm{kN})$$

核算:5 672.0 kN <1.5 ×4 751.3 =7 126.95(kN),满足保护层不脱落要求。

第三节 偏心受压构件承载力计算

一、偏心受压短柱的破坏形态

钢筋混凝土偏心受压构件的钢筋通常布置在截面偏心方向两侧,离偏心压力较近一侧的受力钢筋为受压钢筋,其截面面积用 A_s' 表示;离偏心压力较远一侧的受力钢筋可能受拉也可能受压,不论受拉还是受压,其截面面积都用 A_s 表示。钢筋混凝土偏心受压短柱的受力特点及破坏特征与轴向压力的偏心距、纵向钢筋的配筋率以及钢筋和混凝土的强度等因素有关。试验表明,其破坏形态有受拉破坏和受压破坏两种情况。

(一)受拉破坏(大偏心受压破坏)

受拉破坏又称大偏心受压破坏,它发生于轴向压力 N 的相对偏心距 e_0/h_0 较大,且受拉钢筋配筋 A_s 的配置不过多时。此时,在偏心压力 N 作用下,与 N 作用点较近一侧的截面受压,而另一侧受拉。随着偏心压力的增加,首先在受拉区产生横向裂缝并不断开展,进而在受拉边形成一条或几条水平裂缝。当 N 接近破坏荷载时,受拉钢筋的应力首先达到屈服强度,并进入流幅阶段,受拉区裂缝随之迅速发展,向受压区延伸,截面中和轴向受压区移动,受压区高度急剧减小,混凝土压应变增大,受压区混凝土也出现了纵向裂缝。最后当受压边缘混凝土达到极限压应变时,受压区混凝土被压碎而破坏。此时,受压钢筋的应力一般都能达到屈服强度。其正截面的应力、应变状态如图 6-10(a)所示,破坏形态如图 6-10(b)所示。

受拉破坏的主要特征是破坏从受拉区开始,受拉钢筋首先屈服,而后受压区混凝土被压碎。这种破坏形态与适筋梁的破坏形态相似,属于延性破坏类型。

(二)受压破坏(小偏心受压破坏)

受压破坏又称小偏心受压破坏,其截面破坏都是从受压区开始的,包括以下两种情况:

(1)当轴向压力 N 的相对偏心距 e_0/h_0 较小,或虽然相对偏心距 e_0/h_0 较大,但受拉钢筋配筋 A_s 的配置过多时。随着偏心压力 N 的逐步增大,与受拉破坏的情况类似,截面受拉边缘也出现水平裂缝,但是水平裂缝的开展与延伸较为缓慢,未形成明显的主裂缝,而受压区边缘混凝土的压应变增长较快,临近破坏时受压边出现纵向裂缝,破坏较突然,无明显预兆,压碎区段较长。破坏时,受压钢筋应力一般能够达到屈服强度,但受拉钢筋并不屈服,截面受压边缘混凝土的压应变比受拉破坏时小。其正截面的应力、应变状态如图 6-11(a)所示,破坏形态如图 6-11(c)所示。

(2)当轴向压力 N 的相对偏心距 e_0/h_0 很小时,截面将全部受压,靠近轴向压力作用点一侧的压应力较大,另一侧压应力较小。构件破坏从压应力较大边开始,该侧混凝土被压坏,钢筋的压应力达到屈服强度,而另一侧的混凝土和钢筋均可能达到其抗压强度,也可能未达到其抗压强度,这取决于偏心距的相对大小。破坏时正截面的应力、应变状态如图 6-11(b)所示。若相对偏心距更小,由于截面的实际形心和构件的几何中心不重合,也

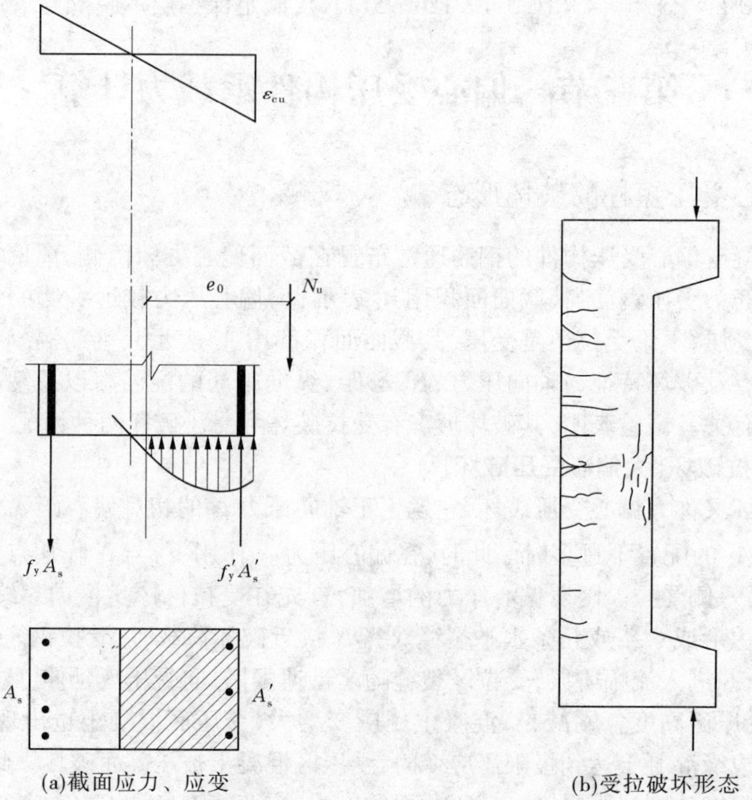

图 6-10　受拉破坏时的截面应力、应变及破坏形态

可能发生离轴向压力 N 较远一侧的混凝土先被压坏的情况，称为反向破坏。

以上两种情况的破坏特征类似，都是由于混凝土受压而破坏，压应力较大一侧钢筋能够达到屈服强度，而另一侧钢筋可能受拉也可能受压，一般均达不到屈服强度，属于脆性破坏类型。

（三）两类偏心受压破坏的界限

比较受拉破坏和受压破坏两种破坏形态的破坏过程和破坏特征，两者之间的根本区别在于构件破坏时受拉钢筋是否达到屈服强度。受拉破坏时，受拉钢筋先达到其屈服强度，然后受压区混凝土被压碎；而受压破坏时，受压区混凝土被压碎破坏，而受拉钢筋未达到其屈服强度。两者之间必存在一种受拉钢筋达到屈服强度的同时受压区混凝土被压碎的界限状态，称为界限破坏。试验表明，从加载开始到构件破坏，偏心受压构件的截面平均应变都较好地符合平截面假定。因此，界限状态时的截面应变可以用图 6-12 来表示。

由上述可见，两类偏心受压构件的界限破坏特征与受弯构件中适筋梁与超筋梁的界限破坏特征完全相同，因此其相对界限受压区高度的表达式与第四章中受弯构件的公式完全一样，即

$$\xi_b = \frac{\beta_1}{1 + \dfrac{f_y}{E_s \varepsilon_{cu}}} \tag{6-9}$$

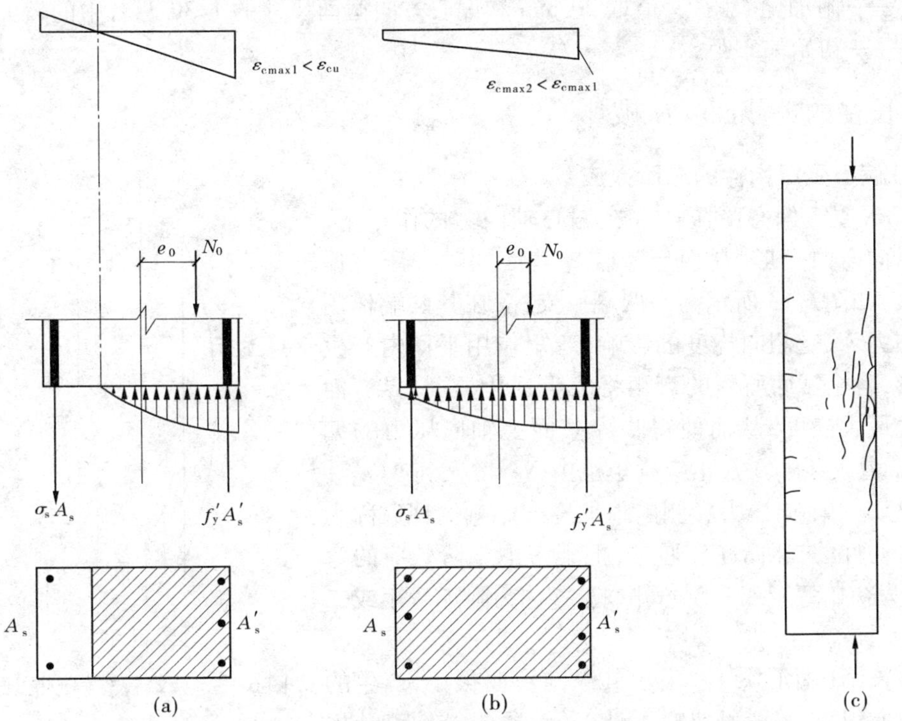

(a)、(b)截面应力、应变；(c)受拉破坏形态

图 6-11　受压破坏时的截面应力、应变及破坏形态

对于常用的钢材品种，ξ_b 也可直接从第四章查取。

同样，与受弯构件正截面承载力计算类似，在偏心受压构件正截面承载力计算中，受压区混凝土也采用等效矩形应力分布图，则大、小偏心受压构件的判别条件为

当 $\xi \leqslant \xi_b$ 或 $x \leqslant x_b = \xi_b h_0$ 时，为大偏心受压构件；

当 $\xi > \xi_b$ 或 $x > x_b = \xi_b h_0$ 时，为小偏心受压构件。

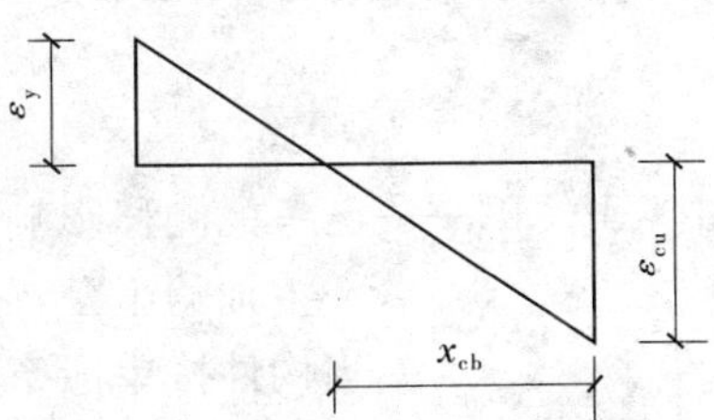

图 6-12　界限破坏时的截面应变线

（四）附加偏心距、初始偏心距

当截面上作用的弯矩设计值为 M、轴向压力设计值为 N 时，可求得轴向压力对截面重心的偏心距 e_0，即

$$e_0 = \frac{M}{N} \tag{6-10}$$

但工程中实际存在着荷载作用位置的不定性、混凝土质量的不均匀性以及施工引起的各种偏差等因素，将使得轴向力产生附加偏心距 e_a。因此，在偏心受压构件承载力计算过程中，轴向力的初始偏心距 e_i 按下列公式计算

$$e_i = e_0 + e_a \tag{6-11}$$

式中　e_0——轴向压力对截面重心的偏心距，由弯矩设计值为 M 和轴向压力设计值 N 计算求得；

e_a——附加偏心距，其值取 20 mm 和偏心方向截面尺寸的 1/30 两者中的较大值；

e_i——初始偏心距。

二、长柱的正截面受压破坏

（一）偏心受压构件的二阶效应

钢筋混凝土偏心受压构件在偏心轴向力的作用下，将产生纵向弯曲变形，从而导致临界截面的轴向压力偏心距增大。如图 6-13 所示为一两端铰支柱，在其两端作用偏心轴向力 N，受侧向挠度的影响，弯矩作用平面内产生弯曲变形，各个截面所受的弯矩将发生变化，在临界截面处将产生最大挠度，从而使得临界截面上轴向压力的偏心距由 e_0 增大到 e_0+f，相应弯矩也由 Ne_i 增大到 $N(e_0+f)$，这种弯矩受轴向压力和侧向附加挠度影响的现象称为偏心受压构件的二阶效应。通常，把不考虑二阶效应的弯矩 Ne_i 称为初始弯矩或一阶弯矩，把 Nf 称为附加弯矩或二阶弯矩。

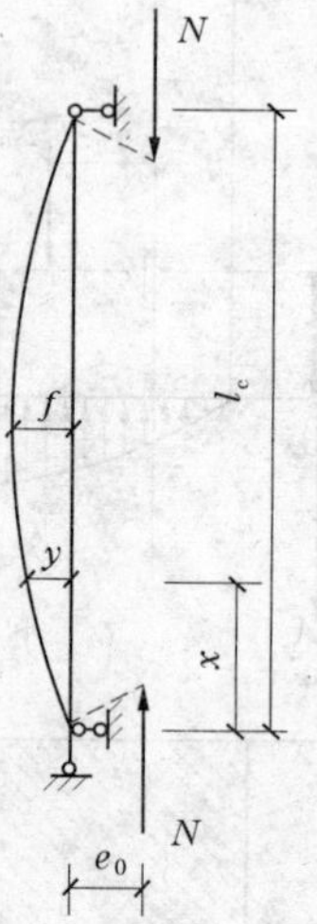

图 6-13　两端铰支偏心受压柱

对于长细比小的短柱，由于其纵向弯曲很小，产生的二阶效应亦很小，一般可忽略不计。《混凝土结构设计规范》（GB 50010—2010）规定，对于弯矩作用平面内截面对称的偏心受压构件，当同一主轴方向的杆端弯矩比 M_1/M_2 不大于 0.9 且轴压比不大于 0.9 时，若构件的长细比满足式（6-12）的要求，可不考虑轴向压力在该方向挠曲杆件中产生的附加弯矩影响。当不满足式（6-12）的要求时，附加弯矩的影响不可忽略，需按截面的两个主轴方向分别考虑轴向压力在挠曲杆件中产生的附加弯矩影响。

$$\frac{l_c}{i} \leqslant 34 - 12\left(\frac{M_1}{M_2}\right) \tag{6-12}$$

式中　M_1、M_2——已考虑侧移影响的偏心受压构件两端截面按结构弹性分析确定的对同一主轴的组合弯矩设计值，绝对值较大端为 M_2，绝对值较小端为 M_1，当构件按单曲率弯曲时，M_1/M_2 取正值，如图 6-14（a）所示，否则取负值，如图 6-14（b）所示；

l_c——构件的计算长度，可近似取偏心受压构件相应主轴方向上下支承点之间的距离；

i——偏心方向的截面回转半径。

（二）破坏类型

钢筋混凝土长柱在纵向弯曲的作用下，可能发生两种形式的破坏：一是材料破坏，二是失稳破坏。所谓失稳破坏，是指长细比较大的柱，其纵向弯曲效应随轴向力呈非线性增长，构件发生侧向失稳破坏；所谓材料破坏，是指破坏时材料达到极限强度。考虑纵向弯曲作用的影响，在同等条件下长柱的承载力低于短柱的承载力。

图 6-15 给出了 3 个截面尺寸、配筋、材料强度、支承情况和轴向压力偏心距等完全相

同,仅长细比不同的偏心受压构件从加荷到破坏的 $N \sim M$ 曲线及其截面在破坏时的 $N_u \sim M_u$ 承载力曲线。N_u 和 M_u 分别是截面破坏时所能承担的轴向压力和相应的弯矩。

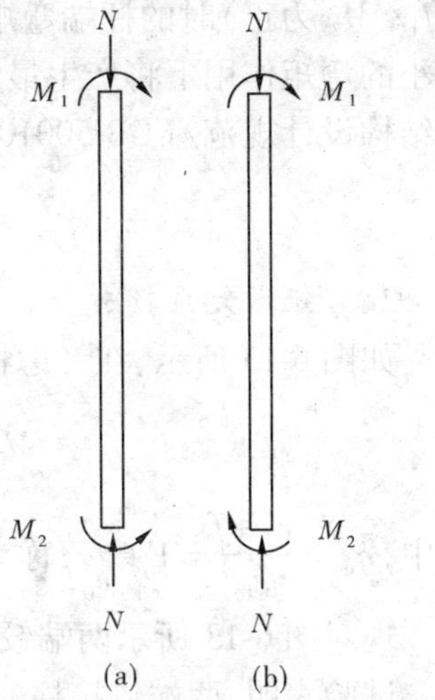

图 6-14　偏心受压构件的弯曲

当构件为短柱时,二阶效应可以忽略,偏心距保持不变,M 与 N 呈线性关系,沿直线达到破坏点,如图 6-15 中 OB 线所示,破坏属于材料破坏。当构件为长柱时,二阶效应不能忽略,随着 N 的增大,纵向弯曲引起的偏心距呈非线性增大,M 也随着偏心距的增大呈非线性增大,长细比不是很大时,沿曲线达到破坏点,如图 6-15 中 OC 线所示,其破坏也属于材料破坏。当长细比很大时,二阶效应非常明显,当轴向力达到一定值时,由于纵向弯曲引起的偏心距急剧增大,微小的轴力增量可引起不收敛的弯矩增量,导致构件产生侧向失稳,发生失稳破坏,如图 6-15 中 OF 线所示。由此可见,在初始偏心距相同的情况下,不同的长细比,偏心受压构件所能承受的极限压力是不同的,长细比越大,纵向弯曲引起的二阶效应越明显,极限压力越小。因此,在偏心受压构件承载能力分析中不能忽略纵向弯曲的影响,而且要防止发生失稳破坏。

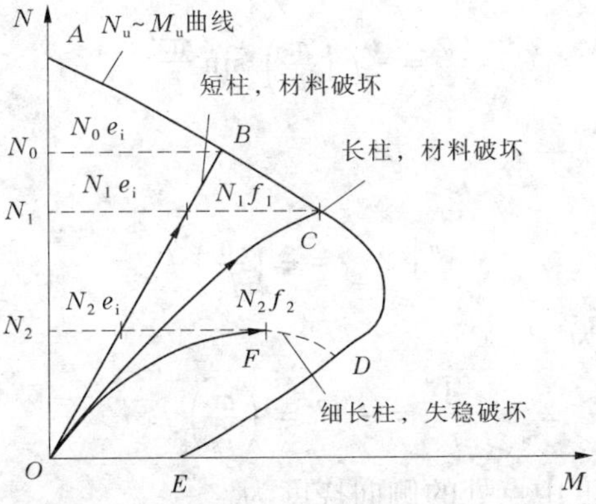

图 6-15　不同长细比偏心受压柱的 $N \sim M$ 曲线

(三)偏心距调节系数和弯矩增大系数

实际工程中最常遇到的是长柱,在计算中需考虑由于构件的侧向挠度而引起的二阶效应的影响。目前,各国规范多采用近似法进行二阶效应的计算,我国《混凝土结构设计规范》(GB 50010—2010)通过引入偏心距调节系数和弯矩增大系数的方法考虑此影响,即偏心受压柱考虑二阶效应影响后的设计弯矩为原柱端最大弯矩 M_2 乘以偏心距调节系数法 C_m 和弯矩增大系数 η_{ns}。

1. 偏心距调节系数法 C_m

对于弯矩作用平面内截面对称的偏心受压构件,当同一主轴方向两端在单曲率弯曲

(M_1/M_2 为正)时的杆端弯矩比 M_1/M_2 大于 0.9 时,该柱在其两端相同方向、几乎相同大小的弯矩作用下将产生最大的偏心距。在这种情况下,需考虑偏心距调节系数,《混凝土结构设计规范》(GB 50010—2010)规定偏心距调节系数按式(6-13)进行计算

$$C_m = 0.7 + 0.3\frac{M_1}{M_2} \geqslant 0.7 \tag{6-13}$$

2. 弯矩增大系数 η_{ns}

如图 6-13 所示,在考虑柱侧向挠度 f 后,柱中截面弯矩可表示为

$$M = N(e_0 + f) = N\frac{e_0 + f}{e_0} = N\eta_{ns}e_0 \tag{6-14}$$

式中,$\eta_{ns} = \frac{e_0 + f}{e_0} = 1 + \frac{f}{e_0}$,称为弯矩增大系数。

现对图 6-13 所示两端铰接且等偏心距的偏心受压构件的弯矩增大系数值推导如下。

试验表明,两端铰接柱的侧向挠曲线接近正弦曲线,假定其挠曲线方程为

$$y = f\sin\frac{\pi x}{l_c} \tag{6-15}$$

于是

$$y'' = -f\left(\frac{\pi}{l_c}\right)^2\sin\frac{\pi x}{l_c} \tag{6-16}$$

在控制截面 $x = \frac{l_c}{2}$ 处

$$y''\Big|_{x=\frac{l_c}{2}} = -\left(\frac{\pi}{l_c}\right)^2 f \tag{6-17}$$

从而可得此处截面的曲率为

$$\frac{1}{r_c} = -y'' = \left(\frac{\pi}{l_c}\right)^2 f \tag{6-18}$$

由上式可得偏心受压柱高度中点处的侧向挠度为

$$f = \left(\frac{l_c}{\pi}\right)^2\frac{1}{r_c} \tag{6-19}$$

考虑界限破坏的情况,根据平截面假定,得截面曲率为

$$\frac{1}{r_c} = \frac{\phi\varepsilon_{cu} + \varepsilon_y}{h_0} \tag{6-20}$$

式中　$\frac{1}{r_c}$——截面的曲率;

ε_{cu}——受压区边缘混凝土的极限压应变;

ε_y——受拉钢筋的屈服应变;

ϕ——考虑荷载长期影响的徐变系数。

为简化计算,不再区分高强混凝土与普通混凝土极限压应变的差异以及各种钢筋屈服应变的不同,统一取 $\varepsilon_{cu} = 0.003\,3$,$\varepsilon_y = 0.002\,25$,$\phi = 1.25$,代入上式得

$$\frac{1}{r_c} = \frac{1.25 \times 0.003\,3 + 0.002\,25}{h_0} = \frac{1}{156.86}\frac{1}{h_0} \tag{6-21}$$

代入式(6-19),得界限破坏时柱高度中点处的最大侧向挠度为

$$f=\left(\frac{l_c}{\pi}\right)^2\frac{1}{156.86h_0} \tag{6-22}$$

对于小偏心受压构件,离轴向压力较远一侧的钢筋可能受拉不屈服或受压,且受压区边缘混凝土的压应变值一般也小于0.003 3,截面破坏时的曲率小于界限破坏时的曲率值。为此,引入偏心受压构件截面曲率修正系数ζ_c,参考国外规范和试验分析结果,为简化计算,《混凝土结构设计规范》(GB 50010—2010)按式(6-23)计算ζ_c值:

$$\zeta_c=\frac{0.5f_cA}{N} \tag{6-23}$$

式中　ζ_c——偏心受压构件截面曲率修正系数,当$\zeta_c>1$时,取$\zeta_c=1$;

f_c——混凝土轴心抗压强度设计值;

A——构件的截面面积,对T形、I形截面均取$A=bh+2(b_f'-b)h_f'$;

N——轴力设计值。

根据式(6-14)、式(6-22)和系数ζ_c,并考虑附加偏心距后以$(M_2/N+e_a)$代替e_0,可得

$$\eta_{ns}=1+\frac{f}{e_0}=1+\left(\frac{l_c}{\pi}\right)^2\frac{1}{156.86e_0h_0}\zeta_c$$

$$=1+\frac{1}{\pi^2\times156.86(M_2/N+e_a)/h_0}\left(\frac{h}{h_0}\right)^2\left(\frac{l_c}{h}\right)^2\zeta_c$$

近似取$\frac{h}{h_0}=1.1$,代入上式后整理得

$$\eta_{ns}=1+\frac{1}{1\,300(M_2/N+e_a)/h_0}\left(\frac{l_c}{h}\right)^2\zeta_c \tag{6-24}$$

3. 控制截面设计弯矩计算方法

除排架结构柱以外的偏心受压构件,在其偏心方向上考虑杆件自身挠曲产生的二阶效应后的控制截面弯矩设计值应按下列公式计算

$$M=C_m\eta_{ns}M_2 \tag{6-25}$$

当$C_m\eta_{ns}$小于1.0时,取$C_m\eta_{ns}$等于1.0;对于剪力墙类构件及核心筒类构件,可取$C_m\eta_{ns}$等于1.0。

三、矩形截面偏心受压构件正截面受压承载力基本计算公式

(一)大偏心受压构件

对于大偏心受压构件,在承载能力极限状态下,纵向受力钢筋A_s的应力取抗拉强度设计值f_y,纵向受压钢筋A_s'的应力一般也能达到抗压强度设计值f_y',采用与受弯构件相同的处理方法,受压区混凝土应力分布图取为等效矩形图形,其应力值为$\alpha_1 f_c$。截面应力计算图形如图6-16所示。

1. 计算公式

由纵向力的平衡条件及各力对受拉钢筋合力点取矩的力矩平衡条件,可以得到以下两个基本计算公式,即

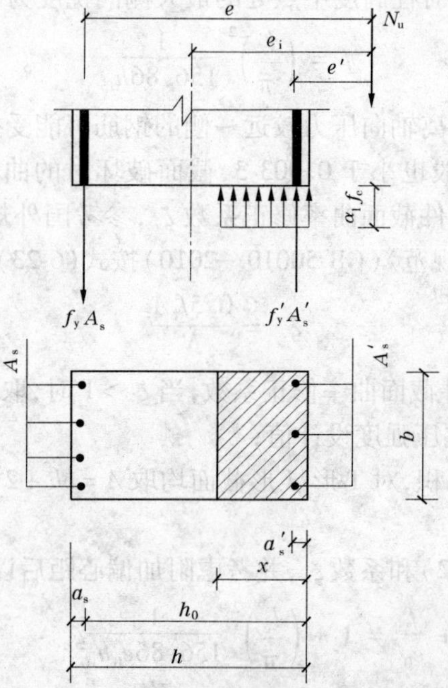

图 6-16　矩形截面大偏心受压构件截面应力计算图形

$$N \leqslant N_u = \alpha_1 f_c bx + f'_y A'_s - f_y A_s \tag{6-26}$$

$$Ne \leqslant N_u e = \alpha_1 f_c bx\left(h_0 - \frac{x}{2}\right) + f'_y A'_s (h_0 - a'_s) \tag{6-27}$$

$$e = e_i + \frac{h}{2} - a_s \tag{6-28}$$

式中　N——轴向压力设计值；

N_u——轴向受压承载力设计值；

x——截面混凝土受压区高度；

e——轴向压力作用点至纵向受拉钢筋合力点的距离；

e_i——初始偏心距。

2. 适用条件

为了保证构件截面为大偏心受压破坏，构件破坏时受拉钢筋应力能达到抗拉强度设计值，同时受压钢筋应力也能达到抗压屈服强度，必须满足以下两个适用条件：

$$x \leqslant \xi_b h_0 \tag{6-29}$$

$$x \geqslant 2a'_s \tag{6-30}$$

式中　a'_s——纵向受压钢筋合力点至受压区边缘的距离。

若计算中出现 $x < 2a'_s$ 的情况，说明破坏时纵向受压钢筋的应力没有达到抗压强度设计值 f'_y，此时可近似取 $x = 2a'_s$，并对受压钢筋 A'_s 的合力点取矩得

$$Ne' = f_y A_s (h_0 - a'_s) \tag{6-31}$$

式中　e'——轴向压力作用点至纵向受压钢筋合力点的距离。

$$e' = e_i - \frac{h}{2} + a'_s \tag{6-32}$$

(二)小偏心受压构件

对于小偏心受压构件,在承载能力极限状态下,受压区混凝土被压碎,受压钢筋 A_s' 的应力达到抗压强度设计值 f_y',而另一侧钢筋 A_s 可能受拉或受压,但一般达不到屈服,所以 A_s 的应力用 σ_s 表示,受压区混凝土应力分布图仍取为等效矩形图形,其应力值为 $\alpha_1 f_c$。截面应力计算图形如图 6-17 所示。

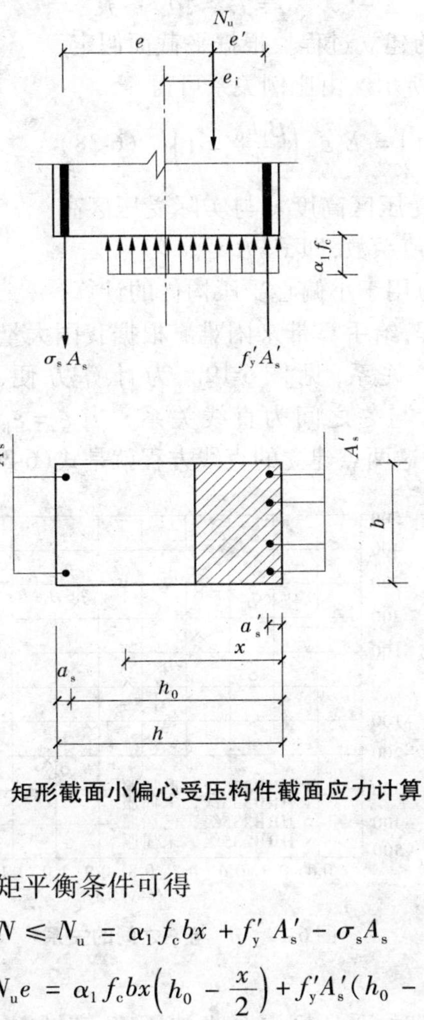

图 6-17　矩形截面小偏心受压构件截面应力计算图形

1. 计算公式

根据力的平衡条件及力矩平衡条件可得

$$N \leqslant N_u = \alpha_1 f_c bx + f_y' A_s' - \sigma_s A_s \tag{6-33}$$

$$Ne \leqslant N_u e = \alpha_1 f_c bx\left(h_0 - \frac{x}{2}\right) + f_y' A_s'(h_0 - a_s') \tag{6-34}$$

或

$$Ne' \leqslant N_u e' = \alpha_1 f_c bx\left(\frac{x}{2} - a_s'\right) - \sigma_s A_s(h_0 - a_s') \tag{6-35}$$

式中 N——轴向压力设计值;

N_u——轴向受压承载力设计值;

x——截面混凝土受压区高度;

e——轴向压力作用点至纵向受拉钢筋合力点的距离;

e'——轴向压力作用点至纵向受压钢筋合力点的距离;

σ_s——钢筋 A_s 的应力值。

根据截面应变平截面假定，σ_s 可近似按下式计算

$$\sigma_s = \frac{f_y}{\xi_b - \beta_1}\left(\frac{x}{h_0} - \beta_1\right) = \frac{\xi - \beta_1}{\xi_b - \beta_1} f_y \tag{6-36}$$

式中　ξ、ξ_b——截面的相对受压区高度和相对界限受压区高度。

当 σ_s 的计算值为正号时，表示 A_s 受拉，为负号时表示 A_s 受压，且应满足下式要求

$$-f'_y \leqslant \sigma_s \leqslant f_y \tag{6-37}$$

下面介绍式(6-36)的建立过程。根据平截面假定，截面应变分布如图 6-18 所示。由比例关系可得

$$\sigma_s = E_s\varepsilon_{cu}\left(\frac{\beta_1}{\xi} - 1\right) = E_s\varepsilon_{cu}\left(\frac{\beta_1 h_0}{x} - 1\right) \tag{6-38}$$

式中　β_1——等效矩形受压区高度 x 与实际受压区高度 x_a 的比值系数，即 $x = \beta_1 x_a$。

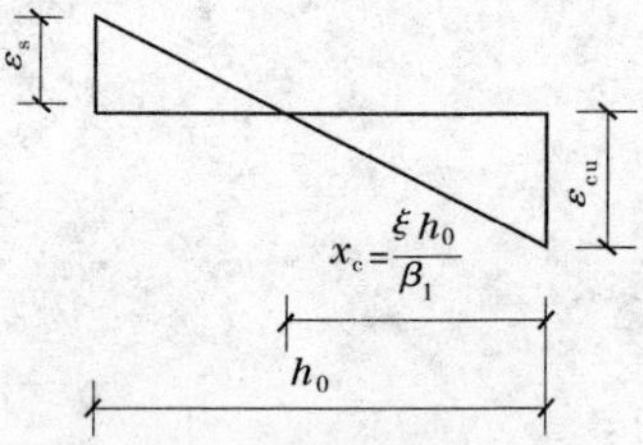

图 6-18　截面应变分布图

如果直接将式(6-38)用于小偏心受压构件的计算，就必须求解 x 的三次方程，给手算带来困难。根据我国大量的试验资料，实测钢筋 A_s 的应力 σ_s 与 ξ 接近直线关系，见图 6-19。为计算方便，《混凝土结构设计规范》(GB 50010—2010)取 σ_s 与 ξ 之间为直线关系。当 $\xi = \xi_b$ 时，$\sigma_s = f_y$；当 $\xi = \beta_1$ 时，由式(6-38)得 $\sigma_s = 0$。根据这两点建立的直线方程就是式(6-36)。

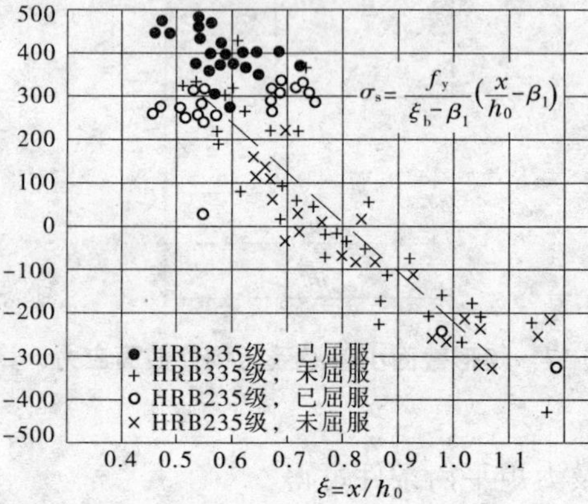

图 6-19　σ_s 与 ξ 之间的关系

2. 适用条件

小偏心受压构件破坏时，受压区混凝土被压碎，离轴向力作用点较远侧的纵向钢筋 A_s 达不到受拉屈服，须满足以下两个适用条件，即

$$x > \xi_b h_0 \tag{6-39}$$

$$x \leqslant h \tag{6-40}$$

当不满足式(6-40)的要求，即计算得 $x > h$ 时，取 $x = h$。

此外，当轴向压力较大而偏心距很小，且 A'_s 比 A_s 大得较多时，也可能发生离轴向力作用点较远一侧先被压坏的情况，此时 A_s 达到受压屈服强度，这种破坏称为小偏心受压的反向破坏，其截面应力计算图形如图 6-20 所示。为了防止这种反向破坏的发生，《混凝土

结构设计规范》(GB 50010—2010)规定,对于小偏心受压构件,当 $N > f_cA$ 时,除应按式(6-33)~式(6-35)进行计算外,还应满足下式要求

$$Ne' \leqslant N_ue' = \alpha_1 f_c bh\left(h_0' - \frac{h}{2}\right) + f_y'A_s(h_0' - a_s) \tag{6-41}$$

式中　e'——轴向力作用点至钢筋 A_s' 合力点之间的距离。

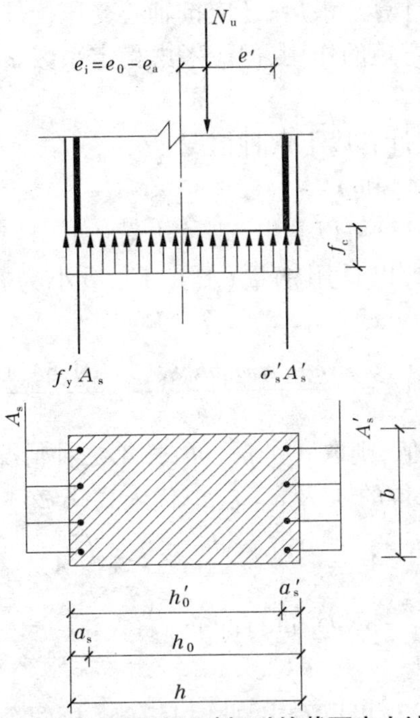

图 6-20　小偏心受压反向破坏时的截面应力计算图形

$$e' = \frac{h}{2} - a_s' - (e_0 - e_a) \tag{6-42}$$

式中　h_0'——钢筋 A_s' 合力点至离轴向力作用点较远一侧边缘的距离,$h_0' = h - a_s'$。

应当注意的是,式(6-41)仅适用于反向受压破坏的计算,取初始偏心距 $e_i = e_0 - e_a$,这是考虑了不利方向的附加偏心距,按这样计算的 e' 会增大,从而使得 A_s 用量增加,偏于安全。

为了避免远离轴向力一侧的混凝土先压坏,当 $N > f_cbh$ 时,应先按式(6-41)计算 A_s,将其与最小配筋率 $A_s = \rho_{min}bh$ 相比较,取两者的较大值作为 A_s 的取值。

四、非对称配筋矩形截面偏心受压构件正截面受压承载力计算

偏心受压构件正截面受压承载力的计算与受弯构件正截面受弯承载力计算一样,分为截面设计和截面复核两类问题。

(一)截面设计

进行偏心受压构件截面设计,一般是混凝土强度等级和钢筋种类、截面尺寸 $b \times h$ 、构件的计算长度 l_c、柱端弯矩设计值 M_1 和 M_2 及相应轴向力设计值 N 等为已知,要求确定钢筋截面面积 A_s 和 A_s'。此时,应首先判别截面的偏心类型。如果按大、小偏心的界限条

件 $x=\xi_b h_0$ 来判别，则需要计算出混凝土受压区高度 x，而 x 值又取决于钢筋截面面积的大小，在钢筋截面面积确定之前无法求出，因此必须另外寻求一种间接的判别方法。根据经验，对于常用材料，通常取 $e_i=0.3h_0$ 作为大、小偏心受压的界限。当 $e_i>0.3h_0$ 时，可先按大偏心受压的情况进行计算；当 $e_i\leqslant 0.3h_0$ 时，则按小偏心受压的情况进行计算。然后应用有关计算公式求出钢筋截面面积，再根据钢筋截面面积计算 x，看是否与初步判别一致，不一致时改变判别重新计算。最后，还应按轴心受压构件验算垂直于弯矩作用平面的受压承载力，此时可不计入弯矩的作用，但应考虑稳定系数 φ 的影响。

1. 大偏心受压构件的计算

大偏心受压构件截面设计有以下两种情况：

(1) A_s 和 A_s' 均未知，求 A_s 和 A_s'。

由计算式(6-26)、式(6-27)可以看出，此时共有 x、A_s、A_s' 三个未知数，而平衡方程只有两个，与双筋受弯构件一样，以总用钢量 (A_s+A_s') 最小为补充条件，取 $x=\xi_b h_0$，代入式(6-27)，解出 A_s'：

$$A_s'=\frac{Ne-\alpha_1 f_c b h_0^2 \xi_b(1-0.5\xi_b)}{f_y'(h_0-a_s')} \tag{6-43}$$

如果 $A_s'<\rho_{min}bh$ 或为负值，则取 $A_s'=\rho_{min}bh$，按第二种情况（已知 A_s' 求 A_s）计算 A_s。

如果 $A_s'>\rho_{min}bh$，则将求得的 A_s' 及 $x=\xi_b h_0$ 代入式(6-26)，可以得到 A_s：

$$A_s=\frac{\alpha_1 f_c b \xi_b h_0-N}{f_y}+\frac{f_y'}{f_y}A_s' \tag{6-44}$$

当 $A_s<\rho_{min}bh$ 时，应按 $A_s=\rho_{min}bh$ 进行配筋。

(2) 已知 A_s'，求 A_s。

由计算式(6-26)、式(6-27)可以看出，此时只有 x、A_s 两个未知数，可以利用计算式直接求解。此时需要求解 x 的二次方程，x 有两个根，在计算中要判别其中哪一个根是真实的。若求得 $2a_s'\leqslant x\leqslant \xi_b h_0$，则继续求得 A_s；若求得 $x>\xi_b h_0$，说明受压钢筋 A_s' 数量不足，应增加 A_s' 数量，按第一种情况（A_s 和 A_s' 均未知）或加大构件截面尺寸后重新计算；若求得 $x<2a_s'$，则应按式(6-31)计算 A_s，即

$$A_s=\frac{Ne'}{f_y(h_0-a_s')} \tag{6-45}$$

另外，再按不考虑受压钢筋 A_s'，利用计算式(6-26)、式(6-27)求出 A_s，与上式计算结果进行比较，取其较小值配筋。

当计算 $A_s<\rho_{min}bh$ 时，应按 $A_s=\rho_{min}bh$ 进行配筋。

【例 6-4】　钢筋混凝土偏心受压柱，截面尺寸 $b\times h=300\ \text{mm}\times 450\ \text{mm}$，计算长度 $l_c=3.6\ \text{m}$。承受轴向压力设计值 $N=500\ \text{kN}$，弯矩设计值 $M_1=M_2=M=210\ \text{kN}\cdot\text{m}$。混凝土强度等级 C25，钢筋采用 HRB400 级。$a_s=a_s'=40\ \text{mm}$。求钢筋截面面积 A_s' 和 A_s（按两端弯矩相等 $M_1/M_2=1$ 的框架柱考虑）。

解：确定钢筋和混凝土的材料强度及几何参数：

C25 混凝土，$f_c=11.9\ \text{N/mm}^2$；HRB400 级钢筋，$f_y=f_y'=360\ \text{N/mm}^2$；$b=300\ \text{mm}$，$a_s=a_s'=40\ \text{mm}$，$h=450\ \text{mm}$，$h_0=450-40=410(\text{mm})$；HRB400 级钢筋，C25 混凝土，$\beta_1=$

0.8，$\xi_b=0.518$。

(1)求框架柱设计弯矩 M。

由于 $M_1/M_2=1$，$i=\sqrt{\frac{I}{A}}=129.9$ mm，则 $l_c/i=27.7>34-12(M_1/M_2)=22$，因此需要考虑附加弯矩影响。根据式(6-13)～式(6-24)有

$$\zeta_c=\frac{0.5f_cA}{N}=1.6065>1，取 1$$

$$C_m=0.7+0.3\frac{M_1}{M_2}=1$$

$$\frac{h}{30}=\frac{450}{30}=15(\text{mm})<20\ \text{mm}$$

取 $e_a=20$ mm。

$$\eta_{ns}=1+\frac{1}{1300(M_2/N+e_a)/h_0}\left(\frac{l_c}{h}\right)^2\zeta_c$$

$$=1+\frac{1}{1300\times(210\times10^3/500+20)/410}\times\left(\frac{3600}{450}\right)^2\times1=1.046$$

代入式(6-25)计算框架柱设计弯矩有

$$M=C_m\eta_{ns}M_2=1\times1.046\times210=220(\text{kN}\cdot\text{m})$$

(2)求 e_i，判别大、小偏心受压。

根据式(6-10)有

$$e_0=\frac{M}{N}=\frac{210\times10^6}{500\times10^3}=420(\text{mm})$$

代入式(6-11)有

$$e_i=e_0+e_a=420+20=440(\text{mm})$$

由于 $e_i=440$ mm $>0.3h_0=0.3\times410=123$(mm)，按大偏心受压计算。

(3)求 A_s 及 A_s'。

由式(6-28)有

$$e=e_i+\frac{h}{2}-a_s=440+225-40=625(\text{mm})$$

代入式(6-43)有

$$A_s'=\frac{Ne-\alpha_1f_cbh_0^2\xi_b(1-0.5\xi_b)}{f_y'(h_0-a_s')}$$

$$=\frac{500\times10^3\times625-1.0\times11.9\times300\times410^2\times0.518\times(1-0.5\times0.518)}{360\times(410-40)}$$

$$=616.8(\text{mm}^2)>0.002bh=0.002\times300\times450=270(\text{mm}^2)$$

再由式(6-44)有

$$A_s=\frac{\alpha_1f_cbh_0\xi_b+f_y'A_s'-N}{f_y}$$

$$= \frac{1.0 \times 11.9 \times 300 \times 410 \times 0.518 + 360 \times 616.8 - 500 \times 10^3}{360}$$

$$= 1\ 334(\text{mm}^2)$$

(4)选筋验算配筋率。

受压钢筋选用2 Φ 22($A_s' = 760\ \text{mm}^2$),受拉钢筋选用3 Φ 25($A_s = 1\ 473\ \text{mm}^2$),则 $A_s + A_s' = 760 + 1\ 473 = 2\ 233(\text{mm}^2)$,全部纵向钢筋的配筋率为

$$\rho = \frac{2\ 233}{300 \times 450} = 1.65\% > 0.55\%$$

满足要求。

(5)验算垂直于弯矩作用平面的受压承载力。

$l_c/b = 3\ 600/300 = 12$,查表6-1得 $\varphi = 0.95$。

$$N_u = 0.9\varphi(f_c A + f_y' A_s') = 0.9 \times 0.95 \times (11.9 \times 300 \times 450 + 360 \times 760)$$

$$= 1\ 607.49(\text{kN}) > N = 500\ \text{kN}$$

满足要求。

【例6-5】 已知条件同例6-4,并已知 $A_s' = 942$ mm。求该柱所需受拉钢筋截面面积 A_s。

解:令 $N = N_u$,$M = N_u e_0$。

由 $Ne = \alpha_1 f_c bx\left(h_0 - \dfrac{x}{2}\right) + f_y' A_s'(h_0 - a_s')$

$$500 \times 10^3 \times 625 = 1.0 \times 11.9 \times 300x(410 - 0.5x) + 360 \times 942 \times (410 - 40)$$

解得

$$x = 158.36\ \text{mm}$$

$$\xi_b h_0 = 0.518 \times 410 = 212.38(\text{mm})$$

$$2a_s' = 2 \times 40 = 80(\text{mm})$$

$$2a_s' < x < \xi_b h_0$$

由式(6-44)得

$$A_s = \frac{\alpha_1 f_c bx + f_y' A_s' - N}{f_y} = \frac{1 \times 11.9 \times 300 \times 158.36 + 360 \times 942 - 500 \times 10^3}{360}$$

$$= 1\ 123(\text{mm}^2)$$

受拉钢筋 A_c 选用4 Φ 20($A_s = 1\ 256$ mm)。

2. 小偏心受压构件的计算

由计算式(6-33)、式(6-34)可以看出,此时共有 x、A_s、A_s' 3个未知数,而独立的平衡方程只有两个,此时若仍以总用钢量($A_s + A_s'$)最小为补充条件,则计算工作将非常复杂。实用上可采用如下办法。

小偏心受压应满足 $\xi > \xi_b$ 及 $-f_y' \leqslant \sigma_s \leqslant f_y$ 的条件。当纵筋 A_s 的应力达到受压屈服强度($\sigma_s = -f_y'$)且钢筋的受压屈服强度与受拉屈服强度相等($-f_y' = f_y$)时,根据式(6-36)可以求出相对受压区计算高度为

$$\xi_{cy} = 2\beta_1 - \xi_b \tag{6-46}$$

可见，当$\xi_b<\xi<\xi_{cy}$时，不论A_s数量配置多少，一般都不会屈服，为了使钢筋用量最小，按最小配筋率进行配置，取$A_s=\rho_{min}bh$；当$N>f_cA$时，A_s应取为按式(6-41)计算所得和$A_s=\rho_{min}bh$二者的较大值。然后，将初步选定的A_s及式(6-36)代入计算公式(6-35)，可求得x(或ξ)；也可将选定的A_s及式(6-36)代入计算式(6-33)与式(6-34)求得x(或ξ)，但这样需要解联立方程。

(1)若满足$\xi_b<\xi<\xi_{cy}$，则按式(6-34)计算A_s'，且使$A_s'\geqslant 0.002bh$，计算完毕。

(2)若$\xi\leqslant\xi_b$，则应按大偏心受压构件重新计算。

(3)若$\xi_{cy}<\xi<\dfrac{h}{h_0}$，则$\sigma_s$达到$-f_y'$，可取$\sigma_s=-f_y'$，代入计算式(6-35)重新计算$x$(或$\xi$)，再代入式(6-34)计算$A_s'$，且使$A_s'\geqslant 0.002bh$。

(4)若$\xi>\dfrac{h}{h_0}$，则取$\sigma_s=-f_y'$，$x=h$，利用计算式(6-33)~式(6-35)计算A_s和A_s'，且使$A_s'\geqslant 0.002bh$，并应将此处算得的A_s值与前面初步选定的A_s值比较，取较大值。

【例6-6】 钢筋混凝土偏心受压柱，截面尺寸$b\times h=450\ \text{mm}\times 650\ \text{mm}$，计算长度$l_c=4.2\ \text{m}$。承受轴向压力设计值$N=4\ 000\ \text{kN}$，弯矩设计值$M=98\ \text{kN}\cdot\text{m}$。混凝土强度等级C35，钢筋采用HRB400级。$a_s=a_s'=40\ \text{mm}$。求钢筋截面面积$A_s'$和$A_s$。

解：确定钢筋和混凝土的材料强度及几何参数：

C25混凝土，$f_c=16.7\ \text{N/mm}^2$；HRB400级钢筋，$f_y=f_y'=360\ \text{N/mm}^2$；$b=450\ \text{mm}$，$a_s=a_s'=40\ \text{mm}$，$h=650\ \text{mm}$，$h_0=650-40=610(\text{mm})$；HRB400级钢筋，C30混凝土，$\beta_1=0.8$，$\xi_b=0.518$。

(1)求框架柱设计弯矩M。

由于$M_1/M_2=1$，$i=\sqrt{\dfrac{I}{A}}=187.6\ \text{mm}$，则$l_c/i=22.4>34-12(M_1/M_2)=22$，因此需要考虑附加弯矩影响。根据式(6-23)、式(6-24)有

$$\zeta_c=\frac{0.5f_cA}{N}=\frac{0.5\times 16.7\times 450\times 650}{4\ 000\ 000}=0.611$$

$$C_m=0.7+0.3\frac{M_1}{M_2}=1$$

$$\frac{h}{30}=\frac{650}{30}=21.67(\text{mm})>20\ \text{mm}$$

取$e_a=21.67\ \text{mm}$。

$$\begin{aligned}\eta_{ns}&=1+\frac{1}{1\ 300(M_2/N+e_a)/h_0}\left(\frac{l_c}{h}\right)^2\zeta_c\\&=1+\frac{1}{1\ 300\times(98\times 10^3/4\ 000+21.67)/610}\times\left(\frac{4\ 200}{650}\right)^2\times 0.611\\&=1.26\end{aligned}$$

代入式(6-25)计算框架柱设计弯矩有

$$M=C_m\eta_{ns}M_2=1\times 1.26\times 98=123.48(\text{kN}\cdot\text{m})$$

(2)求e_i，判别大、小偏心受压。

根据式(6-10)有

$$e_0 = \frac{M}{N} = \frac{123.48 \times 10^6}{4\ 000 \times 10^3} = 30.87(\text{m})$$

代入式(6-11)有

$$e_i = e_0 + e_a = 30.87 + 21.67 = 52.54(\text{mm}) < 0.3h_0 = 0.3 \times 610 = 183(\text{mm})$$

故按小偏心受压构件计算。

(3)求 A_s 及 A_s'。

由式(6-28)有

$$e = e_i + \frac{h}{2} - a_s = 52.54 + \frac{650}{2} - 40 = 337.54(\text{mm})$$

因 $N = 4\ 000\ \text{kN} < f_c bh = 16.7 \times 450 \times 650 = 4\ 884.75(\text{kN})$,故取

$$A_s = 0.002bh = 0.002 \times 450 \times 650 = 585(\text{mm}^2)$$

选 3 ⌀ 16($A_s = 603\ \text{mm}^2$)。

又由式(6-36)有

$$\sigma_s = \frac{\xi - \beta_1}{\xi_b - \beta_1} f_y = \frac{\frac{x}{610} - 0.8}{0.518 - 0.8} \times 360 = 1\ 021.3 - 2.09x$$

联立方程求解得

$$\xi_b h_0 = 0.518 \times 610 = 315.98(\text{mm}) < x = 545.28\ \text{mm} < (2\beta_1 - \xi_b)h_0 = 660\ \text{mm}$$

代入式(6-43)求 A_s',有

$$A_s' = \frac{Ne - \alpha_1 f_c bx(h_0 - 0.5x)}{f_y'(h_0 - a_s')}$$

$$= \frac{4\ 000 \times 10^3 \times 337.54 - 1 \times 16.7 \times 450 \times 545.28 \times (610 - 0.5 \times 545.28)}{360 \times (610 - 40)}$$

$$= -157(\text{mm}^2) < A_s' = \rho_{\min}'\ bh = 0.002 \times 450 \times 650 = 585(\text{mm}^2)$$

应按最小配筋率配筋。

因采用 HRB400 级钢筋,全部纵向钢筋的最小配筋率为 0.55%,即 $A_s + A_s' \geqslant 0.005\ 5bh = 0.005\ 5 \times 450 \times 650 = 1\ 608.75(\text{mm}^2)$,受拉钢筋已配选 3 ⌀ 16($A_s' = 603\ \text{mm}^2$),则

$$A_s \geqslant 1\ 608.75 - 603 = 1\ 005.75(\text{mm}^2)$$

选 3 ⌀ 22($A_s' = 1\ 140\ \text{mm}^2$),则全部纵向的配筋率为

$$\rho = \frac{603 + 1\ 140}{450 \times 650} = 0.60\% > 0.55\%$$

符合要求。

(4)验算垂直于弯矩作用平面承载力——轴心压力。

由 $\frac{l_c}{b} = \frac{4\ 200}{450} = 9.3$,查表 6-1 得 $\varphi = 0.99$,有

$$0.9\varphi[f_c A + f_y'(A_s + A_s')] = 0.9 \times 0.99 \times [16.7 \times 450 \times 650 + 360 \times (603 + 1\ 140)]$$

$$= 4\ 911.4(\text{kN}) > N = 4\ 000\ \text{kN}$$

满足要求。

(二)截面复核

在实际工程中,有时需要对偏心受压构件进行承载力复核,此时混凝土强度等级和钢筋种类、截面尺寸、构件的计算长度 l_c、配筋面积 A_s 和 A_s' 均为已知。根据构件轴力和弯矩的作用方式,截面复核可分为以下两种情况。

(1)给定轴向压力设计值 N,求弯矩设计值 M。

这种情况关键在于计算确定偏心距 e_0,求得 e_0 后由式(6-10)求得弯矩设计值 $M = Ne_0$。最后可再由式(6-13)、式(6-23)~式(6-25)联立求得构件所能承担的较大端部设计弯矩 M_2。

先将已知配筋和 $x=\xi_b h_0$ 代入公式(6-26)计算界限情况下受压承载力 N_{ub},即

$$N_{ub} = \alpha_1 f_c \xi_b b h_0 + f_y' A_s' - f_y A_s \tag{6-47}$$

当 $N \leqslant N_{ub}$ 时,为大偏心受压,可按式(6-26)求得 x。如果 $2a_s' \leqslant x \leqslant \xi_b h_0$,则将 x 值代入式(6-27)求得 e,再由式(6-11)、式(6-28)可求得偏心距 e_0;如果 $x<2a_s'$,则由式(6-31)可求得 e',再由式(6-11)、式(6-32)求得偏心距 e_0。

当 $N > N_{ub}$ 时,为小偏心受压,可由式(6-33)、式(6-36)求得 x(或 ξ)。

①若满足 $\xi_b < \xi < \xi_{cy}$,则按式(6-34)求得 e,再由式(6-11)、式(6-28)求得偏心距 e_0。

②若 $\xi_{cy} < \xi < \dfrac{h}{h_0}$,则取 $\sigma_s = -f_y'$,代入式(6-33)重新计算 x(或 ξ),再按式(6-34)求得 e,进而由式(6-11)、式(6-28)求得偏心距 e_0。

③若 $\xi > \dfrac{h}{h_0}$,则取 $x=h$,按式(6-34)求得 e,再由式(6-11)、式(6-28)求得偏心距 e_0。

(2)给定偏心距 e_0,求轴向压力设计值 N。

由于截面配筋已知,按图6-14对轴向压力 N 作用点取矩,可求出截面混凝土受压区高度 x。

$$f_y A_s e = f_y' A_s' e' + \alpha_1 f_c b x (e' - a_s' + x/2) \tag{6-48}$$

当 $x \leqslant \xi_b h_0$ 时,为大偏心受压,将 x 及已知数据代入式(6-26)即可求出轴向压力设计值 N;当 $x > \xi_b h_0$ 时,为小偏心受压,式(6-47)中 f_y 用 σ_s(按式(6-36)计算)代替,由小偏心受压基本公式重新联立求解 x(或 ξ),并应类似于第一种情况判断 ξ 值的范围,根据 ξ 值的范围由小偏心受压基本公式求出轴向压力设计值 N。

此外,当构件在垂直于弯矩作用平面的长细比 l_0/b 较大时,尚应根据 l_0/b 确定的稳定系数 φ,按轴心受压构件验算垂直于弯矩作用平面的受压承载力,并与上面求得的 N 比较后取较小值。

【例6-7】 已知轴向力设计值 $N=1\ 240$ kN,截面尺寸为 $b \times h = 450$ mm $\times 600$ mm,$a_s = a_s' = 40$ mm。构件计算长度 $l_c = 5$ m,采用的混凝土强度等级为C35,钢筋为HRB400级,$A_s = 1\ 520$ mm^2,$A_s' = 1\ 256$ mm^2。求该构件在 h 方向上所能承受的弯矩设计值 M_2(按两端弯矩相等考虑)。

解:确定钢筋和混凝土的材料强度及几何参数:

C35混凝土,$f_c = 16.7$ N/mm^2;HRB400级钢筋,$f_y = f_y' = 360$ N/mm^2;$b=450$ mm,$a_s=$

$a_s' = 40$ mm，$h = 600$ mm，$h_0 = 600 - 40 = 560$(mm)；HRB400 级钢筋，C35 混凝土，$\beta_1 = 0.8$，$\xi_b = 0.518$；$A_s = 1\,520$ mm^2，$A_s' = 1\,256$ mm^2。

(1)判断大、小偏心受压。

按式(6-26)求界限轴力

$$\begin{aligned} N_b &= \alpha_1 f_c b h_0 \xi + f_y' A_s' - f_y A_s \\ &= 16.7 \times 450 \times 560 \times 0.518 + 360 \times 1\,256 - 360 \times 1\,520 \\ &= 2\,085(\text{kN}) > N = 1\,240 \text{ kN} \end{aligned}$$

为大偏心受压柱。

(2)求 $x(\xi)$。

由式(6-26)得

$$x = \frac{N - f_y' A_s' + f_y A_s}{\alpha_1 f_c b} = \frac{1\,240 \times 10^3 - 360 \times 1\,256 + 360 \times 1\,520}{1.0 \times 16.7 \times 450} = 178(\text{mm})$$

且 $2a_s' = 80 \leqslant x \leqslant \xi_b h_0 = 0.518 \times 560 = 290$(mm)。

(3)求 e_0。

由式(6-27)得

$$\begin{aligned} e &= \frac{\alpha_1 f_c b x\left(h_0 - \dfrac{x}{2}\right) + f_y' A_s' (h_0 - a_s')}{N} \\ &= \frac{1.0 \times 16.7 \times 450 \times 178 \times (560 - 178/2) + 360 \times 1\,256 \times (560 - 40)}{1\,240 \times 10^3} \\ &= 698(\text{mm}) \end{aligned}$$

$$\frac{h}{30} = \frac{600}{30} = 20(\text{mm})$$

取 $e_a = 20$ mm

$$e_0 = 698 + 40 - 300 - 20 = 418(\text{mm})$$

(4)求 M_2。

截面弯矩设计值为

$$M = N e_0 = 1\,240 \times 418 = 518.3(\text{kN} \cdot \text{m})$$

由式(6-13)

$$C_m = 0.7 + 0.3\frac{M_1}{M_2}$$

代入式(6-25)，再联立式(6-24)得

$$\frac{M}{M_2} = \eta_{ns} = 1 + \frac{1}{1\,300(M_2/N + e_a)/h_0}\left(\frac{l_c}{h}\right)^2 \zeta_c$$

大偏心受压构件取 $\zeta_c = 1$，并将有关数据代入上式，得到 M_2 的二次方程，解得

$$M_2 = 208.7 \text{ kN} \cdot \text{m}$$

【例 6-8】 已知构件截面尺寸 $b \times h = 400$ mm $\times 600$ mm，$a_s = a_s' = 40$ mm，混凝土强度等级为 C30，钢筋为 HRB400 级，A_s 选用 6 Φ 20($A_s = 1\,884$ mm^2)，A_s'选用 4 Φ 20($A_s' = 1\,256$ mm^2)。构件的计算长度 $l_c = 4.5$ m。轴向力的偏心距 $e_0 = 450$ mm(已考虑弯矩增

大系数和偏心距调节系数)。求截面能承受的轴向力设计值 N_u。

解:确定钢筋和混凝土的材料强度及几何参数:

C30 混凝土,$f_c = 14.3\ \text{N/mm}^2$;HRB400 级钢筋,$f_y = f_y' = 360\ \text{N/mm}^2$;$b = 400\ \text{mm}$,$a_s = a_s' = 40\ \text{mm}$,$h = 600\ \text{mm}$,$h_0 = 600 - 40 = 560(\text{mm})$;HRB400 级钢筋,C35 混凝土,$\beta_1 = 0.8$,$\xi_b = 0.518$;$A_s = 1\ 884\ \text{mm}^2$,$A_s' = 1\ 256\ \text{mm}^2$

(1)判断大、小偏心受压。

$$\frac{h}{30} = \frac{600}{30} = 20(\text{mm})$$

取 $e_a = 20(\text{mm})$。

由式(6-11)有

$$e_i = e_0 + e_a = 450 + 20 = 470(\text{mm}) > 0.3h_0 = 0.3 \times 560 = 168(\text{mm})$$

为大偏心受压。

(2)求 N 。

对 N 点建立力矩平衡方程可得

$$\alpha_1 f_c bx\left(e_i - \frac{h}{2} + \frac{x}{2}\right) = f_y A_s\left(e_i + \frac{h}{2} - a_s\right) - f_y' A_s'\left(e_i - \frac{h}{2} + a_s'\right)$$

代入数据,解得

$$x = 240.87\ \text{mm}$$

由式(6-26)得该截面能承受的轴向力设计值为

$$N_u = \alpha_1 f_c bx + f_y' A_s' - f_y A_s$$
$$= 1.0 \times 14.3 \times 400 \times 240.87 + 360 \times 1\ 256 - 360 \times 1\ 884 = 1\ 151.7(\text{kN})$$

五、对称式配筋矩形截面偏心受压构件正截面受压承载力计算

对称式配筋就是截面两侧配置相同数量和相同种类的钢筋,即 $A_s = A_s'$,$f_y = f_y'$。在实际工程中,偏心受压构件在不同内力组合下,可能承受相反方向的弯矩,当其数值相差不大或相差较大但按对称式配筋设计求得的纵向钢筋总量增加不多时,宜采用对称式配筋。对于装配式柱来讲,在吊装时采用不会出错,设计和施工都比较简便。因此,对称式配筋应用更为广泛。

(一)截面设计

对称式配筋时,$A_s = A_s'$,$f_y = f_y'$。取 $x = \xi_b h_0$,由式(6-26)得相应于界限破坏时轴力为

$$N_b = \alpha_1 f_c \xi_b b h_0 \tag{6-49}$$

因此,当 $N \leqslant N_b$ 时,为大偏心受压构件;当 $N > N_b$ 时,为小偏心受压构件。

1. 大偏心受压构件的计算

由式(6-26),取 $A_s = A_s'$,$f_y = f_y'$,得

$$x = \frac{N}{\alpha_1 f_c b} \tag{6-50}$$

若 $2a_s' \leqslant x \leqslant \xi_b h_0$,则将 x 代入式(6-27),可以求得

$$A_s = A_s' = \frac{Ne - \alpha_1 f_c bx\left(h_0 - \dfrac{x}{2}\right)}{f_y'(h_0 - a_s')} \tag{6-51}$$

若 $x<2a_s'$，可按不对称式配筋的计算方法，即按式(6-45)计算出 A_s，然后取 $A_s'=A_s$。无论哪种情况，所选的钢筋面积均应满足最小配筋率的要求。

2. 小偏心受压构件的计算

将 $A_s=A_s'$ 代入式(6-33)、式(6-34)，得到对称式配筋小偏心受压构件的计算公式，即

$$N \leqslant \alpha_1 f_c bx + f_y' A_s' - \sigma_s A_s' \tag{6-52}$$

$$Ne \leqslant \alpha_1 f_c bx\left(h_0 - \frac{x}{2}\right) + f_y' A_s'(h_0 - a_s') \tag{6-53}$$

式中，σ_s 仍按式(6-36)计算，并满足式(6-37)的要求。

取 $f_y=f_y'$，并令 $N=N_u$，将 $x=\xi h_0$ 及式(6-36)代入式(6-52)、式(6-53)得

$$N = \alpha_1 f_c bh_0\xi + f_y' A_s' \frac{\xi_b - \xi}{\xi_b - \beta_1} \tag{6-54}$$

$$Ne = \alpha_1 f_c bh_0^2\xi\left(1 - \frac{\xi}{2}\right) + f_y' A_s'(h_0 - a_s') \tag{6-55}$$

由式(6-54)、式(6-55)知，求 x(或 ξ)需求解三次方程，手算非常不方便，可采用下述简化方法。

1) 迭代法

将式(6-54)、式(6-55)改写为如下形式

$$\xi_{i+1} = \frac{N}{\alpha_1 f_c bh_0} - \frac{f_y' A_{si}'}{\alpha_1 f_c bh_0} \cdot \frac{\xi_b - \xi_i}{\xi_b - \beta_1} \tag{6-56}$$

$$A_{si}' = \frac{Ne - \alpha_1 f_c bh_0^2\xi_i\left(1 - \dfrac{\xi_i}{2}\right)}{f_y'(h_0 - a_s')} \tag{6-57}$$

对于小偏心受压，ξ 的最小值是 ξ_b，最大值是 $\dfrac{h}{h_0}$，因此可取 $\xi=\dfrac{1}{2}\left(\xi_b+\dfrac{h}{h_0}\right)$ 作为第一次近似值代入式(6-57)，得到 A_s' 的第一次近似值。然后，将 A_s' 的第一次近似值代入式(6-56)，得到 ξ 的第二次近似值，再将其代入式(6-57)，得到 A_s' 的第二次近似值。重复上述步骤直至相邻两次计算所得的 A_s' 相差不大，一般认为相差不超过 5% 即认为满足精度要求。

2) 近似公式法

由式(6-54)得

$$f_y' A_s' = \frac{N - \alpha_1 f_c bh_0\xi}{\dfrac{\xi_b - \xi}{\xi_b - \beta_1}}$$

代入式(6-55)，得

$$Ne = \alpha_1 f_c bh_0^2\xi\left(1 - \frac{\xi}{2}\right) + \frac{(N - \alpha_1 f_c bh_0\xi)(\xi_b - \beta_1)(h_0 - a_s')}{\xi_b - \xi} \tag{6-58}$$

式(6-58)展开是关于ξ的三次方程,求解比较复杂。分析可以发现,对于小偏心受压的情况,$\xi\left(1-\frac{\xi}{2}\right)$一般在0.4~0.5范围内变化。为了简化计算,《混凝土结构设计规范》(GB 50010—2010)规定$\xi\left(1-\frac{\xi}{2}\right)$近似取为常数0.43,则式(6-58)可改写为$\xi$的一次方程,整理后得

$$\xi=\frac{N-\alpha_1 f_c bh_0\xi_b}{\frac{Ne-0.43\alpha_1 f_c bh_0^2}{(\beta_1-\xi_b)(h_0-a_s')}+\alpha_1 f_c bh_0}+\xi_b \tag{6-59}$$

将计算所得ξ值代入式(6-55),得

$$A_s=A_s'=\frac{Ne-\alpha_1 f_c bh_0^2\xi(1-\frac{\xi}{2})}{f_y'(h_0-a_s')} \tag{6-60}$$

所选的钢筋面积同样应满足最小配筋率的要求。

同非对称配筋一样,最后还应验算垂直于弯矩作用平面的轴心受压承载力是否满足要求。

【例6-9】　已知条件同例6-4。采用对称式配筋设计,求该柱所需纵向受力钢筋的截面面积。

解:查表可知:$f_c=11.9\ \mathrm{N/mm^2}$;$f_y=f_y'=360\ \mathrm{N/mm^2}$。

(1)判别偏心类型。

由计算公式(6-50)得

$$x=\frac{N}{\alpha_1 f_c b}=\frac{500\times10^3}{1.0\times11.9\times300}=140(\mathrm{mm})$$

$$2a_s'=2\times40=80(\mathrm{mm})<x<\xi_b h_0=0.518\times410=212.38(\mathrm{mm})$$

属于大偏心受压,且x为真实值。

(2)计算钢筋面积。

将x代入计算式(6-51)得

$$A_s=A_s'=\frac{Ne-\alpha_1 f_c bx\left(h_0-\frac{x}{2}\right)}{f_y'(h_0-a_s')}$$

$$=\frac{500\times10^3\times645-1.0\times11.9\times300\times140\times\left(410-\frac{140}{2}\right)}{360\times(410-40)}$$

$$=1\,145(\mathrm{mm^2})$$

$$A_s'>\rho_{\min}'bh=0.002\times300\times450=270(\mathrm{mm^2})$$

选配4 ⌀ 20($A_s'=1\,256\ \mathrm{mm^2}$)。

与例6-4比较,例6-4中总的用钢量的计算值为616.8+1 334=1 950.8($\mathrm{mm^2}$),本题中总的用钢量的计算值为1 145×2=2 290($\mathrm{mm^2}$),用钢量比例6-4多。

【例6-10】　钢筋混凝土偏心受压柱,承受轴向压力设计值$N=3\,000$ kN,弯矩设计值

$M=480\ \text{kN}\cdot\text{m}$，截面尺寸为 $b\times h=450\ \text{mm}\times600\ \text{mm}$，$a_s=a_s'=40\ \text{mm}$，柱的计算长度 $l_c=4.8\ \text{m}$，采用C35混凝土和HRB400级钢筋，要求进行截面对称式配筋设计（按两端弯矩相等 $M_1/M_2=1$ 的框架柱考虑）。

解：确定钢筋和混凝土的材料强度及几何参数：

C35混凝土，$f_c=16.7\ \text{N/mm}^2$；HRB400级钢筋，$f_y=f_y'=360\ \text{N/mm}^2$；$b=450\ \text{mm}$，$a_s=a_s'=40\ \text{mm}$，$h=600\ \text{mm}$，$h_0=600-40=560(\text{mm})$；HRB400级钢筋，C35混凝土，$\beta_1=0.8$，$\xi_b=0.518$。

（1）求框架柱设计弯矩 M。

由于 $M_1/M_2=1$，$i=\sqrt{\dfrac{I}{A}}=173.2\ \text{mm}$，则 $l_c/i=27.7>34-12(M_1/M_2)=22$，因此需要考虑附加弯矩影响。根据式(6-13)～式(6-24)有

$$\zeta_c=\frac{0.5f_cA}{N}=\frac{0.5\times16.7\times450\times600}{3\ 000\ 000}=0.752,$$

$$C_m=0.7+0.3\frac{M_1}{M_2}=1$$

$$\frac{h}{30}=\frac{600}{30}=20(\text{mm})$$

取 $e_a=20\ \text{mm}$。

$$\eta_{ns}=1+\frac{1}{1\ 300(M_2/N+e_a)/h_0}\left(\frac{l_c}{h}\right)^2\zeta_c$$

$$=1+\frac{1}{1\ 300\times(480\times10^3/3\ 000+20)/560}\times\left(\frac{4\ 800}{600}\right)^2\times0.752=1.115$$

代入式(6-25)计算框架柱设计弯矩有

$$M=C_m\eta_{ns}M_2=1\times1.115\times480=535.2(\text{kN}\cdot\text{m})$$

（2）求 e_i，判别大、小偏心受压。

$$e_0=\frac{M}{N}=\frac{535.2\times10^6}{3\ 000\times10^3}=178.4(\text{mm})$$

$$e_i=e_0+e_a=178.4+20=198.4(\text{mm})$$

$$e=e_i+\frac{h}{2}-a_s=198.4+300-40=458.4(\text{mm})$$

$$\xi=\frac{N}{\alpha_1f_cbh_0}=\frac{3\ 000\times10^3}{1.0\times16.7\times450\times560}=0.173>\xi_b=0.518$$

为小偏心受压。

（3）求 A_s 及 A_s'。

按矩形截面对称式配筋小偏心受压构件的近似公式(6-59)重新计算 ξ，有

$$\xi=\frac{N-\xi_b\alpha_1f_cbh_0}{\dfrac{Ne-0.43\alpha_1f_cbh_0^2}{(\beta_1-\xi_b)(h_0-a_s')}+\alpha_1f_cbh_0}+\xi_b$$

$$= \frac{3\ 000 \times 10^3 - 0.518 \times 1.0 \times 16.7 \times 450 \times 560}{\frac{3\ 000 \times 10^3 \times 458.4 - 0.43 \times 1.0 \times 16.7 \times 450 \times 560^2}{(0.8 - 0.518) \times (560 - 40)} + 1.0 \times 16.7 \times 450 \times 560} + 0.518$$

$= 0.641$

$$\sigma_s = \frac{\xi - \beta_1}{\xi_b - \beta_1} f_y = \frac{0.641 - 0.8}{0.518 - 0.8} \times 360 = 203(\text{N/mm}^2)$$

$$-f_y < \sigma_s < f_y$$

将 ξ 代入式(6-60)得

$$A_s = A'_s = \frac{Ne - \alpha_1 f_c b h_0^2 \xi(1 - 0.5\xi)}{f'_y(h_0 - a'_s)}$$

$$= \frac{3\ 000 \times 10^3 \times 458.4 - 1.0 \times 16.7 \times 450 \times 560^2 \times 0.641 \times (1 - 0.5 \times 0.641)}{360 \times (560 - 40)}$$

$$= 1\ 862.79(\text{mm}^2)$$

$$A'_s > \rho'_{min} bh = 0.002 \times 450 \times 600 = 540(\text{mm}^2)$$

选 5 ⏀ 22($A'_s = 1\ 900\ \text{mm}^2$)。

(4)验算垂直于弯矩作用平面的受压承载力。

$l_c/b = 4\ 800/450 = 10.67$,查表 6-1,得 $\varphi = 0.97$。

$$N_u = 0.9\varphi[f_c A + f'_y(A'_s + A_s)] = 0.9 \times 0.97 \times (16.7 \times 450 \times 600 + 360 \times 2 \times 1\ 900)$$

$$= 5\ 131(\text{kN}) > N = 3\ 000\ \text{kN}$$

满足要求。

(二)截面复核

对称式配筋矩形截面偏心受压构件的截面复核,可按非对称配筋截面复核的方法进行,但在复核时取 $A_s = A'_s, f_y = f'_y$。

六、对称式配筋 I 形截面偏心受压构件正截面受压承载力计算

为了节省混凝土和减轻自重,对于较大尺寸的装配式柱往往采用 I 形截面。I 形截面偏心受压构件的受力性能、破坏特征及计算原理与矩形截面偏心受压构件相似,仅由于截面形状的不同使得计算公式稍有差别。本节重点讲述对称式配筋 I 形截面偏心受压构件的正截面受压承载力计算。

(一)计算公式及适用条件

1. 大偏心受压构件

对于 I 形截面大偏心受压构件,中和轴的位置可能在受压翼缘内,也可能在腹板内,见图 6-21。

1)中和轴在受压翼缘内($x \leqslant h'_f$)

截面应力图形如图 6-21(a)所示,其受力特征与截面宽度为 b'_f 的矩形截面相类似,由平衡条件可得其计算公式为

$$N \leqslant N_u = \alpha_1 f_c b'_f x \tag{6-61}$$

$$Ne \leqslant N_u e = \alpha_1 f_c b'_f x\left(h_0 - \frac{x}{2}\right) + f'_y A'_s(h_0 - a'_s) \tag{6-62}$$

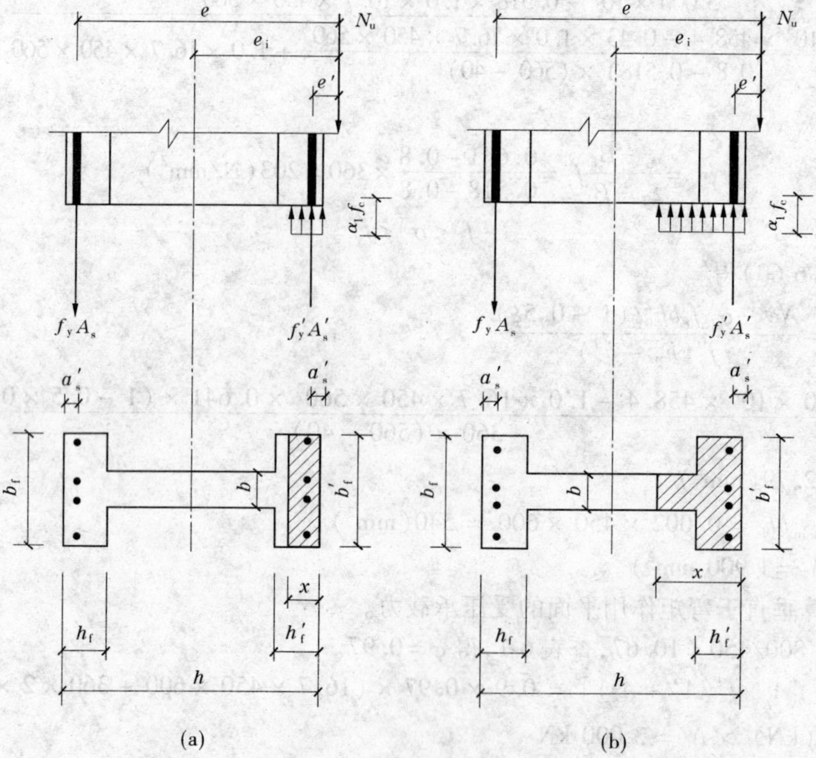

图 6-21　I 形截面大偏心受压构件截面应力计算图形

2）中和轴在腹板内（$h_f' < x \leq \xi_b h_0$）

截面应力图形如图 6-21（b）所示，由平衡条件可得其计算公式为

$$N \leq N_u = \alpha_1 f_c [bx + (b_f' - b)h_f'] \tag{6-63}$$

$$Ne \leq N_u e = \alpha_1 f_c \left[bx\left(h_0 - \frac{x}{2}\right) + (b_f' - b)h_f'\left(h_0 - \frac{h_f'}{2}\right)\right] + f_y' A_s'(h_0 - a_s') \tag{6-64}$$

式中　b_f'——受压翼缘的宽度；

h_f'——受压翼缘的高度。

式（6-61）～式（6-64）的适用条件为 $2a_s' \leq x \leq \xi_b h_0$。

若 $x < 2a_s'$，则取 $x = 2a_s'$ 进行计算。

2. 小偏心受压构件

对于 I 形截面小偏心受压构件，中和轴的位置一般也有两种情况，即可能在腹板内，也可能在距轴向力作用点较远一侧的翼缘内，见图 6-22。

1）中和轴在腹板内（$\xi_b h_0 < x < h - h_f$）

截面应力图形如图 6-22（a）所示，由平衡条件可得其计算公式为

$$N \leq N_u = \alpha_1 f_c [bx + (b_f' - b)h_f'] + f_y' A_s' - \sigma_s A_s \tag{6-65}$$

$$Ne \leq N_u e = \alpha_1 f_c \left[bx\left(h_0 - \frac{x}{2}\right) + (b_f' - b)h_f'\left(h_0 - \frac{h_f'}{2}\right)\right] + f_y' A_s'(h_0 - a_s') \tag{6-66}$$

2）中和轴在距 N 作用点较远一侧翼缘内（$h - h_f < x \leq h$）

截面应力图形如图 6-22（b）所示，由平衡条件可得其计算公式为

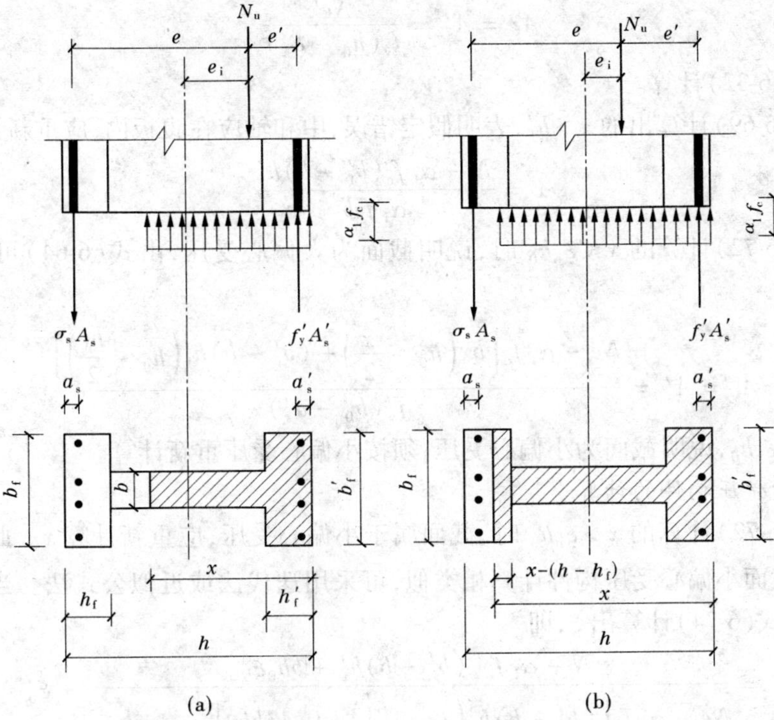

图 6-22　I 形截面小偏心受压构件截面应力计算图形

$$N \leqslant N_u = \alpha_1 f_c [bx + (b'_f - b)h'_f + (b_f - b)(h_f - h + x)] + f'_y A'_s - \sigma_s A_s \tag{6-67}$$

$$Ne \leqslant N_u e = \alpha_1 f_c \left[bx\left(h_0 - \frac{x}{2}\right) + (b'_f - b)h'_f\left(h_0 - \frac{h'_f}{2}\right) + (b_f - b)(h_f - h + x)\left(h_f - a_s - \frac{h_f - h + x}{2}\right)\right] + f'_y A'_s (h_0 - a'_s) \tag{6-68}$$

式中　b_f——距 N 作用点较远一侧翼缘的宽度；

h_f——距 N 作用点较远一侧翼缘的高度。

式(6-65)～式(6-68)的适用条件为 $x > \xi_b h_0$。

(二)截面设计

1. 大偏心受压构件的计算

首先假定中和轴在受压翼缘内，则由式(6-61)可得

$$x = \frac{N}{\alpha_1 f_c b'_f} \tag{6-69}$$

若 $x \leqslant h'_f$，表明假定是正确的，此时可按宽度为 b'_f 的矩形截面进行计算。

当 $2a'_s \leqslant x \leqslant h'_f$ 时，由式(6-62)可求得 A'_s 和 A_s，即

$$A_s = A'_s = \frac{Ne - \alpha_1 f_c b'_f x\left(h_0 - \dfrac{x}{2}\right)}{f'_y (h_0 - a'_s)} \tag{6-70}$$

当 $x < 2a'_s$ 时，取 $x = 2a_s$ 进行计算，即

$$A_s = A_s' = \frac{Ne'}{f_y(h_0 - a_s')} \tag{6-71}$$

式中 e' 按式(6-32)计算。

若由式(6-69)计算出的 $x > h_f'$，表明假定错误，中和轴应在腹板内，应重新计算 x，即

$$x = \frac{N - \alpha_1 f_c(b_f' - b)h_f'}{\alpha_1 f_c b} \tag{6-72}$$

当由式(6-72)计算的 $x \leqslant \xi_b h_0$ 时，说明截面为大偏心受压，由式(6-64)可求得 A_s' 和 A_s，即

$$A_s = A_s' = \frac{Ne - \alpha_1 f_c\left[bx\left(h_0 - \frac{x}{2}\right) + (b_f' - b)h_f'\left(h_0 - \frac{h_f'}{2}\right)\right]}{f_y'(h_0 - a_s')} \tag{6-73}$$

如果 $x > \xi_b h_0$，说明截面为小偏心受压，须按小偏心受压重新计算。

2. 小偏心受压构件的计算

当由式(6-72)计算的 $x > \xi_b h_0$ 时，截面属于小偏心受压，应重新计算 x。此时与对称式配筋矩形截面小偏心受压构件计算相类似，可采用迭代法或近似公式法。当采用近似公式法时，按式(6-74)计算出 ξ，即

$$\xi = \frac{N - \alpha_1 f_c[(b_f' - b)h_f' + bh_0\xi_b]}{\dfrac{Ne - \alpha_1 f_c\left[(b_f' - b)h_f'\left(h_0 - \frac{h_f'}{2}\right) + 0.43bh_0^2\right]}{(\beta_1 - \xi_b)(h_0 - a_s')} + \alpha_1 f_c b h_0} + \xi_b \tag{6-74}$$

当 $\xi_b < \xi \leqslant \frac{h - h_f}{h_0}$ 时，将 ξ 代入式(6-66)，即可求得 A_s' 和 A_s，即

$$A_s = A_s' = \frac{Ne - \alpha_1 f_c\left[bx\left(h_0 - \frac{x}{2}\right) + (b_f' - b)h_f'\left(h_0 - \frac{h_f'}{2}\right)\right]}{f_y'(h_0 - a_s')} \tag{6-75}$$

当 $\xi > \frac{h - h_f}{h_0}$ 时，中和轴在距 N 作用点较远一侧翼缘内，应将式(6-67)、式(6-68)联立重新求 ξ，并将其代入式(6-36)求得 σ_s，再根据求解出的 ξ 和 σ_s 的不同区分不同情况计算。

弯矩作用平面内受压承载力计算后，还应按轴心受压构件验算垂直于弯矩作用平面的受压承载力。

【例 6-11】 I 形截面钢筋混凝土偏心受压柱，柱子的截面尺寸为 $b \times h = 100\ \text{mm} \times 900\ \text{mm}$，$b_f = b_f' = 400\ \text{mm}$，$h_f = h_f' = 150\ \text{mm}$。柱子的计算长度 $l_c = 5.2\ \text{m}$，$a_s = a_s' = 40\ \text{mm}$，$\eta_{ns} = 1$。采用 C35 混凝土，HRB400 级钢筋。截面承受轴向压力设计值 $N = 1\ 200\ \text{kN}$，弯矩设计值 $M = 920\ \text{kN·m}$。采用对称式配筋，试求 A_s 和 A_s'。

解：查表可得：$f_c = 16.7\ \text{N/mm}^2$，$f_y = f_y' = 360\ \text{N/mm}^2$。

(1) 计算设计弯矩。

根据题意可知　　$C_m = 0.7 + 0.3\frac{M_1}{M_2} = 1$，$\eta_{ns} = 1$

则由式(6-25)得

$$M = C_m \eta_{ns} M_2 = 1 \times 1 \times 920 = 920(\text{kN} \cdot \text{m})$$

(2)判断大、小偏心受压构件。

由式(6-72)得

$$x = \frac{N - \alpha_1 f_c (b_f' - b) h_f'}{\alpha_1 f_c b} = \frac{1\ 200 \times 10^3 - 16.7 \times (400 - 100) \times 150}{16.7 \times 100} = 268.5(\text{mm})$$

可见 $h_f' = 150\ \text{mm} < x < \xi_b h_0 = 0.518 \times 860 = 445.48(\text{mm})$

属于大偏心受压。

(3)求配筋 $A_s(A_s')$。

由式(6-10)、式(6-11)得

$$e_0 = \frac{M}{N} = \frac{920 \times 10^6}{1\ 200 \times 10^3} = 766.67(\text{mm})$$

$$\frac{h}{30} = \frac{900}{30} = 30(\text{mm}) > 20\ \text{mm}$$

取 $e_a = 30\ \text{mm}$。

$$e_i = e_0 + e_a = 766.67 + 30 = 796.67(\text{mm})$$

代入式(6-28)有

$$e = e_i + \frac{h}{2} - a_s = 796.67 + \frac{900}{2} - 40 = 1\ 206.67(\text{mm})$$

再根据式(6-75),有

$$A_s = A_s' = \frac{Ne - \alpha_1 f_c \left[bx\left(h_0 - \frac{x}{2}\right) + (b_f' - b) h_f' \left(h_0 - \frac{h_f'}{2}\right)\right]}{f_y'(h_0 - a_s')}$$

$$= \left\{1\ 200 \times 10^3 \times 1\ 206.67 - 1.0 \times 16.7 \times \left[100 \times 268.56 \times \left(860 - \frac{268.56}{2}\right) + (400 - 100) \times 150 \times \left(860 - \frac{150}{2}\right)\right]\right\} / [360 \times (860 - 40)] = 1\ 804(\text{mm}^2)$$

(4)选筋验算配筋率。

每边选 5 ⌀22($A_s = A_s' = 1\ 900\ \text{mm}^2$,HRB400 级),构件的全截面面积 A 为

$$A = bh + (b_f' - b)h_f' + (b_f - b)h_f$$

$$= 100 \times 900 + (400 - 100) \times 150 + (400 - 100) \times 150 = 180\ 000(\text{mm}^2)$$

则全部纵向钢筋的配筋率为

$$\rho = \frac{1\ 900 \times 2}{180\ 000} = 2.11\% > 0.55\%$$

满足要求。

(5)验算垂直于弯矩作用平面的受压承载力。

$$N_u = 0.9\varphi(f_c A + f_y' A_s' + f_y A_s)$$

$$= 0.9 \times 0.87 \times (16.7 \times 1.8 \times 10^5 + 360 \times 1\ 900 \times 2)$$

$$= 3\ 425\ (\text{kN}) > N = 1\ 200\ \text{kN}$$

满足要求。

【例 6-12】　已知条件同例 6-11，截面承受轴向压力设计值 $N=1\ 800$ kN，弯矩设计值 $M=890$ kN · m，采用对称式配筋。求 A_s 和 A_s'。

解：查表可得：$f_c=16.7\ \text{N/mm}^2$，$f_y=f_y'=360\ \text{N/mm}^2$。

(1) 计算设计弯矩。

根据题意可知：　$C_m=0.7+0.3\dfrac{M_1}{M_2}=1\quad \eta_{ns}=1$

则由式(6-25)得

$$M=C_m\eta_{ns}M_2=1\times 1\times 890=890(\text{kN}\cdot\text{m})$$

(2) 判别偏心受压类型。

先假定中和轴在受压翼缘内，按计算式(6-61)计算受压区高度

$$x=\frac{N}{\alpha_1 f_c b_f'}=\frac{1\ 800\times 10^3}{1.0\times 16.7\times 400}=269.46(\text{mm})>h_f'=150\ \text{mm}$$

受压区已经进入腹板，按计算式(6-63)重新计算受压区高度，即

$$\begin{aligned}x&=\frac{N-\alpha_1 f_c(b_f'-b)h_f'}{\alpha_1 f_c b}\\&=\frac{1\ 800\times 10^3-1.0\times 16.7\times(400-100)\times 150}{1.0\times 16.7\times 100}\\&=627.84(\text{mm})>\xi_b h_0=0.518\times 860=445(\text{mm})\end{aligned}$$

为小偏心受压构件。

(3) 求配筋 $A_s(A_s')$。

$$e_0=\frac{M}{N}=\frac{890\times 10^6}{1\ 800\times 10^3}=494.44(\text{mm})$$

$$e_i=e_0+e_a=494.44+30=524.44(\text{mm})$$

$$e=e_i+\frac{h}{2}-a_s=524.44+\frac{900}{2}-40=934.44(\text{mm})$$

用近似公式法，对于 I 形截面小偏心受压构件，由式(6-74)得

$$\xi=\frac{N-\alpha_1 f_c(b'_f-b)h'_f-\alpha_1 f_c bh_0\xi_b}{\dfrac{Ne-\alpha_1 f_c(b_f'-b)h_f'\left(h_0-\dfrac{h_f'}{2}\right)-0.43\alpha_1 f_c bh_0^2}{(\beta_1-\xi_b)(h_0-a_s')}+\alpha_1 f_c bh_0}+\xi_b$$

把数据代入，求得

$$\xi=0.597$$
$$x=\xi h_0=0.597\times 860=513.42(\text{mm})$$

代入式(6-73)，得

$$A_s=A_s'=\frac{Ne-\alpha_1 f_c bx\left(h_0-\dfrac{x}{2}\right)-\alpha_1 f_c(b_f'-b)h_f'\left(h_0-\dfrac{h_f'}{2}\right)}{f_y'(h_0-a_s')}$$

$$= \frac{1\ 800 \times 10^3 \times 934.44 - 1.0 \times 16.7 \times 100 \times 513.42 \times \left(860 - \frac{513.42}{2}\right)}{360 \times (860 - 40)} -$$

$$\frac{1.0 \times 16.7 \times (400 - 100) \times 150 \times \left(860 - \frac{150}{2}\right)}{360 \times (860 - 40)}$$

$$= 3\ 696(\mathrm{mm}^2) > \rho_{\min} A = 360\ \mathrm{mm}^2$$

选用 8 Φ 25（$A_s = A_s' = 3\ 927\ \mathrm{mm}^2$）。

截面总配筋率为

$$\rho = \frac{A_s + A_s'}{A} = \frac{3\ 927 \times 2}{180\ 000} = 0.044 > 0.005$$

满足要求。

（4）验算垂直于弯矩作用平面的受压承载力。

$$\begin{aligned} N_u &= 0.9\varphi(f_c A + f_y' A_s' + f_y A_s) \\ &= 0.9 \times 0.17 \times (16.7 \times 1.8 \times 10^5 + 360 \times 3\ 927 \times 2) \\ &= 4\ 568(\mathrm{kN}) > N = 1\ 800\ \mathrm{kN} \end{aligned}$$

满足要求。

（三）截面复核

对称式配筋 I 形截面偏心受压构件的截面复核的方法，与对称式配筋矩形截面偏心受压构件相似，可参照矩形截面大、小偏心受压构件的步骤进行计算。

第四节　偏心受压构件 $N_u \sim M_u$ 相关曲线

分析偏心受压构件正截面承载力的计算公式可以发现，对于给定截面尺寸、材料强度及配筋的偏心受压构件，无论是大偏心受压，还是小偏心受压，达到承载能力极限状态时，截面所能承受的轴向压力设计值 N_u 和弯矩设计值 M_u 并不是相互独立的，而是具有相关性。将大、小偏心受压构件的计算公式以曲线的形式绘出，可以很直观地了解偏心受压构件的 N_u 和 M_u 的相关关系。下面以对称式配筋矩形截面偏心受压构件为例，来绘制 $N_u \sim M_u$ 相关曲线。

一、对称式配筋矩形截面大偏心受压构件的 $N_u \sim M_u$ 相关曲线

将 $A_s = A_s'$，$f_y = f_y'$ 代入式（6-26），得

$$x = \frac{N_u}{\alpha_1 f_c b} \tag{6-76}$$

将式（6-76）、式（6-28）代入式（6-27），整理得

$$N_u e_i = -\frac{N_u^2}{2\alpha_1 f_c b} + \frac{N_u h}{2} + f_y' A_s' (h_0 - a_s') \tag{6-77}$$

这里，$N_u e_i = M_u$，于是

$$M_u = -\frac{N_u^2}{2\alpha_1 f_c b} + \frac{N_u h}{2} + f_y' A_s'(h_0 - a_s') \tag{6-78}$$

由式(6-78)可知,对于大偏心受压构件,M_u 是 N_u 的二次函数,如图 6-23 中曲线 bc 所示。

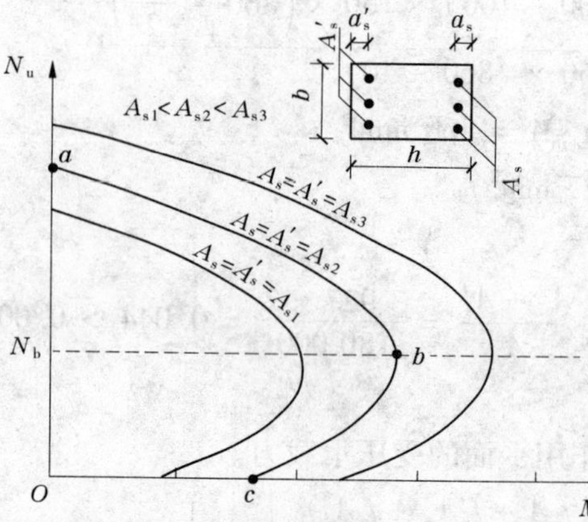

图 6-23 对称式配筋时的 $N_u \sim M_u$ 相关曲线

二、对称式配筋矩形截面小偏心受压构件的 $N_u \sim M_u$ 相关曲线

将 $x=\xi h_0$、式(6-36)代入式(6-33)、式(6-34),整理得

$$N_u = \alpha_1 f_c b h_0 \xi + f_y' A_s' - \frac{\xi - \beta_1}{\xi_b - \beta_1} f_y A_s \tag{6-79}$$

$$N_u e = \alpha_1 f_c b h_0^2 \xi\left(1 - \frac{\xi}{2}\right) + f_y' A_s'(h_0 - a_s') \tag{6-80}$$

将 $A_s = A_s'$,$f_y = f_y'$代入式(6-79),整理得

$$N_u = \frac{\alpha_1 f_c b h_0(\xi_b - \beta_1) - f_y' A_s'}{\xi_b - \beta_1}\xi + \frac{\xi_b f_y' A_s'}{\xi_b - \beta_1} \tag{6-81}$$

由上式解得

$$\xi = \frac{\xi_b - \beta_1}{\alpha_1 f_c b h_0(\xi_b - \beta_1) - f_y' A_s'} N_u - \frac{\xi_b f_y' A_s'}{\alpha_1 f_c b h_0(\xi_b - \beta_1) - f_y' A_s'} \tag{6-82}$$

将式(6-28)代入式(6-80),并注意 $N_u e_i = M_u$,整理得

$$M_u = \alpha_1 f_c b h_0^2 \xi\left(1 - \frac{\xi}{2}\right) - N_u\left(\frac{h}{2} - a_s\right) + f_y' A_s'(h_0 - a_s') \tag{6-83}$$

将式(6-82)代入式(6-83),即可得到小偏心受压构件 N_u 和 M_u 的关系式,可见 M_u 也是 N_u 的二次函数,如图 6-23 中曲线 ab 所示。

三、$N_u \sim M_u$ 相关曲线的特点和应用

$N_u \sim M_u$ 相关曲线反映了钢筋混凝土偏心受压构件正截面在轴向压力和弯矩共同作用下的承载力规律,具有以下特点。

(1) $N_u \sim M_u$ 相关曲线的任一点代表截面处于正截面承载能力极限状态时的一种内力组合。若一组内力(M,N)在曲线内侧,说明截面尚未达到承载力极限状态,是安全的;

若(M,N)在曲线外侧,则表明截面承载力不足。

(2)当弯矩M为零时,轴向承载力N_u达到最大,即为轴心受压承载力,对应图6-23曲线abc中的a点;当轴力N为零时,M_u为纯受弯承载力,对应图6-23曲线abc中的c点,不是M_u的最大值;在界限破坏时,M_u达到最大值,对应图6-23曲线abc中的b点。

(3)大偏心受压时,N_u随M_u的增大而增大;小偏心受压时,N_u随M_u的增大而减小。

(4)如果截面尺寸和材料强度保持不变,$N_u \sim M_u$相关曲线随着配筋率的增加而向外侧增大。

(5)对于对称式配筋截面,界限破坏时的轴向压力与配筋率无关($N_b = \alpha_1 f_c b x_b$,见图6-23中的水平虚线),而弯矩随着配筋率的增加而增大。

应用$N_u \sim M_u$的相关关系,可以对一些特定的截面尺寸、特定的混凝土强度等级和特定的钢筋类别的偏心受压构件,预先绘制一系列图表。设计时可直接查图求得所需的配筋面积,使得计算工作大大简化。

另外,$N_u \sim M_u$相关曲线的特点对于偏心受压构件截面最不利内力组合的筛选非常有益。对于偏心受压构件的某一控制截面,其承载能力极限状态的内力组合可以有多种,实际设计时,最关心的是其中最不利的内力组合,通常以配筋量为指标来判断某种组合是否为最不利内力组合。由图6-23中的$N_u \sim M_u$相关曲线可知对于大偏心受压构件,当轴向压力N值基本不变时,弯矩M值越大所需纵向钢筋越多;当弯矩M值基本不变时,轴向压力N值越小所需纵向钢筋越多。对于小偏心受压构件,当轴向压力N值基本不变时,弯矩M值越大所需纵向钢筋越多;当弯矩M值基本不变时,轴向压力N值越大所需纵向钢筋越多。利用上述规律,可以很快地从多组内力中挑选出配筋量大的不利内力,从而大大减少计算工作量。

第五节 双向偏心受压构件正截面承载力计算

当构件所承受轴向压力在截面两个主轴方向都有偏心,或者构件同时承受轴心压力及两个主轴方向的弯矩作用时,为双向偏心受压构件。实际结构工程,框架结构房屋的角柱、水塔的支柱等均属于双向偏心受压构件。

由于双向偏心受压构件的中和轴一般不与截面的主轴相互垂直而是斜交,受压区的形状变化较大,较复杂,对于矩形截面,可能为三角形、四边形或五边形,对于L形、T形截面则更复杂;同时,由于各根钢筋到中和轴的距离不等,且往往相差悬殊,致使纵向钢筋应力不均匀,因此双向偏心受压构件的计算是十分繁杂的,在工程设计中一般都采用较为简单的近似计算方法。我国《混凝土结构设计规范》(GB 50010—2010)对于双向偏心受压构件的正截面承载力计算列出了两种算法,即基本计算方法和简化计算方法。

一、基本计算方法

双向偏心受压构件正截面承载力的计算也采用与受弯构件正截面承载力计算相同的假定。下面以矩形截面为例讲述双向偏心受压构件正截面承载力计算的基本方法。

如图6-24所示,矩形截面承受轴向压力N及两个方向的弯矩M_x和M_y,截面尺寸为

$b\times h$,截面主轴为 x—y 轴,阴影线表示受压区。为了使几何关系直观,进行坐标变换。将受压区的最高点 o 定义为新坐标系 x'—y'的原点,x'轴平行于中和轴。由坐标变换得到

$$x' = -x\cos\theta + y\sin\theta + \frac{b}{2}\cos\theta - \frac{h}{2}\sin\theta \tag{6-84}$$

$$y' = -x\sin\theta - y\cos\theta + \frac{b}{2}\sin\theta + \frac{h}{2}\cos\theta \tag{6-85}$$

式中　θ——x 轴与中和轴的夹角,顺时针方向取正值。

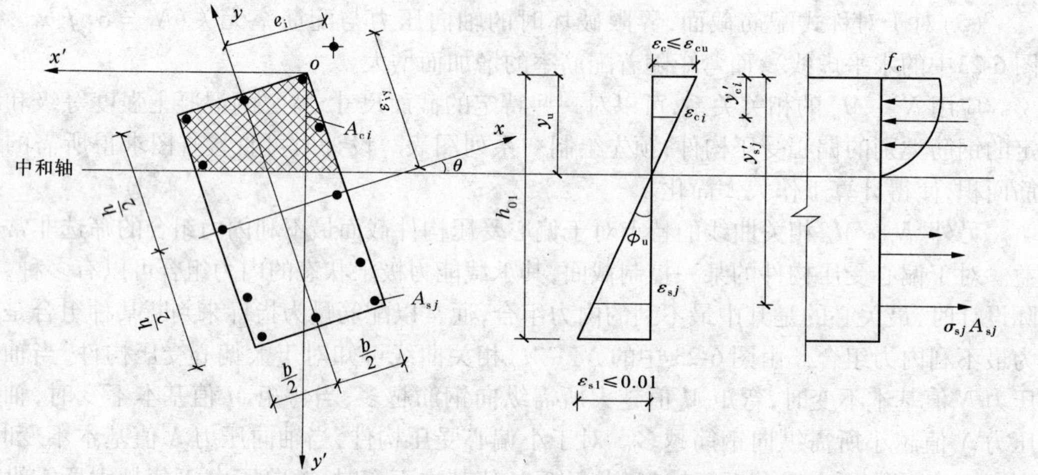

(a)截面及其单元划分　(b)应变分布　(c)应力分布

图 6-24　双向偏心受压截面计算图形

如图 6-24 所示,把受压区混凝土划分为 l 个单元,用 A_{ci}、ε_{ci}和 $\sigma_{ci}(i=1\sim l)$分别表示第 i 单元的面积、应变和应力。把每根钢筋作为一个单元,用 $j(j=1\sim m)$分别编号,其面积、应变和应力分别用 A_{sj}、ε_{sj}和 $\sigma_{sj}(j=1\sim m)$表示;并近似取单元内的应变和应力为均匀分布,其合力点在单元重心处。根据平截面假定和几何关系,可得各混凝土单元和各个钢筋单元的应变如下

$$\varepsilon_{ci} = \phi_u(y_n - y_{ci}')\quad (i = 1\sim l) \tag{6-86}$$

$$\varepsilon_{sj} = -\phi_u(y_{sj}' - y_n)\quad (j = 1\sim m) \tag{6-87}$$

式中　y_n——中和轴至受压区最外侧边缘的距离;

y_{ci}'——第 i 个混凝土单元重心到 x'轴的距离,按式(6-85)计算;

y_{sj}'——第 j 个钢筋单元重心到 x'轴的距离,按式(6-85)计算;

ϕ_u——截面达到承载能力极限状态时的极限曲率。

ϕ_u 应按下列两种情况确定:

(1)当截面受压区外边缘的混凝土压应变 ε_c 达到混凝土极限压应变 ε_{cu}且受拉区最外排钢筋的应变 ε_{s1}小于 0.01 时,应按下列公式计算

$$\phi_u = \frac{\varepsilon_{cu}}{y_n} \tag{6-88}$$

(2)当截面受拉区最外排钢筋的应变 ε_{s1}达到 0.01 且受压区外边缘的混凝土压应变

ε_c 小于混凝土极限压应变 ε_{cu}时,应按下列公式计算

$$\phi_u = \frac{0.01}{h_{01} - y_n} \tag{6-89}$$

式中　h_{01}——截面受压区外边缘至受拉区最外排钢筋之间垂直于中和轴的距离。

将各混凝土单元和各个钢筋单元的应变,分别代入各自的应力—应变关系式,即可得到各混凝土单元和各个钢筋单元的应力 σ_{ci} 和 σ_{sj},注意钢筋应力的绝对值不大于其相应的强度设计值,受拉钢筋的极限拉应变取为 0.01。

根据平衡条件,双向偏心受压构件正截面承载力可按下列公式计算

$$N \leqslant N_u = \sum_{i=1}^{l} \sigma_{ci}A_{ci} - \sum_{j=1}^{m} \sigma_{sj}A_{sj} \tag{6-90}$$

$$M_x \leqslant M_{ux} = \sum_{i=1}^{l} \sigma_{ci}A_{ci}y_{ci} - \sum_{j=1}^{m} \sigma_{sj}A_{sj}y_{sj} \tag{6-91}$$

$$M_y \leqslant M_{uy} = \sum_{i=1}^{l} \sigma_{ci}A_{ci}x_{ci} - \sum_{j=1}^{m} \sigma_{sj}A_{sj}x_{sj} \tag{6-92}$$

式中　N——轴向压力设计值,取正值;

N_u——截面轴向受压承载力设计值;

M_x、M_y——截面 x 轴、y 轴方向的弯矩设计值,应考虑附加偏心距引起的附加弯矩,轴向压力作用在 x 轴的上侧时 M_y 取正值,轴向压力作用在 y 轴的右侧时 M_x 取正值;

M_{ux}、M_{uy}——截面 x 轴、y 轴方向的受弯承载力设计值;

σ_{ci}——第 i 个混凝土单元的应力,受压时取正值,受拉时取应力 $\sigma_{ci}=0$;

A_{ci}——第 i 个混凝土单元的面积;

x_{ci}、y_{ci}——第 i 个混凝土单元的形心到截面形心轴 y 和 x 的距离,x_{ci} 在 y 轴右侧及 y_{ci} 在 x 轴上侧时取正号;

l——混凝土单元数;

σ_{sj}——第 j 个钢筋单元的应力,受拉时取正值,应力 σ_{sj} 应满足 $-f'_y \leqslant \sigma_{sj} \leqslant f_y$ 的条件;

A_{sj}——第 j 个钢筋单元面积;

x_{sj}、y_{sj}——第 j 个钢筋单元重心到 y 轴、x 轴的距离,x_{sj} 在 y 轴右侧及 y_{sj} 在 x 轴上侧时取正值;

m——钢筋单元数;

x、y——以截面重心为原点的直角坐标系的两个坐标轴。

利用上述公式进行双向偏心受压构件的正截面承载力计算是非常烦琐的,需借助于计算机进行求解。

二、简化计算方法

对于具有两个相互垂直的对称轴的双向偏心受压构件,《混凝土结构设计规范》(GB 50010—2010)采用弹性容许应力方法推导的近似公式来计算正截面的承载力。

假定材料在弹性阶段的容许压应力为$[\sigma]$，根据材料力学有关公式，截面轴心受压、单向偏心受压和双向偏心受压的承载力可分别表示为

$$\left.\begin{aligned}&\frac{N_{u0}}{A_0}=[\sigma]\\&N_{ux}\left(\frac{1}{A_0}+\frac{e_{ix}}{W_{0x}}\right)=[\sigma]\\&N_{uy}\left(\frac{1}{A_0}+\frac{e_{iy}}{W_{0y}}\right)=[\sigma]\\&N_u\left(\frac{1}{A_0}+\frac{e_{ix}}{W_{0x}}+\frac{e_{iy}}{W_{0y}}\right)=[\sigma]\end{aligned}\right\}\tag{6-93}$$

式中　A_0、W_{0x}、W_{0y}——考虑全部纵筋的换算截面面积和绕两个对称轴的换算截面抵抗矩；

e_{ix}、e_{iy}——轴向压力对 y 轴和 x 轴的初始偏心距。

合并以上各式，消去$[\sigma]$、A_0、W_{0x}、W_{0y}，可得

$$\frac{1}{N_u}=\frac{1}{N_{ux}}+\frac{1}{N_{uy}}-\frac{1}{N_{u0}}\tag{6-94}$$

从而，可得双向偏心受压构件承载力近似计算公式为

$$N\leqslant N_u=\frac{1}{\dfrac{1}{N_{ux}}+\dfrac{1}{N_{uy}}-\dfrac{1}{N_{u0}}}\tag{6-95}$$

式中　N——轴向压力设计值；

N_u——截面轴向受压承载力设计值；

N_{u0}——构件截面的轴心受压承载力设计值，此时考虑全部纵筋，但不考虑稳定系数；

N_{ux}——轴向压力作用于 x 轴并考虑相应的计算偏心距 e_{ix} 后，按全部纵向钢筋计算的构件偏心受压承载力设计值；

N_{uy}——轴向压力作用于 y 轴并考虑相应的计算偏心距 e_{iy} 后，按全部纵向钢筋计算的构件偏心受压承载力设计值。

第六节　偏心受压构件斜截面受剪承载力计算

偏心受压构件一般情况下所受剪力相对较小，斜截面受剪承载力通常不起控制作用。但对于有较大水平力作用的框架柱，有横向力作用桁架上弦压杆等，剪力影响相对较大，必须进行斜截面受剪承载力计算。

一、轴向压力对构件斜截面受剪承载力的影响

试验研究表明，轴向压力的存在，能推迟垂直裂缝的出现，并可延缓斜裂缝的出现和发展，斜裂缝倾角变小，混凝土剪压区高度增大，从而提高了构件的斜截面受剪承载力，随

着轴压比 $N/(f_c bh)$ 的增大,斜截面受剪承载力将增大。但这种作用是有一定限度的,当轴压比 $N/(f_c bh)=0.3\sim0.5$ 时,受剪承载力达到最大值。再增加轴向应力,则受剪承载力反而会随着轴压比的增大而降低,并转变为带有斜裂缝的小偏心受压破坏的情况(见图 6-25)。

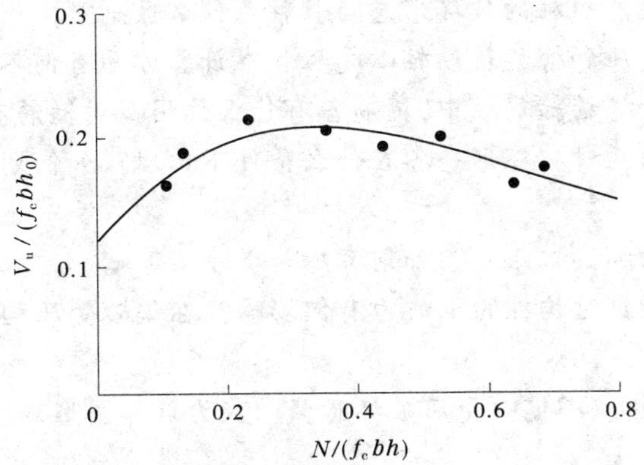

图 6-25　轴向压力对斜截面受剪承载力的影响

试验研究还表明,对于不同剪跨比的构件,轴向压力的影响相差不多。

二、偏心受压构件斜截面受剪承载力计算公式

通过试验资料分析和可靠度计算,对于矩形、T 形和 I 形截面偏心受压构件,其斜截面受剪承载力应按下式计算

$$V \leqslant V_u = \frac{1.75}{\lambda+1} f_t b h_0 + f_{yv} \frac{A_{sv}}{s} h_0 + 0.07N \tag{6-96}$$

式中　λ——偏心受压构件计算截面的剪跨比,取为 $M/(Vh_0)$;

N——与剪力设计值 V 相应的轴向压力设计值,当 $N>0.3f_cA$ 时,取 $N=0.3f_cA$,A 为构件的截面面积。

计算截面的剪跨比 λ 应按下列规定取用:

(1)对框架结构中的框架柱,当其反弯点在层高范围内时,可取 $\lambda=H_n/(2h_0)$。当 $\lambda<1$ 时,取 $\lambda=1$;当 $\lambda>3$ 时,取 $\lambda=3$。此处,M 为计算截面上与剪力设计值 V 相应的弯矩设计值,H_n 为柱净高。

(2)其他偏心受压构件,当承受均布荷载时,取 $\lambda=1.5$;当承受集中荷载(包括作用有多种荷载,其中集中荷载对支座截面或节点边缘所产生的剪力值占总剪力值的 75% 以上的情况)时,取 $\lambda=a/h_0$,当 $\lambda<1.5$ 时,取 $\lambda=1.5$;当 $\lambda>3$ 时,取 $\lambda=3$。此处,a 为集中荷载至支座或节点边缘的距离。

当满足下列公式要求时,可不进行斜截面受剪承载力计算,按照构造要求配置箍筋。

$$V \leqslant \frac{1.75}{\lambda+1} f_t b h_0 + 0.07N \tag{6-97}$$

偏心受压构件的受剪截面尺寸尚应符合《混凝土结构设计规范》(GB 50010—2010)

的有关规定。

思考题

1. 轴心受压普通箍筋短柱的破坏形态与长柱有什么区别？

2. 普通箍筋轴心受压和螺旋箍筋轴心受压柱在计算方面有何不同？为什么？

3. 在普通箍筋柱和螺旋箍筋柱中，箍筋各有什么作用？对箍筋有哪些构造要求？

4. 偏心受压短柱的两种破坏形态各在什么条件下出现？如何划分偏心受压构件的类型？

5. 为什么要考虑附加偏心距 e_a？如何考虑？

6. 什么是二阶效应？对构件的承载力有何影响？在偏心受压构件承载力计算中如何考虑？

7. 试画出矩形截面大、小偏心受压破坏时截面应力计算图形，标注出钢筋和受压混凝土的应力值。

8. 说明大、小偏心受压破坏的发生条件和破坏特征。什么是界限破坏？与界限状态对应的 ξ_b 是如何确定的？

9. 如何计算矩形截面大偏心受压构件和矩形截面小偏心受压构件正截面承载力？

10. 对称式配筋时如何区分大、小偏心受压破坏？

11. 怎样进行对称式配筋矩形截面偏心受压构件的正截面承载力计算？

12. 对称式配筋和非对称配筋方式各有什么优缺点？

13. 如何确定Ⅰ形截面为大偏心还是小偏心构件？分几种情况进行计算？

14. 偏心受压构件的 $N_u \sim M_u$ 相关曲线是如何绘出的？有何特点？

15. 如何计算双向偏心受压构件的正截面承载力？

习　题

1. 某多层现浇钢筋混凝土框架结构，其第二层内柱承受轴向压力设计值 $N=2\ 100$ kN，层高 $H=5.4$ m，柱计算长度 $l_c=1.25H$。采用 C30 混凝土、HRB400 级钢筋，截面尺寸 500 mm×500 mm，试计算纵筋截面面积（按两端弯矩相等 $M_1/M_2=1$ 的框架柱考虑）。

2. 某宾馆门厅采用钢筋混凝土圆形截面柱，承受轴向压力设计值 $N=3\ 000$ kN，受使用条件限制，直径不能超过 400 mm，计算长度 $l_c=4.8$ m，混凝土采用 C25，纵向钢筋采用 HRB400，箍筋采用 HPB300。试设计该柱。

3. 已知某钢筋混凝土偏心受压柱，承受轴向压力设计值 $N=720$ kN，弯矩设计值 $M_1=M_2=900$ kN·m，截面尺寸 $b\times h=400$ mm×600 mm，$a_s=a_s'=40$ mm，计算长度 $l_c=7.2$ m，采用 C30 混凝土，HRB400 级钢筋，试计算纵筋截面面积 A_s 和 A_s'。

4. 已知某钢筋混凝土偏心受压柱，承受轴向压力设计值 $N=450$ kN，弯矩设计值 $M_1=240$ kN·m，$M_2=260$ kN·m，截面尺寸 $b\times h=400$ mm×500 mm，$a_s=a_s'=40$ mm，计算长度 $l_c=4.2$ m，采用 C25 混凝土，HRB400 级钢筋，试计算纵筋截面面积 A_s 和 A_s'。

5. 已知条件同习题4，当受压区已配置有4根直径16 mm的钢筋（$A_s'=804\ mm^2$）时，试计算A_s。

6. 已知某钢筋混凝土偏心受压柱，承受轴向压力设计值$N=3\ 500\ kN$，弯矩设计值$M=120\ kN\cdot m$，截面尺寸$b\times h=450\ mm\times650\ mm$，$a_s=a_s'=40\ mm$，计算长度$l_c=6.5\ m$，采用C35混凝土，HRB400级钢筋，试计算纵筋截面面积A_s和A_s'（按两端弯矩相等$M_1/M_2=1$的框架柱考虑）。

7. 已知条件同习题6，按对称式配筋计算偏心受压柱的纵筋截面面积A_s和A_s'。

8. 已知钢筋混凝土偏心受压柱，截面尺寸$b\times h=400\ mm\times600\ mm$，$a_s=a_s'=40\ mm$，计算长度$l_c=6.5\ m$，采用C30混凝土，HRB400级钢筋，已配置纵筋截面面积$A_s=960\ mm^2$和$A_s'=620\ mm^2$。求截面能够承受的偏心压力设计值。

9. 已知钢筋混凝土偏心受压柱，承受轴向压力设计值$N=2\ 000\ kN$，弯矩设计值$M=610\ kN\cdot m$，截面尺寸$b\times h=500\ mm\times650\ mm$，$a_s=a_s'=40\ mm$，计算长度$l_c=6\ m$，采用C35混凝土，HRB400级钢筋，试按对称式配筋计算纵筋截面面积A_s和A_s'（按两端弯矩相等$M_1/M_2=1$的框架柱考虑）。

10. 已知钢筋混凝土I形截面偏心受压柱，承受轴向压力设计值$N=800\ kN$，弯矩设计值$M_1=300\ kN\cdot m$，$M_2=320\ kN\cdot m$，截面$b\times h=100\ mm\times700\ mm$，$b_f=b_f'=350\ mm$，$h_f=h_f'=112\ mm$，$a_s=a_s'=40\ mm$，计算长度$l_c=7.2\ m$，采用C30混凝土，HRB500级钢筋，对称式配筋，试计算纵筋截面面积。

第七章　受拉构件承载力计算

学习要求

掌握偏心受拉构件正截面承载力计算方法、斜截面受剪承载力计算方法，了解轴心受拉构件承载力计算方法及受拉构件的构造要求。

第一节　概　述

承受纵向拉力的构件，称为受拉构件。当纵向拉力作用线与构件截面形心轴线重合时为轴心受拉构件（见图 7-1）；当纵向拉力作用线偏离构件截面形心轴线时，或构件上既作用有拉力又作用有弯矩时，称为偏心受拉构件（见图 7-2）。

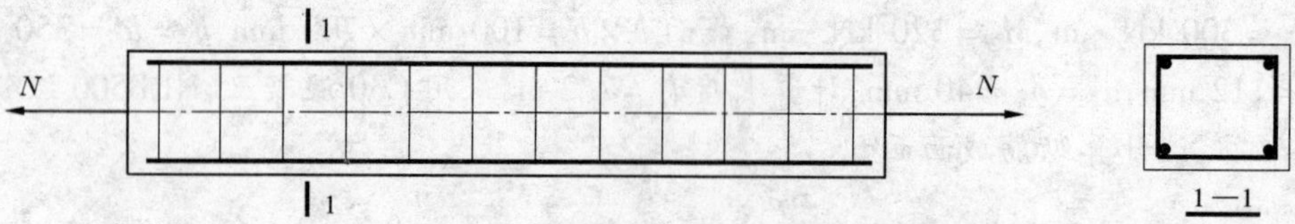

图 7-1　钢筋混凝土轴心受拉构件

实际工程中，由于荷载不可避免的偏心和构件制作过程中的不均匀性，真正的钢筋混凝土轴心受拉构件几乎是不存在的。但是轴心受拉构件设计计算简单，因此对拱和桁架中的拉杆、有内压力的圆管管壁、圆形水池的环形池壁等，可近似按轴心受拉构件计算。矩形水池的池壁、浅仓的仓壁、工业厂房双肢柱的肢杆等，可按偏心受拉构件进行计算。

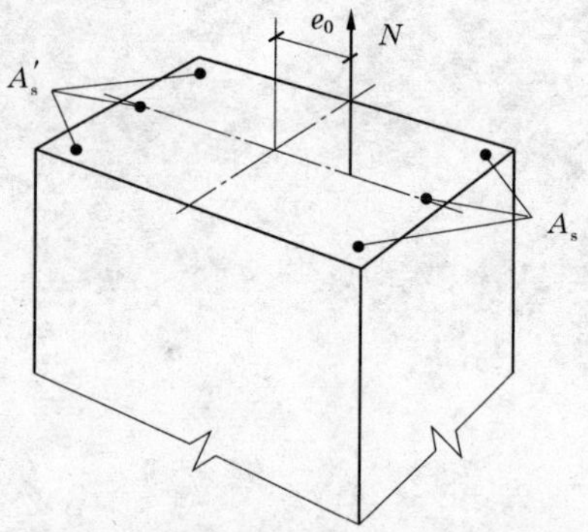

图 7-2　钢筋混凝土偏心受拉构件

用钢筋混凝土构件承受拉力，从充分利用材料强度的角度来看并不合理，因为混凝土的抗拉强度很低，承受拉力时不能充分发挥其强度；从减轻构件开裂的角度来看也不合适，因为混凝土在较小的拉力作用下就会开裂，构件中的裂缝宽度将随着拉力的增加而不断加大。因此，不少承受较大拉力的构件被做成钢构件而不是钢筋混凝土构件。

在钢筋混凝土结构中局部有受拉构件时，若将受拉构件做成钢构件，不仅会给施工带来不便，也会因处理钢筋混凝土和钢构件之间的连接构造而给设计带来不便，在此情况下也常将受拉构件设计为钢筋混凝土构件。此时，拉力由构件中的纵向钢筋承担，外围混凝土能对钢筋起到有效的防护作用,因此与纯钢构件相比,可以免去经常性的维护,而且构件的刚度也较纯钢构件略大。在实际工程中,这类构件有钢筋混凝土屋架或托架的受拉弦杆以及拱的拉杆等。此时,一定要采取措施把构件的裂缝宽度控制在允许的范围内。

钢筋混凝土结构中的有些构件,在大多数时间里都是承受轴向压力,但在某些荷载组合下却承受轴向拉力,从而发生内力取值变号现象。这类构件一般都设计成钢筋混凝土构件,在设计时要按受压构件和受拉构件两种情况进行承载力计算,也要按受拉构件进行裂缝验算。这类构件的典型例子是钢筋混凝土屋架中的部分腹杆。

混凝土的抗拉强度低,一般钢筋混凝土受拉构件在外拉力不大时,混凝土就会出现裂缝,因此除强度计算外,还需要进一步作抗裂度或裂缝宽度的验算。

第二节　轴心受拉构件正截面承载力计算

一、正截面承载力计算

与适筋梁相似,轴心受拉构件从加载开始到破坏,其受力过程也可以分为三个受力阶段:第一阶段从加载到混凝土开裂前,钢筋和混凝土共同承受拉力,应力与应变大致成正比;第二阶段从混凝土开裂后至钢筋屈服前,开裂截面处的混凝土不再承受拉力,全部拉力由钢筋承担;第三阶段钢筋应力达到屈服后,拉力 N 保持不变情况下,构件的变形继续增大,裂缝迅速开展,直至构件破坏。

对于轴心受拉构件正截面承载力的计算而言,以构件第三阶段的受力情况为基础,但是要考虑可靠度的要求。此时,裂缝截面上混凝土因开裂不能承受拉力,全部拉力由纵向钢筋承受。由内力与截面抗力的平衡条件和可靠度要求可得轴心受拉构件正截面承载力计算公式为

$$N \leqslant f_y A_s \tag{7-1}$$

式中　N——轴心拉力设计值;

f_y——钢筋的抗拉强度设计值;

A_s——全部抗拉钢筋的截面面积。

【例 7-1】　已知某钢筋混凝土三角形屋架下弦,截面尺寸 $b \times h = 250\ \text{mm} \times 250\ \text{mm}$,其所承受的轴心拉力设计值为 180 kN,采用 C30 级混凝土,HRB335 级钢筋。求截面配筋。

解:HRB335 级钢筋:$f_y = 300\ \text{N/mm}^2$,C30 混凝土:$f_t = 1.43\ \text{N/mm}^2$。

由式(7-1)得

$$A_s \geqslant N/f_y = 180\,000/300 = 600(\text{mm}^2)$$

选 4 Φ 14($A_s = 615\ \text{mm}^2$)。

$$45\frac{f_t}{f_y}\% = 45 \times \frac{1.43}{300}\% = 0.215\% > 0.2\%$$

取 $\rho_{\min} = 0.215\%$。

$$\frac{A_s}{2}=\frac{615}{2}=308(\mathrm{mm}^2)>\rho_{\min}bh=0.215\%\times250^2=134(\mathrm{mm}^2)$$

满足要求。

二、构造要求

(一)截面选择及纵向受力钢筋

(1)钢筋混凝土轴心受拉构件一般采用正方形、矩形或其他对称截面。

(2)轴心受拉构件的受力钢筋不得采用绑扎的搭接接头。

(3)为避免配筋过少引起的脆性破坏,轴心受拉构件一侧的受拉钢筋的配筋率不应小于0.2%和$45f_t/f_y$%中的较大值。

(4)纵向受力钢筋在截面中对称布置或沿周边均匀布置,并宜优先选择直径较小的钢筋。

(二)箍筋

箍筋直径不小于6 mm,间距一般不宜大于200 mm(屋架的腹杆不宜超过150 mm)。

第三节 偏心受拉构件正截面承载力计算

一、偏心受拉构件的分类及其破坏特征

偏心受拉构件同时承受轴心拉力N和弯矩M,其正截面的受力性能可看做是介于受弯($N=0$)和轴心受拉($M=0$)之间的一种过渡状态。因此,根据截面中作用的弯矩和轴向拉力的比值不同,也就是轴向拉力偏心矩$e_0=M/N$的不同,截面的受力情况将出现明显的差异。按照轴向力N作用在截面上位置(偏心距e_0)的不同,有两种破坏形态。

当轴向拉力N作用在钢筋A_s合力点与A_s'合力点范围以内时(A_s、A_s'分别指和轴向拉力较近、较远一侧配置的纵向受力钢筋),属于小偏心受拉情况;当轴向拉力作用在钢筋A_s合力点与A_s'合力点范围以外时,属于大偏心受拉情况。这两种受拉情况见图7-3。

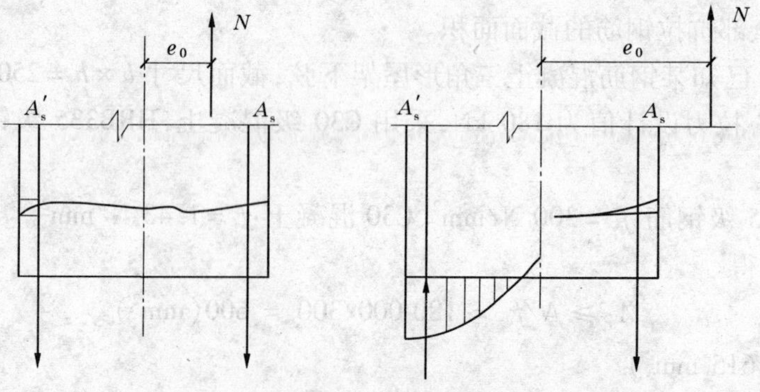

(a)小偏心受拉 (b)大偏心受拉

图7-3 大、小偏心受拉情况

（一）小偏心受拉构件

轴向拉力 N 作用于钢筋 A_s 合力点与 A_s' 合力点之间，当偏心距很小时（$e_0 < h/6$），受荷载后构件处于全截面受拉的状态，开裂前的应力分布如图 7-4（a）所示，随着偏心拉力的增大，截面受拉较大一侧的混凝土将先开裂，并迅速向对边贯通。裂缝截面处混凝土退出工作，偏心拉力由两侧的钢筋（A_s 和 A_s'）共同承受，只是 A_s 承受的拉力较大。当偏心距较大时（$h/6 < e_0 < h/2 - a_s$），在混凝土开裂前，截面上存在有受压区，其应力分布如图 7-4（b）所示，当混凝土开裂后，由于受拉区混凝土退出工作，拉力集中由 A_s 承担。为保持力的平衡，截面上原来的受压区变为受拉区，并使截面全部裂通。因此，如图 7-4（a）、（b）所示的两种受力情况，截面破坏时为全截面受拉，拉力由钢筋 A_s 与 A_s' 承担，只要两侧钢筋均不超过正常需要量，则当截面达到承载能力极限状态时，钢筋 A_s 和 A_s' 均可能达到屈服强度，因此这种构件称为小偏心受拉构件。

（二）大偏心受拉构件

轴向拉力 N 作用于钢筋 A_s 与 A_s' 范围以外，即偏心距 $e_0 > h/2 - a_s$ 时，受荷载后截面为部分受拉（靠近轴向拉力一侧）、部分受压（远离拉力一侧），截面应力分布如图 7-4（c）所示。截面开裂后仍保留有受压区，且受压区比图 7-4（b）明显增大，随着偏心拉力的增加，靠近偏心拉力一侧的混凝土开裂，裂缝虽能开展，但截面不会裂通，始终保持一定的受压区。其破坏特点取决于靠近偏心拉力一侧的纵向受拉钢筋 A_s 的数量。当 A_s 数量适量时，随着荷载的增加，受拉区裂缝开展延伸，使受压区面积减小，最后受拉钢筋 A_s 先达到屈服，继而受压区混凝土被压碎而构件破坏，同时，受压钢筋 A_s' 达到屈服。这种构件称为大偏心受拉构件。

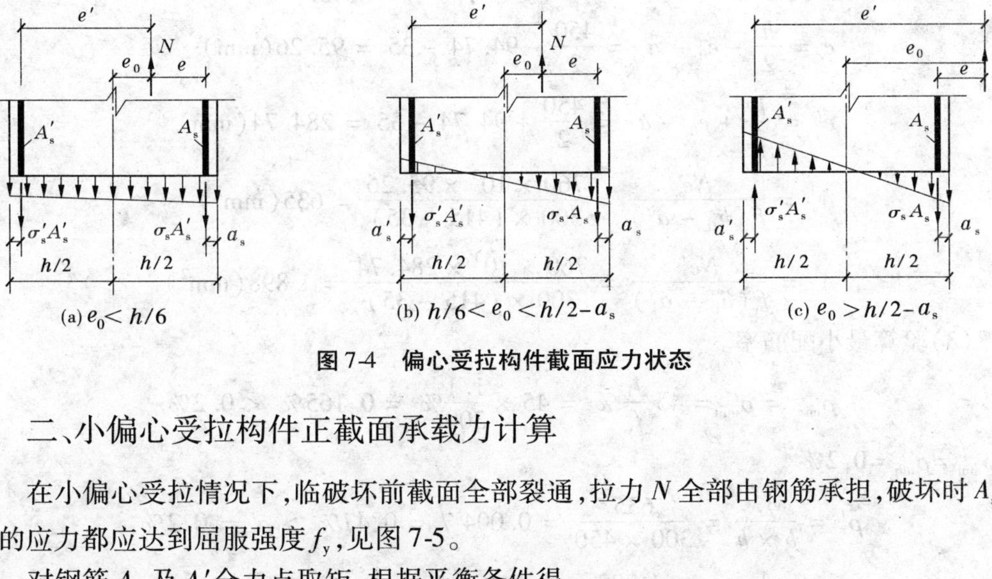

图 7-4　偏心受拉构件截面应力状态

二、小偏心受拉构件正截面承载力计算

在小偏心受拉情况下，临破坏前截面全部裂通，拉力 N 全部由钢筋承担，破坏时 A_s 及 A_s' 的应力都应达到屈服强度 f_y，见图 7-5。

对钢筋 A_s 及 A_s' 合力点取矩，根据平衡条件得

$$Ne \leqslant f_y A_s'(h_0 - a_s') \tag{7-2}$$

$$Ne' \leqslant f_y A_s(h_0 - a_s') \tag{7-3}$$

其中

$$e=\frac{h}{2}-e_0-a_s$$

$$e'=\frac{h}{2}+e_0-a_s'$$

若小偏心受拉选用对称配筋截面，则每侧都只能按式(7-2)、式(7-3)算得的偏大的钢筋截面面积配置钢筋，有

$$A_s=A_s'=\frac{Ne'}{f_y(h_0-a_s')} \tag{7-4}$$

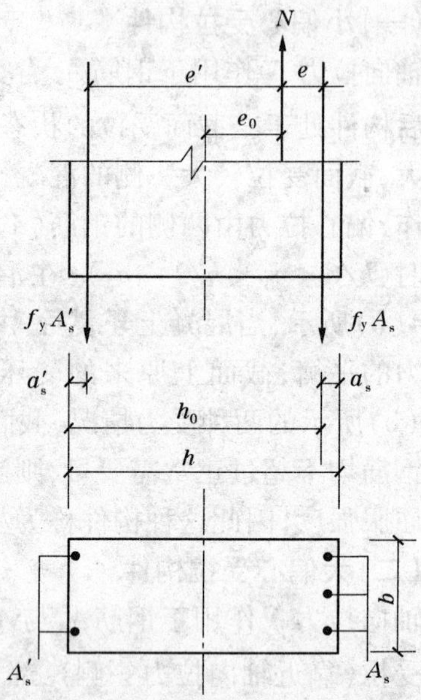

图 7-5　小偏心受拉计算简图

【例 7-2】　偏心受拉构件的截面尺寸为 $b\times h=300\text{ mm}\times 450\text{ mm}$，$a_s=a_s'=35\text{ mm}$；构件承受轴向拉力设计值 $N=760\text{ kN}$，弯矩设计值 $M=72\text{ kN}\cdot\text{m}$，混凝土强度等级为 C20，钢筋为 HRB335 级，试计算钢筋截面面积 A_s 和 A_s'。

解：(1)判别构件类型。

$$h_0=450-35=415(\text{mm})$$

$$e_0=\frac{72\times10^6}{760\times10^3}=94.74(\text{mm})<\frac{h}{2}-a_s$$

$$=\frac{450}{2}-35=190(\text{mm})$$

属小偏心受拉构件。

(2)求 A_s 和 A_s'。

$$e=\frac{h}{2}-e_0-a_s=\frac{450}{2}-94.74-35=95.26(\text{mm})$$

$$e'=\frac{h}{2}+e_0-a_s'=\frac{450}{2}+94.74-35=284.74(\text{mm})$$

$$A_s'=\frac{Ne}{f_y(h_0-a_s')}=\frac{760\times10^3\times95.26}{300\times(415-35)}=635(\text{mm}^2)$$

$$A_s=\frac{Ne'}{f_y(h_0-a_s')}=\frac{760\times10^3\times284.74}{300\times(415-35)}=1\,898(\text{mm}^2)$$

(3)验算最小配筋率。

$$\rho_{\min}=\rho_{\min}'=45\frac{f_t}{f_y}\%=45\times\frac{1.1}{300}\%=0.165\%<0.2\%$$

取 $\rho_{\min}=\rho_{\min}'=0.2\%$。

$$\rho'=\frac{A_s'}{b\times h}=\frac{635}{300\times450}=0.004\,7=0.47\%>\rho_{\min}'=0.2\%$$

$$\rho=\frac{A_s}{b\times h}=\frac{1\,898}{300\times450}=0.014=1.4\%>\rho_{\min}=0.2\%$$

(4)选择钢筋的直径和根数。

离轴拉力较远侧钢筋选用 2 Φ 20($A_s'=628\text{ mm}^2$)；离轴拉力较近侧钢筋选用 4 Φ 25

($A_s=1\ 964\ \text{mm}^2$)。

三、大偏心受拉构件正截面承载力计算

在大偏心拉力作用下,临近破坏时截面虽然开裂,但没有裂通,仍然有混凝土受压区存在。离偏心力较近一侧的钢筋受拉屈服;另一侧钢筋受压,在一般情况下屈服,特殊情况下也可能不屈服。截面上的受力情况如图7-6所示。

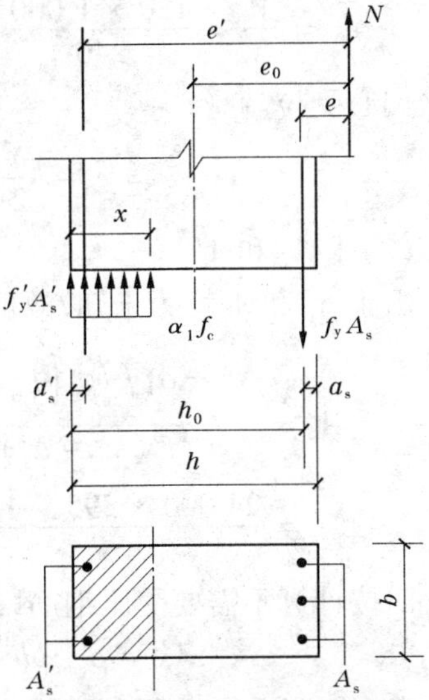

图7-6　大偏心受拉计算简图

由截面上内、外力的平衡条件可得

$$N \leqslant f_y A_s - f'_y A'_s - \alpha_1 f_c bx \tag{7-5}$$

由截面上内、外力对受拉钢筋的合力点取矩的力矩平衡条件,可得基本计算公式为

$$Ne \leqslant \alpha_1 f_c bx\left(h_0 - \frac{x}{2}\right) + f'_y A'_s(h_0 - a'_s) \tag{7-6}$$

其中
$$e = e_0 - \frac{h}{2} + a_s$$

式中 α_1 取值与受弯构件相同。

基本计算公式的适用条件为

$$2a'_s \leqslant x \leqslant \xi_b \tag{7-7}$$

如果 $x > \xi_b$,则受压区混凝土将可能先于受拉钢筋屈服而被压碎,这与超筋受弯构件的破坏形式相同。由于这种破坏是无预兆的和脆性的,而且受拉钢筋的强度也没有得到充分利用,这种情况在设计中应当避免。

如果 $x < 2a'_s$,截面破坏时受压钢筋不能屈服,此时可以取 $x = 2a'_s$,即假定受压区混凝土的压应力合力与受压钢筋承担的压力的作用点相重合。于是,利用对受压钢筋形心的力矩平衡条件即可写出

$$Ne' = f_y A_s(h_0 - a'_s) \tag{7-8}$$

其中
$$e' = \frac{h}{2} + e_0 - a'_s$$

【例7-3】　某矩形水池,壁厚为300 mm,通过内力分析,求得跨中水平方向每米宽度的最大弯矩设计值 $M=120\ \text{kN}\cdot\text{m}$,相应每米宽度上的轴向拉力设计值 $N=240\ \text{kN}$,水池的混凝土强度等级为C25,$a_s=a'_s=45\ \text{mm}$,HRB335级钢筋(见图7-7)。计算水池在该处所需的 A_s 和 A'_s。

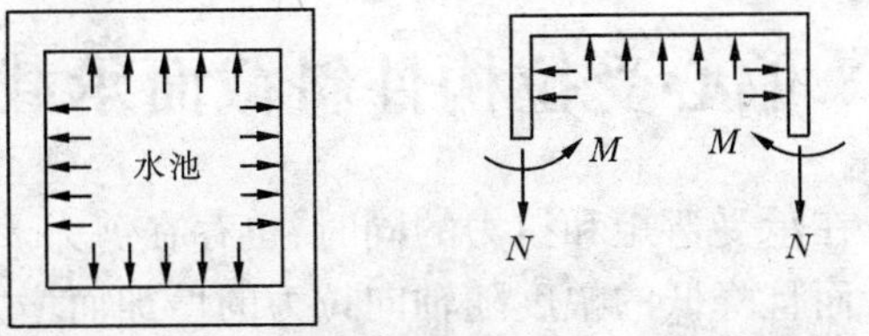

图7-7　矩形水池池壁弯矩 M 和拉力 N 的示意图

解:(1)判断大小偏心受拉。

$$h_0 = 300 - 45 = 255(\text{mm})$$

$$e_0 = \frac{M}{N} = \frac{120 \times 1\ 000}{240} = 500(\text{mm}) > \frac{h}{2} - a_s = \frac{300}{2} - 45 = 105(\text{mm})$$

为大偏心受拉。

$$e = e_0 - \frac{h}{2} + a_s = 500 - 150 + 45 = 395(\text{mm})$$

(2)求 A_s 和 A_s'。

由于 A_s 和 A_s' 均为未知,故取 $x = x_b = \xi_b h_0 = 0.55 \times 255 = 140(\text{mm})$。

$$A_s' = \frac{Ne - \alpha_1 f_c b x_b \left(h_0 - \frac{x_b}{2}\right)}{f_y'(h_0 - a_s')}$$

$$= \frac{24\ 000 \times 395 - 1.0 \times 11.9 \times 1\ 000 \times 140 \times (255 - 140/2)}{300 \times (255 - 45)} < 0$$

这表明按计算不需要受压钢筋,但按构造受压钢筋应为

$$A_s' = \rho_{\min}' bh = 0.002 \times 1\ 000 \times 300 = 600(\text{mm}^2)$$

选 HRB335 级Φ 12@180($A_s' = 628\ \text{mm}^2$)。

(3)以 A_s' 为已知,再求 x。

$$\alpha_1 f_c b x^2/2 - \alpha_1 f_c b h_0 x + Ne - f_y' A_s'(h_0 - a_s') = 0$$

即

$$1.0 \times 11.9 \times 1\ 000 \frac{x^2}{2} - 1.0 \times 11.9 \times 1\ 000 \times 255x + 240\ 000 \times 395 -$$
$$300 \times 628 \times (255 - 45) = 0$$

可得

$$x = 18.90 < 2a_s' = 2 \times 45 = 90(\text{mm})$$

取 $x = 2a_s'$,对 A_s' 合力点取矩,得

$$A_s = \frac{Ne'}{f_y(h_0 - a_s')} = \frac{240\ 000 \times (500 + 150 - 45)}{300 \times (255 - 45)} = 2\ 305(\text{mm}^2)$$

选用Φ 16@85($A_s = 2\ 365\ \text{mm}^2$)。

(4)验算最小配筋率。

$$\rho = \frac{2\ 365}{1\ 000 \times 300} \times 100\% = 0.79\% > 0.2\%$$

$$0.79\% > 45\frac{f_t}{f_y} = 45 \times \frac{1.27}{300} = 0.19\%$$

第四节　偏心受拉构件斜截面承载力计算

一般偏心受拉构件,在承受弯矩和拉力的同时,也存在剪力。轴向拉力的存在将使构件的抗剪能力明显降低,而且降低的幅度随轴向拉力的增加而增大。但试验表明,构件内箍筋的抗剪能力基本上不受轴向拉力的影响,而是保持在与受弯构件相似的水准上不变。

《混凝土结构设计规范》(GB 50010—2010)考虑到偏心受拉构件的上述特点,建议采

用下列抗剪强度计算公式

$$V \leqslant \frac{1.75}{\lambda+1} f_t b h_0 + f_{yv} \frac{A_{sv}}{s} h_0 - 0.2N \tag{7-9}$$

式中　N——与剪力设计值 V 相应的轴向拉力设计值；

λ——计算截面的剪跨比，$\lambda = a/h_0$，a 为集中荷载到支座或节点边缘的距离，当 $\lambda<1$ 时，取 $\lambda=1$，当 $\lambda>3$ 时，取 $\lambda=3$。

从上式可以看出，不等式右侧的一、二两项采用与受集中荷载的受弯构件相同的形式，第三项则考虑了轴向拉力对抗剪强度的降低作用。考虑到上面所说的构件内箍筋抗剪能力基本未变的特点，《混凝土结构设计规范》（GB 50010—2010）还要求上式右侧计算出的数值如果小于 $f_{yv}\frac{A_{sv}}{s}h_0$，应取等于 $f_{yv}\frac{A_{sv}}{s}h_0$，且 $f_{yv}\frac{A_{sv}}{s}h_0$ 值不得小于 $0.36 f_t b h_0$。

思考题

1. 举出工程中受拉构件的实例。
2. 工程中哪些结构构件可按轴心受拉构件计算？哪些结构构件可按偏心受拉构件进行计算？
3. 如何区分大、小偏心受拉构件？
4. 从计算公式和计算步骤方面分析大偏心构件受压与受拉的不同？

习　题

1. 某工业厂房屋架，外形尺寸及节点荷载设计值（已包括自重）如图 7-8 所示，环境类别为一类，杆件 DE 和 EF 的截面尺寸分别如图 7-8 所示，计算长度分别为 2 m 和 8 m，混凝土的强度等级为 C30，钢筋采用 HRB335 级。试按承载能力极限状态为杆件 DE 和 EF 配置纵向受力钢筋。

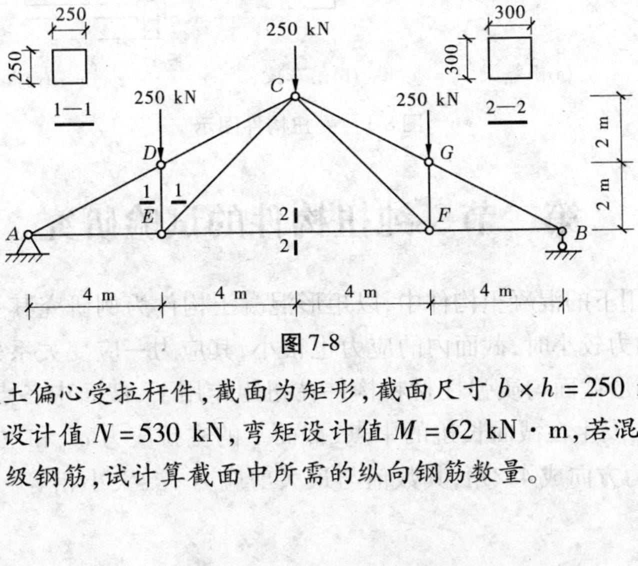

图 7-8

2. 一钢筋混凝土偏心受拉杆件，截面为矩形，截面尺寸 $b \times h = 250$ mm × 400 mm，截面承受的纵向拉力设计值 $N = 530$ kN，弯矩设计值 $M = 62$ kN·m，若混凝土强度等级为 C20，采用 HRB335 级钢筋，试计算截面中所需的纵向钢筋数量。

第八章　受扭构件扭曲截面受扭承载力的计算

学习要求

掌握混凝土受扭构件在纯扭、弯扭、剪扭作用下试验破坏特征及矩形截面的承载力计算方法和限制条件，熟悉带翼缘截面、箱形截面受扭构件承载力计算方法和限制条件，了解受扭构件的设计流程和构造措施。

第一节　概　述

受扭是混凝土构件除承受弯矩、剪力、轴向压力和拉力外的另一种基本受力形式。受扭构件按照扭转产生的原因可以分成两类：平衡扭转和协调扭转。若构件中的扭矩由荷载直接引起，其扭矩值可以根据荷载静力平衡求得，称为平衡扭转（见图 8-1（a）、（b））；另一类由超静定结构相邻构件的变形而引起，其扭矩需结合变形协调条件才可求出，这种扭转称为协调扭转（见图 8-1（c））。在实际工程中，单独承受纯扭作用的构件很少，大多数是在弯矩、剪力、扭矩共同作用下的复合受扭状态。例如，吊车梁、曲线梁、框架边梁及雨篷梁、螺旋楼梯等，均属于弯、剪、扭共同作用的复合受扭构件。

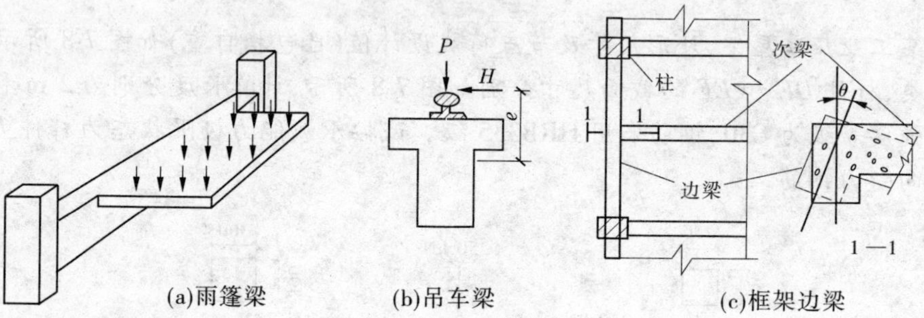

(a)雨篷梁　　(b)吊车梁　　(c)框架边梁

图 8-1　受扭构件图示

第二节　纯扭构件的试验研究

在纯扭矩作用下的混凝土构件中，以矩形混凝土构件为例研究其受力状态和破坏模式，当结构扭矩内力较小时，截面内的应力也很小，其应力—应变关系处于弹性阶段。由材料力学可知，矩形截面匀质弹性材料构件在扭矩作用下，截面中各点均产生剪应力 τ，其最大剪应力 τ_{max} 发生在截面长边的中点，截面上的主拉应力 σ_{tp} 和主压应力 σ_{cp} 分别与构件纵轴线剪应力方向成 45°角，其数值与最大剪应力 τ_{max} 大小相等。当主拉应力 σ_{tp} 超过混凝土的抗拉强度时，混凝土构件在垂直于主拉应力 σ_{tp} 作用的平面内产生与纵轴线大致成近于45°角呈螺旋式前进的斜裂缝，如果是素混凝土构件，裂缝出现后会迅速导致构件破坏，这种破坏属于脆性破坏，如图8-2所示。

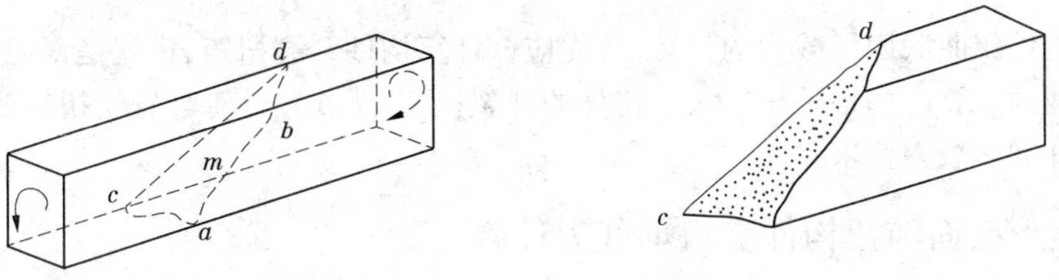

(a)　(b)

图8-2　素混凝土纯扭构件破坏面

试验表明，混凝土构件为了提高抗扭承载力，混凝土应当配置适当的抗扭钢筋，最合理的抗扭钢筋配置方式是在构件靠近表面设置与构件纵轴线成45°角的螺旋形钢筋，使其方向与构件的主拉应力方向一致，但在实际工程中很少采用这种方法，这种螺旋钢筋不便于施工。因此，在实际工程中常采用在靠近构件表面设置横向箍筋和沿构件周边均匀布置纵筋共同组成抗扭钢筋来承受主拉应力和扭矩作用效应，这样恰好与构件中的抗弯钢筋和抗剪钢筋的配置方式相协调。

试验表明，配有纵筋和箍筋的钢筋混凝土构件受扭开裂前钢筋应变很小，扭矩作用主要由混凝土承担。当裂缝出现后，由于截面有钢筋的联系，主拉应力转为主要由钢筋承担，但随着不同的配筋量，构件会出现不同的破坏特征。

(1)少筋破坏。当构件中箍筋和纵筋配置过少时，在扭矩的作用下斜裂缝一旦出现，混凝土将退出工作，会把拉应力转移到钢筋上，以致于迅速达到或者超过钢筋屈服点，继而构件发生破坏，这种破坏属于脆性破坏，没有任何预兆，在工程设计中应予以避免。因此，应控制受扭构件箍筋和纵筋的最小配筋率。

(2)适筋破坏。当构件中箍筋和纵筋配置适量时，在扭矩作用下裂缝一旦出现后并没有立即破坏，构件上先后出现多条裂缝，随着与裂缝相交的箍筋和纵筋先后达到屈服，再随着裂缝不断加宽，最后受压边混凝土被压碎，构件发生破坏，这种破坏属于塑性破坏，整个破坏过程有一定的延性和较明显的预兆，工程设计中应尽可能设计成具有这种破坏特征的构件。

(3)部分超筋破坏。当构件中的箍筋或纵筋配置过多时，在扭矩作用下，其中一部分相对数量较少的钢筋首先达到屈服，继而混凝土破坏，而另一部分相对配置较多的钢筋直到构件破坏，仍未能屈服，破坏时也具有一定的塑性性能，故这类构件在设计中允许采用，但不经济。

(4)完全超筋破坏。当构件中的箍筋和纵筋配置过多时，在两者均未达到屈服前，构件中混凝土由于受压而被压碎，导致构件破坏，这种破坏属于脆性破坏，工程设计中也应予以避免。

根据以上分析，少筋和完全超筋受扭构件，在设计中不容出现，因此我国《混凝土结构设计规范》(GB 50010—2010)对受扭构件抗扭纵筋、箍筋的最小配筋率和配筋的上限

（即截面的限制条件）进行了规定，避免构件出现脆性破坏。

第三节　纯扭构件的扭曲截面承载力计算

纯扭构件扭曲截面承载力的计算，首先应该计算构件开裂扭矩，也就是素混凝土构件的抗扭承载力计算。如果外扭矩大于构件的开裂扭矩，还要按计算配置受扭纵筋和箍筋，以满足构件的承载力要求。

一、矩形截面纯扭构件受扭承载力计算

（一）开裂扭矩计算

钢筋混凝土纯扭构件在扭矩作用下，裂缝出现前构件的变形很小，钢筋的应力也很小。因此，钢筋对开裂扭矩的影响也很小，可以忽略钢筋的作用影响，此处以素混凝土进行计算。

对于开裂扭矩的计算，一种方法视混凝土为理想弹性材料，按弹性理论，在扭矩作用下，构件截面上剪应力的分布如图 8-3（a）所示。截面最大剪应力 τ_{max} 发生在截面长边的中点，当主拉应力达到 $\sigma_{tp}=\tau_{max}=f_t$ 时，混凝土构件即将出现裂缝时，构件截面的开裂扭矩 T_{cr} 为

$$T_{cr}=f_t W_{te}$$

$$W_{te}=\alpha bh^2 \tag{8-1}$$

式中　f_t——混凝土的抗拉强度设计值；

W_{te}——截面的受扭弹性抵抗矩；

b、h——矩形截面的宽度和高度；

α——与比值 h/b 有关的系数，当 $h/b=1\sim10$ 时，$\alpha=0.208\sim0.313$。

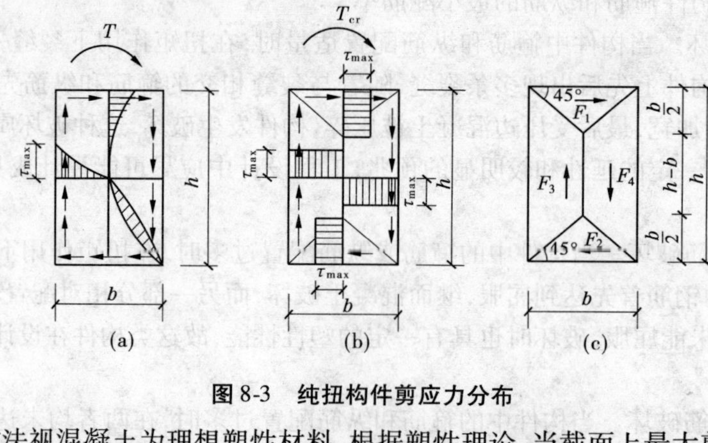

图 8-3　纯扭构件剪应力分布

另一种方法视混凝土为理想塑性材料，根据塑性理论，当截面上最大剪应力达到极限强度时，构件进入塑性状态，截面上的剪应力重新分布，如图 8-3（b）所示，该点保持着极限应力，而应变可以继续，直至截面上各点的应力达到材料的极限强度，构件出现裂缝，到达极限承载力状态。这时，截面上的剪应力分布可以划分为四部分，如图 8-3（c）所示，根

据极限平衡条件，分别计算各部分扭剪应力的合力和相应的力偶，可求得截面开裂扭矩为

$$T_{cr} = \frac{b^2}{6}(3h - b)f_t = W_t f_t$$

$$W_t = (3h - b)b^2/6 \tag{8-2}$$

式中　W_t——截面的受扭塑性抵抗矩；

其他符号含义同前。

在实际工程中，混凝土既非理想弹性材料，也非理想塑性材料，而是介于两者之间的弹塑性材料，所以开裂扭矩介于两种开裂扭矩之间。通过试验得到，如果利用式(8-1)计算截面的开裂扭矩，计算值小于试验值，如果利用式(8-2)计算截面的开裂扭矩，计算值大于试验值。为了简便实用，开裂扭矩可按弹塑性材料的应力分布进行计算，但是这样计算混凝土抗拉强度要适当降低。根据有关试验结果，混凝土抗拉强度降低系数为0.87～0.97，为了偏于安全起见，降低系数取0.7，故开裂扭矩的计算公式为：

$$T_{cr} = 0.7 f_t W_t \tag{8-3}$$

(二)钢筋混凝土纯扭构件承载力的计算

目前，钢筋混凝土构件受扭承载力的计算，国内外学者提出了多种计算模型，为承载力的计算提供了理论基础，但其中有些理论公式计算值与试验值有较大偏差，还需要通过研究进一步完善。我国《混凝土结构设计规范》(GB 50010—2010)采用的变角空间桁架模型，是一种较为成熟的计算模型，本章主要讲述变角空间桁架模型。

通过试验现象对比，钢筋混凝土矩形实心截面构件与矩形空心截面构件的极限受扭承载力基本相同。因此，中心部分混凝土的抗扭作用可以忽略，可以按箱形截面构件来进行分析。

开裂后的箱形截面受扭构件在受力过程中，通过混凝土外壳、纵筋和箍筋的作用形成空间桁架结构来抵抗外扭矩的作用。因此，纵筋可以视为受拉弦杆，箍筋为受拉腹杆，斜裂缝间的混凝土可视为斜压腹杆，在忽略裂缝混凝土集料的咬合力及钢筋的销栓作用时，设混凝土斜压杆与构件轴线的倾斜角为φ，而该倾斜角不一定为45°，通过试验表明，一般在30°～60°，该倾斜角与配筋强度比ζ有关，会随着ζ的改变而发生变化，故称为变角空间桁架模型(见图8-4)。

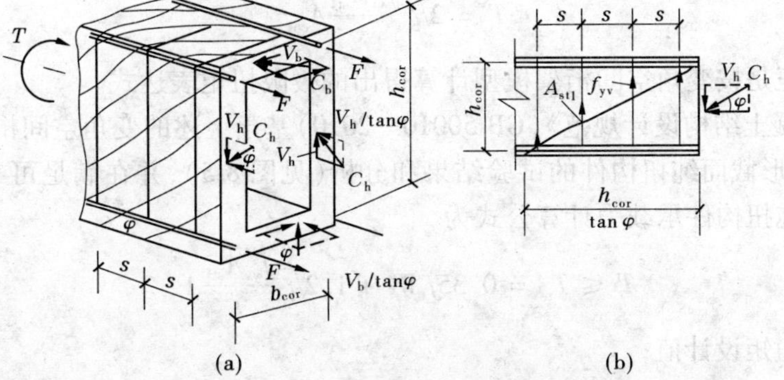

图8-4　变角空间桁架模型

如图 8-4 所示，假设箱形截面的变角桁架高度和宽度分别为 h_{cor}、b_{cor}，箱形截面长边板壁混凝土斜压杆压应力的合力和短边板壁混凝土斜压杆压应力的合力分别为 C_h、C_b，沿板壁方向的分力分别为 V_h、V_b，对截面中心取矩的平衡条件，可得

$$T = V_h b_{cor} + V_b h_{cor} \tag{8-4}$$

其中，V_h、V_b 分别为

$$V_h = C_h \sin\varphi = f_{yv}\frac{A_{st1}}{s}h_{cor}\cot\varphi \tag{8-5a}$$

$$V_b = C_b \sin\varphi = f_{yv}\frac{A_{st1}}{s}b_{cor}\cot\varphi \tag{8-5b}$$

根据 C_h 的水平分力与纵筋的受力平衡，可得

$$C_h\cos\varphi = f_y\frac{A_{stl}}{u_{cor}}h_{cor} \tag{8-6}$$

由式(8-5a)、式(8-6)可得

$$\cot\varphi = \sqrt{\frac{f_y s A_{stl}}{f_{yv}u_{cor}A_{st1}}} = \sqrt{\zeta}$$

$$\zeta = \frac{f_y s A_{stl}}{f_{yv}u_{cor}A_{st1}} \tag{8-7}$$

式中　ζ——抗扭纵筋与箍筋的配筋强度比；

A_{stl}——受扭计算中，取对称布置的全部纵向钢筋截面面积；

A_{st1}——受扭计算中，沿截面周边配置箍筋的单肢截面面积；

f_{yv}——受扭箍筋的抗拉强度设计值；

u_{cor}——截面核心部分的周长，$u_{cor}=2(b_{cor}+h_{cor})$；

b_{cor}——箍筋内表面截面核心部分的短边；

h_{cor}——箍筋内表面截面核心部分的长边；

f_y——受扭纵筋的抗拉强度设计值；

s——箍筋间距。

将式(8-5a)、式(8-5b)和式(8-7)分别代入式(8-4)，可以得到的结果是

$$T = 2\sqrt{\zeta}\frac{f_{yv}A_{st1}}{s}A_{cor} \tag{8-8}$$

式(8-8)正是按变角空间桁架模型计算得出的极限扭矩表达式。

我国《混凝土结构设计规范》(GB 50010—2010)基于上述的变角空间桁架模型，结合钢筋混凝土矩形截面纯扭构件的试验结果和分析(见图 8-5)，并在满足可靠性要求的前提下，给出了纯扭构件承载力计算公式为

$$T \leqslant T_u = 0.35 f_t W_t + 1.2\sqrt{\zeta}\frac{f_{yv}A_{st1}}{s}A_{cor} \tag{8-9}$$

式中　T——扭矩设计值；

T_u——构件受扭承载力设计值；

f_t——混凝土的抗拉强度设计值；

W_t——截面的抗扭塑性抵抗矩；

A_{cor}——截面核心部分的面积，$A_{cor}=b_{cor}h_{cor}$；

其他符号含义同前。

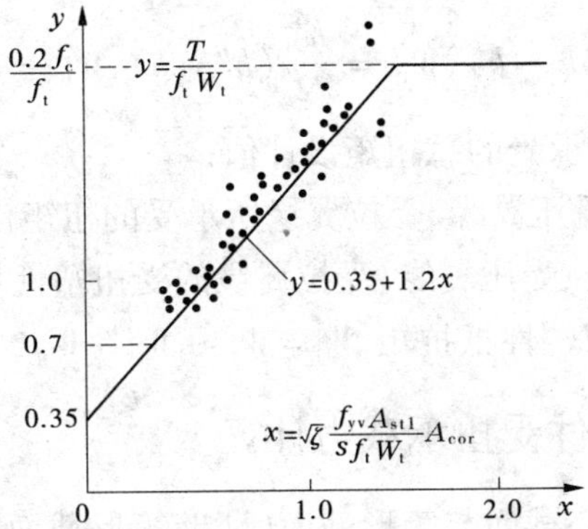

图 8-5　计算公式和试验值的比较

由有关试验结果可知，当ζ在 0.5~2.0 变化，构件达到破坏时，纵筋和箍筋应力都可以达到屈服强度，《混凝土结构设计规范》(GB 50010—2010)规定ζ的限制范围为 $0.6\leqslant\zeta\leqslant1.7$，当$\zeta>1.7$时，取$\zeta=1.7$；当$\zeta<0.6$时，取$\zeta=0.6$计算。但在实际设计中，为了施工方便，一般在$1.0\leqslant\zeta\leqslant1.3$范围选取，当$\zeta$接近 1.2 时为钢筋达到屈服的最佳值。

二、带翼缘截面纯扭构件受扭承载力计算

对于带翼缘的 T 形和 I 形截面的纯扭构件，可以将其截面划分为几个矩形截面。矩形截面划分的原则是：首先满足腹板截面的完整性，然后划分受压翼缘和受拉翼缘的面积（见图 8-6），通过分别计算各个矩形截面所承受的受扭塑性抵抗矩，然后利用各矩形截面的受扭塑性抵抗矩的比例分配截面总扭矩的方法，计算各个矩形截面所承受的受扭承载力。

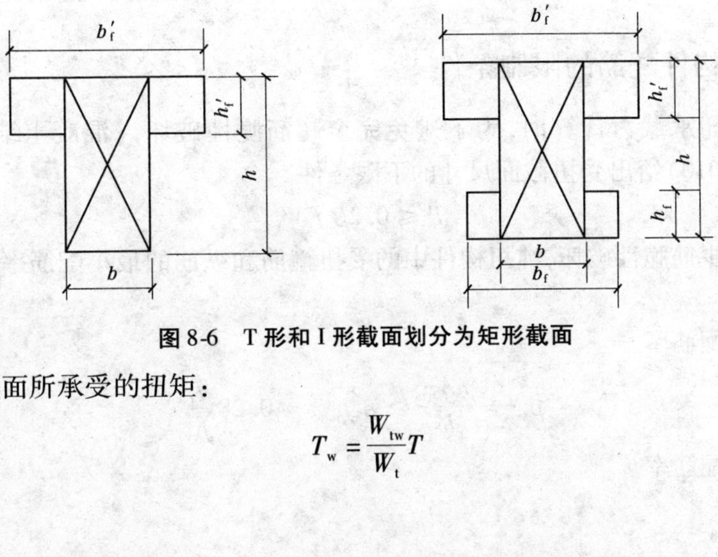

图 8-6　T 形和 I 形截面划分为矩形截面

各矩形截面所承受的扭矩：

腹板
$$T_w=\frac{W_{tw}}{W_t}T \tag{8-10}$$

受压翼缘
$$T'_f = \frac{W'_{tf}}{W_t}T \tag{8-11}$$

受拉翼缘
$$T_f = \frac{W_{tf}}{W_t}T \tag{8-12}$$

$$W_{tw} = \frac{b^2}{6}(3h - b), W'_{tf} = \frac{h'^2_f}{2}(b'_f - b), W_{tf} = \frac{h_f^2}{2}(b_f - b)$$

式中　T——带翼缘截面所承受的总扭矩设计值；

T_w、T'_f、T_f——腹板、受压翼缘、受拉翼缘所承受的扭矩设计值；

W_{tw}、W'_{tf}、W_{tf}——腹板、受压翼缘、受拉翼缘的受扭塑性抵抗矩；

W_t——截面总的受扭塑性抵抗矩，$W_t = W_{tw} + W'_{tf} + W_{tf}$。

三、箱形截面纯扭构件受扭承载力计算

有关试验结果表明，实心截面与箱形截面（薄壁箱形截面除外）的受扭承载力是基本相同的。因此，箱形截面受扭承载力可以借鉴矩形截面受扭承载力的计算公式，在其基础上采用折减系数 α_h 进行修正，即可得出箱形截面受扭承载力计算公式

$$T \leqslant T_u = 0.35\alpha_h f_t W_t + 1.2\sqrt{\zeta}\frac{f_{yv}A_{st1}}{s}A_{cor} \tag{8-13}$$

其中
$$\alpha_h = \frac{2.5t_w}{b_h}, \text{当 } \alpha_h > 1.0 \text{ 时，取 } \alpha_h = 1.0,$$

而箱形截面的受扭塑性抵抗矩为

$$W_t = \frac{b_h^2}{6}(3h_h - b_h) - \frac{(b_h - 2t_w)^2}{6}[3h_w - (b_h - 2t_w)] \tag{8-14}$$

式中　α_h——箱形截面壁厚影响系数；

b_h、h_h——箱形截面的短边尺寸、长边尺寸；

h_w——箱形截面的腹板高度；

t_w——箱形截面的壁厚，其值不应小于箱形截面宽度的$\frac{1}{7}$。

四、纯扭构件配筋的限制条件

在进行抗扭承载力计算时，为了避免完全超筋脆性破坏，《混凝土结构设计规范》（GB 50010—2010）给出受扭截面尺寸的下限条件

$$T \leqslant 0.2\beta_c f_c W_t \tag{8-15}$$

为了避免少筋脆性破坏，纯扭构件中的受扭箍筋和纵筋的最小配筋率应满足以下条件：

箍筋最小配筋率

$$\rho_{sv} = \frac{nA_{st1}}{bs} \geqslant \rho_{sv,min} = 0.28\frac{f_t}{f_{yv}} \tag{8-16}$$

纵筋最小配筋率

$$\rho_{tl} = \frac{A_{stl}}{bh} \geqslant \rho_{tl,\min} = 0.85\frac{f_t}{f_y} \tag{8-17}$$

当满足下面条件时，可以不进行构件受扭配筋计算，按照构件构造要求配置受扭钢筋即可

$$T \leqslant 0.7 f_t W_t \tag{8-18}$$

【例8-1】 钢筋混凝土矩形截面纯扭构件，已知其截面尺寸 $b \times h = 200\ \text{mm} \times 400\ \text{mm}$，承受的扭矩设计值 $T = 8.6\ \text{kN} \cdot \text{m}$，混凝土强度等级为C30，纵筋采用HRB335级钢筋，箍筋采用HPB300级钢筋，环境类别为一级，试计算构件所需配筋。

解：查混凝土强度设计值表、普通钢筋强度设计值表、纵向受力钢筋的混凝土保护层最小厚度表。

可得：$f_c = 14.5\ \text{N/mm}^2$，$f_t = 1.45\ \text{N/mm}^2$；$f_y = 300\ \text{MPa}$，$f_{yv} = 270\ \text{MPa}$；钢筋保护层厚度 $c = 30\ \text{mm}$；$\beta_c = 1.0$。

(1)验算截面尺寸。

$$W_t = \frac{b^2}{6}(3h - b) = \frac{200^2}{6} \times (3 \times 400 - 200) = 6.7 \times 10^6 (\text{mm}^3)$$

$$\frac{T}{W_t} = \frac{8.6 \times 10^6}{6.7 \times 10^6} = 1.28(\text{N/mm}^2) < 0.2\beta_c f_c = 0.2 \times 1.0 \times 14.5 = 2.90(\text{N/mm}^2)$$

$$\frac{T}{W_t} = \frac{8.6 \times 10^6}{6.7 \times 10^6} = 1.28(\text{N/mm}^2) > 0.7 f_t = 0.7 \times 1.45 = 1.02(\text{N/mm}^2)$$

因此，截面尺寸满足要求，需要按计算配筋。

(2)计算受扭箍筋。

核心截面尺寸　$h_{cor} = h - 2c = 400 - 2 \times 30 = 340(\text{mm})$

$$b_{cor} = b - 2c = 200 - 2 \times 30 = 140(\text{mm})$$

$$A_{cor} = h_{cor} \times b_{cor} = 340 \times 140 = 47\ 600(\text{mm}^2)$$

取 $\zeta = 1.2$，由式(8-9)可得

$$\frac{A_{st1}}{s} = \frac{T - 0.35 f_t W_t}{1.2\sqrt{\zeta} f_{yv} A_{cor}} = \frac{8.6 \times 10^6 - 0.35 \times 1.45 \times 6.7 \times 10^6}{1.2 \times \sqrt{1.2} \times 270 \times 47\ 600} = 0.31$$

选用Φ 8的箍筋，单肢筋截面面积 $A_{st1} = 50.3\ \text{mm}^2$，箍筋间距 $s = \frac{50.3}{0.31} = 162.3(\text{mm})$，实取 $s = 130\ \text{mm}$。

验算是否满足最小配筋率要求

$$\rho_{sv,\min} = 0.28\frac{f_t}{f_{yv}} = 0.28 \times \frac{1.45}{270} = 0.150\%$$

$$\rho_{sv} = \frac{2A_{st1}}{bs} = \frac{2 \times 50.3}{200 \times 130} = 0.387\% > \rho_{sv,\min}$$

所以受扭箍筋满足要求。

(3)计算受扭纵筋。

$$u_{cor} = 2(b_{cor} + h_{cor}) = 2 \times (140 + 340) = 960(\text{mm})$$

由式(8-7)可得

$$A_{stl} = \frac{\zeta f_{yv} u_{cor} A_{st1}}{f_y s} = \frac{1.2 \times 270 \times 960 \times 50.3}{300 \times 130} = 401(\text{mm}^2)$$

根据构造要求，选用 6 Φ 10，$A_{stl} = 471\ \text{mm}^2$。

最小配筋率为

$$\rho_{tl,\min} = 0.85 \frac{f_t}{f_y} = 0.85 \times \frac{1.45}{300} = 0.411\%$$

$$\rho_{tl} = \frac{A_{stl}}{bh} = \frac{471}{200 \times 400} = 0.589\% > \rho_{tl,\min}$$

受扭纵筋满足要求，如图 8-7(a)所示。

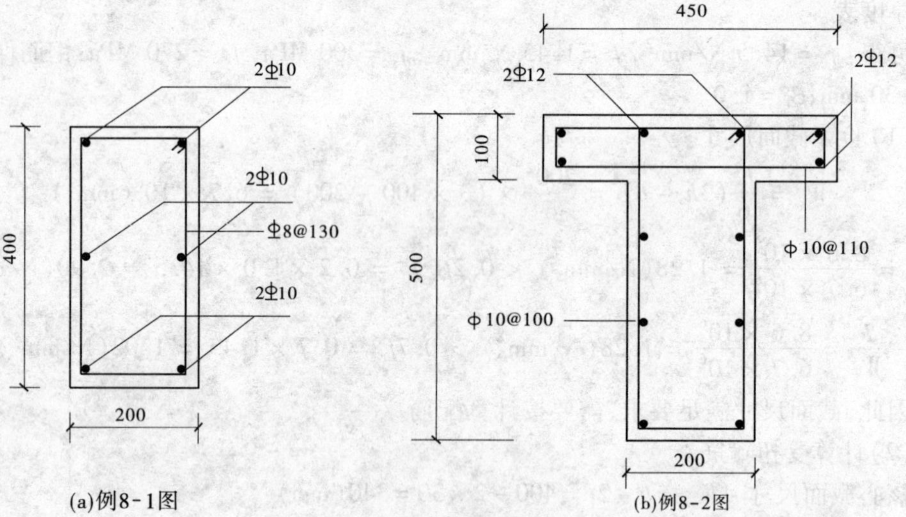

图 8-7　钢筋配置图

【例 8-2】　钢筋混凝土 T 形截面纯扭构件，已知其截面尺寸为：$b = 200$ mm，$h = 500$ mm，$b_f' = 450$ mm，$h_f' = 100$ mm（见图 8-7(b)），承受的扭矩设计值 $T = 20$ kN · m，混凝土强度等级为 C30，纵筋采用 HRB335 级钢筋，箍筋采用 HPB300 级钢筋，环境类别为一级，试计算构件所需配筋。

解：查混凝土强度设计值表、普通钢筋强度设计值表、纵向受力钢筋的混凝土保护层最小厚度表。可得

$f_c = 14.5\ \text{N/mm}^2$，$f_t = 1.45\ \text{N/mm}^2$；$f_y = 300$ MPa，$f_{yv} = 270$ MPa；$c = 30$ mm；$\beta_c = 1.0$

(1)验算截面尺寸。

$$W_{tw} = \frac{b^2}{6}(3h - b) = \frac{200^2}{6} \times (3 \times 500 - 200) = 8.7 \times 10^6(\text{mm}^3)$$

$$W_{tf}' = \frac{h_f'^2}{2}(b_f' - b) = \frac{100^2}{2} \times (450 - 200) = 1.25 \times 10^6(\text{mm}^3)$$

$$W_t = W_{tw} + W_{tf}' = (8.7 + 1.25) \times 10^6 = 9.95 \times 10^6(\text{mm}^3)$$

$$\frac{T}{W_t} = \frac{20 \times 10^6}{9.95 \times 10^6} = 2.01(\text{N/mm}^2) < 0.2\beta_c f_c = 0.2 \times 1.0 \times 14.5 = 2.90(\text{N/mm}^2)$$

$$\frac{T}{W_t}=\frac{20\times10^6}{9.95\times10^6}=2.01(\mathrm{N/mm^2})>0.7f_t=0.7\times1.45=1.02(\mathrm{N/mm^2})$$

截面尺寸满足要求,需要按计算配筋。

(2)扭矩分配。

腹板 $$T_w=\frac{W_{tw}}{W_t}T=\frac{8.7\times10^6}{9.95\times10^6}\times20=17.49(\mathrm{kN\cdot m})$$

上翼缘 $$T'_f=\frac{W'_{tf}}{W_t}T=\frac{1.25\times10^6}{9.95\times10^6}\times20=2.51(\mathrm{kN\cdot m})$$

(3)腹板配筋计算。

核心截面尺寸
$$h_{cor}=h-2c=500-2\times30=440(\mathrm{mm})$$
$$b_{cor}=b-2c=200-2\times30=140(\mathrm{mm})$$
$$u_{cor}=2(h_{cor}+b_{cor})=2\times(440+140)=1\ 160(\mathrm{mm})$$
$$A_{cor}=h_{cor}\times b_{cor}=440\times140=61\ 600(\mathrm{mm^2})$$

①计算箍筋。

取 $\zeta=1.0$,由式(8-9)可得

$$\frac{A_{st1}}{s}=\frac{T_w-0.35f_tW_t}{1.2\sqrt{\zeta}f_{yv}A_{cor}}=\frac{17.49\times10^6-0.35\times1.45\times8.7\times10^6}{1.2\times\sqrt{1.0}\times270\times61\ 600}=0.655(\mathrm{mm})$$

选用Φ10 的箍筋,单肢筋截面面积 $A_{st1}=78.5\ \mathrm{mm^2}$,箍筋间距 $s=\frac{78.5}{0.655}=119.8$ (mm),实取 $s=100$ mm。

最小配筋率

$$\rho_{sv,min}=0.28\frac{f_t}{f_{yv}}=0.28\times\frac{1.45}{270}=0.150\%$$

$$\rho_{sv}=\frac{2A_{st1}}{bs}=\frac{2\times78.5}{200\times100}=0.785\%>\rho_{sv,min}$$

受扭箍筋是满足要求的。

②计算纵筋。

由式(8-7)可得

$$A_{stl}=\frac{\zeta f_{yv}u_{cor}A_{st1}}{f_ys}=\frac{1.0\times270\times1\ 160\times78.5}{300\times100}=819.5(\mathrm{mm^2})$$

选用8 Φ 12,$A_{stl}=904\ \mathrm{mm^2}$。

最小配筋率为

$$\rho_{tl,min}=0.85\frac{f_t}{f_y}=0.85\times\frac{1.45}{300}=0.411\%$$

$$\rho_{tl}=\frac{A_{stl}}{bh}=\frac{904}{200\times500}=0.904\%>\rho_{tl,min}$$

满足要求。

(4)上翼缘配筋计算。

$$b'_{f,cor}=b'_f-b-2c=450-200-2\times30=190(\mathrm{mm})$$

$$h'_{f,cor}=h'_f-2c=100-2\times30=40(\text{mm})$$
$$u'_{f,cor}=2(h'_{f,cor}+b'_{f,cor})=2(40+190)=460(\text{mm})$$
$$A'_{f,cor}=h'_{f,cor}b'_{f,cor}=190\times40=7\ 600(\text{mm}^2)$$

①计算箍筋。

取 $\zeta=1.2$，则可得

$$\frac{A_{st1}}{s}=\frac{T'_f-0.35f_tW'_{tf}}{1.2\sqrt{\zeta}f_{yv}A'_{f,cor}}=\frac{2.51\times10^6-0.35\times1.45\times1.25\times10^6}{1.2\times\sqrt{1.2}\times270\times7\ 600}=0.695$$

选用Φ 10 的箍筋，单肢筋截面面积 $A_{st1}=78.5\ \text{mm}^2$，箍筋间距 $s=\frac{78.5}{0.695}=112.9$（mm），实取 $s=110$ mm。

最小配筋率为

$$\rho_{sv}=\frac{2A_{st1}}{bs}=\frac{2\times78.5}{250\times110}=0.57\%>\rho_{sv,min}=0.28\frac{f_t}{f_{yv}}=0.150\%$$

满足要求。

②计算纵筋。

$$A_{stl}=\frac{\zeta f_{yv}u'_{f,cor}A_{st1}}{f_ys}=\frac{1.2\times270\times460\times78.5}{300\times110}=354.5(\text{mm}^2)$$

根据构造要求，选用 4 Φ 12，$A_{stl}=452\ \text{mm}^2$，配置于翼缘四角。

最小配筋率为

$$\rho_{tl}=\frac{A_{stl}}{bh}=\frac{452}{100\times250}=1.808\%>\rho_{tl,min}=0.411\%$$

满足要求。

第四节　剪扭构件的承载力计算

混凝土构件同时受到剪力和扭矩作用时，由于在截面的某些受压区内存在着剪力和扭矩的双重作用，会使构件混凝土的承载力低于剪力或扭矩单独作用的承载力，这便是剪扭相关性。试验表明，在剪扭共同作用下，无腹筋构件剪扭承载力的关系曲线大致符合1/4 圆曲线规律，如图 8-8 所示，坐标系中 V_c、T_c 分别代表剪扭共同作用于构件时抗剪和抗扭承载力，V_{c0}、T_{c0} 分别为纯剪或纯扭作用于构件的抗剪和抗扭承载力。由图 8-8 可见，随着扭矩的增加，抗剪承载力会降低。当达到纯扭状态时，抗剪承载力降为零；对于剪力作用亦如此。

对于有腹筋剪扭构件承载力的计算，认为混凝土在剪扭共同作用下的承载力与无腹筋构件基本相同，但由于抗剪承载力和纯扭承载力中包含混凝土和钢筋部分两项，所以《混凝土结构设计规范》（GB 50010—2010）利用混凝土部分相关、钢筋部分不相关的近似计算方法，对钢筋采用叠加配筋的方法，而混凝土则考虑相关关系。因此，有腹筋构件中混凝土部分剪扭承载力的关系也可以认为存在如图 8-8（a）所示的 1/4 圆曲线相关关系。为了简化计算，用三折线 AB、BC、CD（见图 8-8（b））来代替 1/4 圆曲线关系。当$\frac{T_c}{T_{c0}}\leqslant0.5$，

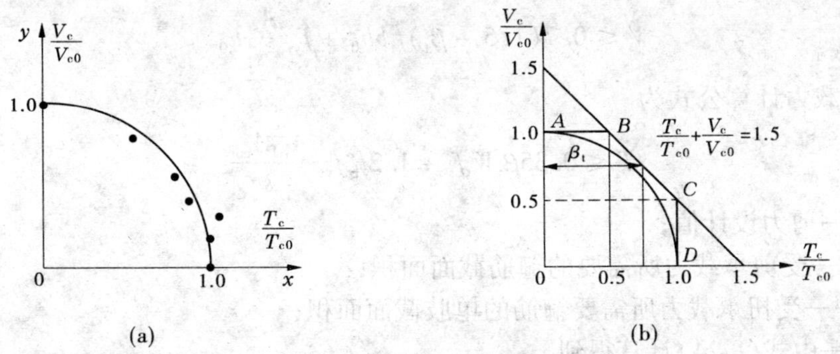

图 8-8　剪扭相关关系

取$\frac{V_c}{V_{c0}}=1.0$（AB 段）；当$\frac{V_c}{V_{c0}}\leqslant 0.5$，取$\frac{T_c}{T_{c0}}=1.0$（$CD$ 段）；而当$0.5<\frac{T_c}{T_{c0}}\leqslant 1.0$ 或$0.5<\frac{V_c}{V_{c0}}\leqslant 1.0$ 时，取 BC 段，它的表达式为

$$\frac{T_c}{T_{c0}}+\frac{V_c}{V_{c0}}=1.5 \tag{8-19}$$

现假设 BC 段上存在一点使得

$$\frac{T_c}{T_{c0}}=\beta_t \tag{8-20}$$

对于式(8-19)，则得

$$\frac{V_c}{V_{c0}}=1.5-\beta_t \tag{8-21}$$

从而得到

$$\beta_t=\frac{1.5}{1+\frac{T_{c0}V_c}{V_{c0}T_c}} \tag{8-22}$$

其中

$$V_{c0}=0.7f_tbh_0 \qquad T_{c0}=0.35f_tW_t \tag{8-23}$$

因此，把式(8-23)代入式(8-22)，再利用剪力设计值和扭矩设计值$\frac{V}{T}$代替$\frac{V_c}{T_c}$，可得

$$\beta_t=\frac{1.5}{1+0.5\frac{VW_t}{Tbh_0}} \tag{8-24}$$

对于在集中荷载作用下，将 $V_{c0}=\frac{1.75}{\lambda+1}f_tbh_0$，$T_{c0}=0.35f_tW_t$ 代入式(8-22)，还利用 V/T 代替 V_c/T_c 最后可得

$$\beta_t=\frac{1.5}{1+0.2(\lambda+1)\frac{VW_t}{Tbh_0}} \tag{8-25}$$

式中　β_t——剪扭构件混凝土受扭承载力降低系数，当 $\beta_t<0.5$ 时，取 0.5，当 $\beta_t>1.0$ 时，取 1.0。

一、矩形截面剪扭构件承载力计算

（一）一般剪扭构件

受剪承载力计算公式为

$$V \leqslant 0.7(1.5-\beta_t)f_t b h_0 + f_{yv}\frac{A_{sv}}{s}h_0 \tag{8-26}$$

受扭承载力计算公式为

$$T \leqslant 0.35\beta_t W_t f_t + 1.2\sqrt{\zeta} f_{yv}\frac{A_{st1}A_{cor}}{s} \tag{8-27}$$

式中　V——剪力设计值；

A_{sv}——受剪承载力所需要的箍筋截面面积；

A_{st1}——受扭承载力所需要箍筋的单肢截面面积；

β_t——由式(8-24)计算得到。

(二)集中荷载作用下独立剪扭构件

集中荷载作用下独立剪扭构件(包括作用有多种荷载,且其中集中荷载对支座截面所产生的剪力值占总剪力值75%以上的情况),它的受剪承载力计算公式

$$V \leqslant \frac{1.75}{\lambda+1}(1.5-\beta_t)f_t b h_0 + f_{yv}\frac{A_{sv}}{s}h_0 \tag{8-28}$$

集中荷载作用下,独立剪扭构件的受扭承载力仍然按式(8-27)计算,但其中的β_t要按式(8-25)计算。

二、带翼缘截面剪扭构件承载力计算

对于带翼缘的T形和I形截面的构件,在剪扭共同作用下其受剪承载力的计算,可以按式(8-26)或式(8-28)计算,但计算β_t时,应根据条件分别利用式(8-24)或式(8-25)计算,而且将T和W_t分别以T_w和W_{tw}代替。

构件在剪扭作用下受扭承载力的计算,可以按在纯扭作用下时划分为几个矩形截面进行计算,腹板可以利用T_w和W_{tw}代替T和W_t代入式(8-27)进行计算,受压翼缘和受拉翼缘也是按纯扭构件进行计算,分别用T'_f和W'_{tf}或T_f和W_{tf}代替T和W_t代入式(8-9)进行计算。

三、箱形截面剪扭构件承载力计算

箱形截面与矩形截面剪扭构件的承载力计算相似。

(一)一般剪扭构件

受剪承载力计算公式为

$$V \leqslant 0.7(1.5-\beta_t)f_t b h_0 + f_{yv}\frac{A_{sv}}{s}h_0 \tag{8-29}$$

受扭承载力计算公式为

$$T \leqslant 0.35\alpha_h\beta_t W_t f_t + 1.2\sqrt{\zeta} f_{yv}\frac{A_{st1}A_{cor}}{s} \tag{8-30}$$

对于式中β_t应按式(8-24),并在W_t上乘以系数α_h进行计算,而α_h和ζ则可以按箱形截面钢筋混凝土纯扭构件的受扭承载力计算公式进行取值。

(二)集中荷载作用下独立剪扭构件

集中荷载作用下独立剪扭构件(包括作用有多种荷载,且其中集中荷载对支座截面

所产生的剪力值占总剪力值75%以上的情况)，它的受剪承载力的计算公式改为

$$V \leqslant \frac{1.75}{\lambda + 1}(1.5 - \beta_t) f_t b h_0 + f_{yv} \frac{A_{sv}}{s} h_0 \tag{8-31}$$

式(8-31)中β_t应按式(8-25)计算，但式中要在W_t上乘以系数α_h进行计算。

四、剪扭构件配筋的限制条件

剪扭构件在进行设计时，为了避免受扭构件的截面尺寸过小，而使得构件破坏时混凝土在钢筋屈服前先被压碎。《混凝土结构设计规范》(GB 50010—2010)规定，对$h_w/b \leqslant 6$的矩形、T形、I形和$h_w/t_w \leqslant 6$的箱形截面混凝土构件，其截面应符合下列要求：

当h_w/b(或h_w/t_w)$\leqslant 4$时

$$\frac{V}{bh_0} + \frac{T}{0.8W_t} \leqslant 0.25\beta_c f_c \tag{8-32}$$

当h_w/b(或h_w/t_w)$= 6$时

$$\frac{V}{bh_0} + \frac{T}{0.8W_t} \leqslant 0.2\beta_c f_c \tag{8-33}$$

当$4 < h_w/b$(或h_w/t_w)< 6时，则按线性内插法确定。

式中　h_w——截面的腹板厚度；

t_w——箱形截面的厚度；

b——矩形截面的宽度，T形或I形截面的腹板宽度，箱形截面的侧壁总厚度$2t_w$；

h_0——截面的有效高度；

W_t——受扭构件的截面受扭塑性抵抗矩；

β_c——混凝土强度影响系数；

f_c——混凝土轴心抗压强度设计值。

对于剪扭构件配筋的最小配筋率，《混凝土结构设计规范》(GB 50010—2010)也给出了规定，剪扭构件箍筋的最小配筋率为

$$\rho_{sv} \geqslant \rho_{sv,\min} = \frac{A_{svl,\min}}{bs} = 0.28\frac{f_t}{f_{yv}} \tag{8-34}$$

式中　$A_{svl,\min}$——配置在同一截面内箍筋各肢的全部截面面积。

剪扭构件纵筋的最小配筋率为

$$\rho_{tl,\min} = \frac{A_{stl,\min}}{bh} = 0.6\sqrt{\frac{T}{Vb}}\frac{f_t}{f_y} \tag{8-35}$$

其中，当$\frac{T}{Vb} > 2$时，取$\frac{T}{Vb} = 2$。

式中　$A_{stl,\min}$——沿截面周布置的受扭纵筋的总截面面积。

【例8-3】　承受均布荷载作用的钢筋混凝土矩形截面剪扭构件，截面尺寸为：$b = 250$ mm，$h = 450$ mm，承受的扭矩设计值$T = 15$ kN·m，剪力设计值$V = 65$ kN，混凝土强度等级为C25，纵筋采用HRB335级钢筋，箍筋采用HPB300级钢筋，环境类别为一级，试计算构件所需配筋。

解：查混凝土强度设计值表、普通钢筋强度设计值表、纵向受力钢筋的混凝土保护层最小厚度表。

可得：$f_c = 12.0\ \text{N/mm}^2$，$f_t = 1.25\ \text{N/mm}^2$；$f_y = 300$ MPa，$f_{yv} = 270$ MPa；$c = 30$ mm；

$\beta_c = 1.0$。

(1)验算截面尺寸。

$$h_0 = h - 35 = 450 - 35 = 415(\text{mm})$$

$$W_t = \frac{b^2}{6}(3h - b) = \frac{250^2}{6} \times (3 \times 450 - 250) = 11.46 \times 10^6(\text{mm}^3)$$

$$\frac{V}{bh_0} + \frac{T}{0.8W_t} = \frac{65 \times 10^3}{250 \times 415} + \frac{15 \times 10^6}{0.8 \times 11.46 \times 10^6} = 2.263(\text{N/mm}^2) < 0.25\beta_c f_c = 3.0\ \text{N/mm}^2$$

$$\frac{V}{bh_0} + \frac{T}{W_t} = 1.936\ \text{N/mm}^2 > 0.7f_t = 0.875\ \text{N/mm}^2$$

截面尺寸满足要求,需要按计算配筋。

(2)计算受扭配筋。

核心截面尺寸　$h_{cor} = h - 2c = 450 - 2 \times 30 = 390(\text{mm})$

$b_{cor} = b - 2c = 250 - 2 \times 30 = 190(\text{mm})$

$u_{cor} = 2(h_{cor} + b_{cor}) = 2 \times (390 + 190) = 1\ 160(\text{mm})$

$A_{cor} = h_{cor} \times b_{cor} = 390 \times 190 = 74\ 100(\text{mm}^2)$

①计算受扭箍筋。

按式(8-24)计算混凝土受扭承载力降低系数

$$\beta_t = \frac{1.5}{1 + 0.5\dfrac{VW_t}{Tbh_0}} = \frac{1.5}{1 + 0.5 \times \dfrac{65 \times 10^3 \times 11.46 \times 10^6}{15 \times 10^6 \times 250 \times 415}} = 1.21 > 1\text{,所以取}\beta_t = 1\text{。}$$

取 $\zeta = 1.2$,则可得

$$\frac{A_{st1}}{s} = \frac{T - 0.35f_t W_t}{1.2\sqrt{\zeta} f_{yv} A_{cor}} = \frac{15 \times 10^6 - 0.35 \times 1.25 \times 11.46 \times 10^6}{1.2 \times \sqrt{1.2} \times 270 \times 74\ 100} = 0.380(\text{mm})$$

②计算受扭纵筋

$$A_{stl} = \zeta \frac{f_{yv} u_{cor}}{f_y} \frac{A_{st1}}{s} = 1.2 \times \frac{270 \times 1\ 160}{300} \times 0.380 = 476.1(\text{mm}^2)$$

(3)计算受剪箍筋。

采用双肢箍,$n = 2$,所以

$$\frac{nA_{sv1}}{s} = \frac{V - 0.7(1.5 - \beta_t) f_t bh_0}{f_{yv} h_0} = \frac{65 \times 10^3 - 0.7 \times (1.5 - 1) \times 1.25 \times 250 \times 415}{270 \times 415}$$

$$= 0.175(\text{mm})$$

$$\frac{A_{sv1}}{s} = 0.087\ 5(\text{mm})$$

(4)综合配筋。

箍筋　$$\frac{A_{st1}}{s} + \frac{A_{sv1}}{s} = 0.380 + 0.087\ 5 = 0.467(\text{mm})$$

选用Φ 8,单肢筋截面面积 50.3 mm^2,所以箍筋间距 $s = \dfrac{50.3}{0.467} = 107.7(\text{mm})$,取 $s =$

90 mm。

最小配筋率为

$$\rho_{sv,min} = 0.28\frac{f_t}{f_{yv}} = 0.28 \times \frac{1.25}{270} = 0.130\%$$

$$\rho_{sv} = \frac{2(A_{stl} + A_{svl})}{bs} = \frac{2 \times 50.3}{250 \times 90} = 0.447\% > \rho_{sv,min}$$

箍筋满足要求。

构件所需纵筋根据构件要求，选用6 Φ 12，$A_{stl} = 678\ mm^2$。

最小配筋率为

$$\rho_{tl,min} = 0.6\sqrt{\frac{T}{Vb}}\frac{f_t}{f_y} = 0.6 \times \sqrt{\frac{15 \times 10^6}{65 \times 10^3 \times 250}} \times \frac{1.25}{300} = 0.240\%$$

$$\rho_{tl} = \frac{A_{stl}}{bh} = \frac{678}{250 \times 450} = 0.603\% > \rho_{tl,min}$$

纵筋满足要求。

第五节　弯剪扭构件的承载力计算

在实际工程中，钢筋混凝土构件是处于一个非常复杂的受力环境中，纯扭构件或剪扭构件是很少见的，大多是承受弯矩、剪力和扭矩共同作用的弯剪扭构件。构件在弯矩、剪力和扭矩的共同作用下，其破坏特征和承载力受到构件的荷载条件和内在因素的影响，荷载条件通常用扭弯比$\psi = \frac{T}{M}$和扭剪比$\chi = \frac{T}{Vb}$来表示，而所谓内在因素则是指构件的截面形状、尺寸、配筋和材料强度。

一、试验研究和破坏特征

试验表明，钢筋混凝土构件在不同扭弯比、扭剪比和不同的配筋条件下，可能出现三种不同的破坏类型。

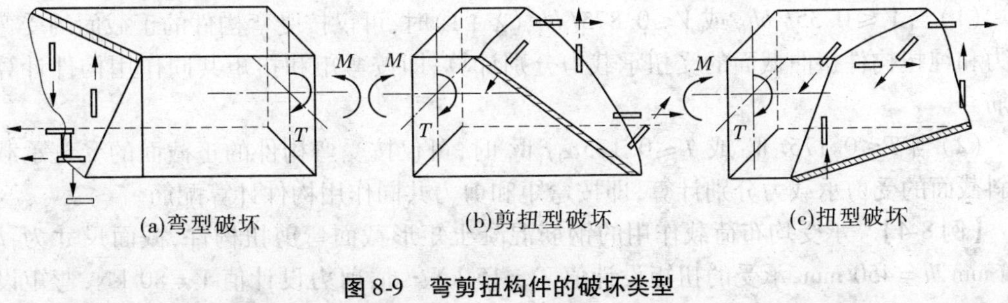

图 8-9　弯剪扭构件的破坏类型

(1)第Ⅰ类型。当构件在扭弯比较小且配筋适当的条件下，构件主要承受弯矩作用，使得构件顶部受压，底部受拉。裂缝首先在弯曲受拉的底部出现，然后延伸到两侧面，三个面上裂缝形成一个扭曲破坏面，而第四面即弯曲受压面无裂缝(见图8-9(a))，这种破坏类型称为弯型破坏。

(2)第Ⅱ类型。当构件在剪力和扭矩起控制作用的条件下,使得裂缝首先出现在剪应力较大的一侧面上,然后延伸到顶面和底面,而另一侧面则成为受压区,破坏时与螺旋形裂缝相交的纵筋和箍筋受拉达到屈服强度而受压破坏(见图8-9(b)),这种破坏类型称为剪扭型破坏。

(3)第Ⅲ类型。当构件在扭弯比和扭剪比较大且其顶部纵筋少于底部纵筋的条件下,此时弯矩作用较小,会使得压应力也较小,由于顶部纵筋少于底部纵筋,裂缝会首先出现在构件的顶部,然后延伸到两侧面,从而底面成为受压区而受压破坏(见图8-9(c)),这种破坏类型称为扭型破坏。

二、弯剪扭构件的承载力计算

(一)弯扭构件承载力计算

弯扭构件的承载力计算,和前面讲述的剪扭构件承载力计算有相似之处,在弯矩和扭矩共同作用下,构件的抗弯承载力和抗扭承载力之间也相互存在影响,和剪扭一样也存在一定的相关关系。鉴于弯扭构件承载力计算时受力状态的复杂性,为了简化计算,《混凝土结构设计规范》(GB 50010—2010)采用叠加法进行计算,即对构件截面按承受纯弯矩和纯扭矩分别计算其抗弯和抗扭承载力,然后所需的纵筋和箍筋的截面面积也按构件正截面承受纯弯和纯扭作用分别计算其截面面积,将计算所得的相应的钢筋截面面积进行叠加,并配置在相应的位置。

(二)弯剪扭构件承载力计算

对于承受弯矩、剪力和扭矩共同作用的钢筋混凝土构件,其配筋计算的一般原则是:纵筋应按受弯构件的正截面受弯承载力和剪扭构件的受扭承载力所需的钢筋截面面积相互叠加进行计算,然后配置在相应的位置;而其箍筋应按剪扭构件的受剪承载力和受扭承载力分别计算所需的钢筋截面面积,并相互叠加,然后配置在相应的位置。

对于在弯矩、剪力和扭矩共同作用下剪力或扭矩较小的矩形、T形、I形和箱形截面的钢筋混凝土弯剪扭构件,《混凝土结构设计规范》(GB 50010—2010)对其承载力的计算给出了规定,规定中指出当符合下列条件,可以按下面规定计算其承载力:

(1)当 $V \leqslant 0.35 f_t b h_0$ 或 $V \leqslant 0.875 f_t b h_0 (\lambda + 1)$ 时,可仅按受弯构件的正截面的受弯承载力和纯扭构件扭曲截面的受扭承载力分别计算,即按弯矩和扭矩共同作用构件计算其配筋。

(2)当 $T \leqslant 0.175 f_t W_t$ 或 $T \leqslant 0.175 \alpha_h f_t W_t$ 时,可仅按受弯构件的正截面的受弯承载力和斜截面的受剪承载力分别计算,即按弯矩和剪力共同作用构件计算配筋。

【例 8-4】 承受均布荷载作用的钢筋混凝土矩形截面弯剪扭构件,截面尺寸为:$b = 250$ mm,$h = 450$ mm,承受的扭矩设计值 $T = 15$ kN · m,剪力设计值 $V = 80$ kN,弯矩设计值 $M = 70$ kN · m,混凝土强度等级为 C30,纵筋采用 HRB335 级钢筋,箍筋采用 HPB300 级钢筋,环境类别为一级,试计算构件所需配筋。

解:查混凝土强度设计值表、普通钢筋强度设计值表、纵向受力钢筋的混凝土保护层最小厚度表。

可得：$f_c = 14.5\ N/mm^2$，$f_t = 1.45\ N/mm^2$；$f_y = 300$ MPa，$f_{yv} = 270$ MPa；$c = 30$ mm；$\beta_c = 1.0$。

(1) 验算截面尺寸。

$$h_0 = h - 35 = 450 - 35 = 415(mm)$$

$$W_t = \frac{b^2}{6}(3h - b) = \frac{250^2}{6} \times (3 \times 450 - 250) = 11.46 \times 10^6(mm^3)$$

$$\frac{V}{bh_0} + \frac{T}{0.8W_t} = \frac{80 \times 10^3}{250 \times 415} + \frac{15 \times 10^6}{0.8 \times 11.46 \times 10^6}$$

$$= 2.407(N/mm^2) < 0.25\beta_c f_c = 0.25 \times 1.0 \times 14.5 = 3.625(N/mm^2)$$

截面尺寸满足要求。

(2)验算是否需要按计算配置剪扭钢筋。

$$\frac{V}{bh_0} + \frac{T}{W_t} = \frac{80 \times 10^3}{250 \times 415} + \frac{15 \times 10^6}{11.46 \times 10^6} = 2.080(N/mm^2)$$

$$> 0.7f_t = 0.7 \times 1.45 = 1.02(N/mm^2)$$

需要按计算配置剪扭钢筋。

(3)验算是否考虑扭矩。

$$0.175f_tW_t = 0.175 \times 1.45 \times 11.46 \times 10^6 = 2.91(kN \cdot m) < T = 15\ kN \cdot m$$

需要考虑扭矩作用。

(4)验算是否考虑剪力。

$$0.35f_tbh_0 = 0.35 \times 1.45 \times 250 \times 415 = 52.65(kN) < V = 80\ kN$$

需要考虑剪力作用。

(5)计算受扭钢筋。

核心截面尺寸 $h_{cor} = h - 2c = 450 - 2 \times 30 = 390(mm)$

$$b_{cor} = b - 2c = 250 - 2 \times 30 = 190(mm)$$

$$u_{cor} = 2(h_{cor} + b_{cor}) = 2 \times (390 + 190) = 1\ 160(mm)$$

$$A_{cor} = h_{cor} \times b_{cor} = 390 \times 190 = 74\ 100(mm^2)$$

按式(8-24)计算混凝土受扭承载力降低系数

$$\beta_t = \frac{1.5}{1 + 0.5\frac{VW_t}{Tbh_0}} = \frac{1.5}{1 + 0.5 \times \frac{80 \times 10^3 \times 11.46 \times 10^6}{15 \times 10^6 \times 250 \times 415}} = 1.16 > 1$$，所以取 $\beta_t = 1.0$。

①计算受扭箍筋。

取 $\zeta = 1.2$，则可得

$$\frac{A_{st1}}{s} = \frac{T - 0.35f_tW_t}{1.2\sqrt{\zeta}f_{yv}A_{cor}} = \frac{15 \times 10^6 - 0.35 \times 1.45 \times 11.46 \times 10^6}{1.2 \times \sqrt{1.2} \times 270 \times 74\ 100} = 0.349(mm)$$

②计算受扭纵筋。

$$A_{stl} = \zeta\frac{f_{yv}u_{cor}}{f_y}\frac{A_{st1}}{s} = 1.2 \times \frac{270 \times 1\ 160}{300} \times 0.349 = 437(mm^2)$$

(6)计算受剪箍筋。

采用双肢箍，$n = 2$，所以

$$\frac{nA_{sv1}}{s}=\frac{V-0.7(1.5-\beta_t)f_tbh_0}{f_{yv}h_0}$$

$$=\frac{80\times10^3-0.7\times(1.5-1.0)\times1.45\times250\times415}{270\times415}=0.244(\text{mm})$$

$$\frac{A_{sv1}}{s}=0.122\ \text{mm}$$

(7)计算抗弯纵筋。

$$\alpha_s=\frac{M}{\alpha_1 f_c bh_0^2}=\frac{70\times10^6}{1.0\times14.5\times250\times415^2}=0.112$$

按第四章方法计算可得 $\gamma_s=0.941$。

所以 $$A_s=\frac{M}{\gamma_s f_y h_0}=\frac{70\times10^6}{0.941\times300\times415}=598(\text{mm}^2)$$

(8)综合配筋。

箍筋 $$\frac{A_{st1}}{s}+\frac{A_{sv1}}{s}=0.349+0.122=0.471(\text{mm})$$

选用Φ 10，单肢筋截面面积78.5 mm²，所以箍筋间距 $s=\frac{78.5}{0.471}=66.7(\text{mm})$，取 $s=$ 100 mm。

最小配筋率

$$\rho_{sv,min}=0.28\frac{f_t}{f_{yv}}=0.28\times\frac{1.45}{270}=0.150\%$$

$$\rho_{sv}=\frac{2(A_{st1}+A_{sv1})}{bs}=\frac{2\times78.5}{250\times100}=0.628\%>\rho_{sv,min}$$

箍筋满足要求。

纵筋根据构件要求，抗扭纵筋要分别在顶部、中部和底部配置，所以每排的钢筋截面面积为 $\frac{A_{stl}}{3}=226\ \text{mm}^2$，可得：

顶部和中部钢筋截面面积分别为：$\frac{A_{stl}}{3}=226\ \text{mm}^2$

选用2 Φ 14，$A_s=308\ \text{mm}^2$。

底部钢筋截面面积为：$A_s+\frac{A_{stl}}{3}=598+226=824(\text{mm}^2)$

选用4 Φ 18，$A_s=1\,017\ \text{mm}^2$。

构件截面配筋如图8-10(a)所示。

【例8-5】 钢筋混凝土T形截面构件，已知其截面尺寸为：$b=200$ mm，$h=500$ mm，$b_f'=450$ mm，$h_f'=100$ mm(见图8-10(b))，承受的扭矩设计值 $T=13$ kN · m，剪力设计值 $V=86$ kN，弯矩设计值 $M=100$ kN · m，混凝土强度等级为C25，纵筋采用HRB335级钢筋，箍筋采用HPB300级钢筋，环境类别为一级，试计算构件所需配筋。

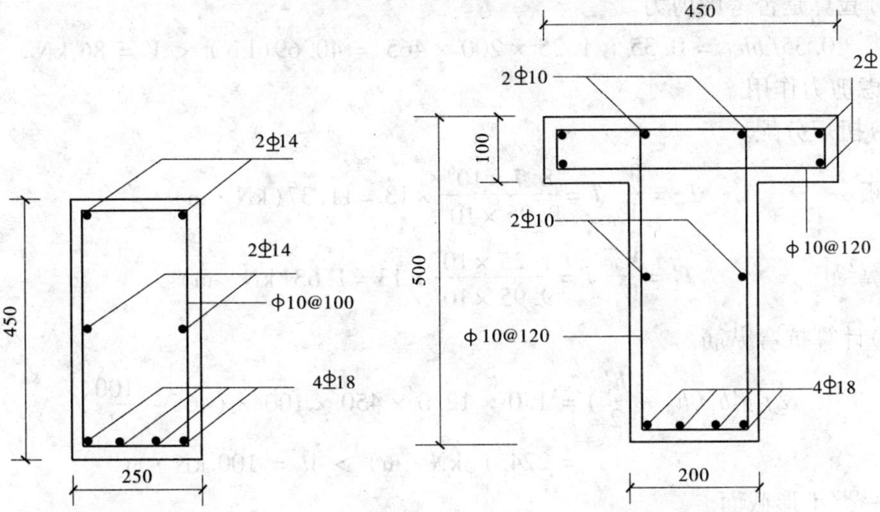

(a)例8-4图　(b)例8-5图

图8-10　钢筋配置图

解:查混凝土强度设计值表、普通钢筋强度设计值表、纵向受力钢筋的混凝土保护层最小厚度表。

可得： $f_c = 12.0\ \text{N/mm}^2$, $f_t = 1.25\ \text{N/mm}^2$; $f_y = 300\ \text{MPa}$, $f_{yv} = 270\ \text{MPa}$; $c = 30\ \text{mm}$; $\beta_c = 1.0$。

(1)验算截面尺寸。

$$W_{tw} = \frac{b^2}{6}(3h - b) = \frac{200^2}{6} \times (3 \times 500 - 200) = 8.7 \times 10^6(\text{mm}^3)$$

$$W'_{tf} = \frac{h_f'^2}{2}(b'_f - b) = \frac{100^2}{2} \times (450 - 200) = 1.25 \times 10^6(\text{mm}^3)$$

$$W_t = W_{tw} + W'_{tf} = (8.7 + 1.25) \times 10^6 = 9.95 \times 10^6(\text{mm}^3)$$

$$h_0 = h - 35 = 500 - 35 = 465(\text{mm})$$

$$\frac{V}{bh_0} + \frac{T}{0.8W_t} = \frac{86 \times 10^3}{200 \times 465} + \frac{13 \times 10^6}{0.8 \times 9.95 \times 10^6} = 2.56(\text{N/mm}^2)$$

$$< 0.25\beta_c f_c = 0.25 \times 1.0 \times 12.0 = 3.0(\text{N/mm}^2)$$

截面尺寸满足要求。

(2)验算是否需要按计算配置剪扭钢筋。

$$\frac{V}{bh_0} + \frac{T}{W_t} = \frac{86 \times 10^3}{200 \times 465} + \frac{13 \times 10^6}{9.95 \times 10^6} = 2.231(\text{N/mm}^2) > 0.7f_t$$

$$= 0.7 \times 1.25 = 0.875(\text{N/mm}^2)$$

需要按计算配置剪扭钢筋。

(3)验算是否考虑扭矩。

$$0.175f_tW_t = 0.175 \times 1.25 \times 9.95 \times 10^6 = 2.18(\text{kN}\cdot\text{m}) < T = 13\ \text{kN}\cdot\text{m}$$

需要考虑扭矩作用。

(4)验算是否考虑剪力。

$$0.35f_tbh_0 = 0.35 \times 1.25 \times 200 \times 465 = 40.69(\text{kN}) < V = 86\ \text{kN}$$

需要考虑剪力作用。

(5)扭矩分配。

腹板　$$T_w = \frac{W_{tw}}{W_t}T = \frac{8.7 \times 10^6}{9.95 \times 10^6} \times 13 = 11.37(\text{kN} \cdot \text{m})$$

上翼缘　$$T_f' = \frac{W_{tf}'}{W_t}T = \frac{1.25 \times 10^6}{9.95 \times 10^6} \times 13 = 1.63(\text{kN} \cdot \text{m})$$

(6)计算抗弯纵筋。

$$\alpha_1 f_c b_f' h_f'(h_0 - \frac{h_f'}{2}) = 1.0 \times 12.0 \times 450 \times 100 \times (465 - \frac{100}{2})$$

$$= 224.1(\text{kN} \cdot \text{m}) > M = 100\ \text{kN} \cdot \text{m}$$

属于第一类T形截面。

$$\alpha_s = \frac{M}{\alpha_1 f_c bh_0^2} = \frac{100 \times 10^6}{1.0 \times 12.0 \times 250 \times 465^2} = 0.154$$

按第四章方法计算可得$\gamma_s = 0.916$,则

$$A_s = \frac{M}{\gamma_s f_y h_0} = \frac{100 \times 10^6}{0.916 \times 300 \times 465} = 783(\text{mm}^2)$$

(7)腹板配筋计算。

$$\beta_t = \frac{1.5}{1 + 0.5\dfrac{VW_{tw}}{T_w bh_0}} = \frac{1.5}{1 + 0.5 \times \dfrac{86 \times 10^3 \times 8.7 \times 10^6}{11.37 \times 10^6 \times 200 \times 465}} = 1.107 > 1.0$$

取$\beta_t = 1.0$。

①计算受剪箍筋。

$$\frac{nA_{sv1}}{s} = \frac{V - 0.7(1.5 - \beta_t)f_t bh_0}{f_{yv}h_0}$$

$$= \frac{86 \times 10^3 - 0.7 \times (1.5 - 1.0) \times 1.25 \times 200 \times 465}{270 \times 465} = 0.361(\text{mm})$$

取$n = 2$,$\frac{A_{sv1}}{s} = 0.181$ mm

②计算受扭箍筋。

核心截面尺寸　$h_{cor} = h - 2c = 500 - 2 \times 30 = 440(\text{mm})$

$b_{cor} = b - 2c = 200 - 2 \times 30 = 140(\text{mm})$

$u_{cor} = 2(h_{cor} + b_{cor}) = 2 \times (440 + 140) = 1\ 160(\text{mm})$

$A_{cor} = h_{cor} \times b_{cor} = 440 \times 140 = 61\ 600(\text{mm}^2)$

取$\zeta = 1.2$,可得

$$\frac{A_{st1}}{s} = \frac{T_w - 0.35\beta_t f_t W_{tw}}{1.2\sqrt{\zeta}f_{yv}A_{cor}} = \frac{11.37 \times 10^6 - 0.35 \times 1.0 \times 1.25 \times 8.7 \times 10^6}{1.2 \times \sqrt{1.2} \times 270 \times 61\ 600} = 0.346(\text{mm})$$

③计算受扭纵筋

$$A_{stl}=\frac{\zeta f_{yv}u_{cor}A_{st1}}{f_y s}=\frac{1.2\times 270\times 1\ 160}{300}\times 0.346=433(\mathrm{mm}^2)$$

(8)综合腹板配筋。

箍筋 $$\frac{A_{st1}}{s}+\frac{A_{sv1}}{s}=0.346+0.181=0.527(\mathrm{mm})$$

选用Φ 10,单肢筋截面面积 78.5 mm^2,所以箍筋间距 $s=\frac{78.5}{0.527}=149(\mathrm{mm})$,取 $s=120$ mm。

最小配筋率为

$$\rho_{sv,min}=0.28\frac{f_t}{f_{yv}}=0.28\times\frac{1.25}{270}=0.13\%$$

$$\rho_{sv}=\frac{2(A_{st1}+A_{sv1})}{bs}=\frac{2\times 78.5}{200\times 120}=0.654\%>\rho_{sv,min}$$

箍筋满足要求。

纵筋根据构件要求,可得:

顶部和中部钢筋截面面积分别为

$$\frac{A_{stl}}{3}=144\ \mathrm{mm}^2$$

选用2 Φ 10,$A_s=157\ \mathrm{mm}^2$。

底部钢筋截面面积为

$$A_s+\frac{A_{stl}}{3}=783+144=927(\mathrm{mm}^2)$$

选用4 Φ 18,$A_s=1\ 017\ \mathrm{mm}^2$。

(9)上翼缘配筋计算。

按纯扭构件计算

$$b'_{f,cor}=b'_f-b-2c=450-200-2\times 30=190(\mathrm{mm})$$

$$h'_{f,cor}=h'_f-2c=100-2\times 30=40(\mathrm{mm})$$

$$u'_{f,cor}=2(h'_{f,cor}+b'_{f,cor})=2\times(190+40)=460(\mathrm{mm})$$

$$A'_{f,cor}=h'_{f,cor}b'_{f,cor}=190\times 40=7\ 600(\mathrm{mm}^2)$$

①计算箍筋。

取 $\zeta=1.2$,则可得

$$\frac{A_{st1}}{s}=\frac{T'_f-0.35f_tW'_{tf}}{1.2\sqrt{\zeta}f_{yv}A'_{f,cor}}=\frac{1.63\times 10^6-0.35\times 1.25\times 1.25\times 10^6}{1.2\times\sqrt{1.2}\times 270\times 7\ 600}=0.402(\mathrm{mm})$$

选用Φ 10 的箍筋,单肢筋截面面积 $A_{st1}=78.5\ \mathrm{mm}^2$,所以箍筋间距 $s=\frac{78.5}{0.402}=195$ (mm),实取 $s=120$ mm。

②计算纵筋。

$$A_{stl}=\frac{\zeta f_{yv}u'_{f,cor}A_{st1}}{f_y s}=\frac{1.2\times270\times460\times78.5}{300\times120}=325(\text{mm}^2)$$

根据构造要求，选用 4 Φ 12，$A_{stl}=452\ \text{mm}^2$，配置于翼缘四角。

最小配筋率为

$$\rho_{tl}=\frac{A_{stl}}{bh}=\frac{325}{100\times250}=1.3\%>\rho_{tl,\min}=0.35\%$$

满足要求。

第六节　受扭构件的构造要求

受扭构件的受扭箍筋和纵筋的最小配筋率在前面已给予讲解，但对于受扭构件的箍筋，由于其箍筋沿构件的周边，受力状态是在整个周边上受到拉力作用。因此，箍筋应采用封闭式，并沿截面周边布置。当采用绑扎骨架时，箍筋的末端应做成不小于135°的弯钩，弯钩的端头平直段长度不应小于 10d（d 为箍筋直径），如图 8-11 所示。

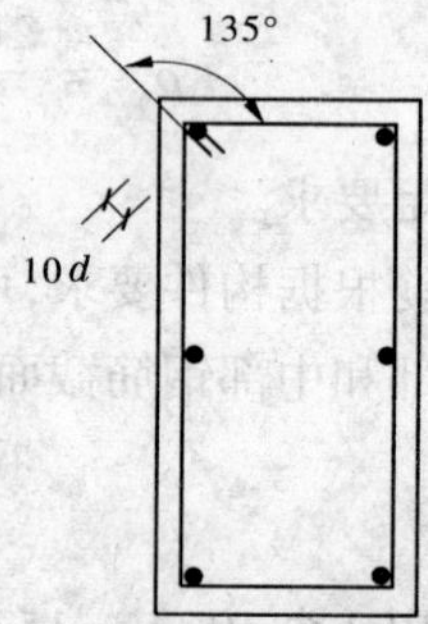

图 8-11　纵筋和箍筋构造要求

对于构件的受扭纵筋的配置，其纵筋之间的间距不应大于 200 mm 和构件截面的短边长度，纵筋的直径不应小于 6 mm。在纯扭和弯剪扭构件中，除在截面的四角必须设有纵筋外，其余受扭纵筋应沿截面周边均匀对称布置。而当构件支座边作用有较大扭矩时，受扭纵筋应按受拉钢筋锚固在支座内。

思考题

1. 在实际工程中哪些构件是受扭构件？如何区分平衡扭转和协调扭转？
2. 素混凝土纯扭构件的破坏特征是什么？
3. 钢筋混凝土纯扭构件的破坏类型有哪几种？它们的破坏特征是什么？
4. 配筋强度比是什么？在进行受扭构件的承载力计算中受到什么限制？
5. 什么是变形空间桁架模型？
6. 剪扭构件的受扭承载力如何计算？
7. 弯剪扭构件在不同的配件条件下，有几种破坏类型？它们的破坏特征是什么？
8. 受扭构件配筋的构造要求是什么？

习　题

1. 已知一钢筋混凝土矩形截面构件，其截面尺寸 $b\times h=250\ \text{mm}\times450\ \text{mm}$，承受的扭矩设计值 $T=12\ \text{kN}\cdot\text{m}$，混凝土强度等级为 C20，纵筋采用 HRB335 级钢筋，箍筋采用

HPB300 级钢筋,环境类别为一级,试计算构件所需的箍筋和纵筋。

2. 承受均布荷载作用的钢筋混凝土矩形截面构件,已知截面尺寸为:$b=150$ mm,$h=450$ mm,承受的扭矩设计值 $T=5.6$ kN·m,剪力设计值 $V=54$ kN,混凝土强度等级为 C30,纵筋和箍筋均采用 HPB300 级钢筋,环境类别为一级,试计算构件所需的箍筋和纵筋数量。

3. 钢筋混凝土 T 形截面构件,已知其截面尺寸为:$b=250$ mm,$h=450$ mm,$b_f'=450$ mm,$h_f'=90$ mm,承受的扭矩设计值 $T=9.6$ kN·m,剪力设计值 $V=76$ kN,弯矩设计值 $M=97$ kN·m,混凝土强度等级为 C20,纵筋采用 HRB335 级钢筋,箍筋采用 HPB300 级钢筋,环境类别为一级,试计算构件所需配筋。

第九章　钢筋混凝土构件的变形、裂缝和耐久性

学习要求

掌握钢筋混凝土构件在第Ⅱ工作阶段中的性能，包括截面上与截面间的应力分布、裂缝开展的原理与过程、截面曲率的变化等及其主要影响因素。掌握裂缝宽度与构件挠度的验算方法。熟悉截面延性的定义及受弯构件、偏心受压构件截面延性的计算原理。熟悉混凝土结构耐久性的意义、主要影响因素、混凝土的碳化、钢筋的锈蚀及耐久性设计的一般概念。

第一节　概　述

前面几章讨论了拉、压、弯、剪、扭及其复合受力状态的钢筋混凝土构件的承载力计算和相应的构造措施，主要解决结构构件的安全性问题，对应于承载能力极限状态。本章介绍钢筋混凝土构件的变形、裂缝和耐久性，主要解决结构构件的适用性和耐久性问题，对应于正常使用极限状态。

设计任何建筑物和构筑物时，必须使其满足建筑结构的功能要求，即安全性、适用性和耐久性。保证结构的安全可靠是结构设计的首要条件，故所有的钢筋混凝土构件都应进行承载能力极限状态的计算以保证其安全性。对于使用上需要控制变形和裂缝的结构构件，还要进行正常使用情况下的变形和裂缝验算以保证其适用性和耐久性。因为过大的变形会造成房屋内粉刷层剥落、填充墙和隔断墙开裂及屋面积水等后果；在多层精密仪表车间中，过大的楼面变形可能会影响到产品的质量；水池、油罐等结构开裂会引起渗漏现象；过大的裂缝会影响到结构的耐久性；过大的变形和裂缝也将使用户在心理上产生不安全感。

考虑到结构构件不满足正常使用极限状态时所带来的危害性比不满足承载能力极限状态时要小，其相应的可靠指标也要小些，故《混凝土结构设计规范》（GB 50010—2010）规定，对正常使用极限状态验算时取材料强度和荷载的标准值，对承载能力极限状态计算时取材料强度和荷载的设计值。

此外，混凝土结构是由多种材料组成的复合人工材料，由于结构本身组成成分及承载受力特点，在周围环境中水及侵蚀性介质的作用下，随着时间的推移，混凝土将出现裂缝、破碎、酥裂、磨损、溶蚀等现象，钢筋将锈蚀、脆化、疲劳、应力腐蚀，钢筋与混凝土之间的黏结锚固作用将逐渐减弱，即出现耐久性问题。耐久性问题开始时表现为对结构构件外观和使用功能的影响，到一定阶段上可能引起承载力方面的问题，使结构构件出现突然的破坏。因此，对结构应根据设计使用年限进行耐久性概念设计。同时，为考虑抗震要求，结

构应具备一定的延性。

图 9-1 所示为结构超过正常使用极限状态的示例。

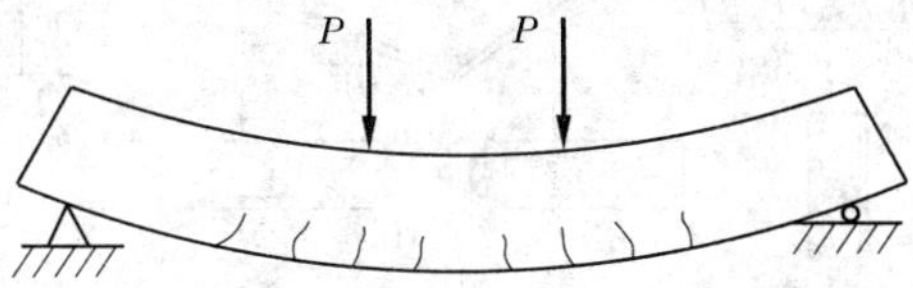

图 9-1　结构超过正常使用极限状态的示例

进行结构构件设计时,既要保证它们不超过承载能力极限状态,又要保证它们不超过正常使用极限状态。为此,要求对它们进行下列计算和验算:

(1)所有结构构件均应进行承载力(包括压屈失稳)计算,在必要时还要进行结构的倾覆和滑移验算。

处于地震区的结构,还应进行结构构件抗震的承载力验算。

(2)对某些直接承受吊车的构件,应进行疲劳强度验算。

(3)对使用上需要控制变形值的结构构件,应进行变形验算。

(4)根据裂缝控制等级的要求,应对混凝土结构构件的裂缝控制情况进行验算。对叠合式受弯构件,尚应进行纵向钢筋拉应力验算。

第二节　钢筋混凝土构件的裂缝宽度验算

一、混凝土结构裂缝的分类与成因

混凝土结构中存在拉应力是产生裂缝的必要条件。混凝土结构中的裂缝有多种类型,其产生的原因、特点不同,对结构的适用性、耐久性和安全性的影响也不同。一条裂缝可能由一种或几种原因同时引起,也并不是所有的裂缝都会危及结构的使用性能和承载能力。因而,必须区别裂缝类型,以探究裂缝所反映的结构问题,并采取相应的措施。

(一)裂缝的分类

(1)裂缝根据产生的时间,可分为施工期间产生的裂缝和使用期间产生的裂缝。

(2)裂缝根据产生的原因,可分为由 4 种因素产生的裂缝:材料、受力、环境和施工(见图 9-2)。引起裂缝的原因不同,混凝土裂缝的形态各异。它们从总体上说都可以在设计或施工上采取措施加以避免。但微裂缝不可避免,有的难以完全避免(如有些收缩裂缝),有的允许存在(如有些受力裂缝)。

(3)裂缝根据形态、分布情况和规律性等,可分为龟裂、横向裂缝、纵向裂缝、斜裂缝、八字裂缝、X 形交叉裂缝等。

(二)产生裂缝的原因

1. 材料方面原因的裂缝

1)水泥方面的原因

水泥方面的原因如下:

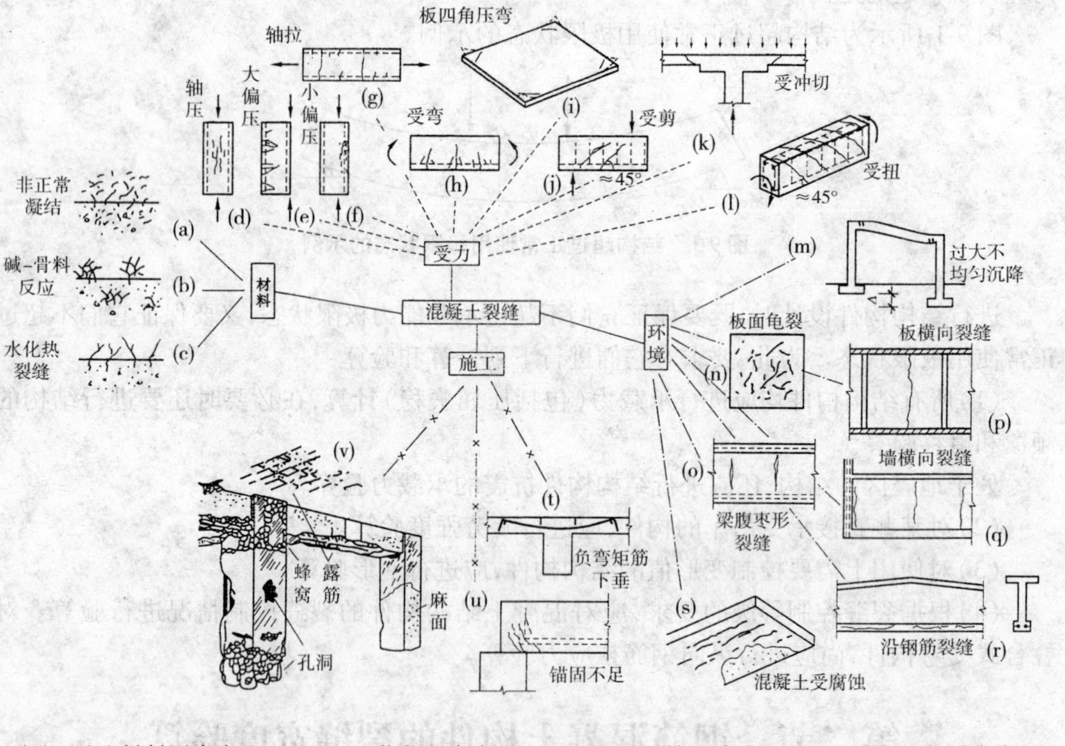

(a)～(c)材料因素产生;(d)～(l)荷载因素产生;(m)～(s)环境因素产生;(t)～(v)施工因素产生

图 9-2　裂缝的形态

(1)水泥异常凝结和异常膨胀使混凝土浇筑后在凝结硬化阶段会产生短小的不规则裂缝。

(2)水泥水化热引起大体积混凝土内部混凝土膨胀,受到外部混凝土的变形约束,使构件表面产生裂缝;由于先浇筑已凝结硬化的混凝土结构构件对后浇筑混凝土构件的温度变形产生约束引起结构构件间的裂缝。

2)骨料方面的原因

骨料方面的原因如下:

(1)骨料中的含泥量:细骨料中含泥量较多时,使混凝土的干燥收缩量增大。此外,也使水泥与粗骨料的黏结强度降低。因此,含泥量较多的混凝土,由于干燥收缩会产生网状裂缝。

(2)碱-骨料反应:骨料中碱含量较高时,因吸收周围的水分产生化学反应使骨料膨胀,产生龟裂状裂缝。当构件在某个方向受到约束时,裂缝会沿约束方向产生。

3)混凝土的下沉和泌水

混凝土浇筑后,在凝结过程中会产生下沉和泌水。混凝土中水量越多,保水性越差,其下沉量就越大。当混凝土下沉受到钢筋或周围混凝土的约束时会产生裂缝。

2. 施工引起的裂缝

混合材料不均匀,长时间搅拌,浇筑速度过快,交接缝,模板外鼓,支撑下沉,初期快速干燥,模板拆除过早等都会产生裂缝。

3. 温度变化和收缩作用引起的裂缝

如现浇框架梁、板和桥面结构，由于其温度和收缩变形受到刚度较大构件的约束而开裂。混凝土烟囱、核反应堆容器等承受高温的结构，也会发生温差裂缝。当现浇屋面混凝土结构上部因低温或干燥而收缩时，会发生中部或角部裂缝等。

4. 不均匀沉降产生裂缝

超静定结构下的地基沉降不均匀时，结构构件受到强迫变形可能开裂，在房屋建筑结构中这种情况较为常见。随着不均匀沉降的发展，裂缝将进一步扩大。

5. 冻融等引起的裂缝

早期冻融作用引起结构构件表面沿主筋、箍筋方向出现裂缝，宽窄不一，深度一般可到达主筋。冻融循环作用、混凝土中碱－骨料反应、盐类和酸类物质侵蚀等都能引起混凝土结构构件开裂。碱－骨料反应是指混凝土组成材料中的碱和碱活性骨料在混凝土浇筑后的反应，当反应物积累到一定程度时吸水膨胀而使混凝土开裂。

6. 荷载作用引起的裂缝

混凝土结构裂缝产生的原因可分为两大类：一类是由荷载因素引起的裂缝；另一类是由非荷载因素引起的裂缝，如由材料选用不当、施工不当、混凝土塑性作用、混凝土收缩、温度变化、钢筋锈蚀膨胀、冻融作用、地基不均匀沉降等引起的裂缝。调查表明，工程实践中结构物的裂缝属于变形因素为主引起的约占80%，非荷载因素引起的裂缝十分复杂，目前主要是通过构造措施（如加强配筋、设变形缝等）进行控制；属于荷载因素为主引起的约占20%，构件受力状态不同（如受弯、受剪、受扭或弯剪扭组合作用、局部荷载作用等），其裂缝形状和分布也不同，见图9-2。本节所讨论的为荷载引起的正截面裂缝验算。

二、裂缝控制的目的和要求

（一）裂缝控制的目的

1. 使用功能的要求

有些使用上要求不出现渗漏的贮液（气）容器或输送管道，裂缝的存在会直接影响其使用功能。因此，要对其控制裂缝的出现。

2. 建筑外观要求

外观是评价混凝土质量的重要因素之一，裂缝过宽会影响建筑的外观，引起人们的不安全感。满足外观要求的裂缝宽度限值选取，取决于多种原因。有专题研究对公众的反应作过调查，发现大多数人对于宽度超过0.3 mm的裂缝感到明显的心理压力。

3. 耐久性要求

这是控制裂缝最主要的原因。化学介质、气体和水分侵入裂缝，破坏了钢筋的钝化膜，会在钢筋表面发生电化学反应，引起钢筋锈蚀，不仅削弱了钢筋的受力面积，还会因钢筋体积的膨胀，引起保护层剥落，产生长期危害，影响结构的使用寿命，甚至使构件发生破坏。

实际上，从结构耐久性的角度看，保证混凝土的密实性和必要的保护层厚度及质量，要比控制结构表面的横向裂缝宽度重要得多。采用高性能混凝土和施加预应力有利于改善构件的抗裂性能。

(二)裂缝控制的等级和要求

构件裂缝控制等级的划分,主要根据结构的功能要求、环境条件对钢筋的腐蚀影响、钢筋种类对腐蚀的敏感性、荷载作用的时间等因素来考虑。

混凝土结构构件的正截面裂缝控制等级划分为三级:

(1)一级。严格要求不出现裂缝的构件。按荷载效应标准组合计算时,构件受拉边缘混凝土不应产生拉应力。

(2)二级。一般要求不出现裂缝的构件。按荷载效应标准组合计算时,构件受拉边缘混凝土拉应力不应大于混凝土轴心抗拉强度标准值;按荷载效应标准准永久组合计算时,构件受拉边缘混凝土不宜产生拉应力,当有可靠经验时可适当放松。

(3)三级。允许出现裂缝的构件,按荷载效应标准组合并考虑长期作用影响计算时,构件的最大裂缝宽度不应超过《混凝土结构设计规范》(GB 50010—2010)规定的最大裂缝宽度限值(按附表 3-3 确定)。

上述一、二级裂缝控制属于构件的抗裂能力控制,对于钢筋混凝土构件来说,混凝土在使用阶段一般都是带裂缝工作的,故按三级标准来控制裂缝宽度。对预应力混凝土构件,根据其工作条件、钢筋种类,分别进行一级或二级或三级裂缝控制验算。

三、裂缝宽度的计算理论

自 20 世纪 30 年代以来,各国学者对裂缝的产生机理、影响裂缝宽度的因素等进行了广泛研究,提出了多种计算理论,并根据这些理论提出了不同的计算方法。其中,主要的裂缝计算理论有:黏结滑移理论、无滑移理论、综合理论和数理统计方法。

(一)黏结滑移理论

1936 年由 R. Saligar 提出的黏结滑移理论是在钢筋混凝土单轴拉伸的试验和分析的基础上提出来的,在其后的 20 多年中,经过 Watstein - Parsons、Hognested 等学者的发展、充实和完善逐渐成型,之后被认为是一种经典的裂缝计算理论。这一理论的要点是:钢筋应力是通过钢筋与混凝土之间的黏结应力传给混凝土的,最小裂缝间距是由黏结应力从钢筋传递到混凝土上所需的长度决定的;裂缝是由于开裂后钢筋与混凝土间产生了相对滑移,使两者之间变形不再一致而造成的(见图 9-3(a))。

(二)无滑移理论

试验表明,构件表面处的裂缝与钢筋表面处的裂缝宽度大不一样,已有试验证实裂缝在钢筋表面附近的宽度仅为裂缝表面处宽度的 1/5 ~ 1/3,且与钢筋直径关系不大。根据这一现象,有的学者提出了无滑移理论。

无黏结滑移理论是 20 世纪 60 年代 Broms 和 Base 首先提出来的。无滑移理论要点是:在允许的裂缝宽度范围内,变形钢筋与混凝土之间的相对滑移可以忽略不计;假定钢筋表面的裂缝宽度为零,以裂缝截面钢筋至构件表面的应变梯度作为控制裂缝的机理;影响裂缝宽度的主要因素是所考虑点至最近钢筋的距离及混凝土保护层厚度;表面裂缝主要是由钢筋周围的混凝土回缩形成的(见图 9-3(b))。这一理论还认为在钢筋与混凝土之间有可靠的黏结就不会产生相对滑移。用这一理论计算结果与试验对比可知,当 15 mm $< c <$ 80 mm 时吻合良好,在此范围之外误差就较大。

(三)综合理论

黏结滑移理论和无滑移理论都对揭示混凝土受拉裂缝的规律作出了贡献。它们对于裂缝主要影响因素的分析和取舍各有侧重,都有一定试验结果支持。但它们计算式的形式和计算结果差别很大,又都不能完全地解释所有的试验现象和数据。因此,研究者综合考虑两种理论的合理部分,提出了综合理论(见图 9-3)。

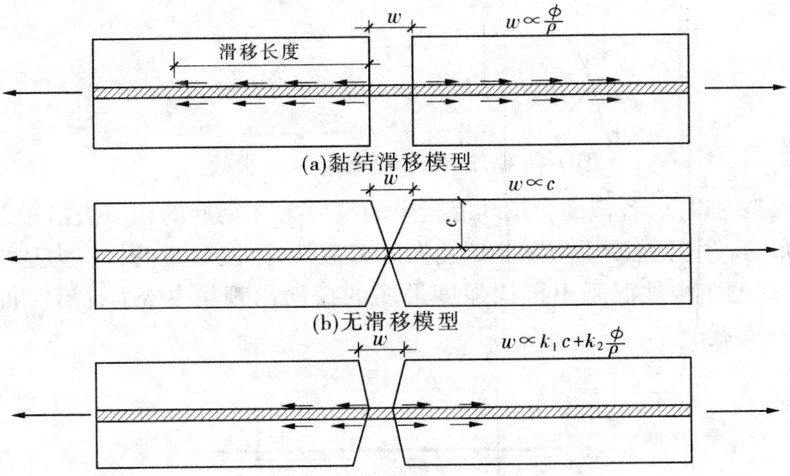

图 9-3　钢筋混凝土构件裂缝理论模型

黏结滑移 – 无滑移综合理论由英国学者 Beeby 首先提出的,后来经其他研究者进一步补充和发展而成。这一计算理论既考虑了应变梯度的影响,又考虑了钢筋可能出现的黏结滑移,并提出了钢筋的有效埋置区概念。该理论认为,构件表面的裂缝宽度取决于裂缝量测点到最近钢筋距离(与保护层和钢筋间距有关),裂缝是由钢筋外围混凝土的回缩造成的,而每根钢筋对混凝土的回弹约束作用有一定范围,即通过黏结力将拉力扩散到混凝土上,能够有效约束混凝土回弹的区域称为有效埋置区,钢筋对这一区域以外的裂缝不起控制作用。

(四)数理统计方法

鉴于影响裂缝的因素极为复杂,其机理也还未十分清楚,有些学者综合几种理论,计算公式中包含了较多的参数由试验确定。有的学者则干脆不做机理上的探求而在广为收集试验数据的基础上,回归分析各种参数对裂缝的影响程度,从中选择最主导的若干因素建立统计公式。

四、裂缝的出现和开展

受弯构件的裂缝包括由弯矩产生的正应力引起的垂直裂缝和由弯矩、剪力产生的主拉应力引起的斜裂缝。对于主拉应力引起的斜裂缝,当按斜截面抗剪承载力计算配置了足够的腹筋后,其斜裂缝的宽度一般都不会超过《混凝土结构设计规范》(GB 50010—2010)规定的最大裂缝宽度的限值,所以在此主要讨论由弯矩引起的垂直裂缝情况。

在第四章中我们已经讨论过钢筋混凝土适筋梁从加载开始直到破坏的 $M \sim f$ 曲线变

化特征,见图 9-4。现仍以受弯构件纯弯段为例,说明垂直裂缝出现和开展情况。

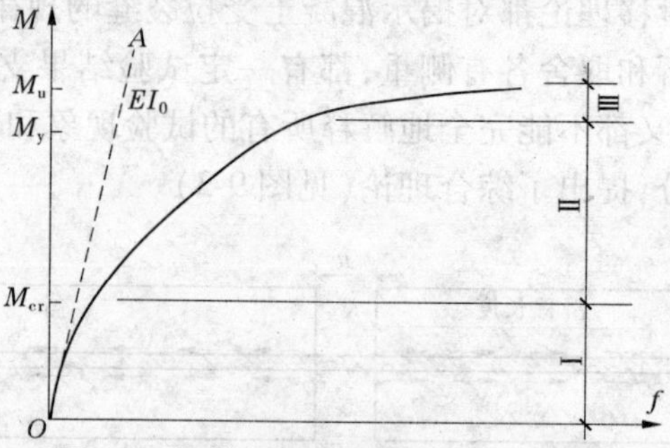

图 9-4　钢筋混凝土适筋梁 $M \sim f$ 曲线

在未出现裂缝以前,各截面受拉区混凝土的拉应力和钢筋的拉应力沿轴线方向基本上是均匀分布的。由于混凝土实际抗拉能力的离散性,当混凝土的拉应力达到其抗拉强度标准值时,首先在构件混凝土抗拉强度最弱的截面出现第一条(或第一批)裂缝,如图 9-5 中的 b—b 截面。

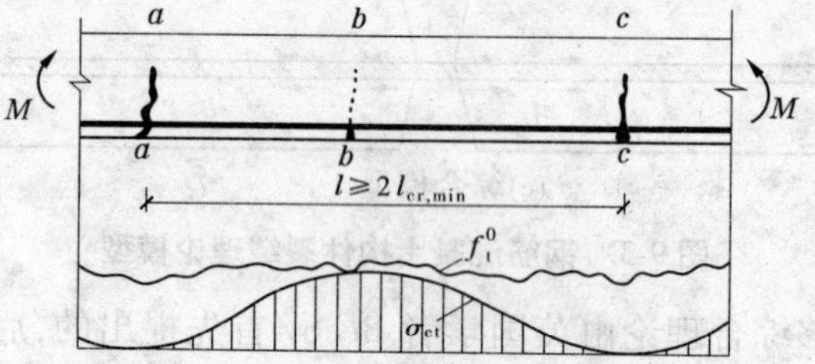

图 9-5　受弯构件纯弯段的裂缝分布

在第一条(或第一批)裂缝出现后,裂缝截面处的受拉混凝土退出工作,裂缝处混凝土的拉应力降为零,荷载产生拉力全部由钢筋承担,裂缝截面(b—b 截面)处纵向受拉钢筋的拉应力突然增大,该处的混凝土向裂缝两侧回缩,混凝土与钢筋表面出现相对滑移并产生变形差,故裂缝一出现即具有一定的宽度。由于钢筋和混凝土之间存在黏结应力,因而随着离开第一条(或第一批)裂缝截面(b—b 截面)两侧距离的增加,构件正截面上钢筋应力通过黏结力的作用逐渐传递给混凝土,即随着离开第一条(或第一批)裂缝截面(b—b 截面)两侧距离的增加,钢筋的拉应力逐渐减小,而混凝土拉应力则逐渐增大。直到距开裂截面为 l 处,混凝土的拉应力增大到其抗拉强度标准值时,才有可能出现第二条(或第二批)裂缝,如图 9-5 中的 a—a 截面、c—c 截面。

显然,在距第一条裂缝两侧 l 的范围内(或在间距小于 $2l$ 的第一批裂缝之间),由于通过黏结应力的作用传递给混凝土的拉应力不足以使混凝土开裂,故该范围内不可能再出现新的裂缝。理论上最小裂缝间距为 l,最大裂缝间距为 $2l$,平均裂缝间距为 $1.5l$。

因此,随荷载的增大,裂缝将陆续出现,裂缝间距将逐渐减小,最后趋于稳定。再继续增加荷载时,只是使原来的裂缝长度延伸,开裂宽度增大。

从上述可见,在钢筋混凝土受弯构件的纯弯区段内,裂缝是不断发生的,分布是不均匀的。然而,试验表明,对于具有常用或较高配筋率的受弯构件,在使用荷载作用下裂缝的出现一般已稳定或基本稳定。

五、我国规范裂缝宽度的计算方法

混凝土是一种非均质材料，其抗拉强度离散性较大，因而构件裂缝的出现和开展宽度也带有随机性，这就使裂缝宽度计算的问题变得比较复杂。对此，国内外从20世纪30年代开始进行研究，并提出了各种不同的计算方法。这些方法大致可归纳为两类：一类是试验统计法，即通过大量的试验获得实测数据，然后通过回归分析得出各种参数对裂缝宽度的影响，再由数理统计建立包含主要参数的计算公式；另一类是半理论半经验法，即根据裂缝出现和开展的机理，在若干假定的基础上建立理论公式，然后，根据试验资料确定公式的参数，从而得到裂缝宽度的计算公式。我国《混凝土结构设计规范》(GB 50010—2010)采用的是后一种方法。

前已述及，在裂缝出现的过程中，存在一个裂缝基本稳定的阶段。因此，对一特定的构件，其平均裂缝间距 l_{cr} 可以用统计方法根据试验资料求得，相应地存在一个平均裂缝宽度 w_m。

(一)平均裂缝间距 l_{cr} 的计算

理论分析表明，裂缝间距主要取决于有效配筋率 ρ_{te}，钢筋直径 d 及其表面形状。此外，还与混凝土保护层厚度 c 有关。

有效配筋率 ρ_{te} 是指按有效受拉混凝土截面面积 A_{te} 计算的纵向受拉钢筋的配筋率，即

$$\rho_{te} = A_s / A_{te} \tag{9-1}$$

其中，有效受拉混凝土截面面积 A_{te} 按下列规定取用：

对轴心受拉构件

$$A_{te} = A = bh \tag{9-2}$$

对受弯、偏心受压和偏心受拉构件(见图9-6)

$$A_{te} = 0.5bh + (b_f - b)h_f \tag{9-3}$$

式中　b——矩形截面宽度，T形和I形截面腹板厚度；

h——截面高度；

b_f、h_f——受拉翼缘的宽度和高度。

试验表明，有效配筋率 ρ_{te} 愈高，钢筋直径 d 愈小，则裂缝愈密，其宽度愈小；混凝土保护层厚度 c 对裂缝间距有一定的影响，混凝土保护层厚度大些，裂缝间距也大些，裂缝间距可表示为：

$$l_m = k_1 c + k_2 \frac{d}{\rho} \tag{9-4}$$

根据试验结果，平均裂缝间距可按下列半理论半经验公式计算

$$l_{cr} = \beta\left(1.9c_s + 0.08\frac{d_{eq}}{\rho_{te}}\right) \tag{9-5}$$

式中　β——系数，对轴心受拉构件取 $\beta = 1.1$，其他受力构件，均取 $\beta = 1.0$；

c_s——最外层纵向受拉钢筋外边缘至受拉区底边的距离，mm，当 $c_s < 20$ mm时，取 $c_s = 20$ mm，当 $c_s > 65$ mm时，取 $c_s = 65$ mm；

ρ_{te}——按有效受拉混凝土截面面积计算的纵向受拉钢筋的配筋率，在最大裂缝宽

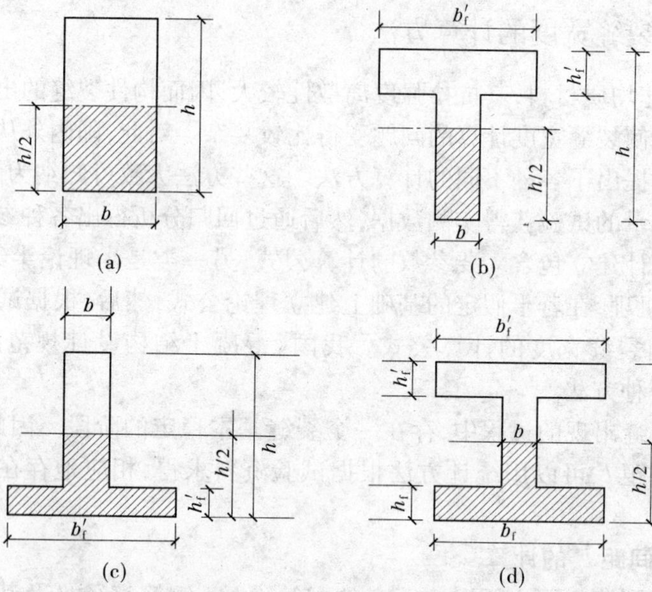

图 9-6　有效受拉混凝土截面面积(图中阴影部分面积)

度计算中,当 $\rho_{te}<0.01$ 时,取 $\rho_{te}=0.01$;

d_{eq}——受拉区纵向钢筋的等效直径,按式(9-6)计算。

$$d_{eq}=\frac{\sum n_i d_i^2}{\sum n_i \nu_i d_i} \tag{9-6}$$

式中　d_i——受拉区第 i 种纵向钢筋的公称直径;

n_i——受拉区第 i 种纵向钢筋的根数;

ν_i——受拉区第 i 种纵向钢筋的相对黏结特征系数,按表 9-1 取用。

表 9-1　钢筋的相对黏结特征系数

钢筋类别	钢　筋		先张法预应力筋			后张法预应力筋		
	光面钢筋	带肋钢筋	带肋钢筋	螺旋肋钢丝	钢绞线	带肋钢筋	钢绞线	光面钢丝
ν_i	0.7	1.0	1.0	0.8	0.6	0.8	0.5	0.4

(二)平均裂缝宽度 w_m

裂缝宽度 w_m 是指纵向受拉钢筋重心水平线处构件表面的裂缝宽度。如上所述,裂缝的开展是由于混凝土的回缩造成的。因此,平均裂缝宽度 w_m 应等于平均裂缝间距 l_{cr} 之间沿钢筋水平位置处钢筋和混凝土总伸长之差,即

$$w_m=\int_0^{l_{cr}}(\varepsilon_s-\varepsilon_c)\,dl \tag{9-7}$$

为计算方便,现将曲线应变分布简化为竖标的平均应变 ε_{sm} 和 ε_{cm} 的直线分布,如图 9-7(c)、(b)所示,于是

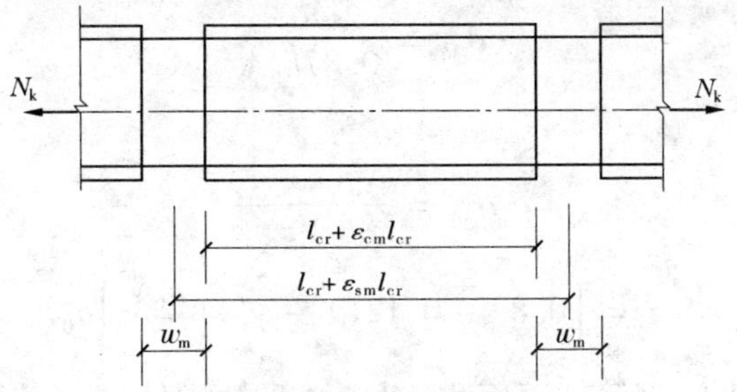

(a)裂缝宽度计算简图

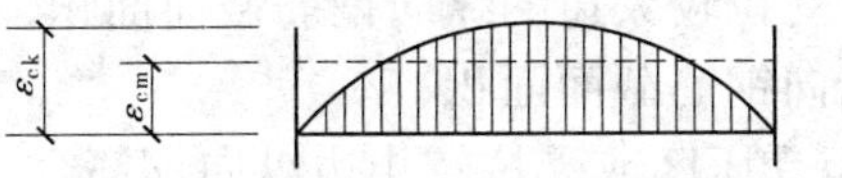

(b) ε_{ck}分布图

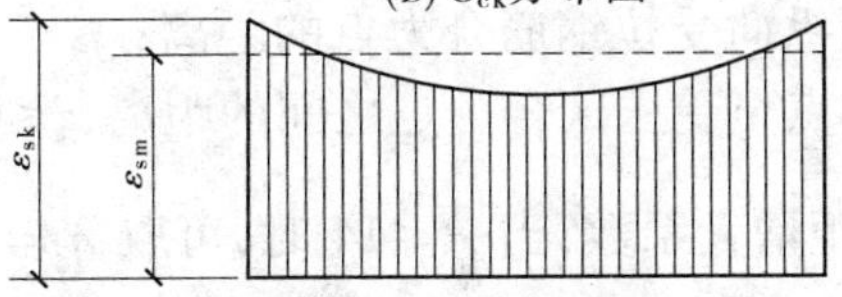

(c) ε_{sk}分布图

图 9-7　裂缝之间混凝土和钢筋的应变分布

$$w_m = (\varepsilon_{sm} - \varepsilon_{cm})l_{cr} = \left(1 - \frac{\varepsilon_{cm}}{\varepsilon_{sm}}\right)\varepsilon_{sm}l_{cr} = \alpha_c \frac{\sigma_{sm}}{E_s}l_{cr} \tag{9-8}$$

由试验得知 $\varepsilon_{cm}/\varepsilon_{sm} = 0.15$，故 $\alpha_c = 1 - \varepsilon_{cm}/\varepsilon_{sm} = 1 - 0.15 = 0.85$，令 $\sigma_{sm} = \psi\sigma_{sq}$，则式(9-8)为

$$w_m = \alpha_c\psi \frac{\sigma_{sq}}{E_s}l_{cr} \tag{9-9}$$

式中　E_s——钢筋弹性模量。

式(9-9)不仅适用于轴心受拉构件，也同样适用于受弯、偏心受拉和偏心受压构件。

值得注意的是，在钢筋位置处，由于钢筋对混凝土的约束，使得截面上各点的裂缝宽度并非如图 9-7(a)所示处处相等。实际上，混凝土裂缝的出现、裂缝的分布和裂缝的宽度都具有随机性，但从统计的观点来看，平均裂缝间距和平均裂缝宽度具有一定的规律性，平均裂缝宽度和最大裂缝宽度之间也有一定的规律性。

现再将 σ_{sq}、ψ 的计算分述如下。

1. 裂缝截面钢筋应力 σ_{sq}的计算

按荷载效应准永久组合计算的纵向受拉钢筋的应力(见图 9-8)，按下列公式计算：

轴心受拉

$$\sigma_{sq} = \frac{N_q}{A_s} \tag{9-10a}$$

偏心受拉

$$\sigma_{sq} = \frac{N_q e'}{A_s(h_0 - a'_s)} \tag{9-10b}$$

受弯

$$\sigma_{sq} = \frac{M_q}{0.87 h_0 A_s} \tag{9-10c}$$

偏心受压

$$\sigma_{sq} = \frac{N_q(e - z)}{A_s z} \tag{9-10d}$$

$$z = \left[0.87 - 0.12(1 - \gamma_f')\left(\frac{h_0}{e}\right)^2\right] h_0 \tag{9-10e}$$

式中　A_s——受拉区纵向钢筋截面面积，对轴心受拉构件，取全部纵向钢筋截面面积，对偏心受拉构件，取受拉较大边的纵向钢筋截面面积，对受弯构件和偏心受压构件，取受拉区纵向钢筋截面面积；

e'——轴向拉力作用点至受压区或受拉较小边纵向钢筋合力点的距离；

e——轴向压力作用点至纵向受拉钢筋合力点的距离；

z——纵向受拉钢筋合力点至受压区合力点之间的距离，$z \leqslant 0.87h_0$；

η_s——使用阶段的偏心距增大系数，当$\frac{l_0}{h} \leqslant 14$时，可取$\eta_s = 1.0$；

e_0——荷载准永久组合下的初始偏心距，取$e_0 = M_q/N_q$；

y_s——截面重心至纵向受拉钢筋合力点的距离，对矩形截面$y_s = h/2 - a_s$；

γ_f'——受压翼缘面积与腹板有效面积之比值，$\gamma_f' = \frac{(b'_f - b)h_f'}{bh_0}$，其中，$b_f'$、$h_f'$为受压翼缘的宽度、高度，当$h_f' > 0.2h_0$时，取$h_f' = 0.2h_0$。

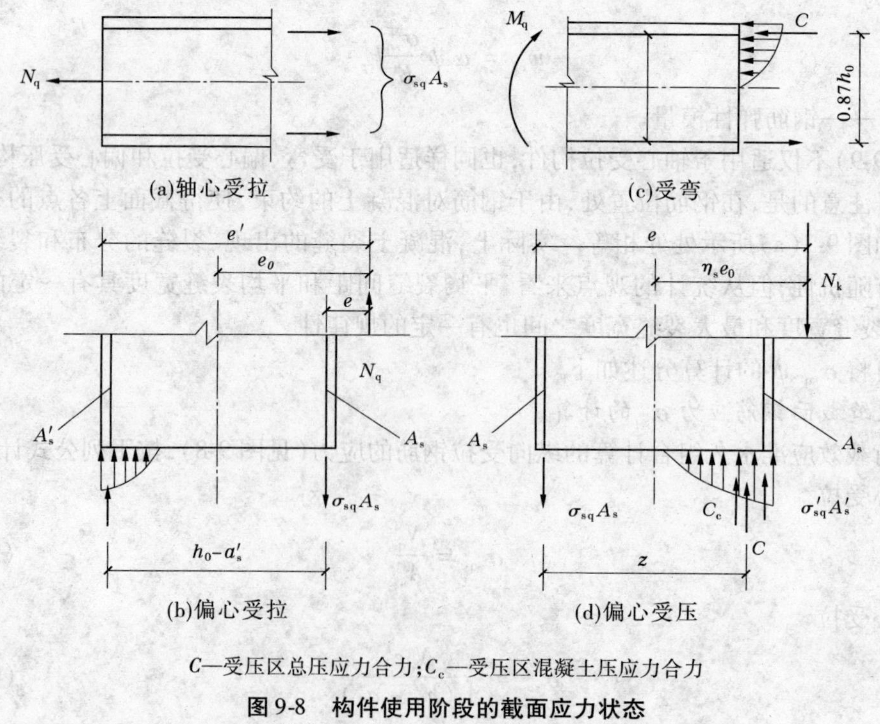

C—受压区总压应力合力；C_c—受压区混凝土压应力合力

图 9-8　构件使用阶段的截面应力状态

$$e = \eta_s e_0 + y_s \tag{9-10f}$$

$$\eta_s = 1 + \frac{1}{4\,000 e_0/h_0}\left(\frac{l_0}{h}\right)^2 \tag{9-10g}$$

2. 钢筋应变不均匀系数 ψ 的计算

钢筋应变不均匀系数 ψ 为裂缝之间钢筋的平均应变(或平均应力)与裂缝截面钢筋应变(或应力)之比,即

$$\psi = \sigma_{sm}/\sigma_{sq} = \varepsilon_{sm}/\varepsilon_{sq} \tag{9-11}$$

系数 ψ 愈小,裂缝之间的混凝土协助钢筋抗拉作用愈强;当系数 $\psi = 1$,即 $\sigma_{sm} = \sigma_{sq}$ 时,裂缝截面之间的钢筋应力等于裂缝截面的钢筋应力,钢筋与混凝土之间的黏结应力完全退化,混凝土不再协助钢筋抗拉。系数 ψ 是反映裂缝之间混凝土协助钢筋抗拉工作的程度。《混凝土结构设计规范》(GB 50010—2010)规定,该系数可按下列经验公式计算

$$\psi = 1.1 - \frac{0.65 f_{tk}}{\rho_{te}\sigma_{sq}} \tag{9-12}$$

式中　f_{tk}——混凝土抗拉强度标准值,按附表 1-1 采用。

为避免过高估计混凝土协助钢筋抗拉的作用,当按式(9-12)算得的 $\psi < 0.2$ 时,取 $\psi = 0.2$;当 $\psi > 1.0$ 时,取 $\psi = 1.0$。对直接承受重复荷载的构件,$\psi = 1.0$。

(三)最大裂缝宽度 w_{max}

实测表明,裂缝宽度具有很大的离散性,裂缝分布和开展具有不均匀性。合理的应该是根据统计分析得出的,在某一超越概率下的相对最大裂缝宽度,即超过这个宽度的裂缝的出现概率不大于某一协议概率,通常取最大裂缝宽度的超越概率为 5%,亦即计算控制的最大裂缝宽度的保证率为 95%。

实测统计结果显示,裂缝宽度分布基本上符合正态分布规律。因此,在荷载效应标准组合作用下,其短期最大裂缝宽度应等于平均裂缝宽度 w_m 乘以荷载短期效应裂缝扩大系数 τ_s。根据可靠概率为 95% 的要求,该系数可由实测裂缝宽度分布直方图的统计分析求得:对于轴心受拉和偏心受拉构件 $\tau_s = 1.9$;对受弯构件和偏心受压构件 $\tau_s = 1.66$。在荷载长期作用下,由于钢筋与混凝土的黏结滑移徐变、拉应力的松弛及混凝土的收缩影响,会导致裂缝间混凝土不断退出受拉工作,钢筋平均应变增大,裂缝宽度随时间推移逐渐增大。此外,荷载的变动,环境温度的变化,都会使钢筋与混凝土之间的黏结受到削弱,也将导致裂缝宽度的不断增大。因此,短期荷载最大裂缝宽度还需乘以荷载长期效应的裂缝扩大系数 τ_l,根据长期观测结果,长期荷载下裂缝的扩大系数 $\tau_l = 1.5$。考虑到短期效应与长期效应的组合作用,尚需乘以组合系数 a_{sl}。对各种受力构件,《混凝土结构设计规范》(GB 50010—2010)均取 $a_{sl}\tau_l = 0.9 \times 1.6 \approx 1.5$。这样,最大裂缝宽度为

$$w_{max} = \tau_s a_{sl} \tau_l w_m \tag{9-13}$$

将式(9-5)和式(9-9)代入上式可得

$$w_{max} = 0.85 \tau_s a_{sl} \tau_l \beta \psi \frac{\sigma_{sq}}{E_s}\left(1.9 c_s + 0.08 \frac{d_{eq}}{\rho_{te}}\right) \tag{9-14}$$

令

$$\alpha_{cr} = 0.85 \tau_s a_{sl} \tau_l \beta$$

得为用于矩形、T 形、倒 L 形及 I 形截面的钢筋混凝土受拉、受弯和偏心受压构件的,按荷

载效应的标准组合并考虑长期作用影响的正截面最大裂缝宽度计算公式。

$$w_{\max} = \alpha_{cr}\psi \frac{\sigma_{sq}}{E_s}\left(1.9c_s + 0.08\frac{d_{eq}}{\rho_{te}}\right) \tag{9-15}$$

式中　α_{cr}——构件受力特征系数，对轴心受拉构件 $\alpha_{cr}=2.7$，对偏心受拉构件 $\alpha_{cr}=2.4$，对受弯和偏心受压构件 $\alpha_{cr}=1.9$。

最大裂缝宽度求出后，裂缝宽度的验算可以按下面的公式进行

$$w_{\max} \leqslant w_{\lim} \tag{9-16}$$

式中　$w_{\max}$——按荷载效应标准组合并考虑长期作用影响计算的最大裂缝度；

$w_{\lim}$——最大裂缝宽度限值，建筑工程结构构件的最大裂缝宽度限值见附表 3-3。

式(9-15)是计算在纵向受拉钢筋重心水平处的最大裂缝宽度，而在结构试验或质量检验时，通常只能观察构件外表面的裂缝宽度，后者比前者约大 τ_b 倍。该倍数可按下列经验公式估算

$$\tau_b = 1 + 1.5a_s/h_0 \tag{9-17}$$

式中　a_s——从受拉钢筋截面重心到构件近边缘的距离。

六、影响裂缝宽度的主要因素

试验数据分析表明，影响裂缝宽度的主要因素有：

(1)受拉钢筋应力 σ_s。钢筋的应力值大时，裂缝宽度也大。在使用荷载作用下，用线性形式表达 $w_{\max}$ 与 σ_s 的关系最为简单。

(2)钢筋直径 d。当其他条件相同时，裂缝宽度随 d 的增大而增大。

(3)配筋率 ρ 值。随 ρ 值的增大，裂缝宽度有所减小。

(4)混凝土保护层厚度 c_s。大量的对比试验表明，保护层厚度或更准确地说是构件表面至最近钢筋的距离是影响表面裂缝宽度的主要因素。实测结果表明，平均裂缝宽度基本上与裂缝量测点据最近钢筋的距离成正比。

(5)钢筋的表面形状。其他条件相同时，配置带肋钢筋时的裂缝宽度比配置光圆钢筋时的裂缝宽度小。

(6)荷载作用性质。荷载长期作用下的裂缝宽度较大，反复荷载作用下裂缝宽度有所增大。

(7)构件受力性质(受弯、受拉等)。

【例 9-1】　已知某钢筋混凝土屋架下弦，$b \times h = 200\ \text{mm} \times 200\ \text{mm}$，承受荷载效应的准永久组合轴力 $N_q = 130$ kN，混凝土强度等级为 C40，钢筋为 HRB400 级，配置 4 Φ 16 的纵向受拉钢筋，保护层厚度 $c_s = 25$ mm，$w_{\lim} = 0.2$ mm，验算裂缝宽度是否满足要求。

解：由题意知：轴心受拉构件 $\alpha_{cr} = 2.7$，C40 混凝土：$f_{tk} = 2.39\ \text{N/mm}^2$，HRB400 级热轧带肋钢筋，相对黏结特征系数 $\nu_i = 1.0$，钢筋弹性模量 $E_s = 2.00 \times 10^5\ \text{N/mm}^2$，$A_s = 804\ \text{mm}^2$。

由式(9-1)计算有效受拉混凝土截面面积的纵向受拉钢筋的配筋率为

$$\rho_{te} = A_s/(bh) = 804/(200 \times 200) = 0.0201$$

由式(9-6)计算纵向受拉钢筋的等效直径为

$$d_{eq} = \frac{\sum n_i d_i^2}{\sum n_i \nu_i d_i} = \frac{4 \times 16^2}{4 \times 1.0 \times 16} = 16\ (\text{mm})$$

由式(9-10a)计算纵向受拉钢筋的应力为

$$\sigma_{sq} = N_q / A_s = 130\ 000/804 = 161.69(\text{N/mm}^2)$$

由式(9-12)计算裂缝间纵向受拉钢筋应变不均匀系数为

$$\psi = 1.1 - \frac{0.65 f_{tk}}{\rho_{te}\sigma_{sq}} = 1.1 - \frac{0.65 \times 2.39}{0.020\ 1 \times 161.69} = 0.62(0.2 < \psi < 1)$$

由式(9-15)计算得

$$w_{max} = \alpha_{cr}\psi \frac{\sigma_{sq}}{E_s}\left(1.9c_s + 0.08\frac{d_{eq}}{\rho_{te}}\right)$$

$$= 2.7 \times 0.62 \times \frac{161.69}{2 \times 10^5} \times \left(1.9 \times 25 + 0.08 \times \frac{16}{0.020\ 1}\right)$$

$$= 0.15(\text{mm}) < 0.2\text{mm}$$

满足要求。

【例 9-2】 已知承受均布荷载的钢筋混凝土矩形截面简支梁，截面尺寸 $b \times h = 200$ mm $\times 450$ mm，计算跨度 $l_0 = 5.2$ m，混凝土强度等级为 C30，HRB400 级钢筋，通过正截面受弯承载力计算配置 3 ⌀16 钢筋，混凝土保护层厚度 $c_s = 25$ mm，梁上承受的均布恒载标准值(含梁自重)$g_k = 5$ kN/m；均布活载标准值 $q_k = 12$ kN/m，活荷载准永久值系数为 0.5，最大裂缝宽度限值 $w_{lim} = 0.3$ mm。试验算其最大裂缝宽度是否满足要求。

解：(1)求荷载效应的准永久组合弯矩值。

$$M_q = \frac{1}{8}(g_k + \psi_q q_k) l_0^2 = \frac{1}{8} \times (5 + 0.5 \times 12) \times 5.2^2 = 37.18(\text{kN} \cdot \text{m})$$

(2)求 w_{max}。

$$h_0 = 450 - \left(25 + \frac{16}{2}\right) = 417(\text{mm}),\ A_s = 603\ \text{mm}^2$$

由式(9-1)计算有效受拉混凝土截面面积的纵向受拉钢筋的配筋率为

$$\rho_{te} = \frac{A_s}{0.5bh} = \frac{603}{0.5 \times 200 \times 450} = 0.013\ 4$$

由式(9-10c)计算纵向受拉钢筋的应力为

$$\sigma_{sq} = \frac{M_q}{0.87 h_0 A_s} = \frac{37.18 \times 10^6}{0.87 \times 417 \times 603} = 169.96(\text{N/mm}^2)$$

C30 混凝土：$f_{tk} = 2.01\ \text{N/mm}^2$，$E_c = 3.00 \times 10^4\ \text{N/mm}^2$，由式(9-12)计算裂缝间纵向受拉钢筋应变不均匀系数为

$$\psi = 1.1 - \frac{0.65 f_{tk}}{\rho_{te}\sigma_{sq}} = 1.1 - \frac{0.65 \times 2.01}{0.013\ 4 \times 169.96} = 0.526$$

对于受弯构件　$\alpha_{cr} = 1.9$　　$\nu_i = \nu = 1.0$　　$d_{eq} = d/\nu = 16$ mm

HRB400 级钢筋：$E_s = 2.00 \times 10^5\ \text{N/mm}^2$。

由式(9-15)计算得

$$w_{\max} = \alpha_{cr}\psi \frac{\sigma_{sq}}{E_s}\left(1.9c_s + 0.08\frac{d_{eq}}{\rho_{te}}\right)$$

$$= 1.9 \times 0.526 \times \frac{169.96}{2.00 \times 10^5} \times \left(1.9 \times 25 + 0.08 \times \frac{16}{0.0134}\right)$$

$$= 0.121(\text{mm}) < 0.3\ \text{mm}$$

满足要求。

【例 9-3】 一矩形截面偏心受拉构件的截面尺寸 $b \times h = 200\ \text{mm} \times 300\ \text{mm}$,每边配置 3 根直径为 18 mm 的 HRB335 级钢筋,混凝土强度等级为 C25,混凝土保护层厚度 $c_s = 25$ mm,按荷载效应的准永久组合计算的轴向力 $N_q = 200$ kN,按荷载效应的准永久组合计算的弯矩 $M_q = 20$ kN · m,最大裂缝宽度限值 $w_{\lim} = 0.3$ mm,试验算其最大裂缝宽度是否满足要求。

解:数据整理

$$e_0 = M_q/N_q = 20/200 = 0.1(\text{m}) = 100\ \text{mm}$$

$$a_s = a_s' = c_s + \frac{d}{2} = 25 + 8 = 33(\text{mm})$$

$$h_0 = h - a_s = 300 - 33 = 267(\text{mm})$$

$$e' = e_0 + \frac{h}{2} - a_s' = 100 + 150 - 33 = 217(\text{mm})$$

由式(9-10b)计算纵向受拉钢筋的应力

$$\sigma_{sq} = \frac{N_q e'}{A_s(h_0 - a_s')} = \frac{200 \times 217}{603 \times 234} = 307.58(\text{N/mm}^2)$$

C25 混凝土:$f_{tk} = 1.78\ \text{N/mm}^2$。

由式(9-1)计算有效受拉混凝土截面面积的纵向受拉钢筋的配筋率

$$\rho_{te} = \frac{A_s}{A_{te}} = \frac{A_s}{0.5bh} = \frac{603}{0.5 \times 200 \times 300} = 0.0201 > 0.01$$

由式(9-12)计算裂缝间纵向受拉钢筋应变不均匀系数

$$\psi = 1.1 - \frac{0.65 f_{tk}}{\rho_{te}\sigma_{sq}} = 1.1 - \frac{0.65 \times 1.78}{0.0201 \times 307.58} = 0.91 < 1.0$$

取 $\psi = 1.0$。

由式(9-15)计算得

$$w_{\max} = \alpha_{cr}\psi \frac{\sigma_{sq}}{E_s}\left(1.9c_s + 0.08\frac{d_{eq}}{\rho_{te}}\right)$$

$$= 2.4 \times 1.0 \times \frac{307.58}{2.00 \times 10^5} \times \left(1.9 \times 25 + 0.08 \times \frac{16}{0.0201}\right)$$

$$= 0.2(\text{mm}) < 0.3\ \text{mm}$$

满足要求。

【例 9-4】 某矩形截面的偏心受压柱,截面尺寸 $b \times h = 400\ \text{mm} \times 600\ \text{mm}$,计算长度为 $l_0 = 7.2$ m,混凝土强度等级为 C25,混凝土保护层厚度 $c_s = 30$ mm,按受压构件正截面

承载力计算，每边配置 HRB400 级钢筋为 3 ⌀28，荷载效应的准永久组合的 $N_q = 810$ kN，弯矩标准值 $M_q = 320$ kN · m，最大裂缝宽度限值 $w_{lim} = 0.2$ mm，试验算其最大裂缝宽度是否符合要求。

解：数据整理　　$l_0/h = 7.2/0.6 = 12 < 14, \eta_s = 1.0$

$$a_s = c_s + \frac{d}{2} = 30 + 14 = 44(\text{mm})$$

$$h_0 = h - a_s = 600 - 44 = 556(\text{mm})$$

$$e_0 = M_q/N_q = 320/810 = 395(\text{mm}) > 0.55h_0 = 0.55 \times 556 = 305.8(\text{mm})$$

$$e = e_0 + \frac{h}{2} - a_s = 395 + 300 - 44 = 651(\text{mm})$$

$$\gamma_f' = \frac{(b_f' - b)h_f'}{bh_0} = 0$$

由式(9-10e)得

$$z = \left[0.87 - 0.12(1 - \gamma_f')\left(\frac{h_0}{e}\right)^2\right]h_0 = \left[0.87 - 0.12 \times \left(\frac{556}{651}\right)^2\right] \times 556 = 435(\text{mm})$$

由式(9-10d)计算纵向受拉钢筋的应力

$$\sigma_{sq} = \frac{N_q(e - z)}{A_s z} = \frac{810 \times (651 - 435)}{1\,847 \times 435} = 218(\text{N/mm}^2)$$

由式(9-1)计算有效受拉混凝土截面面积的纵向受拉钢筋的配筋率为

$$\rho_{te} = \frac{A_s}{A_{te}} = \frac{A_s}{0.5bh} = \frac{1\,847}{0.5 \times 400 \times 600} = 0.015 > 0.01$$

由式(9-12)计算裂缝间纵向受拉钢筋应变不均匀系数为

$$\psi = 1.1 - \frac{0.65 f_{tk}}{\rho_{te}\sigma_{sq}} = 1.1 - \frac{0.65 \times 1.78}{0.015 \times 218} = 0.746 < 1.0$$

由式(9-15)计算得

$$w_{max} = \alpha_{cr}\psi\frac{\sigma_{sq}}{E_s}\left(1.9c_s + 0.08\frac{d_{eq}}{\rho_{te}}\right)$$

$$= 1.9 \times 0.746 \times \frac{218}{2.00 \times 10^5} \times \left(1.9 \times 30 + 0.08 \times \frac{28}{0.015}\right)$$

$$= 0.319(\text{mm}) > 0.2\text{ mm}$$

不满足要求。

在本例中，裂缝宽度不满足要求，读者可以思考减小裂缝宽度的具体方案。

第三节　受弯构件挠度验算

变形验算主要是指受弯构件的挠度验算。因此，本节对受弯构件的挠度验算方法进行介绍。

一、挠度控制的目的和要求

对钢筋混凝土受弯构件进行挠度控制的主要目的是：保证建筑的使用功能要求，防止对结构构件产生不良影响，防止对非结构构件产生不良影响和保证人们的感觉在可接受程度之内。

（一）保证建筑的使用功能要求

结构构件产生过大的变形将损害甚至使构件完全丧失其使用功能，如支承精密仪器设备的楼层梁、板的挠度过大，将使装置保持水平发生困难，影响仪器的使用；吊车梁的挠度过大会妨碍吊车的正常运行，并加剧轨道扣件的磨损；屋面板和挑檐板的挠度过大会造成积水和增加渗漏的风险。

（二）防止对结构构件产生不良影响

主要防止结构性能与设计中的假定不符。例如，支承于砖墙（柱）上的梁，端部梁的转动会引起支承面积减小，可能造成墙体沿梁顶部和底部出现内外水平裂缝，严重时将产生局部承压或墙体失稳破坏等，见图 9-9。

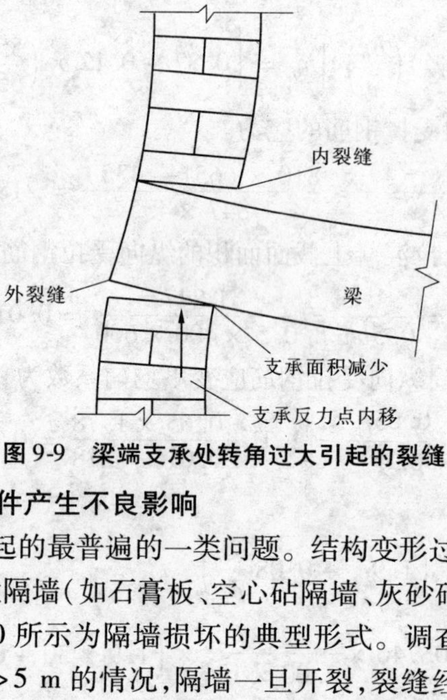

图 9-9　梁端支承处转角过大引起的裂缝

（三）防止对非结构构件产生不良影响

这是构件过度变形引起的最普遍的一类问题。结构变形过大会使门窗等不能正常开关，也会导致建筑物中脆性隔墙（如石膏板、空心砧隔墙、灰砂砖等建造的隔断墙、填充墙等）开裂和损坏。如图 9-10 所示为隔墙损坏的典型形式。调查研究表明，隔墙的损坏大多发生在构件计算跨度 $l_0>5$ m 的情况，隔墙一旦开裂，裂缝经常可达数毫米宽，因为脆性墙体的变形主要由裂缝所提供，有些国家为此提出了控制挠度不大于 $l_0/500$ 的要求。

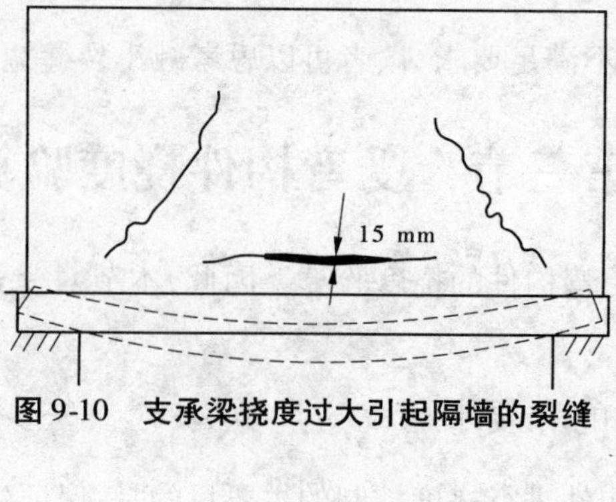

图 9-10　支承梁挠度过大引起隔墙的裂缝

(四)保证人们的感觉在可接受程度之内

构件出现明显下垂的挠度会使房屋的使用者产生不安全感,可变荷载(活荷载、风荷载等)引起的振动及噪声使人产生不良感觉,因此应该将构件的变形控制在人的眼睛所能感觉到的限度以内,心理上能够容忍的限度以内。调查表明,从外观的要求来看,构件的挠度应控制在 $l/250$ 的限值以内。

我国《混凝土结构设计规范》(GB 50010—2010)根据工程经验,规定受弯构件的最大挠度计算不应超过附表 3-1 的挠度限值。

二、钢筋混凝土受弯构件挠度计算的特点

材料力学中,简支梁跨中挠度计算的一般形式为

$$f = S\frac{Ml_0^2}{EI} \tag{9-18}$$

式中 f——梁跨中最大挠度;

M——梁跨中最大弯矩;

EI——均质弹性材料梁的抗弯刚度;

S——与荷载形式、支承条件有关的荷载效应系数,例如均布荷载时 $S=5/48$;

l_0——梁的计算跨度。

截面抗弯刚度与截面曲率的关系为

$$EI = \frac{M}{\phi} \tag{9-19}$$

截面抗弯刚度 EI 体现了截面抵抗弯曲变形的能力,同时也反映了截面弯矩与曲率之间的物理关系。当梁的截面形状、尺寸和材料一定时,其截面抗弯刚度 EI 是一个常数,既与弯矩无关,也不受时间影响。挠度与弯矩呈线性关系,如图 9-11 中的线 1 所示。

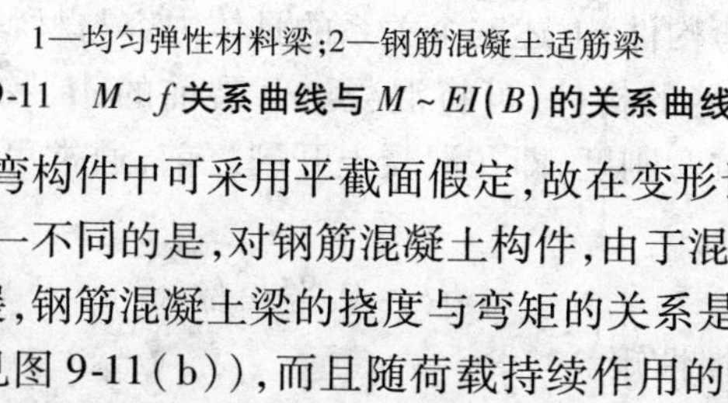

(a)M~f关系曲线 (b)M~$EI(B)$关系曲线

1—均匀弹性材料梁;2—钢筋混凝土适筋梁

图 9-11 $M\sim f$ 关系曲线与 $M\sim EI(B)$ 的关系曲线

由于在钢筋混凝土受弯构件中可采用平截面假定,故在变形计算中可以直接引用材料力学中的计算公式。唯一不同的是,对钢筋混凝土构件,由于混凝土是不均匀的非弹性材料,随受拉区裂缝的开展,钢筋混凝土梁的挠度与弯矩的关系是非线性的,使得梁的截面刚度不仅随弯矩变化(见图 9-11(b)),而且随荷载持续作用的时间变化(见图 9-12),加之混凝土材料具有比较明显的徐变、收缩等"时随"特性,需要考虑长期荷载的影响,因此钢筋混凝土受弯构件的抗弯刚度不再是常量 EI,而是变量 B。例如,承受均布荷载

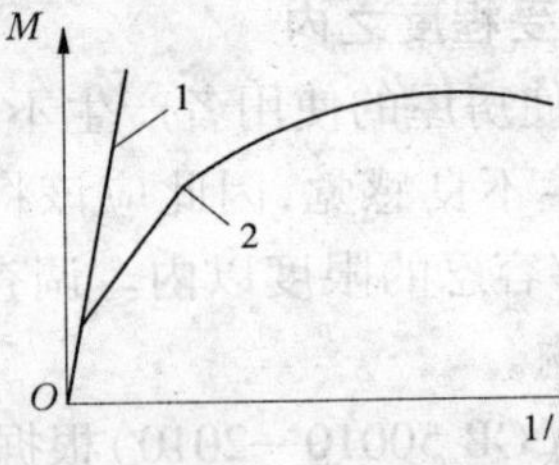

1—均质弹性材料梁；2—钢筋混凝土适筋梁

图 9-12　$M \sim \phi$ 关系曲线

$g_k + q_k$ 的钢筋混凝土简支梁，其跨中挠度

$$f = \frac{5(g_k + q_k)l_0^4}{384B} = \frac{5M_k l_0^2}{48B} \tag{9-20}$$

在混凝土受弯构件的变形验算中所用到的截面抗弯刚度，是指构件上一段长度范围内的平均截面抗弯刚度；考虑到荷载作用时间的影响，有短期刚度 B_s 和长期刚度 B 的区别。短期刚度 B_s 表示钢筋混凝土梁在荷载短期效应组合作用下的截面抗弯刚度，长期刚度 B 表示荷载长期效应组合影响的截面抗弯刚度。由此可见，钢筋混凝土受弯构件的变形计算问题实质上是如何确定其抗弯刚度的问题。

下面，在分别解决短期刚度 B_s 和长期刚度 B 计算的基础上，讨论钢筋混凝土受弯构件变形的计算方法。

三、短期刚度

在材料力学梁中，截面曲率与弯矩间的关系是根据截面变形的几何关系、材料的物理关系和截面受力的平衡关系推导得到的。这一方法同样适用于钢筋混凝土受弯构件截面曲率与弯矩关系的分析，从而推导出抗弯刚度计算公式。

受弯构件的抗弯刚度反映其抵抗弯曲变形的能力。在受弯构件的纯弯段，当弯矩一定时，截面抗弯刚度大，则其弯曲变形小；反之，弯曲变形大。因此，弯矩作用下的截面曲率与其刚度有关。从几何关系分析曲率是由构件截面受拉区伸长、受压区变短而形成的。因此，截面拉、压变形愈大，其曲率也愈大。若知道截面受拉区和受压区的应变值就能求出曲率，再由弯矩与曲率的关系，可求出钢筋混凝土受弯构件截面刚度。

但由于混凝土材料物理关系的弹塑性性质、截面应力的非线性分布特征及裂缝的影响，对于钢筋混凝土受弯构件，上述三个关系的具体内容与材料力学梁有很大差别。

对于要求不出现裂缝的构件，可将混凝土开裂前的 $M \sim \phi$ 曲线（见图 9-12）视为直线，其斜率就是截面的抗弯刚度，即在混凝土开裂之前，通常可偏安全地取钢筋混凝土构件的短期刚度为

$$B_s = 0.85E_c I_0 \tag{9-21}$$

式中　I_0——换算截面惯性矩。

对于允许出现裂缝的构件，构件受拉区混凝土开裂后，由于裂缝截面受拉区混凝土逐步退出工作，截面抗弯刚度比第Ⅰ阶段的明显下降。钢筋混凝土受弯构件一般允许带裂缝工作，因此其变形（刚度）计算就以第Ⅱ阶段的应力应变状态为根据。

(一)刚度计算公式的建立

在材料力学中,截面刚度 EI 反映截面内力 M 与变形(曲率 ϕ)的关系,即

$$EI = \frac{M}{\phi}$$

上式是通过以下三个环节建立起来的:

(1)几何关系。平截面假定给出的应变与曲率的关系为 $\phi = \varepsilon / y$。

(2)物理关系。虎克定律给出的应力与应变的关系为 $\varepsilon = \sigma / E$。

(3)平衡关系。应力与内力的关系 $\sigma = My/I$。

将以上三个环节贯穿起来便得出

$$\phi = \frac{\varepsilon}{y} = \frac{\sigma}{Ey} = \frac{M}{EI} \tag{9-22}$$

1. 几何关系

如前所述,虽然由于裂缝的影响,钢筋和混凝土应变沿梁轴线方向呈波浪形分布,但平均应变符合平截面假定。

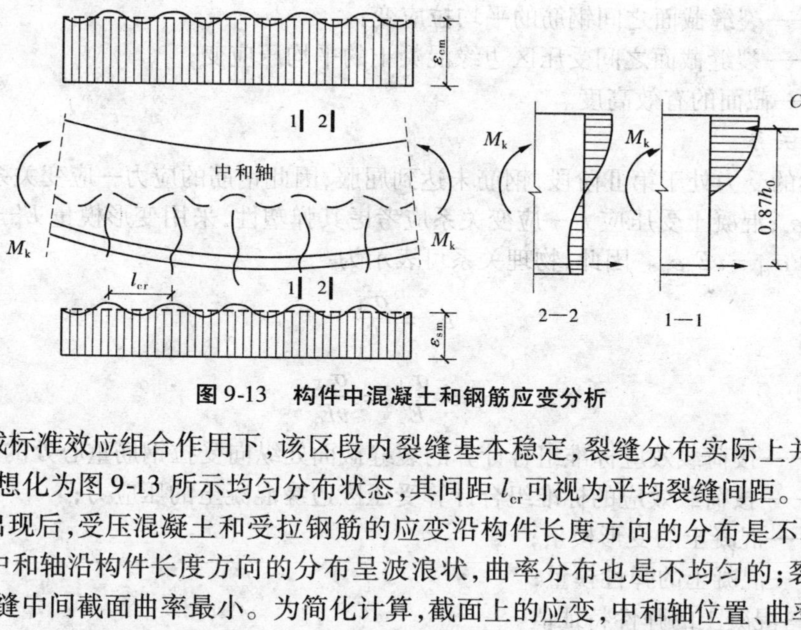

图 9-13　构件中混凝土和钢筋应变分析

在荷载标准效应组合作用下,该区段内裂缝基本稳定,裂缝分布实际上并不十分均匀,但可理想化为图 9-13 所示均匀分布状态,其间距 l_{cr} 可视为平均裂缝间距。

裂缝出现后,受压混凝土和受拉钢筋的应变沿构件长度方向的分布是不均匀的(见图 9-13),中和轴沿构件长度方向的分布呈波浪状,曲率分布也是不均匀的;裂缝截面曲率最大;裂缝中间截面曲率最小。为简化计算,截面上的应变,中和轴位置、曲率均采用平均值。若以裂缝平均间距 l_{cr} 为一单元,根据平截面假定,其受拉钢筋伸长 Δ_s 为

$$\Delta_s = \varepsilon_{sm} l_{cr}$$

受压边缘混凝土缩短 Δ_c 为

$$\Delta_c = \varepsilon_{cm} l_{cr}$$

由图 9-14 可知,由于三角形 oab 与三角形 $o'a'b'$ 相似,利用几何关即可得出

$$\frac{l_{cr}}{r} = \frac{\Delta_c + \Delta_s}{h_0} = \frac{(\varepsilon_{cm} + \varepsilon_{sm}) l_{cr}}{h_0}$$

故

$$\phi = \frac{1}{r} = \frac{\varepsilon_{cm} + \varepsilon_{sm}}{h_0} \tag{9-23}$$

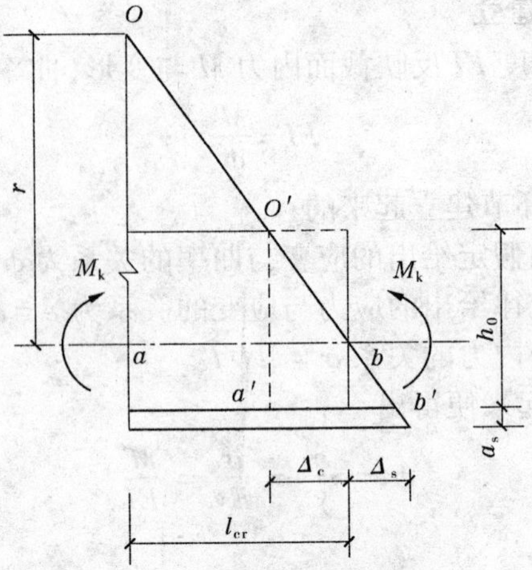

图 9-14　截面曲率计算简图

式中　r——与平均中和轴相应的平均曲率半径；

ε_{sm}——裂缝截面之间钢筋的平均拉应变；

ε_{cm}——裂缝截面之间受压区边缘混凝土的平均压应变；

h_0——截面的有效高度。

2. 物理关系

考虑梁的受力处于第Ⅱ阶段，钢筋未达到屈服，因此钢筋的应力—应变关系仍按线弹性，$\sigma_{sk}=E_s\varepsilon_s$；混凝土受压应力—应变关系应考虑其弹塑性，采用变形模量 $E'_c=\nu E_c$，则开裂截面应力 $\sigma_{ck}=\nu E_c\varepsilon_c$。因此，物理关系可表示为

$$\varepsilon_s=\frac{\sigma_{sk}}{E_s} \tag{9-24a}$$

$$\varepsilon_c=\frac{\sigma_{ck}}{E'_c}=\frac{\sigma_{ck}}{\nu E_c} \tag{9-24b}$$

式中　σ_{sk}——按荷载效应标准组合计算的裂缝截面处纵向受拉钢筋重心处的拉应力；

σ_{ck}——按荷载效应的标准组合计算受压区边缘混凝土的压应力；

E'_c——混凝土的变形模量；

E_s——混凝土的弹性模量；

ν——混凝土的弹性特征值。

若引用钢筋应变不均匀系数 ψ，则平均应变 $\varepsilon_{sm}=\psi\varepsilon_s$，并近似取平均应变等于开裂截面应变 ε_c，则平均应变与裂缝截面应变的关系为

$$\varepsilon_{sm}=\psi\varepsilon_s=\psi\frac{\sigma_{sk}}{E_s} \tag{9-25a}$$

$$\varepsilon_{cm}\approx\varepsilon_c=\frac{\sigma_{ck}}{E'_c}=\frac{\sigma_{ck}}{\nu E_c} \tag{9-25b}$$

式中　ε_{sm}——裂缝截面之间钢筋的平均应变；

ε_{cm}——裂缝截面之间受压混凝土边缘的平均应变。

3. 平衡关系

由于裂缝截面受力明确，可根据图 9-15 所示裂缝截面的应力分布，得到短期弯矩 M_k

作用下裂缝截面处钢筋应力 σ_{sk} 和受压边缘混凝土应力 σ_{ck}。如图 9-15 所示，将开裂截面的混凝土压应力图形用等效矩形应力图来代替，其平均应力为 $\omega\sigma_{ck}$，压区高度为 ξh_0，混凝土合压力作用点到钢筋面积形心的力臂为 ηh_0，则由平衡条件得

$$M_k = C\eta h_0 = \omega\sigma_{ck}\xi h_0 b\eta h_0$$

$$M_k = T\eta h_0 = \sigma_{sk}A_s\eta h_0$$

于是有

$$\sigma_{ck} = \frac{M_k}{\omega\xi\eta bh_0^2} \tag{9-26a}$$

$$\sigma_{sk} = \frac{M_k}{A_s\eta h_0} \tag{9-26b}$$

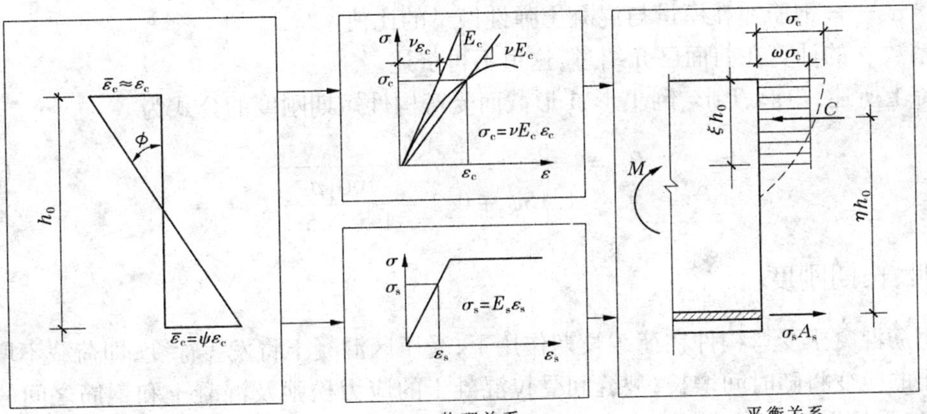

图 9-15　刚度计算公式的建立

由式(9-24)的物理关系，并利用平均应变与裂缝截面应变的关系，得到钢筋和受压边缘混凝土的平均应变

$$\phi = \frac{\varepsilon_{sm} + \varepsilon_{cm}}{h_0} = \frac{\psi\dfrac{\sigma_{sk}}{E_s} + \dfrac{\sigma_{ck}}{\nu E_c}}{h_0} = M_k\left(\frac{\psi}{\eta h_0^2 A_s E_s} + \frac{1}{\nu\xi\omega\eta E_c bh_0^3}\right) \tag{9-27}$$

设 $\zeta = \nu\xi\omega\eta$，并取 $\alpha_E = E_s/E_c$，$\rho = A_s/bh_0$ 代入式(9-27)整理得到短期荷载作用下的截面抗弯刚度 B_s 的计算公式为

$$B_s = \frac{M_k}{\phi} = \frac{E_sA_sh_0^2}{\dfrac{\psi}{\eta} + \dfrac{\alpha_E\rho}{\zeta}} \tag{9-28}$$

(二)参数 η、ζ 和 ψ

1. 开裂截面内力臂系数 η

试验及理论分析表明，在使用荷载下 $M \approx (0.6 \sim 0.8)M_u$，梁处于第Ⅱ阶段工作，截面的相对受压区高度 $\xi = x/h_0$ 变化很小，故内力臂的增长不大。在常用的混凝土强度及配筋情况下，η 值在 0.83 ~ 0.93 波动。为简化计算，《混凝土结构设计规范》(GB 50010—2010)规定，取 $\eta = 0.87$，或 $1/\eta = 1.15$。

2. 受压区边缘混凝土平均应变综合系数 ζ

$\zeta=\nu\xi\omega\eta$ 综合反映了受压区混凝土塑性、应力图形完整性、内力臂系数及裂缝间混凝土应变不均匀性等因素的影响，该系数可直接由试验方法求得，而不再需要分别研究各个系数。通过对常见截面的受弯构件实测结果分析，可取

$$\frac{\alpha_E\rho}{\zeta}=0.2+\frac{\alpha_E\rho}{1+3.5r_f'} \tag{9-29}$$

式中　r_f'——T 形、I 形截面受压翼缘面积与腹板有效面积之比，计算公式为 $r_f'=(b_f'-b)h_f'/bh_0$，b_f'、h_f' 分别为截面受压翼缘的宽度和高度，《混凝土结构设计规范》(GB 50010—2010) 规定，当 $h_f'>0.2h_0$ 时，取 $h_f'=0.2h_0$ 计算 r_f'；

ρ——纵向受拉钢筋配筋率；

α_E——钢筋弹性模量与混凝土弹性模量的比值。

系数 ψ 的计算在前面已介绍过，这里不再赘述。

综上所述，矩形、T 形、倒 T 形、I 形截面受弯构件短期刚度的公式为

$$B_s=\frac{E_sA_sh_0^2}{1.15\psi+0.2+\dfrac{6\alpha_E\rho}{1+3.5r_f'}} \tag{9-30}$$

四、长期刚度

钢筋混凝土受弯构件在荷载长期作用下，受压区混凝土将发生徐变，即荷载不增加而混凝土的应变将随时间增长；裂缝间受拉混凝土的应力松弛及混凝土和钢筋之间的徐变滑移，使受拉混凝土不断退出工作，导致受拉钢筋的平均应变也随时间增长；因而在荷载长期作用下，构件的曲率增大，刚度降低，挠度增加。

我国《钢筋混凝土结构设计规范》(GB 50010—2010) 规定钢筋混凝土受弯构件的挠度应在短期刚度 B_s 的基础上，分别提出了考虑荷载准永久组合和荷载标准组合的长期作用对挠度增大的影响。图 9-16 为考虑荷载长期作用影响的曲率计算模式，在荷载效应准永久组合弯矩 M_q 的作用下，构件先产生一短期曲率 $1/r$，在 M_q 的长期作用下曲率将逐渐增大，设达到终极时曲率增大到短期曲率的 θ 倍，即达到 θ/r。

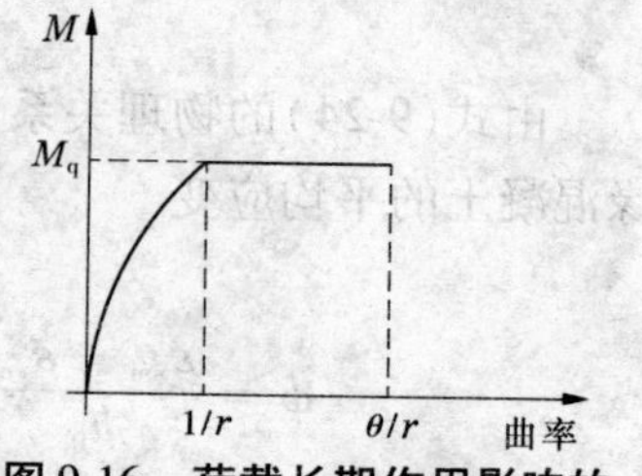

图 9-16　荷载长期作用影响的曲率计算模式

采用荷载准永久组合时长期刚度 B 可表示为

$$B=\frac{M}{\theta/r}=\frac{M}{1/r}\frac{1}{\theta}=\frac{B_s}{\theta} \tag{9-31}$$

式中　θ——考虑荷载长期作用对挠度增大的影响系数，对钢筋混凝土受弯构件，当 $\rho'=0$ 时，取 $\theta=2.0$，当 $\rho'=\rho$ 时，取 $\theta=1.6$，当 ρ' 为中间值时，θ 按线性内插法取用，$\theta=1.6+0.4(1-\rho'/\rho)$，此处，$\rho'=A_s'/(bh_0)$，$\rho=A_s/(bh_0)$，对于翼缘位于受拉区的倒 T 形截面，$\theta$ 应增加 20%。

采用荷载标准组合时长期刚度 B 可表示为

$$B = \frac{M_k}{M_q(\theta - 1) + M_k} B_s \tag{9-32}$$

式中　M_k——按荷载标准组合计算的弯矩，取计算区段内最大弯矩值；

M_q——按荷载准永久组合计算的弯矩，取计算区段内的最大弯矩值。

从式(9-30)、式(9-31)及式(9-32)的刚度计算公式分析可知，提高截面刚度最有效的措施是增大截面高度。还可以采取如下措施提高截面刚度：增加受拉或受压翼缘可使刚度有所增加；当设计上构件截面尺寸不能加大时，可考虑增加纵向受拉钢筋截面面积或提高混凝土强度等级来提高截面刚度，但其作用不明显；对某些构件，还可以充分利用纵向受压钢筋对长期刚度的有利影响，在构件受压区配置一定数量的受压钢筋来提高截面刚度。

五、受弯构件的挠度计算

受弯构件在正常工作时，随着作用在梁各截面上弯矩的不同，各截面的刚度也不同，沿梁长是变化的(见图9-17)，当然，各截面的变形也不同。

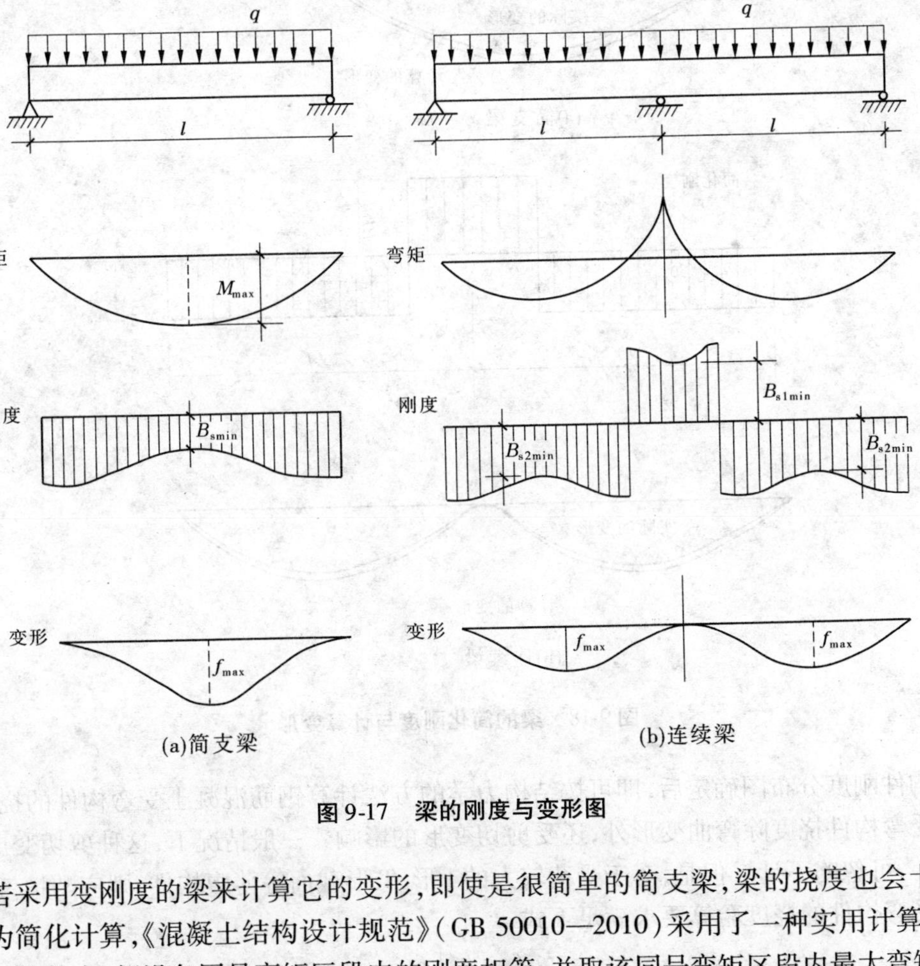

图9-17　梁的刚度与变形图

若采用变刚度的梁来计算它的变形，即使是很简单的简支梁，梁的挠度也会十分烦琐。为简化计算，《混凝土结构设计规范》(GB 50010—2010)采用了一种实用计算法，在等截面构件中，假设各同号弯矩区段内的刚度相等，并取该同号弯矩区段内最大弯矩截面对应的最小抗弯刚度(即该区段内的最小刚度 B_{min})作为该区段的抗弯刚度,按等刚度的受弯构件来计算挠度。也就是说,曲率 ϕ 按 M/B_{min} 计算。这就是挠度计算中通称的“最小刚度原则”,据此可很方便地确定构件的刚度分布。据此得出的挠度值要比实际挠度略大而偏于安全。又由于两者刚度差异最大的区段在接近支座处发生,因而对梁的挠度影响必然较小,所以采用这种简化计算是允许的。例如,上述的简支梁和连续梁的最大挠度可分别按如下刚度值进行计算,见图 9-18;带悬挑的简支梁的最大挠度可按如下抗弯刚度值进行计算,见图 9-19。

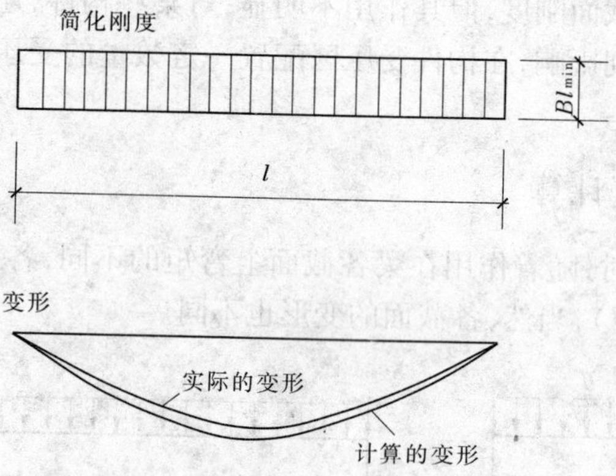

(a)简支梁

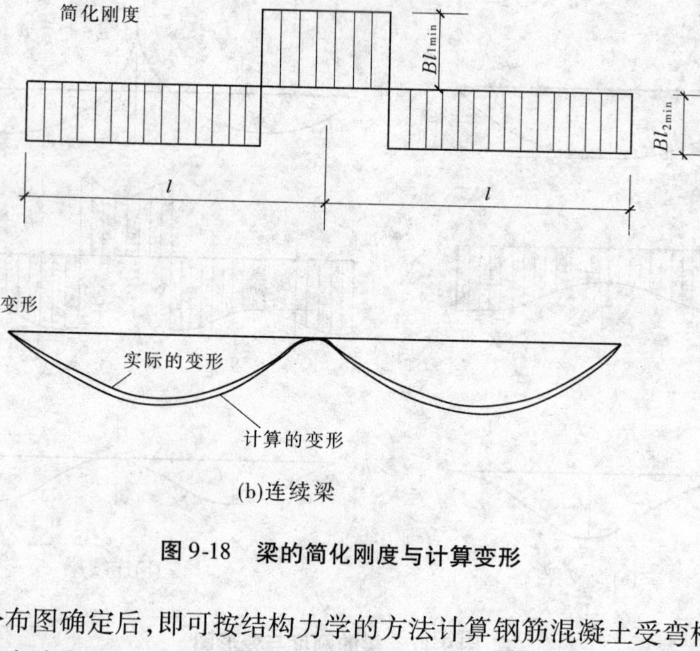

(b)连续梁

图 9-18　梁的简化刚度与计算变形

构件刚度分布图确定后,即可按结构力学的方法计算钢筋混凝土受弯构件的挠度。

受弯构件挠度除弯曲变形外,还受剪切变形的影响。一般情况下,这种剪切变形的影响很小,可忽略不计。但是,对于受荷较大的 I 形、T 形截面等薄腹构件,则应酌情考虑。

受弯构件的挠度验算要求满足下式

$$f_{max} \leqslant [f] \tag{9-33}$$

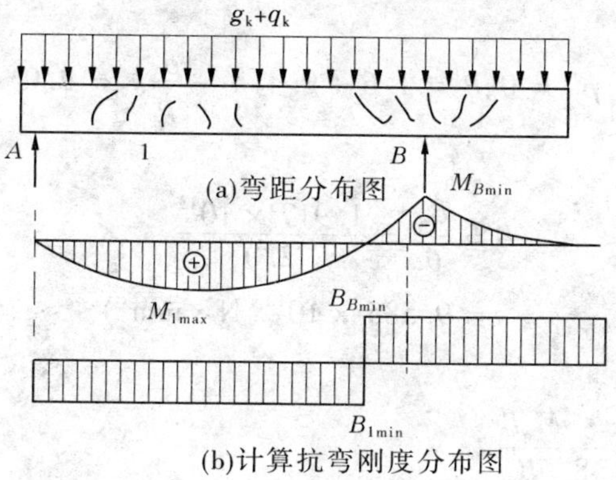

1—跨中截面

图 9-19　带悬挑简支梁抗弯刚度分布图

式中　$f_{\max}$——受弯构件按荷载效应的准永久组合并考虑荷载长期作用影响计算的挠度值;

$[f]$——受弯构件的挠度限值,建筑工程受弯构件的挠度取值见附表 3-1。

如果式(9-33)不能满足要求,应设法降低 $f_{\max}$,也就是增大抗弯刚度。增大刚度最有效的措施是增加截面高度;当设计上构件截面尺寸不能加大时,可考虑增加纵向受拉钢筋截面面积或提高混凝土强度等级;对某些构件还可以充分利用纵向受压钢筋对长期刚度的有利影响,在构件受压区配置一定数量的受压钢筋。此外,采用预应力混凝土构件也是提高受构件刚度的有效措施。

【例 9-5】　已知条件同例 9-2,挠度允许值为 $\dfrac{l_0}{250}$。试验算挠度是否符合要求。

解:由例 9-2 知

$$M_q = 37.18\ \text{kN}\cdot\text{m}, \rho_{te} = 0.0134$$

$$\sigma_{sq} = 169.96\ \text{N/mm}^2, \psi = 0.526$$

(1)求 B_s。

HRB400 钢筋: $E_s = 2.00\times10^5\ \text{N/mm}^2, \alpha_E = \dfrac{E_s}{E_c} = \dfrac{2.00\times10^5}{3.00\times10^4} = 6.67$

$$\rho = \frac{A_s}{bh_0} = \frac{603}{200\times417} = 0.00723$$

由式(9-30)得

$$B_s = \frac{E_sA_sh_0^2}{1.15\psi + 0.2 + \dfrac{6\alpha_E\rho}{1+3.5r_f'}}$$

$$= \frac{2.00\times10^5\times603\times417^2}{1.15\times0.526 + 0.2 + \dfrac{6\times6.67\times0.00723}{1+3.5\times0}} = 1.917\times10^{13}(\text{N}\cdot\text{mm}^2)$$

(2)求 B。

$$\rho' = 0,\theta = 1.6 + 0.4(1 - \frac{\rho'}{\rho}) = 2.0$$

由式(9-31)得

$$B = \frac{B_s}{\theta} = \frac{1.917 \times 10^{13}}{2.0} = 9.585 \times 10^{12}(\text{N} \cdot \text{mm}^2)$$

(3)求挠度 f_{max}。

$$f_{max} = \frac{5}{48}\frac{M_q l_0^2}{B} = \frac{5}{48} \times \frac{37.18 \times 10^6 \times 5.2^2 \times 10^6}{9.585 \times 10^{12}} = 10.93(\text{mm}) < \frac{l_0}{250} = 20.8\text{mm}$$

符合要求。

【例 9-6】 如图 9-20 所示多孔板的计算跨度 $l_0 = 3.18$ m,采用混凝土强度等级为 C25,HPB300 级钢筋,配置纵向受拉钢筋为 9 Φ 8。承受按荷载准永久组合计算的弯矩值 $M_q = 7.26$ kN · m。保护层厚度 $c_s = 10$ mm。试验算变形是否满足要求。

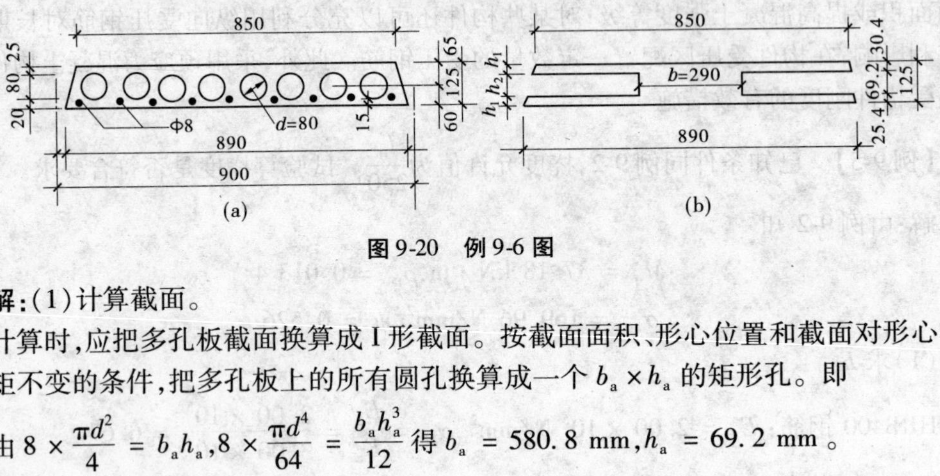

图 9-20　例 9-6 图

解:(1)计算截面。

计算时,应把多孔板截面换算成 I 形截面。按截面面积、形心位置和截面对形心轴的惯性矩不变的条件,把多孔板上的所有圆孔换算成一个 $b_a \times h_a$ 的矩形孔。即

由 $8 \times \frac{\pi d^2}{4} = b_a h_a, 8 \times \frac{\pi d^4}{64} = \frac{b_a h_a^3}{12}$ 得 $b_a = 580.8$ mm, $h_a = 69.2$ mm。

则换算后的 I 形截面尺寸为

$$b_f' = 850 \text{ mm}, h_f' = 30.4 \text{ mm}, b_f = 890 \text{ mm},$$

$$h_f = 25.4 \text{ mm}, h = 125 \text{ mm}, b = \frac{b_f' + b_f}{2} - b_a \approx 290 \text{ mm}$$

(2)求 ψ。

$$h_0 = 125 - 20 = 105(\text{mm}), A_s = 453 \text{ mm}^2$$

由式(9-1)得

$$\rho_{te} = \frac{A_s}{0.5bh + (b_f - b)h_f}$$

$$= \frac{453}{0.5 \times 290 \times 125 + (890 - 290) \times 25.4}$$
$$= 0.0136$$

由式(9-10c)得

$$\sigma_{sq} = \frac{M_q}{0.87 h_0 A_s} = \frac{7.26 \times 10^6}{0.87 \times 105 \times 453} = 175.4(\text{N/mm}^2)$$

C25 混凝土：$f_{tk} = 1.78\ \text{N/mm}^2$，$E_c = 2.80 \times 10^4\ \text{N/mm}^2$。

由式(9-12)得

$$\psi = 1.1 - \frac{0.65 f_{tk}}{\rho_{te}\sigma_{sq}} = 1.1 - \frac{0.65 \times 1.78}{0.0136 \times 175.4} = 0.615$$

(3)求 B_s。

HPB300 钢筋：$E_s = 2.1 \times 10^5\ \text{N/mm}^2$，$\alpha_E = \frac{E_s}{E_c} = \frac{2.1 \times 10^5}{2.80 \times 10^4} = 7.5$

$$\rho = \frac{A_s}{bh_0} = \frac{453}{290 \times 105} = 0.01488$$

$$\gamma_f' = \frac{(b_f' - b) \times h_f'}{bh_0} = \frac{(850 - 290) \times 30.4}{290 \times 105} = 0.559$$

由式(9-30)得

$$B_s = \frac{E_s A_s h_0^2}{1.15\psi + 0.2 + \frac{6\alpha_E \rho}{1 + 3.5\gamma_f'}}$$

$$= \frac{2.1 \times 10^5 \times 453 \times 105^2}{1.15 \times 0.615 + 0.2 + \frac{6 \times 7.5 \times 0.01488}{1 + 3.5 \times 0.559}} = 92.51 \times 10^{10}(\text{N} \cdot \text{mm}^2)$$

(4)求 B。

$$\rho' = 0, \theta = 1.6 + 0.4\left(1 - \frac{\rho'}{\rho}\right) = 2.0$$

对翼缘在受拉区的 T 形截面，θ 应增大 20%，故取 $\theta = 2.0 \times 1.2 = 2.4$。

由式(9-31)得

$$B = \frac{B_s}{\theta} = \frac{92.51 \times 10^{10}}{2}$$
$$= 46.26 \times 10^{10}(\text{N} \cdot \text{mm}^2)$$

(5)求挠度 f_{max}。

$$f_{max} = \frac{5}{48}\frac{M_q l_0^2}{B}$$

$$= \frac{5}{48} \times \frac{7.26 \times 10^6 \times 3.18^2 \times 10^6}{46.26 \times 10^{10}} = 16.5(\text{mm})$$

$$\geqslant \frac{l_0}{200} = 15.9\ \text{mm}$$

不符合要求。

第四节　混凝土构件的截面延性

一、延性概念

结构、构件或截面的延性是指它们进入破坏阶段以后,在承载能力没有显著下降的情况下承受变形的能力。也就是说,延性是反映它们后期变形的能力。"后期"是指从钢筋开始屈服进入破坏阶段直到最大承载能力(或下降到最大承载能力的85%)时的整个过程。如图9-21所示从 ϕ_y 至 ϕ_u 的过程。延性通常用延性系数 u_ϕ 来表达。

延性差的结构、构件或截面,其后期变形能力小,在达到其最大承载能力后会突然脆性破坏,这是设计时要尽量避免的。因此,对结构、构件或截面除要它们满足承载能力的要求外,还要求它们具有一定的延性,其目的在于:

(1)有利于吸收和耗散地震能量,满足抗震方面的要求。

(2)防止发生像超筋梁那样的脆性破坏,以确保人的生命和国家财产的安全。

(3)在超静定结构中,能更好地适应地基不均匀沉降及温度变化等情况。

(4)使超静定结构能够充分地进行内力重分布,并避免配筋疏密悬殊,便于施工,节约钢材。

二、受弯构件的截面曲率延性系数

在研究截面曲率延性系数时,仍采用平截面假定。

(一)受弯构件截面曲率延性系数表达式

图9-21(a)、(b)分别表示适筋梁截面受拉钢筋开始屈服和达到截面最大承载力时的截面应变及应力图形,由截面应变图知

$$\phi_y = \frac{\varepsilon_y}{(1-k)h_0} \tag{9-34a}$$

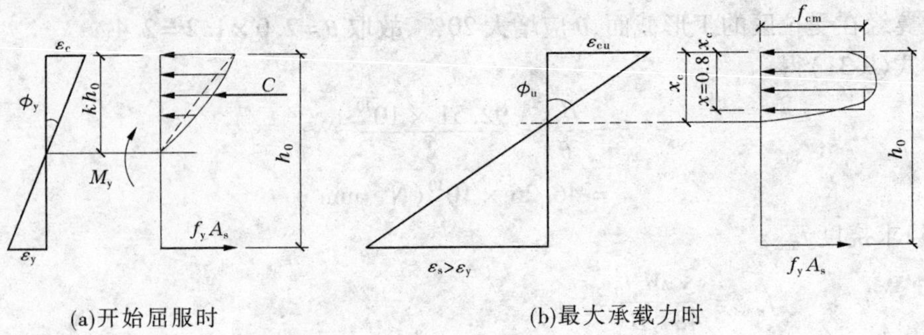

图9-21　适筋梁截面开始屈服及最大承载力时应变、应力图

$$\phi_u = \frac{\varepsilon_{cu}}{x_c} \tag{9-34b}$$

则截面曲率延性系数为

$$u_{\phi}=\frac{\phi_{u}}{\phi_{y}}=\frac{\varepsilon_{cu}}{\varepsilon_{y}}\frac{(1-k)h_{0}}{x_{c}} \tag{9-35}$$

式中　ε_{cu}——受压区边缘混凝土极限压应变；

x_c——达到截面最大承载力时混凝土受压区的压应变高度；

ε_y——钢筋开始屈服时的钢筋应变，$\varepsilon_y=f_y/E_s$；

k——钢筋开始屈服时的受压区高度系数。

式(9-35)中，钢筋开始屈服时的混凝土受压区高度系数 k 可按图 9-21(a)虚线所示的混凝土受压区三角形应力图形，由平衡条件求得。对单筋截面

$$k=\sqrt{(\rho\alpha_{E})^{2}+2\rho\alpha_{E}}-\rho\alpha_{E} \tag{9-36}$$

对双筋截面

$$k=\sqrt{(\rho+\rho')^{2}\alpha_{E}^{2}+2(\rho+\rho'\alpha_{s}'/h_{0})\alpha_{E}}-(\rho+\rho')\alpha_{E} \tag{9-37}$$

式中　ρ、ρ'——受拉及受压钢筋的配筋率，$\rho=A_s/(bh_0)$，$\rho'=A_s'/(bh_0)$；

α_E——钢筋与混凝土弹性模量之比，$\alpha_E=E_s/E_c$。

而达到截面最大承载力时的混凝土受压区压应变高度 x_c，可用承载力计算中采用的混凝土受压区高度 x 来表示，即

$$x_{c}=\frac{x}{0.8}=\frac{(\rho-\rho')f_{y}h_{0}}{0.8\alpha_{1}f_{c}} \tag{9-38}$$

将式(9-37)代入式(9-34b)，得

$$\phi_{u}=\frac{0.8\varepsilon_{cu}\alpha_{1}f_{c}}{(\rho-\rho')f_{y}h_{0}} \tag{9-39}$$

因此，截面曲率延性系数表达式为

$$u_{\phi}=\frac{\varepsilon_{cu}(1-k)\beta_{1}\alpha_{1}f_{c}}{(\rho-\rho')f_{y}h_{0}} \tag{9-40}$$

(二)影响因素

由式(9-40)知，影响受弯构件的截面曲率延性系数的主要因素是纵向钢筋配筋率、混凝土极限压应变、钢筋屈服强度及混凝土强度等。各影响因素有如下规律：

(1)纵向受拉钢筋配筋率 ρ 增大，延性系数 u_ϕ 减小，如图 9-22 所示，这是由于配筋率高时，k 和 x_c 均增大，导致 ϕ_y 增大而 ϕ_u 减小。

(2)受压钢筋配筋率 ρ' 增大，延性系数 u_ϕ 可增大。因这时 k 和 x_c 均减小，导致 ϕ_y 减小而 ϕ_u 增大。

(3)混凝土极限压应变 ε_{cu} 增大，则延性系数 u_ϕ 提高。大量试验表明，采用密排箍筋增加对受压混凝土的约束，使极限压应变值增大，从而提高延性系数。

(4)混凝土强度等级提高，而钢筋屈服强度适当降低，也可使延性系数 u_ϕ 有所提高。因为相应 k 和 x_c 均略有减小，使 f_c/f_y 比值增大，ϕ_u 增大。

提高截面曲率延性系数 u_ϕ 的措施主要有：

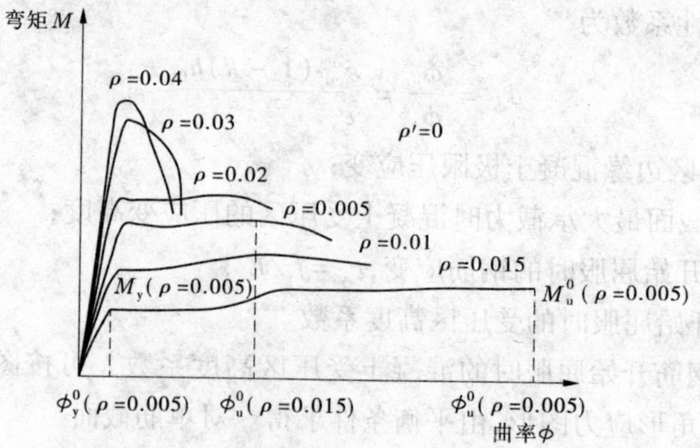

图 9-22　单筋矩形截面 $M\sim\phi$ 关系计算曲线

(1)限制纵向受拉钢筋的配筋率，一般不应大于 2.5%，受压区高度 $x\leqslant(0.25\sim0.35)h_0$。

(2)规定受压钢筋和受拉钢筋的最小比例，一般使 A_s'/A_s 保持 $0.3\sim0.5$。

(3)在弯矩较大的区段适当加密箍筋。

三、偏心受压构件截面曲率延性分析

在工程设计中，常采取一些抗震构造措施以保证地震区的框架梁柱等构件具有一定的延性。这些措施中最主要的是综合考虑不同抗震等级对延性的要求，确定轴压比限值，规定加密箍筋的要求及区段等。其主要原因是：影响偏心受压构件截面曲率延性系数的两个综合因素(即混凝土极限压应变及混凝土受压区高度)和受弯构件相同，其差别主要是偏心受压构件存在轴向压力，致使受压区的高度增大，截面曲率延性系数降低较多。

试验研究表明，轴压比 $n=N/(f_cA)$ 是影响偏心受压构件曲率延性系数的主要因素之一。在相同的混凝土极限压应变值的情况下，轴压比越大，截面受压区高度越大，则截面曲率延性系数越小。为了防止出现小偏心受压破坏形态，保证偏心受压构件截面具有一定的延性，应限制轴压比。《混凝土结构设计规范》(GB 50010—2010)规定，考虑地震作用组合的框架柱，根据不同的抗震等级，满足 $n=N/(f_cA)\leqslant0.65\sim0.9$。

偏心受压构件配箍率的大小，对截面曲率延性系数的影响较大，图 9-23 为一组配箍率不同的混凝土棱柱体应力—应变关系曲线。

在图 9-23 中，配箍率以含箍特征值 $\lambda_s=\rho_{sv}f_y/f_c$ 表示，可见 λ_s 对于承载力的提高作用不十分显著，但对破坏阶段的应变影响较大，当 λ_s 较高时，下降段平缓，混凝土极限压应变值增大，使截面曲率延性系数提高。

试验还表明，如果用密排的封闭箍筋或在矩形、方形箍内附加其他形式的箍筋(如螺旋形、井字形等构成复式箍筋)及采用螺旋箍筋，都能有效地提高压区混凝土的极限压应变值，从而增大截面曲率延性。

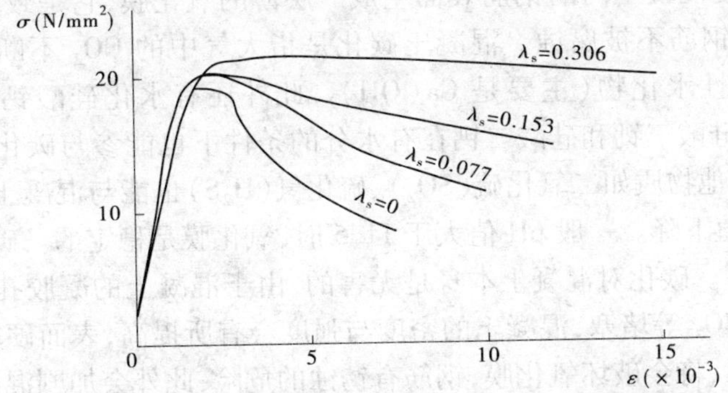

图 9-23　配筋率对棱柱体试件 $\sigma\sim\varepsilon$ 曲线的影响

第五节　耐久性设计

一、耐久性的概念与主要影响因素

(一)混凝土结构耐久性的概念

混凝土结构的耐久性是指结构在规定的工作环境中,在预期的使用年限内,在正常维护条件下,不需要进行大修就能完成预定功能的能力。规定的工作环境,是指建筑物所在区的环境及工业生产形成的环境等。预计的使用年限,也称设计使用寿命,例如保证使用50 年、100 年等,这可根据建筑物的重要程度或业主需要而定。所谓正常维护,是指不因耐久性问题而需花过高维修费用。

(二)影响耐久性的主要因素

影响混凝土结构耐久性的因素主要有内部和外部两个方面。内部因素主要有混凝土的强度、密实性、渗透性、氯离子及碱含量、保护层厚度,水泥品种、强度等级和用量,外加剂用量等,外部条件则有环境温度、湿度、CO_2 含量、侵蚀性介质等。耐久性问题往往是内部存在不完善、外部不利因素综合作用的结果。而造成结构不足之处或有缺陷往往是设计不同、施工不良引起的,也有因使用维修不当引起的。常见的耐久性问题有:混凝土的碳化,钢筋锈蚀,侵蚀性介质的腐蚀,冻融循环,碱骨料反应等,其中混凝土的碳化及钢筋锈蚀是影响混凝土结构耐久性的最主要的综合因素。对此,将在下面进一步讨论。

二、混凝土的碳化

空气、土壤及地下水中二氧化碳(CO_2)和其他酸性气体的二氧化硫(SO_2)、硫化氢(H_2S)、盐酸(HCl)渗透进混凝土中,与水泥石中碱性物质(主要是 $Ca(OH)_2$)发生反应,侵蚀介质使混凝土的 pH 值下降的过程称为混凝土的中性化过程,其中因大气环境下二氧化碳(CO_2)引起的中性化过程即为混凝土的碳化。混凝土碳化是混凝土中性化最常见的一种形式。

(一)混凝土的碳化机理

由于水泥水化作用形成的大量 $Ca(OH)_2$,混凝土中水分为高碱性(pH 值达 12.5 ~

13.5)的电解质,使混凝土内的钢筋表面生成一层薄的氧化膜,它是致密的,使钢筋处于钝化状态,可保护钢筋不被腐蚀。混凝土碳化是指大气中的 CO_2 不断向混凝土内部扩散,并与其中的碱性水化物(主要是 $Ca(OH)_2$,此外还有水化硅酸钙($3CaO \cdot 2SiO_2 \cdot 3H_2O$),未水化的硅酸三钙和硅酸二钙在有水分的条件下也能参与碳化反应)发生反应,使 pH 值下降。其他物质如二氧化硫(SO_2)、硫化氢(H_2S)也能与混凝土中碱性物质发生类似反应,使 pH 值下降。一般 pH 值大于 11.5 时,氧化膜是稳定的。碳化可使混凝土的 pH 值降至 10 以下。碳化对混凝土本身是无害的,由于混凝土的凝胶孔隙和部分毛细管可能被碳化物 $CaCO_3$ 等堵塞,混凝土的密度与强度会有所提高,表面硬度增大。但是,当碳化至钢筋表面时,将会破坏氧化膜,钢筋有锈蚀的危险,此外会加剧混凝土的收缩,可导致混凝土开裂。这些均给混凝土的耐久性带来不利影响。

由混凝土碳化过程机理分析,混凝土碳化过程的速度主要取决于以下三个过程的速度:

(1)化学反应本身的速度。

(2)二氧化碳向混凝土内扩散的速度。

(3)混凝土孔隙中可碳化物质,主要是 $Ca(OH)_2$ 的扩散速度。

其中二氧化碳向混凝土中扩散的速度最慢,它的速度决定了混凝土碳化的速度。

(二)减小碳化的措施

减小、延缓混凝土碳化,可有效提高混凝土结构的耐久性能,减小碳化的措施有:

(1)合理设计混凝土配合比,规定水泥用量的低限值和水灰比的高限值,合理采用掺合料。

(2)提高混凝土的密实性,抗渗性。

(3)规定钢筋保护层的最小厚度。

(4)采用覆盖面层(水泥砂浆或涂料等)。

混凝土碳化深度的测定有两种方法:X 射线衍射法和化学试剂法。前者要用专门的仪器,它不仅能测到完全碳化的深度,还能测到部分碳化的深度,这种方法适用于实验室的精确测量;后者常用碳酸试液测定,当敲开混凝土滴上试液后,碳化的保持原色,未碳化部分混凝土呈浅红色。我国混凝土结构设计规范耐久性科研组提出了碳化深度与时间相关的表达式,可预测碳化深度。

三、钢筋的锈蚀

如前所述,混凝土碳化至钢筋表面使氧化膜破坏是钢筋锈蚀的必要条件,含氧水分侵入是钢筋锈蚀的充分条件。钢筋的锈蚀发生锈胀,会使混凝土保护层脱落,严重的产生纵向裂缝,影响正常使用;钢筋锈蚀导致钢筋有效截面减小,破坏钢筋与混凝土的黏结,使结构承载力降低,甚至导致结构破坏。因而,钢筋锈蚀是影响钢筋混凝土结构耐久性最重要的因素。

现在讨论钢筋锈蚀的机理、主要影响因素及防止钢筋锈蚀的措施。

(一)钢筋锈蚀的机理

建筑中常用的钢材为碳素结构钢和结构低合金钢,其化学组成除 Fe 外,还含有少量其他金属(Mn、V、Ti)和非金属(Si、C、S、P、O、N)元素并以固熔体、化合物或机械混合物的形态共存于钢材结构中;此外还有许多晶界面和缺陷。钢筋表面氧化膜被破坏后,当钢材表面从空气中吸收溶有 CO_2,O_2 或 SO_2 的水分,形成一种电解质的水膜时,就会在钢材表面层的不同成分或晶界面之间构成无数微电池(腐蚀电池)。阳极和阴极反应构成整个腐蚀过程,这即为电化学腐蚀。结果生成的氢氧化亚铁 $Fe(OH)_2$ 在空气中又进一步被氧化成氢氧化铁 $Fe(OH)_3$。钢材中的 Fe 变成 Fe_2O_3 体积膨胀 4 倍,在少氧条件下 $Fe(OH)_3$ 氧化不很完全的部分形成 Fe_2O_3(黑锈),体积膨胀 2 倍。

钢筋锈蚀有相当长的过程,先是在裂缝较宽处的个别点上“坑蚀”,继而逐渐形成“环蚀”,同时向两边扩展,形成锈蚀面,使钢筋截面削弱。由于铁锈是疏松、多孔、非共格结构,极易透气和渗水,因而无论铁锈多厚都不能保护内部的钢材不继续锈蚀,上述反应将不断进行下去,严重时,体积膨胀,导致沿钢筋长度的混凝土出现纵向裂缝,并使混凝土保护层剥落,习称“暴筋”,从而截面承载力降低,最终失效。

(二)主要影响因素

1. pH 值的影响

研究证明,钢筋锈蚀与 pH 值有密切关系。当 pH >10 时,钢筋锈蚀速度很小,当 pH <4 时,钢筋锈蚀速度迅速增大,见图 9-24。

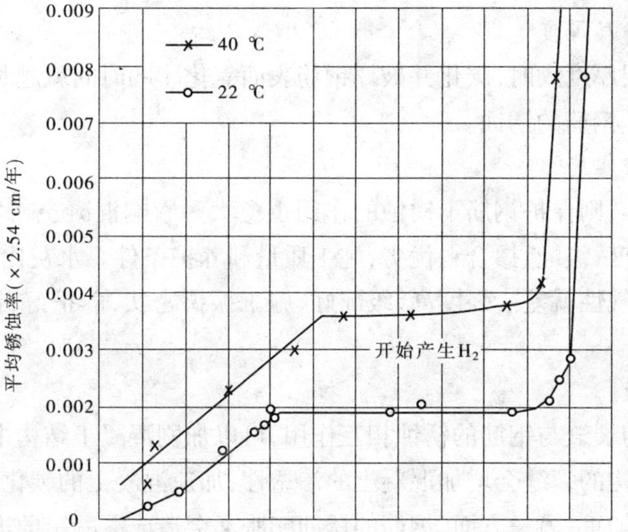

图 9-24　不同 pH 值溶液对低碳钢的腐蚀(平均 O_2 浓度为 5 mL/L)

2. 含氧量

钢筋锈蚀反应必须有氧参加,因此溶液中的含氧量对钢筋锈蚀有很大影响。如果没有溶解氧,即使钢筋放于水中也不会发生锈蚀。如果混凝土非常致密,水灰比又低,则很难有氧透入,可使钢筋锈蚀速度显著减弱。但在多数情况下,混凝土的孔隙很容易使氧气透过,使钢筋发生锈蚀。含氧量对钢筋锈蚀的速度可用图 9-25 表示。

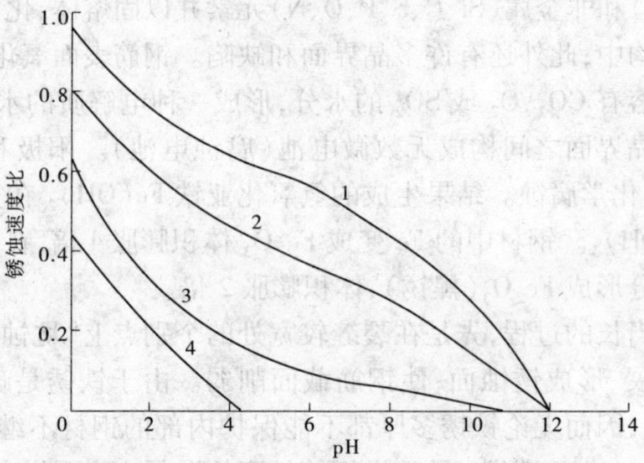

1—含氧量很高;2—含氧量中等;3—含氧量很低;4—缺氧时

图 9-25　含氧量对钢筋锈蚀速度的影响

3. 氯离子

氯离子的存在将导致钢筋表面氧化膜的破坏,并与 Fe 生成金属氯化物,对钢筋锈蚀影响很大。因此,氯离子含量应予严格限制。

4. 混凝土保护层厚度

混凝土保护层厚度大时,碳化并破坏钢筋表面氧化膜的时间就越长,故增大混凝土保护层厚度可以延缓钢筋的锈蚀。

5. 混凝土的密实度

混凝土愈密实,则保护钢筋不锈蚀的作用也愈大。影响混凝土密实性的主要因素有水灰比,混凝土强度,级配,掺合料优劣,施工质量和养护条件。水灰比小,自由水分小,引起的孔隙就少,透气性就差。强度高,级配好,施工振捣密实,养护好,都可使混凝土密实度增大。

6. 混凝土裂缝

混凝土结构的裂缝与钢筋的锈蚀相互作用,可以加剧混凝土结构中钢筋的锈蚀破坏。一方面,混凝土结构的裂缝会增加混凝土的渗透性,加速混凝土的碳化和侵蚀性介质的侵蚀,使钢筋的锈蚀加重;另一方面,钢筋的锈蚀膨胀又会造成混凝土的进一步开裂,从而进一步加重钢筋的电化学锈蚀。以上过程循环作用,使混凝土结构的耐久性大大降低。

裂缝对钢筋锈蚀的影响与裂缝的宽度、裂缝的形式、裂缝的分布、环境条件等有关。通常由于钢筋大面积的锈蚀才导致混凝土沿钢筋发生纵向裂缝,但纵向裂缝的出现将会加速钢筋的锈蚀。可以把大范围内出现沿钢筋的纵向裂缝作为判别混凝土结构构件寿命终结的标准。

7. 其他影响因素

环境条件对锈蚀影响很大,如温度、湿度及干湿交替作用,海浪飞溅、海盐渗透、冻融循环作用对混凝土中钢筋的锈蚀有明显作用,尤其当混凝土质量差,密实性不好、有缺陷时,这些因素的影响就会更特殊。调查结果表明,在干燥无腐蚀性介质的使用条件下,只要保护层足够厚,使用50年问题不大。但在潮湿及有害介质作用下,一般只能用十几年,有的甚至只有3~5年,故应采取特别的措施。

(三)防止钢筋锈蚀的主要措施

混凝土中钢筋的锈蚀受到多种因素的作用,防止钢筋锈蚀还可采取多种措施。主要措施如下。

1. 在材料方面

要降低水灰比,掺合料要合乎标准,集料中的含盐量要严格限制。设计、施工要保证混凝土的密实性。

2. 在保护层方面

保证有足够厚的保护层厚度,并要保证保护层的完好性。厚度要超过耐久年限(如50年)的需要。

3. 采用覆盖层

采用覆盖层防止水、CO_2、Cl_2、O_2的渗入。覆盖层可以是涂料、油漆、沥青、环氧树脂、塑料薄膜等。日本研制出一种硅烷喷涂层用来防止混凝土结构中的钢筋锈蚀,施工时以溶液形态用气动喷射装置喷涂于结构表面,干后形成薄膜。这种方法施工方便,效果不错,但其防水性能较差。

4. 采用钢筋阻锈剂

在海工结构及工业车间中,为防止氯盐的腐蚀,常采用钢筋阻锈剂。阻锈剂种类很多,可根据需要及供货条件选用。

5. 采用防腐蚀钢筋

在强腐蚀介质中工作的混凝土结构,可考虑采用特殊的防腐蚀钢筋。常采用的防腐蚀钢筋种类有:

(1)环氧涂层钢筋。美、日已有产品生产,在重大工程中采用,这种钢筋长期处于高盐的腐蚀介质中不生锈,我国尚未有应用。

(2)镀锌钢筋。我国已生产出镀锌钢丝,但无镀锌粗钢筋。

(3)不锈钢钢筋。欧洲一些国家及美、日已有应用,但成本高,应用范围受限制。

6. 采用阴极防护法

在重大工程中对钢筋采用阴极防护法。

四、耐久性设计

混凝土结构的耐久性设计主要根据结构的环境类别和设计使用年限进行,同时要考虑对混凝土材料的基本要求。在我国,采用满足耐久性规定的方法进行耐久性设计,实质上是针对影响耐久性能的主要因素提出相应的对策。耐久性设计涉及面广,影响因素多,主要考虑以下几个方面:

(1)环境分类,针对不同环境,采取不同的措施。

(2)耐久性等级或结构寿命分等。

(3)耐久性计算对设计寿命或既存结构的寿命作出预计。

(4)保证耐久性的构造措施和施工要求等。

根据国内外的研究成果和工程经验,我国2002年修订的《混凝土结构设计规范》中第一次增加了有关耐久性设计的基本原则和有关规定。

(一)耐久性设计的目的和基本原则

耐久性概念设计的目的是指在规定的设计使用年限内,在正常维护下,必须保持适合于使用,满足既定功能的要求。在此,要求在规定的设计使用年限内,混凝土结构应能在自然和人为环境的化学和物理作用下,不出现无法接受的承载力减小、使用功能降低和不能接受的外观破损等耐久性问题。所出现的问题通过正常的维护即可解决,而不能付出很高的代价。耐久性概念设计的基本原则是根据结构的环境类别和设计使用年限进行设计的。

(二)结构工作环境分类

混凝土结构耐久性与结构工作的环境有密切关系。同一结构在强腐蚀环境中要比在一般大气环境中寿命短。工作环境分类可使设计针对不同的环境种类采用相应的对策。如在恶劣环境中工作的混凝土一味增大混凝土保护层是很不经济的,效果也不好,一般采取防护涂层覆面,并规定定期重涂的年限。目前,一些地区和国家对耐久性设计均对工作分类。《混凝土结构设计规范》(GB 50010—2010)中提出把结构工作环境分为五大类,见附表3-2。

(三)保证耐久性的技术措施及构造要求

为保证混凝土结构的耐久性,根据环境类别和设计的使用年限,针对影响耐久性的主要因素,应从设计、材料和施工方面提出技术措施,并采取有效的构造措施。

1. 结构设计技术措施

(1)未经技术鉴定及设计许可,不能改变结构的使用环境,不得改变结构的用途。

(2)对于结构中使用环境较差的构件,宜设计成可更换或易更换的构件。

(3)宜根据环境类别,规定维护措施及检查年限;对重要的结构,宜在与使用环境类别相同的适当位置设置供耐久性检查的专用构件。

(4)对于暴露在侵蚀性环境中的结构构件,其受力钢筋可采用环氧涂层带肋钢筋,预应力筋应有防护措施。在此情况下宜采用高强度等级的混凝土。

2. 对混凝土的基本要求

影响结构耐久性的另一个重要因素是混凝土的质量。控制水灰比,减小渗透性,提高混凝土的强度等级,增加混凝土的密实性,以及控制混凝土中氯离子和碱的含量等,对于混凝土的耐久性起着非常重要的作用。

耐久性对混凝土质量的主要要求是:

一类、二类和三类环境中,设计使用年限为50年的结构混凝土应符合表9-2的规定。

表 9-2　结构混凝土材料的耐久性基本要求

环境类别	最大水胶比	最低强度等级	最大氯离子含量（%）	最大碱含量（kg/m^3）
一	0.60	C20	0.30	不限制
二 a	0.55	C25	0.20	3.0
二 b	0.50(0.55)	C30(C25)	0.15	
三 a	0.45(0.50)	C35(C30)	0.15	
三 b	0.40	C40	0.10	

注：1. 氯离子含量是指占胶凝材料总量的百分比。

2. 预应力构件混凝土中的最大氯离子含量为 0.06%，其最低混凝土强度等级宜按表中的规定提高两个等级。

3. 素混凝土构件的水胶比及最低强度等级的要求可适当放松。

4. 有可靠工程经验时，二类环境中的最低混凝土强度等级可降低一个等级。

5. 处于严寒和寒冷地区二 b、三 a 类环境中的混凝土应使用引气剂，并可采用括号中的有关参数。

6. 当使用非碱活性骨料时，对混凝土中的碱含量可不作限制。

一类环境中，设计使用年限为 100 年的结构混凝土应符合下列规定。

(1)钢筋混凝土结构的最低混凝土强度等级为 C30，预应力混凝土结构的最低强度等级为 C40。

(2)混凝土中的最大氯离子含量为 0.06%。

(3)宜使用非碱活性骨料，当使用碱活性骨料时，混凝土中的最大碱含量为 3.0 kg/m^3。

(4)混凝土保护层厚度应按附表 3-4 的规定增加 40%；当采取有效的表面防护措施时，混凝土保护层厚度可适当减小。

对于设计使用年限为 100 年且处于二类、三类环境中的混凝土结构应采取专门有效的措施。

3. 施工要求

混凝土的耐久性主要取决于它的密实性，除应满足上述对混凝土材料的要求外，还应高度重视对混凝土的施工质量，控制商品混凝土的各个环节，加强对混凝土的养护，防止过早受荷等。

4. 混凝土最小保护层厚度

混凝土结构的耐久性除根据类别和使用年限对混凝土的质量提出要求外，还通过混凝土保护层厚度等构造措施进行控制。此外，还要求对结构进行合理使用及定期的检查与维护。

混凝土保护层厚度是一个重要参数，它不仅关系到构件的承载力（截面的有效高度、钢筋与混凝土的黏结强度）、适用性（表面裂缝宽度、出现塑性下沉裂缝的概率），而且对结构构件的耐久性有决定性的影响（脱钝时间、腐蚀速度及劈裂抗力）。《混凝土结构设计规范》（GB 50010—2010）规定，纵向受力钢筋及预应力钢筋的混凝土保护层厚度（钢筋外边缘至混凝土表面的距离）不应小于钢筋的公称直径，且应符合附表 3-4 的规定。

思考题

1. 引起混凝土结构构件开裂的主要原因有哪些？应采取哪些相应的措施？

2. 简述裂缝的出现、分布和展开的过程和机理。

3. 随着荷载的增加钢筋混凝土受弯构件为什么裂缝条数不会无限制地增加，而是在加载到一定阶段裂缝即基本稳定？

4. 为什么要对混凝土结构构件的变形和裂缝进行验算？受弯构件的裂缝宽度和变形验算应以哪一受力阶段为依据？

5. 什么是构件截面的抗弯刚度？试说明建立受弯构件刚度 B_s 计算公式的基本思路和方法，它在哪些方面反映了钢筋混凝土的特点？

6. 半理论半经验方法建立裂缝宽度计算公式的思路是怎样的？

7. 试说明受弯构件刚度 B 的意义。

8. 什么是"最小刚度原则"？试分析应用该原则的合理性。

9. 钢筋混凝土构件受拉区裂缝之间的钢筋应变不均匀系数与哪些因素有关？它的物理意义是什么？

10. 试分析减少受弯构件挠度和裂缝宽度的有效措施是什么？

11. 简述配筋率对受弯构件正截面承载力、挠度和裂缝宽度的影响。三者不能同时满足时应采取什么措施？

12. 在挠度和裂缝宽度验算公式中，怎样体现"按荷载标准组合并考虑荷载准永久组合影响"进行计算的？

13. 混凝土构件截面的延性是什么？其主要的表达方式及影响因素是什么？

14. 什么是混凝土结构的耐久性？影响混凝土结构耐久性的主要因素有哪些？怎样进行耐久性概念设计？

15. 如何提高混凝土结构的耐久性？

16. 确定混凝土保护层最小厚度、构件变形限值和裂缝限值时考虑哪些因素？

习　题

1. 某钢筋混凝土筒仓环境为一类，壁厚 $h=160$ mm，混凝土强度等级为 C25，受力钢筋为 HRB335 级，若在某 1 m 高垂直截面按承载力需在筒壁内、外侧各均匀配置Φ 10@ 160 的环向受拉钢筋，已知按荷载效应标准组合计算的该 1 m 高垂直截面上中心受拉的轴向拉力 $N_q=245$ kN，最大裂缝宽度限值 $w_{lim}=0.2$ mm，试验算该筒仓仓壁是否满足裂缝宽度要求？并绘出满足裂缝宽度要求的截面配筋图。

2. 某桁架下弦为偏心受拉构件，截面为矩形，$b\times h=200$ mm $\times 300$ mm，混凝土强度等级用 C20，钢筋用 HRB335 级，$a_s=a'_s=35$ mm；按正截面承载力计算靠近轴向力一侧配钢筋 3 Φ 18（$A_s=763$ mm^3）；已知按荷载效应准永久组合计算的轴向力 $N_q=180$ kN，弯矩 $M_q=18$ kN · m；最大裂缝宽度限值 $w_{lim}=0.3$ mm，试验算其裂缝宽度是否满足要求。

3. 某门厅入口悬挑板 $l_0=3$ m，板厚 $h=300$ mm，配置Φ 16@200 的 HRB335 钢筋，如图 9-26 所示。混凝土强度等级为 C30 级，板上均布荷载标准值；永久荷载 $g_k=8$ kN/m^2，可变荷载 $q_k=0.5$ kN/m^2（准永久值系数为 1.0）。试验算：

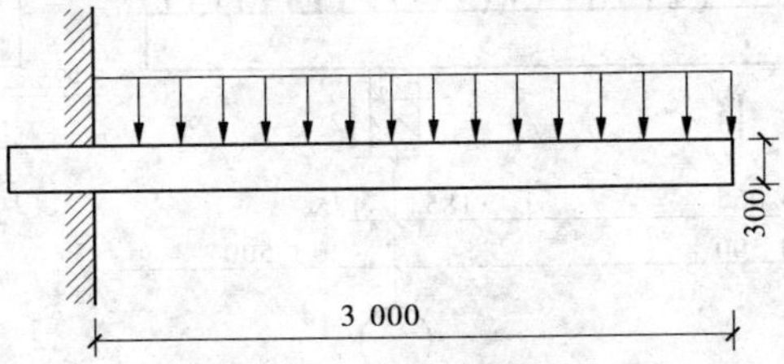

图 9-26　习题 3 附图

(1) 板的最大挠度是否满足《混凝土结构设计规范》(GB 50010—2010) 允许挠度值的要求。

(2) 悬挑板的最大裂缝宽度是否满足要求。

4. 用于多层工业厂房楼盖的预制槽形板截面尺寸如图 9-27 所示，计算跨度 $l_0=5.8$ m。采用 C25 混凝土，HRB335 级钢筋，配置受拉钢筋为 2 Φ 16。板的荷载标准组合和荷载准永久组合弯矩分别为 $M_k=18$ kN·m，$M_q=14$ kN·m。试验算：

(1) 裂缝宽度是否满足要求。

(2) 挠度是否满足要求。

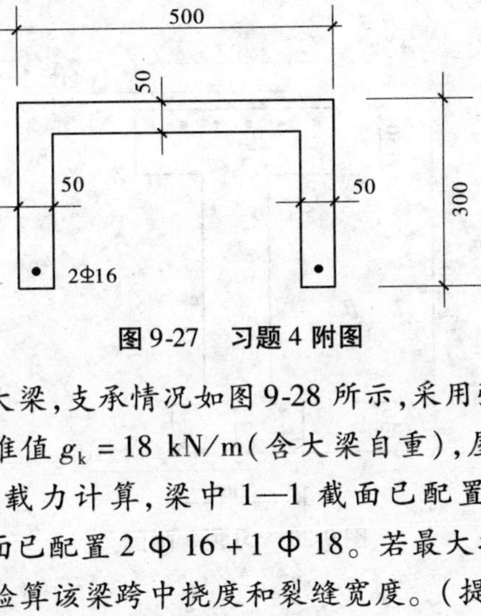

图 9-27　习题 4 附图

5. 一钢筋混凝土屋面大梁，支承情况如图 9-28 所示，采用强度等级为 C20 的混凝土，HPB300 级钢筋，恒荷载标准值 $g_k=18$ kN/m（含大梁自重），屋面活荷载标准值 $q_k=6.8$ kN/m，通过正截面抗弯承载力计算，梁中 1—1 截面已配置纵向受拉钢筋 2 Φ 25 + 1 Φ 20，悬挑根部 2—2 截面已配置 2 Φ 16 + 1 Φ 18。若最大挠度限值为 $l_0/250$，最大裂缝宽度限值为 0.3 mm，试验算该梁跨中挠度和裂缝宽度。（提示：屋面不上人，活荷载准永久值系数为 0）

6. 已知一预制 T 形截面简支梁，安全等级为二级，$b_f'=600$ mm，$h_f'=60$ mm，$b=200$ mm，$h=500$ mm，$l_0=6$ m，采用 C30 混凝土，HRB335 级钢筋，截面跨中所受的各种荷载引起的弯矩的标准值如下：永久荷载，43 kN·m；可变荷载，35 kN·m，准永久值系数 $\psi_{q1}=0.4$；雪荷载，8 kN·m，准永久值系数 $\psi_{q2}=0.2$。求：

(1) 受弯构件正截面受拉钢筋面积，并选用钢筋。

(2) 验算挠度是否小于限值 $l_0/250$。

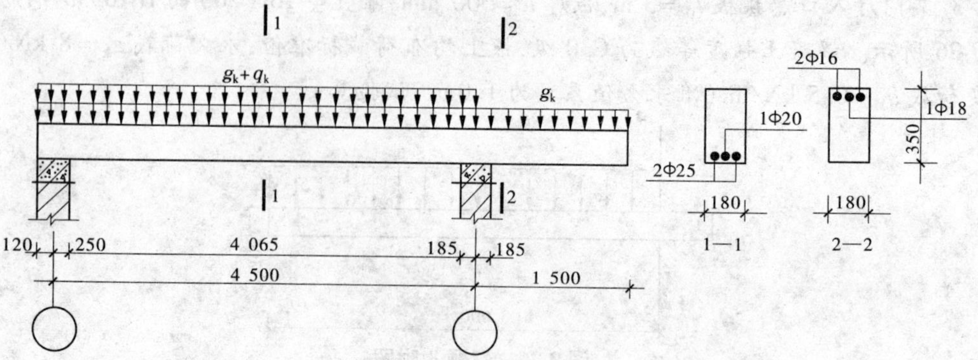

图 9-28　习题 5 附图

(3)验算裂缝宽度是否小于限值 0.3 mm。

7. 已知某矩形截面偏心受压构件处于一类环境,截面尺寸 $b \times h = 400\ \text{mm} \times 600\ \text{mm}$,计算长度 $l_0 = 6\ \text{m}$,受压和受拉钢筋均为 4 Φ 25 的 HRB335 级钢筋,混凝土强度等级为 C25,混凝土保护层厚度 $c_s = 25\ \text{mm}$;按荷载效应标准组合计算的轴向压力 $N_q = 400\ \text{kN}$,弯矩 $M_q = 198\ \text{kN} \cdot \text{m}$。试验算裂缝宽度是否符合要求。

8. 已知 I 形截面系弯构件,截面尺寸见图 9-29。混凝土强度等级 C30,钢筋 HRB335 级,钢筋为 6 Φ 12,$c_s = 25\ \text{mm}$,跨度 $l_0 = 11.7\ \text{m}$,构件挠度限值为 $l/300$。求构件的挠度(取 $a_s = 65\ \text{mm}, a'_s = 35\ \text{mm}$)。

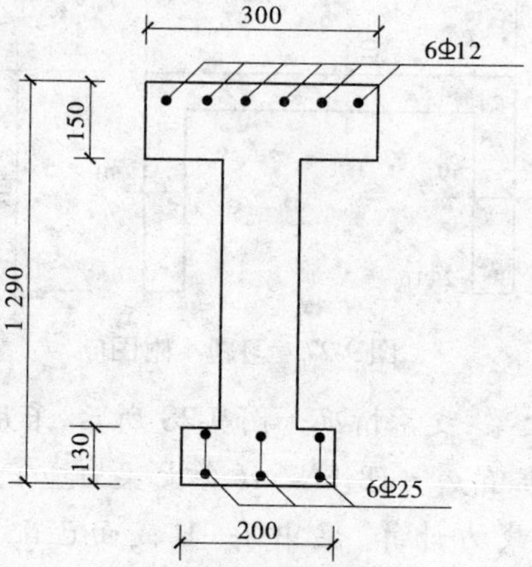

图 9-29　习题 8 附图

第十章　预应力混凝土构件

学习要求

重点掌握预应力混凝土的概念及构造要求，预应力损失，预应力构件各阶段的受力情况和应力分布；熟悉和理解预应力轴心受拉构件、受弯构件的设计计算方法；了解部分预应力混凝土、无黏结预应力混凝土的基本概念和要求。

第一节　概　述

一、预应力混凝土的概念

在普通钢筋混凝土结构或构件中，由于混凝土的抗拉强度及极限拉应变值都很低（其极限拉应变为 $0.1\times10^{-3}\sim0.15\times10^{-3}$，即每米只能拉长 0.1～0.15 mm），所以在使用荷载作用下，通常是带裂缝工作的。虽然在一般情况下，只要裂缝宽度不超过 0.2～0.3 mm，就并不影响结构的使用和耐久性。但是，对使用上不允许开裂的构件，普通混凝土就无法满足其要求。为了满足变形和裂缝控制的要求，则需要增加构件的截面尺寸和用钢量，这将导致构件截面尺寸和自重过大，使普通钢筋混凝土结构用于大跨度或承受动力荷载成为不可能或很不经济。如果采用高强度钢筋，在正常使用状态下，虽然钢筋的应力可以达到 500～1 000 N/mm^2，但由于此时裂缝开展过大，不能正常使用，造成高强钢筋不能充分发挥作用。由于极限拉应变没有明显的提高，因此提高混凝土强度等级对构件的抗裂性能和控制裂缝宽度的作用也不大。

为了避免钢筋混凝土结构的裂缝过早出现，充分利用高强度钢筋及混凝土，可以设法在结构构件受荷载作用前，通过预加外力，使它受到预压应力来减小或抵消荷载所引起的混凝土拉应力，从而使结构构件截面的拉应力不大，甚至处于受压状态，以达到控制受拉混凝土不过早开裂的目的。这种在构件承受荷载以前预先对混凝土受拉区施加压应力，用预压应力减少或抵消使用中的拉应力的结构就称为预应力混凝土结构。

现以预应力混凝土简支梁为例，说明预应力混凝土的概念，如图 10-1 所示。

在荷载作用之前，预先在梁的受拉区施加偏心压力 N，使梁截面下边缘混凝土产生预压应力 σ_c，梁截面上边缘产生预拉应力 σ_{ct}，见图 10-1(a)。当荷载 q（包括梁自重）作用时，梁跨中截面边缘产生拉应力 σ_{ct}，梁上边缘产生压应力 σ_c，见图 10-1(b)。这样，在预压力 N 和荷载 q 的共同作用下，梁的下边缘拉应力将减少至 $\sigma_{ct}-\sigma_c$；梁上边缘应力为 $\sigma_c-\sigma_{ct}$，一般为压应力，但也有可能为拉应力，见图 10-1(c)。如果增大预压力 N，则在荷载作用下，梁下边缘的拉应力还可减少，甚至变成压应力。由此可见，预应力混凝土构件可延缓混凝土构件的开裂，提高构件的抗裂度和刚度，高强度钢筋和混凝土的应用，可取

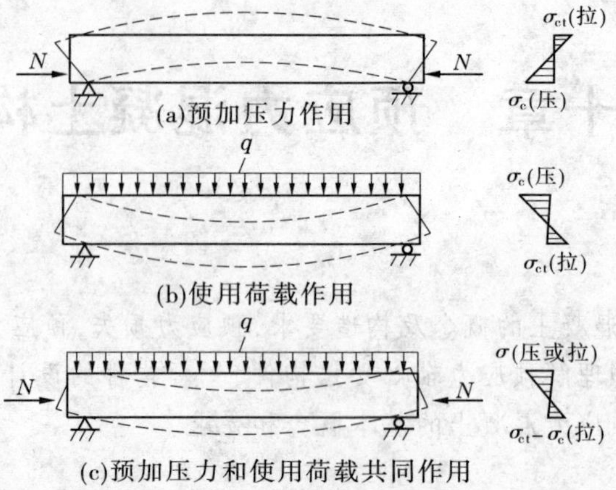

图 10-1　预应力混凝土简支梁的受力分析

得节约钢筋、减轻构件自重的效果,克服了钢筋混凝土的主要缺点。

二、预应力混凝土结构的分类

(一)先张法预应力混凝土构件与后张法预应力混凝土构件

按照预应力混凝土的施工工艺,又可分为先张法预应力混凝土构件和后张法预应力混凝土构件。在混凝土浇筑之前先对预应力钢筋进行张拉的方法为先张法。而先浇筑混凝土,等养护结硬后,再对预应力钢筋进行张拉的方法为后张法。

(二)全预应力混凝土构件与部分预应力混凝土构件

根据预加应力值大小对构件截面裂缝控制程度的不同,预应力混凝土构件分为全预应力混凝土构件和部分预应力混凝土构件两类。

全预应力混凝土在使用荷载作用下,不允许截面上混凝土出现拉应力的构件,一般称为全预应力混凝土构件,大致相当于《混凝土结构设计规范》(GB 50010—2010)中裂缝的控制等级为一级,即严格要求不出现裂缝的构件。

部分预应力混凝土在使用荷载作用下,允许出现裂缝,但最大裂缝宽度不超过允许值的构件,一般称为部分预应力混凝土构件,大致相当于《混凝土结构设计规范》(GB 50010—2010)中裂缝的控制等级为三级,即允许出现裂缝的构件。

在使用荷载作用下根据荷载效应组合情况,不同程度地要求混凝土不开裂的构件,则称为限值预应力混凝土,大致相当于《混凝土结构设计规范》(GB 50010—2010)中控制等级为二级,即一般要求不出现裂缝的构件。限值预应力混凝土也属部分预应力混凝土。

(三)有黏结预应力混凝土构件与无黏结预应力混凝土构件

根据预应力钢筋和混凝土之间有无黏结作用,又可分为有黏结预应力混凝土构件和无黏结预应力混凝土构件。大多数预应力混凝土构件中,预应力钢筋和混凝土都牢固地黏接在一起称有黏结预应力混凝土构件;但有时为了减少施工工艺,把预应力钢筋和混凝土分开,将预应力钢筋外表面涂以沥青、油脂或其他润滑防锈材料,用塑料管或其他方法与混凝土分隔开(采用后张法施工),作为无黏结预应力混凝土构件。

三、预应力混凝土结构的主要优缺点和应用

（一）预应力混凝土结构的优点

相对于普通混凝土结构，预应力混凝土结构具有以下优点。

(1)抗裂性好，刚度较大。

由于对构件施加预压应力，减小或抵消了构件的拉应力，减小或延缓了裂缝的出现，从而提高了构件的刚度，增大了结构的耐久性，扩大了构件的适用范围，并提高了构件抵抗不良环境的能力。

(2)减少构件的截面高度和减轻自重，经济性好。

预应力混凝土结构充分发挥了高强钢筋和高强混凝土的作用，从而大大减小了钢筋用量和构件的截面尺寸，减轻了结构自重，在一定程度上降低了结构的成本。

(3)提高构件的抗剪承载力和受压构件的稳定性。

预压应力的存在以及预应力钢筋的锚栓作用可阻碍构件斜裂缝的出现和开展，从而提高构件的抗剪能力；对于长细比较大的受压构件，预压应力可限制其侧向变形的发展，提高构件抗压弯能力和构件的稳定性。

(4)提高构件的抗疲劳能力。

预压应力可以有效减低钢筋中应力循环变化幅度，提高构件疲劳寿命，对于承受动力荷载的结构非常有利。

(5)提高装配式结构的整体性。

预应力技术的应用，为装配式结构提供了良好的装配、拼装手段，预应力钢筋在纵、横方向施加预应力可使装配式构件的整体性得到极大提高。

（二）预应力混凝土结构的缺点

预应力混凝土结构也存在一定的缺点，主要有以下几个方面：

(1)施工工艺比较复杂，对质量要求较高，需要技术熟练的专业队伍。

(2)需要专业的技术设备，对设备的性能、精度要求较高。

(3)制作成本相对较高，尤其是在构件需用量较少、不能大批生产时。

（三）预应力混凝土结构的应用

预应力混凝土结构的上述特点，使得这种结构出现后即得到了广泛的应用，其发展和适用范围越来越宽，宜在下列结构优先采用：

(1)对结构的抗裂性能要求较高或对裂缝控制要求较高的结构。

(2)大跨度或承受动力荷载的结构。

(3)对刚度和变形控制要求较高的结构及构件。

(4)以提高或改善构件和结构强度、连接整体性为目的的加固结构。

四、张拉预应力钢筋的方法

张拉预应力钢筋的方法主要有先张法和后张法两种。

（一）先张法

在浇灌混凝土之前张拉钢筋的方法称为先张法。制作先张法预应力构件一般都需要

台座、拉伸机、传力架和夹具等设备。其工序见图 10-2。当构件尺寸不大时,可不用台座,而在钢模上直接进行张拉。

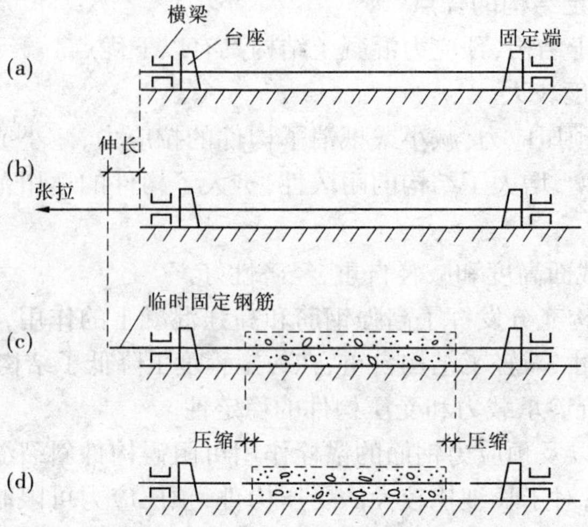

(a)钢筋就位;(b)钢筋张拉;(c)钢筋临时固定,浇筑混凝土养护;
(d)放松钢筋,钢筋回缩,对混凝土施加预压力

图 10-2 先张法工序示意图

先张法预应力混凝土构件,预应力是靠预应力钢筋与混凝土之间的黏结力来传递的。

先张法施工工序为:

(1)在固定台座(或钢模)上,将钢筋就位。

(2)用千斤顶对预应力钢筋进行张拉,并用夹具将钢筋在台座上临时固定。

(3)绑筋(构件中配置的非预应力钢筋)、支模、浇混凝土并对混凝土进行养护。

(4)混凝土达到一定强度后(需经计算确定,但一般不低于混凝土设计强度的 75%),切断并放松钢筋,预应力钢筋在回缩时对混凝土施加预应力。

(二)后张法

在结硬后的混凝土构件上张拉钢筋的方法称为后张法。其工序见图 10-3。张拉钢筋后,在孔道内灌浆,使预应力与混凝土孔道壁产生黏结力形成整体构件,见图 10-3(d)。张拉钢筋后,也可不灌浆,完全通过锚具传递预压力,形成无黏结的预应力构件。

后张法预应力混凝土构件,预应力主要是靠钢筋端部的锚具来传递给混凝土的。

后张法施工工序为:

(1)先浇筑混凝土,并在构件中预留穿筋孔道和灌浆孔。

(2)待混凝土达到规定的强度后,将预应力钢筋穿入孔道,直接在构件上对预应力钢筋进行张拉,同时使混凝土受到预压。

(3)对预应力钢筋张拉到设计规定的应力后,在张拉端用锚具将钢筋锚固,使构件保持预压状态。

(4)在预留孔道内压力灌注水泥浆,使预应力钢筋和混凝土形成整体,成为有黏结的预应力构件。也可不灌浆,形成无黏结的预应力混凝土构件。

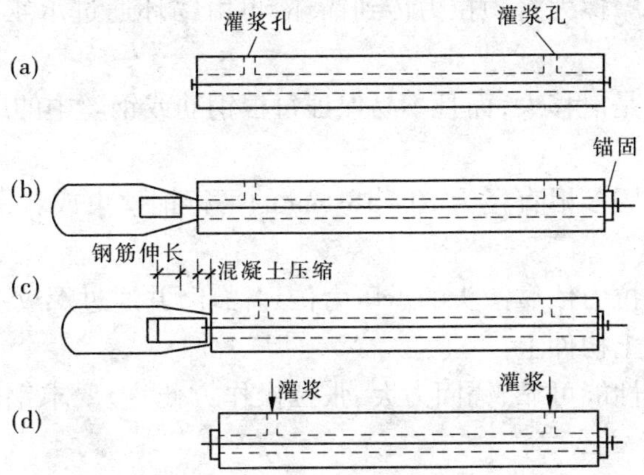

(a)浇筑构件,预留孔道,穿入预应力钢筋;(b)安装张拉设备;
(c)张拉钢筋;(d)锚固钢筋,孔道压力灌浆

图10-3　后张法工序示意图

(三)先张法与后张法的比较

先张法构件的主要优点:张拉工序简单;不需永久性锚具,用钢量少;可成批生产,特别是需用量较大的中小型构件。

主要缺点:需较大的台座(或钢模)、养护池等固定设备;一次性投资较大;预应力钢筋多为直线布置,折线或曲线布筋较困难。

后张法的主要优点:张拉预应力钢筋可以直接在构件上或整个结构上进行,因而可根据不同荷载性质合理布置各种形状的预应力钢筋;适宜于运输不便,只能在现场施工的大型构件、特殊结构或可由块体拼接而成的特大构件。

主要缺点:用于永久性的锚具耗钢量较大,而且要求的加工精度较高;张拉工序比先张法复杂,施工周期长。

五、夹具和锚具

夹具和锚具是在制作预应力构件时锚固预应力钢筋的工具。一般认为,当预应力构件制成后能够取下重复使用的称夹具,而留在构件上不再取下的称锚具。夹具和锚具主要依靠摩阻、握裹和承压锚固来夹住或锚住钢筋。不管是先张法的临时锚具(夹具)或是后张法的永久性锚具,都要求性能安全可靠、滑移变形小、构造简单、易加工制作、施工方便和节约钢材、造价低等。

建筑工程中常用的锚具有以下几种。

(一)螺丝端杆锚具

螺丝端杆锚具是在单根预应力钢筋的两端各焊上一短段螺丝端杆,套以螺帽和垫板,是一种最简单的锚具。

(二)锥形锚具

锥形锚具是用于锚固多根直径为5~12 mm的平行钢丝束,或者锚固多根直径为13~15 mm的平行钢绞线束。

预应力钢筋依靠摩擦力将预拉力传到锚环,再由锚环通过承压力和黏结力将预拉力传到混凝土构件上。

这种锚具的缺点是滑移大,而且不易保证每根钢筋或钢丝中的应力均匀。

(三)镦头锚具

镦头锚具用于锚固多根直径为 10 ~ 18 mm 的平行钢丝束或者锚固 18 根以下直径黏 5 mm 的平行钢丝束。

预应力钢筋的预拉力依靠镦头的承压力传到锚环,并通过螺纹上的承压力传到螺帽,再经过垫板传到混凝土构件上。

这种锚具的锚固性能可靠、锚固力大、张拉操作方便,但要求钢筋或钢丝束的长度有较高的精度。

(四)夹具式锚具

夹具式锚具由锚环和夹片组成,可锚固钢绞线或钢丝束。

夹具式锚具主要有 JM2 型、OVM 型、QM 型、XM 型等形式。

JM12 型锚具的主要缺点是钢筋内缩量较大。其余几种锚具有锚固较可靠、互换性好、自锚性能强、张拉钢筋的根数多、施工操作也较简便等优点。

近年来,我国对预应力混凝土构件锚具进行了大量试验研制工作,例如:JM 型、SF 型、YM 型、VLM 型等锚具,主要是将夹片等进行了改进和调整,使锚固性能得到进一步提高。见图 10-4 ~ 图 10-8。

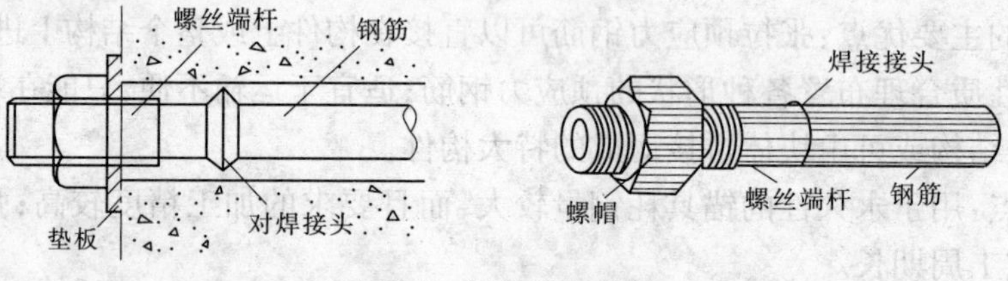

图 10-4　螺丝端杆锚具

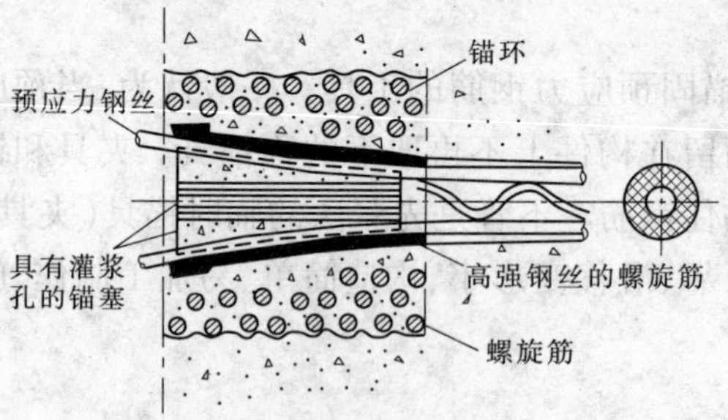

图 10-5　锥形锚具图

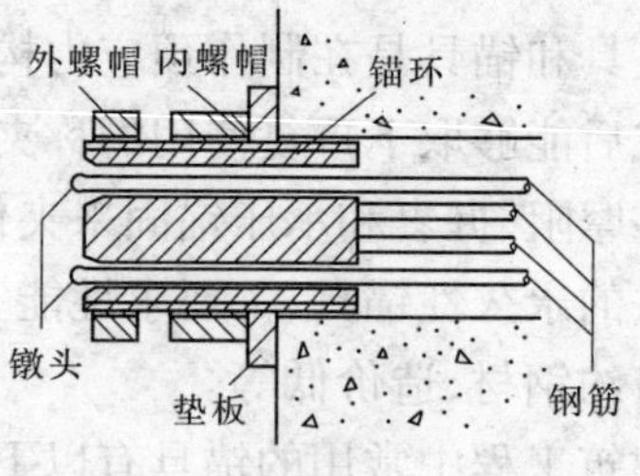

图 10-6　镦头锚具

六、预应力混凝土材料

(一)混凝土

预应力混凝土结构构件所用的混凝土,需满足下列要求:

(1)强度高。与钢筋混凝土不同,预应力混凝土必须采用高强度混凝土。强度高的

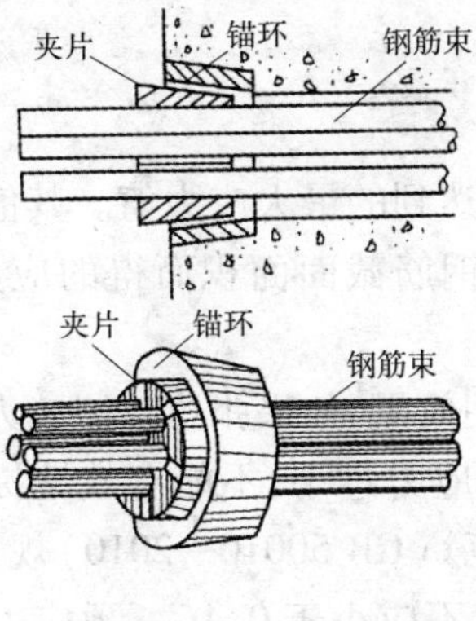

图 10-7　JM12 锚具

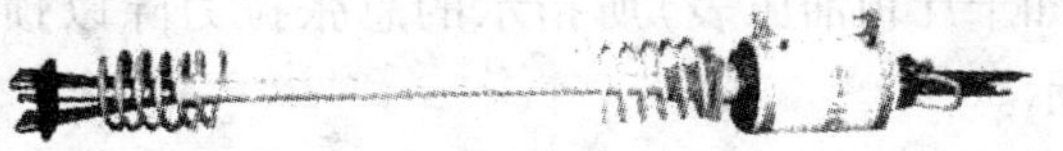

图 10-8　OVM 型锚具

混凝土对采用先张法的构件可提高钢筋与混凝土之间的黏结力，对采用后张法的构件，可提高锚固的局部承压承载力。

(2)收缩、徐变小。以减少因收缩、徐变引起的预应力损失。

(3)快硬、早强。可尽早施加预应力，加快台座、锚具、夹具的周转率，以利加快施工进度。

因此，《混凝土结构设计规范》(GB 50010—2010)规定，预应力混凝土构件的混凝土强度等级不宜低于 C40，且不应低于 C30。

(二)钢材

我国目前用于预应力混凝土构件中的预应力钢材主要有钢绞线、钢丝、热处理钢筋三大类。

1. 钢绞线

常用的钢绞线是由直径 5 ~ 6 mm 的高强度钢丝捻制成的。用三根钢丝捻制的钢绞线，其结构为 1 ×3，公称直径有 8. 6 mm、10. 8 mm、12. 9 mm。用七根钢丝捻制的钢绞线，其结构为 1 ×7，公称直径有 9. 5 ~ 15. 2 mm、17. 8 mm、21. 6 mm。钢绞线的极限抗拉强度标准值可达 1 860 N/mm^2，在后张法预应力混凝土中采用较多。

钢绞线经最终热处理后以盘或卷供应，每盘钢绞线应由一整根组成，如无特殊要求，每盘钢绞线长度不小于 200 m。成品的钢绞线表面不得带有润滑剂、油渍等，以免降低钢绞线与混凝土之间的黏结力。钢绞线表面允许有轻微的浮锈，但不得锈蚀成目视可见的麻坑。

2. 钢丝

预应力混凝土钢丝可分为中强度预应力钢丝和消除应力钢丝两种。按外形分有光面钢丝、螺旋肋钢丝；按应力松弛性能分有普通松弛(Ⅰ级松弛)和低松弛(Ⅱ级松弛)两种。钢丝的公称直径有 3 ~ 9 mm，其极限抗拉强度标准值可达 1 860 N/mm^2。要求钢丝表面不得有裂纹、小刺、机械损伤、氧化铁皮和油污。

3. 螺纹钢筋

《混凝土结构设计规范》(GB 50010—2010)规定，预应力筋中列入了大直径预应力螺纹钢筋(精轧螺纹钢筋)，其公称直径有 18 mm、25 mm、32 mm、40 mm、50 mm，极限拉抗强度标准值可达 1 230 N/mm^2。

七、张拉控制应力

张拉控制应力是指预应力钢筋在进行张拉时所控制达到的最大应力值。其值为张拉设备(如千斤顶油压表)所指示的总张拉力除以预应力钢筋截面面积而得的应力值,以 σ_{con} 表示。

张拉控制应力的取值,直接影响预应力混凝土的使用效果,如果张拉控制应力取值过低,则预应力钢筋经过各种损失后,对混凝土产生的预压应力过小,不能有效地提高预应力混凝土构件的抗裂度和刚度,故《混凝土结构设计规范》(GB 50010—2010)规定,消除应力钢丝、钢绞线、中强度预应力钢丝的张拉控制应力值不应小于 $0.4f_{ptk}$,预应力螺纹钢筋的张拉控制应力值不宜小于 $0.5f_{ptk}$。但如果张拉控制应力取值过高,则可能引起以下问题:

(1)在施工阶段,会使构件的某些部位受到拉力(称为预拉力)甚至开裂,对后张法构件可能造成端部混凝土局压破坏。

(2)构件出现裂缝时的荷载值与极限荷载值很接近,使构件在破坏前无明显的预兆,构件的延性较差。

(3)为了减少预应力损失,有时需进行超张拉,有可能在超张拉过程中使个别钢筋的应力超过它的实际屈服强度,使钢筋产生较大塑性变形或脆断。

张拉控制应力值的大小与施加预应力的方法有关,对于相同的钢种,先张法取值高于后张法。这是由于先张法和后张法建立的拉应力就是张拉控制应力 σ_{con}。后张法是在混凝土构件上张拉钢筋,在张拉的同时,混凝土被压缩,张拉设备千斤顶所指示的张拉控制应力已扣除混凝土弹性压缩后的钢筋应力。为此,后张法构件的 σ_{con} 值应适当低于先张法。

张拉控制应力值大小的确定,还与预应力的钢种有关。由于预应力混凝土采用的都为高强度钢筋,其塑性较差,故控制应力不能取得太高。

根据长期积累的设计和施工经验,《混凝土结构设计规范》(GB 50010—2010)规定,在一般情况下,张拉控制应力不宜超过表 10-1 的限值。

表 10-1　张拉控制应力限值

钢筋种类	张拉控制应力限值
消除应力钢丝、钢绞线	$0.75f_{ptk}$
中强度预应力钢丝	$0.70f_{ptk}$
预应力螺纹钢筋	$0.85f_{ptk}$

注:1. 表中 f_{ptk} 为预应力钢筋的强度标准值,见附表 1-9;

2. 预应力钢丝、钢绞线、中强度预应力钢丝的张拉控制应力值不应小于 $0.4f_{ptk}$,预应力螺纹钢筋的张拉控制应力不宜小于 $0.5f_{ptk}$。

符合下列情况之一时,表 10-1 中的张拉控制应力限值可提高 $0.05f_{ptk}$:

(1)要求提高构件在施工阶段的抗裂性能,而在使用阶段受压区设置的预应力钢筋;

(2)要求部分抵消由于应力松弛、摩擦、钢筋分批张拉以及预应力钢筋与张拉台座之间的温差等因素产生的预应力损失。

八、预应力损失

在预应力混凝土构件施工及使用过程中，由于张拉工艺和材料特性等因素影响，张拉应力值逐渐降低，这种现象称为预应力损失。下面讲述六项预应力损失。

(一)预应力直线钢筋由于锚具变形和钢筋内缩引起的预应力损失 σ_{l1}

预应力直线钢筋当张拉到 σ_{con} 后，锚固在台座或构件上时，由于锚具、垫板与构件之间的缝隙被挤紧，以及钢筋和楔块在锚具内的滑移，使得被拉紧的钢筋内缩 a 所引起的预应力损失值 σ_{l1}(N/mm^2)，按下式计算

$$\sigma_{l1} = \frac{a}{l}E_s \tag{10-1}$$

式中 a——张拉端锚具变形和钢筋内缩值，mm，按表 10-2 取用；

l——张拉端至锚固端之间的距离，mm；

E_s——预应力钢筋的弹性模量，N/mm^2。

表 10-2 锚具变形和钢筋内缩值 a (单位：mm)

锚具类别		a
支承式锚具(钢丝镦头锚具等)	螺帽缝隙	1
	每块后加垫板的缝隙	1
夹片锚具	有顶压时	5
	无顶压时	6~8

注：1. 锚具变形和钢筋内缩值也可根据实测数值确定；

2. 其他类型的锚具变形和钢筋内缩值也可根据实测数据确定。

锚具损失只考虑张拉端，锚固端因在张拉过程中已被挤紧，故不考虑其所引起的应力损失。

对于块体拼成的结构，其预应力损失尚应考虑块体间填缝材料的预压变形。当采用混凝土或砂浆填缝材料时，每条填缝的预压变形值应取 1 mm。

后张法构件曲线预应力筋或折线预应力筋由于锚具变形和预应力筋内缩引起的预应力损失值 σ_{l1}，应根据曲线预应力筋或折线预应力筋与孔道壁之间反向摩擦影响长度 l_f 范围内的预应力筋变形值等于锚具变形和预应力筋内缩值的条件确定。反向摩擦影响长度 l_f 及常用束形的后张预应力筋在反向摩擦影响长度 l_f 范围内的预应力损失值 σ_{l1} 可按《混凝土结构设计规范》(GB 50010—2010)附录 J 计算。

减少 σ_{l1} 的措施有以下几个方面：

(1)选择锚具变形小或预应力钢筋内缩小的锚具、夹具，并尽量少用垫板，因每增加一块垫板，a 值就增加 1 mm；

(2)增加台座长度。因 σ_{l1} 值与台座长度成反比，采用先张法生产的构件，当台座长度为 100 m 以上时，σ_{l1} 可忽略不计。

(二)预应力钢筋与孔道壁之间的摩擦引起的预应力损失 σ_{l2}

采用后张法张拉预应力钢筋时,由于预应力在张拉过程中与混凝土孔壁或套管接触而产生摩擦阻力。这种摩擦阻力距离预应力张拉端越远,影响越大,使构件各截面上的实际预应力有所减少(见图 10-9),称为摩擦损失,以 σ_{l2} 表示。σ_{l2} 可按下述方法进行计算。

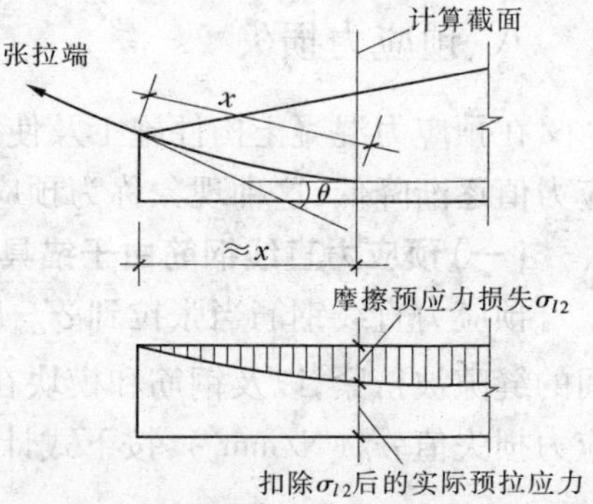

图 10-9　摩擦引起的预应力损失

摩擦阻力主要由下述两个原因引起,先分别计算,然后相加。

(1)张拉曲线预应力钢筋时,曲线孔道的曲率,使预应力钢筋和孔道壁之间产生法向正压力而引起摩擦阻力。

(2)由于预留孔道因施工中产生局部偏差、孔壁粗糙、预应力钢筋偏离设计位置等原因,张拉钢筋时,预应力钢筋和孔道壁之间将产生法向正压力而引起摩擦阻力。

预应力钢筋与孔道壁之间的摩擦损失 σ_{l2} 按下式计算

$$\sigma_{l2} = \sigma_{con}\left[1 - e^{-(kx+\mu\theta)}\right] = \sigma_{con}\left(1 - \frac{1}{e^{kx+\mu\theta}}\right) \tag{10-2}$$

当 $(kx+\mu\theta) \leqslant 0.3$ 时,σ_{l2} 可按下列近似公式计算

$$\sigma_{l2} = (kx+\mu\theta)\sigma_{con} \tag{10-3}$$

式中　k——考虑孔道每米长度局部偏差的摩擦系数,按表 10-3 取用;

x——张拉端至计算截面的孔道长度,m,亦可近似取该段孔道在纵轴上的投影长度;

μ——预应力钢筋与孔道壁之间的摩擦系数,按表 10-3 取用;

θ——从张拉端至计算截面曲线孔道部分切线的夹角,以弧度计。

表 10-3　摩擦系数 k 及 μ 值

孔道成型方式	k	μ	
		钢丝束、钢绞线	预应力螺纹钢筋
预埋金属波纹管	0.001 5	0.25	0.5
预埋塑料波纹管	0.001 5	0.15	—
预埋钢管	0.001 0	0.30	—
抽芯成型	0.001 4	0.55	0.60
无黏结预应力筋	0.004 0	0.09	—

注:当有可靠的试验数据资料时,摩擦系数值可根据实测数据确定。

减少 σ_{l2} 的措施有以下几个方面:

(1)对于较长的构件,可在两端进行张拉,则计算中孔道长度可按构件的一半长度计

算。比较图 10-10(a)及图 10-10(b),两端张拉可减少摩擦损失是显而易见的。但这个措施将引起 σ_{l1} 增加,应用时需加以注意。

(2)采用超张拉,如图 10-10(c)所示,若张拉程序为:$1.1\sigma_{con}\xrightarrow{停2\ min}0.85\sigma_{con}\xrightarrow{停2min}\sigma_{con}$。当张拉端 A 超张拉 10% 时,钢筋中的预拉应力将沿 EHD 分布。当张拉端的张拉应力降低至 $0.85\sigma_{con}$ 时,由于孔道与钢筋之间产生反向摩擦,预应力将沿 $FGHD$ 分布。当张拉端 A 两次张拉至 σ_{con} 时,则钢筋中的应力将沿 $CGHD$ 分布,显然比图 10-10(a)所建立的预拉应力要均匀些,预应力损失要小一些。

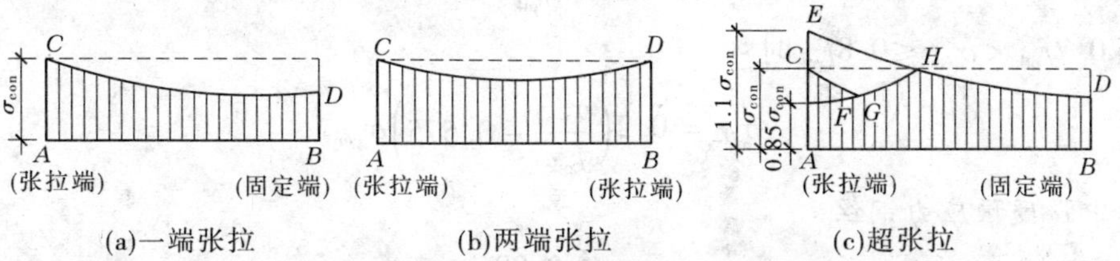

图 10-10 一端张拉、两端张拉及超张拉对减少摩擦损失的影响

(三)混凝土加热养护时受张拉的预应力钢筋与承受拉力的设备之间温差引起的预应力损失 σ_{l3}

为了缩短先张法构件的生产周期,浇灌混凝土后常采用蒸汽养护的办法加速混凝土的硬结。升温时,钢筋受热自由膨胀,产生了预应力损失。

设混凝土加热养护时,受张拉的预应力钢筋与承受拉力的设备(台座)之间的温差为 Δt(℃),钢筋的线膨胀系数 $\alpha=0.000\,01/℃$,则 σ_{l3} 可按下式计算

$$\begin{aligned}\sigma_{l3} &= \varepsilon_s E_s = \frac{\Delta l}{l}E_s = \frac{\alpha l \Delta t}{l}E_s = \alpha E_s \Delta t \\ &= 0.000\,01 \times 2.0 \times 10^5 \times \Delta t = 2\Delta t(\mathrm{N/mm^2})\end{aligned} \tag{10-4}$$

减少 σ_{l3} 的措施有以下几个方面:

(1)采用两次升温养护。先在常温下养护,待混凝土达到一定强度等级,如达设计强度的 75% ~100% 时,再逐渐升温至规定的养护温度,这时可认为钢筋与混凝土已结成整体,能够一起胀缩而不引起应力损失。

(2)在钢模上张拉预应力钢筋。由于预应力钢筋是锚固在钢模上的,升温时两者温度相同,可以不考虑此项损失。

(四)预应力钢筋应力松弛引起的预应力损失 σ_{l4}

钢筋在高应力长期作用下其塑性变形具有随时间而增长的性质。一方面,在钢筋长度保持不变的条件下,钢筋的应力会随时间的增长而逐渐降低,这种现象称为钢筋的应力松弛;另一方面,在钢筋应力保持不变的条件下,其应变会随时间的增长而逐渐增大,这种现象称为钢筋的徐变。钢筋的应力松弛和徐变均将引起预应力钢筋中的应力损失,这种损失统称为钢筋应力松弛损失 σ_{l4}。

《混凝土结构设计规范》(GB 50010—2010)根据试验结果给出以下计算式。

1. 消除应力钢丝、钢绞线

1) 普通松弛

$$\sigma_{l4} = 0.4\left(\frac{\sigma_{con}}{f_{ptk}} - 0.5\right)\sigma_{con} \tag{10-5}$$

2) 低松弛

当 $\sigma_{con} \leqslant 0.7f_{ptk}$ 时

$$\sigma_{l4} = 0.125\left(\frac{\sigma_{con}}{f_{ptk}} - 0.5\right)\sigma_{con} \tag{10-6}$$

当 $0.7f_{ptk} < \sigma_{con} \leqslant 0.8f_{ptk}$ 时

$$\sigma_{l4} = 0.2\left(\frac{\sigma_{con}}{f_{ptk}} - 0.575\right)\sigma_{con} \tag{10-7}$$

2. 中强度预应力钢丝

$$\sigma_{l4} = 0.08\sigma_{con} \tag{10-8}$$

3. 预应力螺纹钢筋

$$\sigma_{l4} = 0.03\sigma_{con} \tag{10-9}$$

当取用上述超张拉的应力松弛损失值时，张拉程序应符合现行国家标准《混凝土结构工程施工质量验收规范》(GB 50204—2002)的要求。

对于预应力钢丝、钢绞线，当 $\sigma_{con}/f_{ptk} \leqslant 0.5$ 时，$\sigma_{l4} = 0$。

试验表明，钢筋应力松弛与下列因素有关：

(1) 应力松弛与时间有关，开始阶段发展较快，第 1 小时松弛损失可达全部松弛损失的 50% 左右，24 h 后可达 80% 左右，以后发展缓慢。

(2) 应力松弛损失与钢材品种有关。热处理钢筋的应力松弛值比钢丝、钢绞线的小。

(3) 张拉控制应力值高，应力松弛大；反之，则小。

减少 σ_{l4} 的措施有以下几个方面：

进行超张拉，先控制张拉应力达 $1.05\sigma_{con} \sim 1.10\sigma_{con}$，持荷 2 ~5 min，然后卸荷再施加张拉应力至 σ_{con}，这样可以减少松弛引起的预应力损失。因为在高应力下短时间所产生的松弛损失可达到在低应力下需经过较长时间才能完成的松弛数值，所以经过超张拉部分松弛损失已完成。钢筋松弛与初应力有关，当初应力小于 $0.7f_{ptk}$ 时，松弛与初应力呈线性关系；初应力高于 $0.7f_{ptk}$ 时，松弛显著增大。

(五) 混凝土收缩、徐变的预应力损失 σ_{l5}、σ'_{l5}

混凝土在一般温度条件下结硬时体积会发生收缩，而在预应力作用下，混凝土沿压力方向发生徐变。两者均使构件的长度缩短，预应力钢筋也随之内缩，造成预应力损失。收缩与徐变虽是两种性质完全不同的现象，但它们的影响因素、变化规律较为相似，故《混凝土结构设计规范》(GB 50010—2010)将这两项预应力损失合在一起考虑。

混凝土收缩、徐变引起受拉区纵向预应力钢筋的预应力损失 σ_{l5} 和受压区纵向预应力钢筋的预应力损失 σ'_{l5}，可按下列公式计算。

1. 对一般情况

先张法构件

$$\sigma_{l5} = \frac{60 + 340\dfrac{\sigma_{pc}}{f'_{cu}}}{1 + 15\rho} \tag{10-10}$$

$$\sigma'_{l5} = \frac{60 + 340\dfrac{\sigma'_{pc}}{f'_{cu}}}{1 + 15\rho'} \tag{10-11}$$

后张法构件

$$\sigma_{l5} = \frac{55 + 300\dfrac{\sigma_{pc}}{f'_{cu}}}{1 + 15\rho} \tag{10-12}$$

$$\sigma'_{l5} = \frac{55 + 300\dfrac{\sigma'_{pc}}{f'_{cu}}}{1 + 15\rho'} \tag{10-13}$$

式中 σ_{pc}、σ'_{pc}——受拉区、受压区预应力钢筋在各自合力点处混凝土法向压应力，此时，预应力损失值仅考虑混凝土预压前（第一批）的损失，其非预应力钢筋中的应力 σ_{l5}、σ'_{l5} 值应取等于零，σ_{pc}、σ'_{pc} 值不得大于 $0.5f'_{cu}$，当 σ'_{pc} 为拉力时，则式（10-11）、式（10-13）中的 σ'_{pc} 应取等于零，计算混凝土法向应力 σ_{pc}、σ'_{pc} 时可根据构件制作情况考虑自重的影响；

f'_{cu}——施加预应力时的混凝土立方体抗压强度；

ρ、ρ'——受拉区、受压区预应力钢筋和非预应力钢筋的配筋率。

对先张法构件

$$\rho = \frac{A_p + A_s}{A_0} \qquad \rho' = \frac{A'_p + A'_s}{A_0} \tag{10-14}$$

对后张法构件

$$\rho = \frac{A_p + A_s}{A_n} \qquad \rho' = \frac{A'_p + A'_s}{A_n} \tag{10-15}$$

式中 A_0——混凝土换算截面面积；

A_n——混凝土净截面换算面积。

2. 对于对称配置预应力钢筋和非预应力钢筋的构件

对于对称配置预应力钢筋和非预应力钢筋的构件，配筋率 ρ、ρ' 应分别按钢筋总截面面积的一半进行计算。

由式（10-10）~式（10-13）可以看出：

（1）σ_{l5} 与相对应力 $\dfrac{\sigma_{pc}}{f'_{cu}}$ 呈线性关系，公式所给出的是线性徐变条件下的应力损失，因此要求符合 $\sigma_{pc} < 0.5f'_{cu}$ 的条件下。否则，将导致预应力损失值显著增大。由此可见，过大的预加应力以及放张时过低的混凝土抗压强度均是不妥的。

（2）后张法构件 σ_{l5} 的取值比先张法构件低，因为后张法构件在施加预应力时，混凝土的收缩已完成了一部分。

当结构处于年平均相对湿度低于 40% 的环境下时，σ_{l5} 和 σ'_{l5} 应增加 30%。

3. 对重要的结构构件

对重要的结构构件，当需要考虑与时间相关的混凝土收缩、徐变及预应力筋应力松弛预应力损失时，宜按《混凝土结构设计规范》(GB 50010—2010)附录 K 进行计算。

减少 σ_{l5} 的措施有以下几个方面：

(1)采用高强度等级水泥，减少水泥用量，降低水灰比，采用干硬性混凝土。

(2)采用级配较好的骨料，加强振捣，提高混凝土的密实性。

(3)加强养护，以减少混凝土的收缩。

(六)预应力钢筋的应力损失 σ_{l6}

用螺旋式预应力钢筋作配筋的环形构件，由于预应力钢筋对混凝土的挤压，使环形构件的直径有所减少，预应力钢筋中的拉应力就会降低，从而引起预应力钢筋的应力损失 σ_{l6}。

σ_{l6} 的大小与环形构件的直径 d 呈反比，直径越小，损失越大，故《混凝土结构设计规范》(GB 50010—2010)规定：

当 $d \leqslant 3$ m 时
$$\sigma_{l6} = 30\ \text{N/mm}^2 \tag{10-16}$$

当 $d > 3$ m 时
$$\sigma_{l6} = 0 \tag{10-17}$$

九、预应力损失值的组合

上述的六项预应力损失，它们有的只发生在先张法构件中，有的只发生在后张法构件中，有的两种均有，而且是分批产生的。为了便于分析和计算，《混凝土结构设计规范》(GB 50010—2010)规定，预应力构件在各阶段的预应力损失值宜按表 10-4 的规定进行组合。

表 10-4　各阶段预应力损失值的组合

预应力损失值的组合	先张法构件	后张法构件
混凝土预压前(第一批)的损失 $\sigma_{l\text{I}}$	$\sigma_{l1}+\sigma_{l2}+\sigma_{l3}+\sigma_{l4}$	$\sigma_{l1}+\sigma_{l2}$
混凝土预压后(第二批)的损失 $\sigma_{l\text{II}}$	σ_{l5}	$\sigma_{l4}+\sigma_{l5}+\sigma_{l6}$

注：先张法构件由于预应力筋应力松弛引起的损失值 σ_{l4} 在第一批和第二批损失中所占的比例，如需区分，可根据实际情况确定。

考虑到各项预应力的离散性，实际损失值有可能比按《混凝土结构设计规范》(GB 50010—2010)计算的值高，所以当求得的预应力总损失值 σ_l 小于下列数值时，取用下列数值。

先张法构件：100 N/mm^2

后张法构件：80 N/mm^2

当后张法构件的预应力钢筋采用分批张拉时，应考虑后批张拉钢筋所产生的混凝土弹性压缩(或伸长)对先批张拉钢筋的影响，将先批张拉钢筋的张拉控制应力 σ_{con} 增加(或减小)$\alpha_E\sigma_{pci}$。此处,σ_{pci}为后批张拉钢筋在先批张拉钢筋重心处产生的混凝土法向应力。

十、先张法构件预应力钢筋的传递长度

先张法预应力混凝土构件的预压应力是靠构件两端一定距离内钢筋和混凝土之间的黏结力来传递的。其传递并不能在构件的端部集中一点完成,而必须通过一定的传递长度进行。

图 10-11(a)示出了构件端部长度为 x 的预应力钢筋脱离体在放张钢筋时,钢筋发生内缩或滑移的情况。此时,端部 a 处是自由端,预应力钢筋的预拉应力为零,而在构件端面以内,钢筋的内缩受到周围混凝土的阻止,使得钢筋受拉,即预拉应力 σ_p,周围混凝土受压,即预拉应力 σ_c。随着离端部距离 x 的增大,由于黏结力的积累,预应力钢筋的预拉应力的 σ_p 及周围混凝土中的预压应力 σ_c 将增大,当 x 达到一定长度 l_{tr}(图 10-11 中 a 截面与 b 截面之间的距离)时,在 l_{tr}长度内的黏结力与预拉力 σ_pA_p 平衡,l_{tr}长度以外,即自 b 截面起,预应力钢筋才建立起稳定的预拉力 σ_{pe},周围混凝土也建立起有效的预压应力 σ_{pc},见图 10-11(c)。长度 l_{tr}称为先张法构件预应力钢筋的传递长度,ab 段称为先张法构件的自锚区。由于在自锚区的预应力值较小,所以对先张法预应力混凝土构件端部进行斜截面受剪承载力计算以及正截面、斜截面抗裂验算时,应考虑预应力钢筋在其传递长度 l_{tr}范围内实际应力值的变化。在计算时,把预应力钢筋的实际预应力都简化为按线性规律增大。

图 10-11(c)虚线所示,在构件端点为零,在其预应力传递长度的末端取有效预应力值 σ_{pe},预应力钢筋的预应力传递长度 l_{tr}可按下式计算

$$l_{tr} = a\frac{\sigma_{pe}}{f'_{tk}}d \tag{10-18}$$

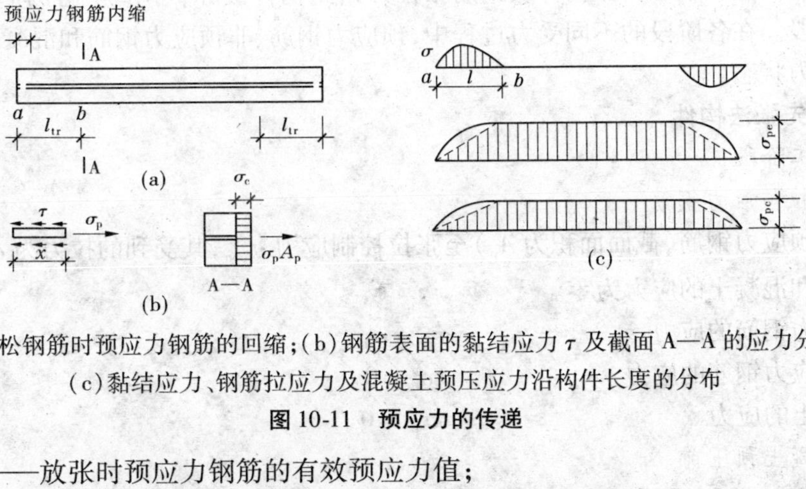

(a)放松钢筋时预应力钢筋的回缩;(b)钢筋表面的黏结应力 τ 及截面 A—A 的应力分布;

(c)黏结应力、钢筋拉应力及混凝土预压应力沿构件长度的分布

图 10-11　预应力的传递

式中　σ_{pe}——放张时预应力钢筋的有效预应力值;

d——预应力钢筋的公称直径,见附表 2-1;

a——预应力钢筋的外形系数,按表 10-5 取用;

f'_{tk}——与放张时混凝土立方体抗压强度 f'_{cu} 相应的轴心抗拉强度标准值,可按附表 1-1以线性内插法确定。

表 10-5　预应力钢筋外形系数 a

预应力钢筋种类	螺旋肋钢丝	钢绞线	
		三股	七股
a	0.13	0.16	0.17

当采用骤然放张预应力的施工工艺时，对光面预应力钢丝，l_{tr} 的起点应从构件末端 $0.25l_{tr}$ 处开始计算。

计算先张法预应力混凝土构件端部锚固区的正截面和斜截面受弯承载力时，锚固长度范围内的预应力筋抗拉强度设计值在锚固起点处应取为零，在锚固终点处应取为 f_{py}，两点之间可按线性内插法确定。

当采用骤然放张预应力的施工工艺时，对光面预应力钢丝，其锚固长度应从构件末端 $0.25l_{tr}$ 处开始计算。

第二节　预应力混凝土轴心受拉构件

一、轴心受拉构件各阶段的应力分析

《混凝土结构设计规范》(GB 50010—2010)规定，对预应力混凝土构件，当通过对一部分纵向钢筋施加预应力以使构件符合裂缝控制要求时，承载力计算所需的其余纵向钢筋可采用非预应力钢筋。非预应力钢筋宜采用 HRB400 级、HRB500 级钢筋，也可采用 RRB400 级、HRB335 级钢筋。

预应力混凝土轴心受拉构件从钢筋张拉开始到构件破坏，可分为施工阶段和使用阶段两个阶段。在各阶段的不同受力过程中，预应力钢筋、非预应力钢筋和混凝土分别处于不同的应力状态。

(一)先张法构件

1. 施工阶段

1)张拉预应力钢筋

张拉预应力钢筋(截面面积为 A_p)至张拉控制应力 σ_{con}，其受到的拉力为 $\sigma_{con}A_p$，非预应力钢筋和混凝土的应力为零。

预应力钢筋的应力　$\sigma_{pe}=\sigma_{con}$　(10-19)

非预应力钢筋的应力　$\sigma_s=0$　(10-20)

混凝土的应力　$\sigma_{pc}=0$　(10-21)

2)混凝土预压前

对张拉完成后的预应力钢筋锚固在台座上，浇注混凝土，养护构件。锚具变形、温差和部分钢筋松弛产生预应力损失，即已完成第一批损失，用 $\sigma_{lⅠ}$ 表示，$\sigma_{lⅠ}=\sigma_{l1}+\sigma_{l2}+\sigma_{l3}+\sigma_{l4}$，此时

$$\sigma_{pe}=\sigma_{con}-\sigma_{lⅠ} \tag{10-22}$$

$$\sigma_s = 0 \tag{10-23}$$

$$\sigma_{pc} = 0 \tag{10-24}$$

3)混凝土预压

混凝土结硬后,放松钢筋,依靠钢筋和混凝土之间的黏结作用,钢筋和混凝土共同回缩,混凝土、预应力钢筋、非预应力钢筋的应力分别为 σ_{pcI}、σ_{peI}、σ_{sI}。混凝土和钢筋的变形为 σ_{pcI}/E_c,则

$$\sigma_{peI} = \sigma_{con} - \sigma_{lI} - (\sigma_{pcI}/E_c)E_s = \sigma_{con} - \sigma_{lI} - \alpha_E\sigma_{pcI} \tag{10-25}$$

$$\sigma_{sI} = (\sigma_{pcI}/E_c)E_s = \alpha_E\sigma_{pcI}(\text{压}) \tag{10-26}$$

根据截面内力平衡有:$\sigma_{pcI}A_c + \sigma_{sI}A_s = \sigma_{peI}A_p = (\sigma_{con} - \sigma_{lI} - \alpha_E\sigma_{pcI})A_p$,整理得

$$\sigma_{pcI} = \frac{A_p(\sigma_{con} - \sigma_{lI})}{A_c + \alpha_E A_s + \alpha_E A_p} = \frac{N_{PI}}{A_n + \alpha_E A_p} = \frac{N_{pI}}{A_0} \tag{10-27}$$

式中　A_c——扣除预应力和非预应力钢筋截面面积后的混凝土截面面积;

A_n——净截面面积,混凝土全部截面面积和非预应力钢筋截面面积换算成混凝土的截面面积之和;

A_0——换算截面面积,包括净截面面积以及全部预应力钢筋截面面积换算成混凝土的截面面积;

N_{PI}——完成第一批损失后,预应力钢筋的总拉力;

α_E——钢筋与混凝土的弹性模量之比。

由上面的计算可以看出,当混凝土和钢筋共同变形时,钢筋的应力增量是混凝土应力增量的 α_E 倍。

4)完成第二批损失

随着时间的延长,混凝土的收缩、徐变及预应力钢筋进一步松弛产生第二批损失 σ_{lII},此时混凝土、预应力钢筋和非预应力钢筋的应力分别为 σ_{pcII}、σ_{peII}、σ_{sII},则

$$\sigma_{peII} = \sigma_{con} - \sigma_{lI} - \sigma_{lII} - (\sigma_{pcI}/E_c)E_s = \sigma_{con} - \sigma_l - \alpha_E\sigma_{pcII} \tag{10-28}$$

$$\sigma_{sII} = (\sigma_{pcII}/E_c)E_s + \sigma_{l5} = \alpha_E\sigma_{pcII} + \sigma_{l5}(\text{压}) \tag{10-29}$$

根据截面内力平衡得

$$\sigma_{pcII} = \frac{A_p(\sigma_{con} - \sigma_l) - \sigma_{l5}A_s}{A_c + \alpha_E A_s + \alpha_E A_p} = \frac{N_{pII} - \sigma_{l5}A_s}{A_0} \tag{10-30}$$

式中　σ_l——预应力总损失,$\sigma_l = \sigma_{lI} + \sigma_{lII}$;

N_{pII}——扣除总预应力损失后预应力钢筋的总预拉力。

2.使用阶段

1)加荷至混凝土应力为零(消压状态)

外荷载引起截面的拉应力和混凝土的有效预压力 σ_{pcII} 抵消,则

$$\sigma_{pc} = 0 \tag{10-31}$$

$$\sigma_s = \alpha_E\sigma_{pcII} + \sigma_{l5} - \alpha_E\sigma_{pcII} = \sigma_{l5}(\text{压}) \tag{10-32}$$

$$\sigma_{p0} = \sigma_{con} - \sigma_l - \alpha_E\sigma_{pcII} + \alpha_E\sigma_{pcII} = \sigma_{con} - \sigma_l \tag{10-33}$$

此时预应力钢筋和非预应力钢筋的合力(也等于外荷载产生的拉力)

$$N_{p0} = \sigma_{p0}A_p - \sigma_{l5}A_s = N_{pII} = \sigma_{pcII}A_0 \tag{10-34}$$

2）加荷至混凝土即将开裂

荷载增加至 N_{cr}，混凝土拉应力达到 f_{tk}，构件即将开裂，此时

$$\sigma_{pc} = f_{tk} \tag{10-35}$$

$$\sigma_{s} = \sigma_{E} f_{tk} - \sigma_{l5} \tag{10-36}$$

$$\sigma_{pe} = \sigma_{con} - \sigma_{l} + \alpha_{E} f_{tk} \tag{10-37}$$

$$\begin{aligned} N_{cr} &= A_{c} f_{tk} + (\sigma_{con} - \sigma_{l} + \alpha_{E} f_{tk}) A_{p} + (\alpha_{E} f_{tk} - \sigma_{l5}) A_{s} \\ &= (\sigma_{pcII} + f_{tk}) A_{0} \end{aligned} \tag{10-38}$$

由式(10-38)可以看出，预应力混凝土构件的开裂荷载比普通混凝土构件的开裂荷载 $f_{tk} A_0$ 大，所以可提高构件的抗裂能力。

3）加荷至构件破坏

当外荷载超过 N_{cr} 后，混凝土开裂并退出工作，截面上的拉力全部由预应力钢筋和非预应力钢筋承担，当预应力钢筋和非预应力钢筋分别达到其抗拉设计强度 f_{py} 和 f_{y} 时，构件破坏。此时的外荷载 N_{u} 为

$$N_{u} = f_{py} A_{p} + f_{y} A_{s} \tag{10-39}$$

由式(10-39)可以看出，采用相同截面尺寸和同等材料的预应力混凝土构件和普通混凝土构件，由于破坏时钢筋达到其屈服强度、混凝土达到其极限承载能力，故预应力混凝土构件对截面的承载力没有明显的作用。

各阶段的应力状态见表 10-6。

表 10-6　先张法预应力混凝土轴心受拉构件各阶段的应力分析

受力阶段		简　图	预应力钢筋应力 σ_{pe}	混凝土应力 σ_{pc}	非预应力钢筋应力 σ_{s}
施工阶段	a. 在台座上穿钢筋		0	—	—
	b. 张拉预应力钢筋	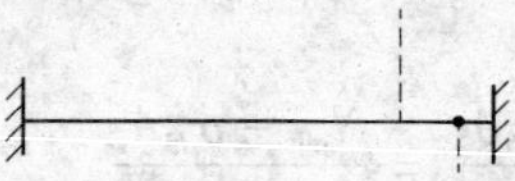	σ_{con}	—	—
	c. 完成第一批损失	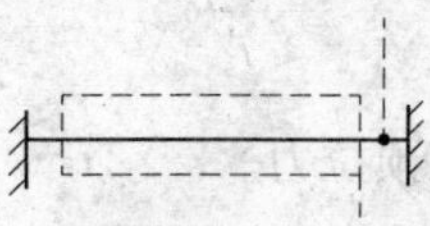	$\sigma_{con} - \sigma_{lI}$	0	0
	d. 放松钢筋	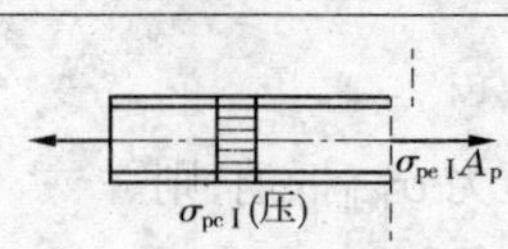	$\sigma_{peI} = \sigma_{con} - \sigma_{lI} - \alpha_{E}\sigma_{pcI}$	$\sigma_{pcI} = \dfrac{(\sigma_{con} - \sigma_{lI})A_{p}}{A_{0}}$（压）	$\sigma_{sI} = \alpha_{E}\sigma_{pcI}$（压）
	e. 完成第二批损失	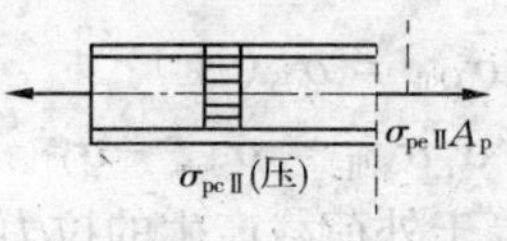	$\sigma_{peII} = \sigma_{con} - \sigma_{l} - \alpha_{E}\sigma_{peII}$	$\sigma_{pcII} = \dfrac{(\sigma_{con} - \sigma_{l})A_{p} - \sigma_{l5}A_{s}}{A_{0}}$（压）	$\sigma_{sII} = \alpha_{E}\sigma_{pcII} + \sigma_{l5}$（压）

续表 10-6

受力阶段		简　图	预应力钢筋应力 σ_{pe}	混凝土应力 σ_{pc}	非预应力钢筋应力 σ_s
使用阶段	f. 加载至 $\sigma_{pc}=0$	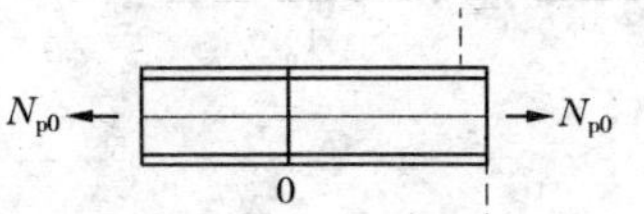	$\sigma_{p0}=\sigma_{con}-\sigma_l$	0	σ_{l5}(压)
	g. 加载至裂缝即将出现	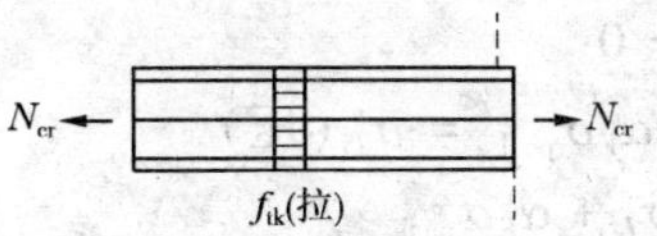	$\sigma_{pe}=\sigma_{con}-\sigma_l+\alpha_E f_{tk}$	f_{tk}(拉)	$\alpha_E f_{tk}-\sigma_{l5}$(拉)
	h. 加载至破坏	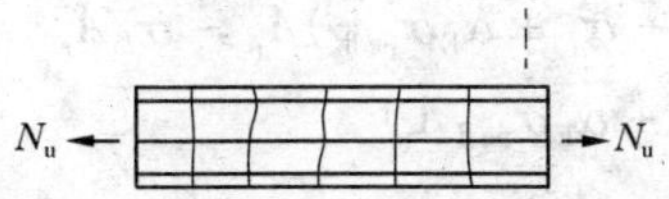	f_{py}	0	f_y(拉)

(二)后张法构件

1. 施工阶段

1)张拉预应力钢筋前

浇筑混凝土,养护至钢筋张拉前,截面内不产生应力。

2)张拉预应力钢筋

张拉钢筋的同时混凝土产生压缩变形,预应力钢筋产生预应力损失 σ_{l2},此时

$$\sigma_{pe}=\sigma_{con}-\sigma_{l2} \tag{10-40}$$

$$\sigma_s=\alpha_E\sigma_{pc} \tag{10-41}$$

根据截面平衡条件有 $\sigma_{pe}A_p=\sigma_sA_s+\sigma_{pc}A_c$,整理得

$$\sigma_{pc}=\frac{(\sigma_{con}-\sigma_{l2})A_p}{A_c+\alpha_EA_s}=\frac{(\sigma_{con}-\sigma_{l2})A_p}{A_n} \tag{10-42}$$

3)完成第一批损失(混凝土预压前)

预应力钢筋张拉完毕,用锚具在构件上进行锚固,产生锚具变形引起的损失 σ_{l1},此时

$$\sigma_{pe\,\mathrm{I}}=\sigma_{con}-\sigma_{l1}-\sigma_{l2}=\sigma_{con}-\sigma_{l\,\mathrm{I}} \tag{10-43}$$

$$\sigma_{s\,\mathrm{I}}=\alpha_E\sigma_{pc\,\mathrm{I}} \tag{10-44}$$

根据截面平衡条件可求得

$$\sigma_{pc\,\mathrm{I}}=\frac{(\sigma_{con}-\sigma_{l\,\mathrm{I}})A_p}{A_c+\alpha_EA_s}=\frac{N_{p\,\mathrm{I}}}{A_n} \tag{10-45}$$

4)完成第二批损失后

随着时间的延长,由于预应力钢筋松弛、混凝土收缩和徐变引起预应力损失 σ_{l4}、σ_{l5},此时

$$\sigma_{pe\text{II}} = \sigma_{con} - \sigma_{l\text{I}} - \sigma_{l\text{II}} = \sigma_{con} - \sigma_l \tag{10-46}$$

$$\sigma_{s\text{II}} = \alpha_E \sigma_{pc\text{II}} + \sigma_{l5} \tag{10-47}$$

根据截面平衡条件可求得

$$\sigma_{pc\text{II}} = \frac{(\sigma_{con} - \sigma_l)A_p - \sigma_{l5}A_s}{A_c + \alpha_E A_s} = \frac{N_{p\text{II}} - \sigma_{l5}A_s}{A_n} \tag{10-48}$$

2. 使用阶段

1)加载至混凝土应力为零(消压状态)

此时

$$\sigma_{pc} = 0 \tag{10-49}$$

$$\sigma_s = \alpha_E \sigma_{pc\text{II}} + \sigma_{l5} - \alpha_E \sigma_{pc\text{II}} = \sigma_{l5}(\text{压}) \tag{10-50}$$

$$\sigma_{p0} = \sigma_{con} - \sigma_l + \alpha_E \sigma_{pc\text{II}} \tag{10-51}$$

此时预应力钢筋和非预应力钢筋的合力(也等于外荷载产生的拉力)

$$\begin{aligned} N_{p0} &= \sigma_{p0}A_p - \sigma_s A_s = (\sigma_{con} - \sigma_l + \alpha_E \sigma_{pc\text{II}})A_p - \sigma_{l5}A_s \\ &= (\sigma_{con} - \sigma_l)A_p - \sigma_{l5}A_s + \alpha_E \sigma_{pe\text{II}} A_p \\ &= \sigma_{pc\text{II}}(A_n + \alpha_E A_p) = \sigma_{pc\text{II}} A_0 \end{aligned} \tag{10-52}$$

2)加荷至混凝土即将开裂

荷载增加至 N_{cr},混凝土拉应力达到 f_{tk},构件即将开裂,此时

$$\sigma_{pc} = f_{tk} \tag{10-53}$$

$$\sigma_s = \alpha_E f_{tk} - \sigma_{l5} \tag{10-54}$$

$$\sigma_{pe} = \sigma_{con} - \sigma_l + \alpha_E \sigma_{pc\text{II}} + \alpha_E f_{tk} \tag{10-55}$$

$$\begin{aligned} N_{cr} &= A_c f_{tk} + (\sigma_{con} - \sigma_l + \alpha_E f_{tk} + \alpha_E \sigma_{pc\text{II}})A_p + (\alpha_E f_{tk} - \sigma_{l5})A_s \\ &= (\sigma_{pc\text{II}} + f_{tk})A_0 \end{aligned} \tag{10-56}$$

3)加荷至构件破坏

和先张法相同,当外荷载超过 N_{cr}后,混凝土开裂并退出工作,截面上的拉力全部由预应力钢筋和非预应力钢筋承担,当预应力钢筋和非预应力钢筋分别达到其抗拉设计强度 f_{py}和 f_y 时,构件破坏。此时的外荷载 N_u 为

$$N_u = f_{py}A_p + f_y A_s \tag{10-57}$$

各阶段的应力状态见表 10-7。

(三)先张法、后张法计算公式比较

比较先张法与后张法预应力混凝土轴心受拉构件的相应计算公式,可得出如下规律。

1. 钢筋应力

无论是先张法、后张法,非预应力钢筋任何相应时刻的应力公式形式均相同,这是由于两种方法中,非预应力钢筋与混凝土协调变形的起点均是混凝土应力为零时;预应力钢筋应力公式中,后张法比先张法的相应时刻应力多 σ_{pe},这是因为后张法构件在张拉预应力钢筋过程中,混凝土的弹性压缩所引起的预应力钢筋应力变化已被融入测力仪表读数内,因而两种方法中,预应力钢筋与混凝土协调变形的起点不同。

表 10-7 后张法预应力混凝土轴心受拉构件各阶段的应力分析

受力阶段		简图	预应力钢筋应力 σ_{pe}	混凝土应力 σ_{pc}	非预应力钢筋应力 σ_s
施工阶段	a. 穿钢筋	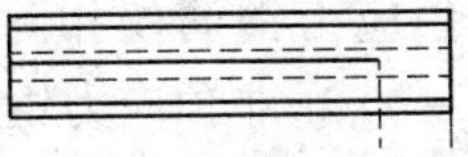	0	0	0
	b. 张拉钢筋	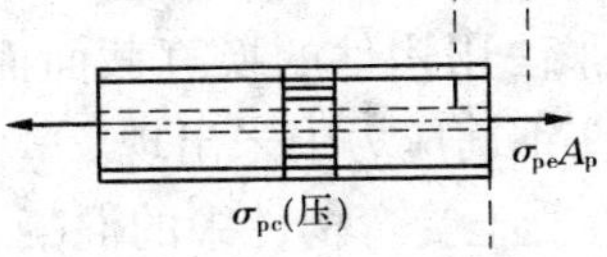	$\sigma_{con}-\sigma_{l2}$	$\sigma_{pc}=\dfrac{(\sigma_{con}-\sigma_{l2})A_p}{A_n}$ (压)	$\sigma_s=\alpha_E\sigma_{pc}$(压)
	c. 完成第一批损失	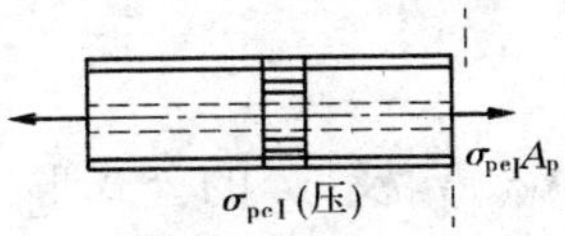	$\sigma_{pe\,I}=\sigma_{con}-\sigma_{l\,I}$	$\sigma_{pc\,I}=\dfrac{(\sigma_{con}-\sigma_{l\,I})A_p}{A_n}$ (压)	$\sigma_{s\,I}=\alpha_E\sigma_{pc\,I}$(压)
	d. 完成第二批损失	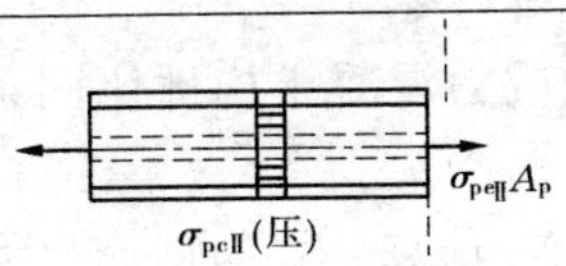	$\sigma_{pe\,II}=\sigma_{con}-\sigma_l$	$\rho_{pc\,II}=\dfrac{(\sigma_{con}-\sigma_l)A_p-\sigma_{l5}A_s}{A_n}$ (压)	$\sigma_{s\,II}=\alpha_E\sigma_{pc\,II}+\sigma_{l5}$(压)
使用阶段	e. 加载至 $\sigma_{pc}=0$	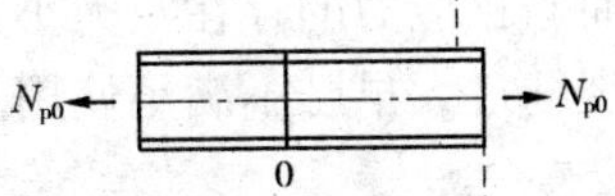	$\sigma_{p0}=\sigma_{con}-\sigma_l+\alpha_E\sigma_{pc\,II}$	0	σ_{l5}(压)
	f. 加载至裂缝即将出现	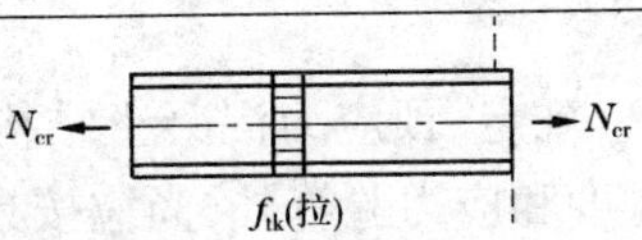	$\sigma_{pe}=\sigma_{con}-\sigma_l+\alpha_E\alpha_{pc\,II}+\alpha_E f_{tk}$	f_{tk}(拉)	$\alpha_E f_{tk}-\alpha_{l5}$(拉)
	g. 加载至破坏	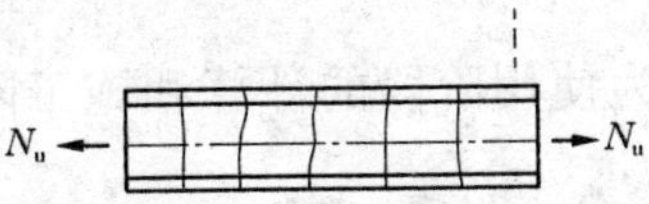	f_{py}	0	f_y(拉)

2. 混凝土应力

在施工阶段,两种张拉方法的 $\sigma_{pe\,I}$,$\sigma_{pe\,II}$ 公式形式相似,差别在于:先张法公式中用构件的换算截面面积 A_0,而后张法用构件的净截面面积 A_n。

前面推导出的混凝土预压应力 σ_{pc} 公式,可归纳为以下通式:

先张法

$$\sigma_{pc}=\frac{(\sigma_{con}-\sigma_l)A_p-\sigma_{l5}A_s}{A_0}=\frac{N_p-\sigma_{l5}A_s}{A_0} \tag{10-58}$$

后张法

$$\sigma_{pc}=\frac{(\sigma_{con}-\sigma_l)A_p-\sigma_{l5}A_s}{A_n}=\frac{N_p-\sigma_{l5}A_s}{A_n} \tag{10-59}$$

用式(10-27)及式(10-45)求 $\sigma_{pc\,I}$ 时,令式中 $\sigma_l=\sigma_{l\,I}$,$\sigma_{l5}=0$,因为此时 σ_{l5} 还没有发

生，求 $\sigma_{pc\text{II}}$ 时，令 $\sigma_l = \sigma_{l\text{I}} + \sigma_{l\text{II}}$，当然此时 $\sigma_{l5} \neq 0$。

由式(10-58)和式(10-59)可得如下重要结论：计算预应力混凝土轴心受拉构件混凝土的有效预压应力 σ_{pc} 时，可以将一个轴心压力 N_p 作用于构件截面上，然后按材料力学公式计算。压力 N_p 由相应时刻预应力钢筋和非预应力钢筋仅扣除预应力损失后的应力，完成第二批损失后，预应力钢筋拉应力取($\sigma_{con} - \sigma_{l5}$)，非预应力钢筋压应力取 σ_{l5} 乘以各自的截面面积，并反向(预应力钢筋的拉力反向后为压力，非预应力钢筋的压力反向后为拉力)叠加而得；计算时所用构件截面为：先张法用构件的换算截面面积 A_0，而后张法用构件的净截面面积 A_n。因此，弹性压缩部分在钢筋应力中未出现。

重要的是，该结论可推广用于计算预应力混凝土受弯构件中的混凝土预应力，只需将 N_p 改为偏心压力。

3. 轴向拉力

使用阶段，构件在各特定时刻的轴向拉力 N_{p0}、N_{cr} 及 N_u 的公式形式均相同。无论先张法、后张法，均采用构件的换算截面面积 A_0 计算。

由 $N_{cr} = (\sigma_{pc\text{II}} + f_{tk})A_0 = N_{p0} + f_{tk}A_0$ 可知，预应力混凝土构件比同条件的普通钢筋混凝土构件的开裂荷载提高了 N_{p0}。

预应力混凝土轴心受拉构件的极限承载力 N_u 计算公式与截面尺寸及材料均相同的普通钢筋混凝土构件的极限承载力公式相同，而与预应力的存在及大小无关，即施加预应力不能提高轴心受拉构件的承载力，但后者因裂缝过大早已不满足使用要求。

二、预应力混凝土轴心受拉构件的设计

《混凝土结构设计规范》(GB 50010—2010)规定，预应力混凝土结构构件，除应根据使用条件进行承载力计算及变形、抗裂、裂缝宽度和应力验算外，尚应按具体情况对制作、运输及安装等施工阶段进行验算。

预应力混凝土轴心受拉构件的设计可分为使用阶段的计算和施工阶段的验算两部分，分别讨论如下。

(一)使用阶段的计算

预应力混凝土轴心受拉构件使用阶段的计算可分为承载力计算、抗裂度验算、裂缝宽度验算。预应力轴心受拉构件计算简图如图 10-12 所示。

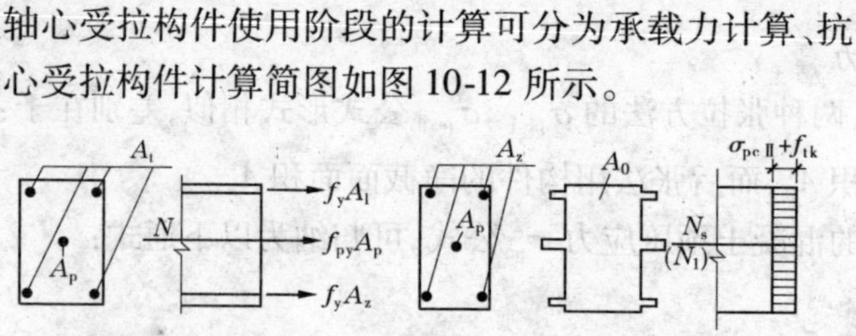

(a)承载力计算简图　　(b)抗裂度验算简图

图 10-12　预应力轴心拉力受拉构件计算简图

1. 承载力计算

《混凝土结构设计规范》(GB 50010—2010)规定，预应力可作为荷载效应考虑，对承载力极限状态，当预应力效应对结构有利时，预应力分项系数取 1.0；不利时取 1.2；对正常使用极限状态，预应力分项系数应取 1.0。

根据构件破坏阶段截面应力分布情况，构件破坏时，拉力全部由预应力钢筋和非预应力钢筋承担。正截面受承载力按下式计算

$$\gamma_0 N \leqslant f_{py} A_p + f_y A_s \tag{10-60}$$

式中符号意义同前。

2. 抗裂度验算

裂缝控制验算是预应力混凝土结构中的重要内容，是保证构件满足正常使用功能要求的关键措施。《混凝土结构设计规范》(GB 50010—2010)规定，按构件所处环境类别确定相应的裂缝控制等级及最大裂缝宽度限值，并按下列规定进行受拉边缘应力或正截面裂缝宽度验算。

1)严格要求不出现裂缝的构件(一级)

在荷载效应的标准组合下应符合

$$\sigma_{ck} - \sigma_{pc} \leqslant 0 \tag{10-61}$$

2)一般要求不出现裂缝的构件(二级)

在荷载效应的标准组合下应符合

$$\sigma_{ck} - \sigma_{pc} \leqslant f_{tk} \tag{10-62}$$

对环境类别为二 a 类的预应力混凝土构件，在荷载效应的准永久组合下尚应符合

$$\sigma_{cq} - \sigma_{pc} \leqslant 0 \tag{10-63}$$

式中　σ_{pc}——扣除全部预应力损失后在抗裂验算边缘混凝土的预压力，按式(10-30)或式(10-48)计算；

σ_{ck}、σ_{cq}——荷载效应的标准组合、准永久组合下抗裂验算边缘的混凝土法向应力，$\sigma_{ck} = N_k / A_0$，$\sigma_{cq} = N_q / A_0$，N_k、N_q 为按荷载效应的标准组合、准永久组合计算的轴向拉力值；

3)允许出现裂缝的构件(三级)

按荷载效应的标准组合并考虑长期作用影响计算的最大裂缝宽度，应符合

$$w_{max} \leqslant [w_{lim}] \tag{10-64}$$

式中　w_{lim}——最大裂缝宽度限值，按附表 3-3 采用；

w_{max}——按荷载效应的标准组合并考虑长期作用影响计算的最大裂缝宽度。

$$w_{max} = 2.2\psi \frac{\sigma_{sk}}{E_s}\left(1.9c_s + 0.08\frac{d_{eq}}{\rho_{te}}\right) \tag{10-65}$$

此处，裂缝截面处纵向钢筋的拉应力按下式计算

$$\sigma_{sk} = \frac{N_k - N_{p0}}{A_p + A_s} \tag{10-66}$$

式中　符号意义同前。

(二)施工阶段的验算

为防止预应力钢筋张拉放松过程中对混凝土造成破坏或局部损坏，在预加力、自重及施工荷载(必要时考虑动力系数)作用下，构件截面边缘的混凝土应力应符合下列规定

$$\sigma_{cc} \leqslant 0.8 f'_{ck} \tag{10-67}$$

式中 f'_{ck}——与各施工阶段混凝土立方体抗压强度 f'_{cu} 相应的抗压强度标准值(按附表1-2以线性内插确定);

σ_{cc}——相应施工阶段计算截面混凝土的压应力,按下式计算:

对先张法构件

$$\sigma_{cc} = \sigma_{pc\,\text{I}} = \frac{A_p(\sigma_{con} - \sigma_{l\,\text{I}})}{A_c + \alpha_E A_s + \alpha_E A_p} = \frac{N_{p\,\text{I}}}{A_n + \alpha_E A_p} = \frac{N_{p\,\text{I}}}{A_0} \tag{10-68}$$

对后张法构件

$$\sigma_{cc} = \sigma_{pc} = \frac{\sigma_{con} A_p}{A_n} \tag{10-69}$$

在运输、吊装、安装过程中,还应验算构件自重及施工荷载在计算截面产生的轴向力值

$$\sigma_{cc} = \sigma_{pc} + \frac{N_k}{A_0} \tag{10-70}$$

式中 N_k——构件自重及施工荷载的标准组合在计算截面产生的轴向力值;

其他符号意义和计算同前。

(三)构件端部锚固区的局部受压验算

后张法混凝土构件的预压力通过锚头对构件端部混凝土的局部压力来实现,由此将造成锚头下混凝土出现很大的局部压力,且需通过一定距离才能比较均匀地扩散到整个截面上。根据试验和理论分析知,锚头下混凝土处于三向受力状态,不仅存在压应力,而且还有较大的拉应力,当拉应力超过混凝土的抗拉强度时,混凝土就会开裂,实际中处理不当就会造成质量事故。

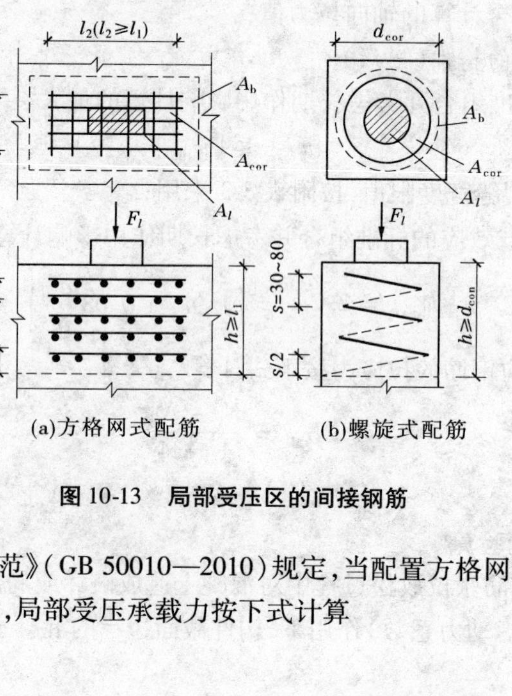

图 10-13 局部受压区的间接钢筋

《混凝土结构设计规范》(GB 50010—2010)规定,当配置方格网式或螺旋式间接钢筋且其核心面积 $A_{cor} \geqslant A_l$ 时,局部受压承载力按下式计算

$$F_l \leqslant 0.9(\beta_c \beta_l f_c + 2\alpha \rho_v \beta_{cor} f_y) A_{ln} \tag{10-71}$$

$$\beta_l = \sqrt{\frac{A_b}{A_l}} \tag{10-72}$$

当为方格网式配筋时，其体积配筋率 ρ_v 按下式计算（见图 10-13）

$$\rho_v = \frac{n_1 A_{s1} l_1 + n_2 A_{s2} l_2}{A_{cor} s} \tag{10-73}$$

此时，钢筋网两个方向上单位长度内钢筋截面面积的比值不宜大于 1.5。

当为螺旋式配筋时，其体积配筋率按下式计算

$$\rho_v = \frac{4A_{ss1}}{d_{cor} s} \tag{10-74}$$

式中　F_l——局部受压面上作用的局部荷载或局部压力设计值，对锚头局压区的压力设计值，取 1.2 倍张拉控制力，即 $F_l = 1.2\sigma_{con} A_p$；

f_c——混凝土轴心抗压强度设计值，此处应据验算相应阶段的混凝土立方体抗压强度 f'_{cu} 值，按附表 1-2 的规定以线性内插法确定；

β_c——混凝土强度影响系数；

A_{ln}——混凝土局部受压净面积，应在局部受压面积中扣除孔道、凹槽部分的面积；

β_l——混凝土局部受压时的强度提高系数；

A_b——局部受压的计算底面积，可由与局部受压面积按同心、对称的原则确定，对常用情况，按图 10-14 取用；

A_l——混凝土局部受压面积，如有钢垫可考虑垫板按 45°扩散后的面积，不扣孔道的面积，见图 10-15；

β_{cor}——配置间接钢筋的局部受压承载力提高系数，按公式 $\beta_{cor} = \sqrt{\frac{A_{cor}}{A_l}}$ 计算；

A_{cor}——方格网式或螺旋式间接钢筋内表面范围内的混凝土核心面积，其重心应与 A_l 重心重合，计算仍按同心、对称原则取值；

α——间接钢筋对混凝土约束的折减系数，混凝土强度等级不超过 C50 时，取 1.0，为 C80 时取 0.85，中间按线性内插确定；

ρ_v——间接钢筋的体积配筋率，核心面积 A_{cor} 范围内单位混凝土体积所含间接钢筋的体积；

n_1、A_{s1}——方格网沿 l_1 方向的钢筋根数、单根钢筋的截面面积；

n_2、A_{s2}——方格网沿 l_2 方向的钢筋根数、单根钢筋的截面面积；

A_{ss1}——单根螺旋式间接钢筋的截面面积；

d_{cor}——螺旋式间接钢筋内表面范围内的混凝土截面直径；

s——方格网式或螺旋式间接钢筋的间距，取 30 ~ 80 mm。

间接钢筋应配置在图 10-13 所规定的高度 h 范围内，对方格网式钢筋，不应少于 4 片；对螺旋式钢筋，不应少于 4 圈。

局部受压区的截面尺寸尚应符合下列要求

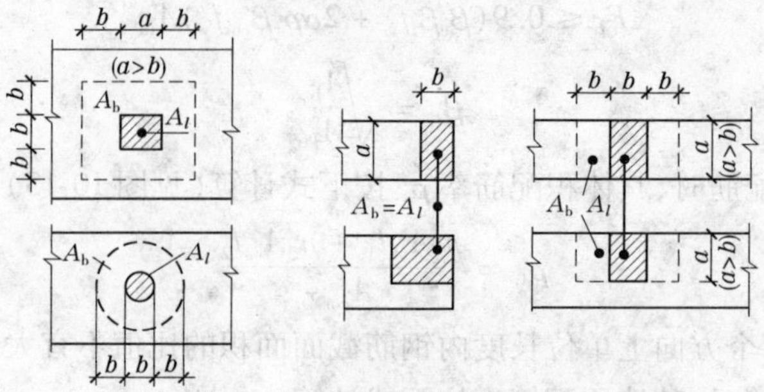

图 10-14　局部受压的计算底面积 A_b

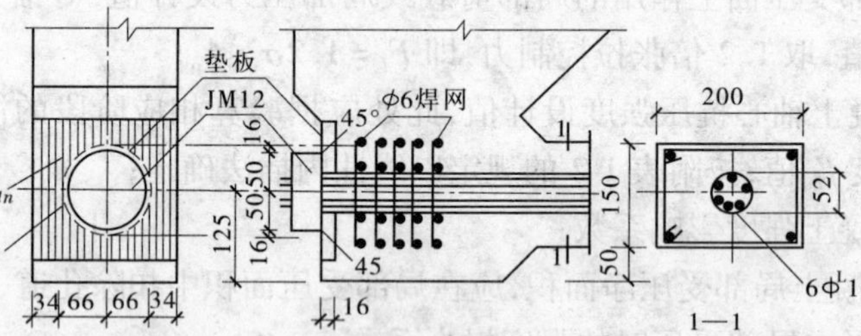

图 10-15　局部受压面积 A_l 的确定

$$F_l \leqslant 1.35\beta_c\beta_l f_c A_{ln} \tag{10-75}$$

式中　符号意义同前。

第三节　预应力混凝土受弯构件的设计计算

一、受弯构件各阶段应力分析

与轴心受拉构件不同，预应力混凝土受弯构件中，沿构件长度方向，预应力钢筋的布置可以为直线型或曲线型。因构件截面内，设置在使用阶段受拉区的预应力钢筋 A_p 的重心与截面的重心有偏心；为了防止在制作、运输和吊装等施工阶段，构件的使用阶段受压区（称预拉区，即在预应力作用不可能受拉）出现裂缝或裂缝过宽，有时也在受压区设置预应力钢筋 A_p；同时在构件的受拉区和受压区也设置少量的非预应力钢筋 A_s 和 A'_s，如图 10-16所示。预应力混凝土预应力 σ_{pc} 值（一般为压应力，有时也可能为拉应力）沿截面高度方向是变化的。

（一）钢筋应力

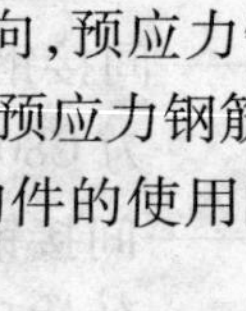

图 10-16　预应力混凝土受弯构件截面内钢筋布置

与预应力混凝土轴心受拉构件类似，在预应力混凝土受弯构件中，非预应力钢筋与混凝土协调变形的起点也是混凝土应力为零时的点。预应力钢筋与混凝土协调变形的起点：先张法为切断预应力钢筋的时刻（混凝土起点应力为零）；后张法为完成第二批预应力损失的时刻（该起点混凝土应

力为 $\sigma_{pc\,\mathrm{II}}$）。但必须注意，计算钢筋应力时所用的混凝土应力 σ_{pc} 应是与该钢筋（预应力钢筋或非预应力钢筋）在同一水平处之值，因为沿截面高度混凝土应力分布不均匀。

这里的面积、应力、压力等符合同轴心受拉构件，只需注意到受压区的钢筋面积和应力符号加一撇。应力的正负号规定为：预应力钢筋以受拉为正，非预应力钢筋及混凝土以受压为正。

例如，第一批损失（$\sigma_{l\,\mathrm{I}}$，$\sigma'_{l\,\mathrm{I}}$）完成后，受拉区预应力钢筋 A_p 的应力为：

先张法

$$\sigma_{pe}=\sigma_{con}-\sigma_{l\,\mathrm{I}}-\alpha_E\sigma_{pc\,\mathrm{I}} \tag{10-76}$$

后张法

$$\sigma_{pe}=\sigma_{con}-\sigma_{l\,\mathrm{I}} \tag{10-77}$$

分别加荷至受拉区和受压区预应力钢筋各自合力点处混凝土法向应力等于零时，受拉区和受压区的预应力钢筋 A_p 和 A'_p 的应力为：

先张法

$$\left.\begin{aligned}\sigma_{p0}&=\sigma_{con}-\sigma_l\\ \sigma'_{p0}&=\sigma_{con}-\sigma'_l\end{aligned}\right\} \tag{10-78}$$

后张法

$$\left.\begin{aligned}\sigma_{p0}&=\sigma_{con}-\sigma_l+\alpha_E\sigma_{pc\,\mathrm{II}}\\ \sigma'_{p0}&=\sigma_{con}-\sigma'_l+\alpha_E\sigma'_{pc\,\mathrm{II}}\end{aligned}\right\} \tag{10-79}$$

（二）混凝土预应力

仿照轴心受拉构件，计算预应力混凝土受弯构件中有预加应力产生的混凝土法向应力 σ_{pc} 时，可看做将一个偏心压力 N_p 作用于构件截面上，然后按材料力学公式计算。计算时，先张法用构件的制版截面（面积 A_0，惯性矩 I_0），而后张法用构件的净截面（A_n，I_n）。计算公式如下：

先张法构件

$$\sigma_{pc}=\frac{N_p}{A_0}\pm\frac{N_p e_{p0}}{I_0}y_0 \tag{10-80}$$

后张法构件

$$\sigma_{pc}=\frac{N_p}{A_n}\pm\frac{N_p e_{pn}}{I_n}y_n\pm\frac{M_2}{I_n}y_n \tag{10-81}$$

式中 A_0——构件的换算截面面积，包括扣除孔道、凹槽等削弱部分以外的混凝土全部截面面积以及全部纵向预应力钢筋和非预应力钢筋截面面积换算成混凝土的截面面积（对由不同混凝土强度等级组成的截面，应根据混凝土弹性模量比值换算成现混凝土强度等级的截面面积）；

A_n——构件的净截面面积，换算截面面积全部纵向预应力钢筋换算成混凝土的截面面积；

I_0，I_n——换算截面惯性矩、净截面惯性矩；

e_{p0}，e_{pn}——换算截面重心、净截面重心至预应力钢筋及非预应力钢筋合力点的距离，即 N_p 的偏心距；

y_0，y_n——换算截面重心、净截面重心至所计算纤维处的距离；

σ_l——相应阶段预应力损失值；

α_E——钢筋弹性模量与混凝土弹性模量的比值；

N_p——预应力钢筋及非预应力钢筋的全力；

M_2——由预加力 N_p 在后张法预应力混凝土超静定结构中产生的次弯矩。

在式(10-80)、式(10-81)中,右边第二、第三项与第一项的应力方向相同时取加号,相反时取减号。

1. 预应力钢筋及非预应力钢筋的合力

预应力钢筋及非预应力钢筋的合力 N_p 均按下式计算

$$N_p = (\sigma_{con} - \sigma_l)A_p + (\sigma'_{con} - \sigma'_l)A'_p - \sigma_{l5}A_s - \sigma'_{l5}A'_s \tag{10-82}$$

2. 预应力钢筋及非预应力钢筋合力点的偏心矩

预应力钢筋及非预应力钢筋合力点的偏心距宜按下列公式计算：

先张法构件

$$e_{p0} = \frac{(\sigma_{con} - \sigma_l)A_p y_p - (\sigma'_{con} - \sigma'_l)A'_p y'_p - \sigma_{l5}A_s y_s + \sigma'_{l5}A'_s y'_s}{N_p} \tag{10-83}$$

后张法构件

$$e_{pn} = \frac{(\sigma_{con} - \sigma_l)A_p y_{pn} - (\sigma'_{con} - \sigma'_l)A'_P y'_{pn} - \sigma_{l5}A_s y_{sn} + \sigma'_{l5}A'_s y'_{sn}}{N_p} \tag{10-84}$$

式中　A_p, A'_p——受拉区、受压区纵向预应力钢筋的截面面积；

A_s, A'_s——受拉区、受压区纵向非预应力钢筋的截面面积；

y_p, y'_p——受拉区、受压区的预应力钢筋各自合力点至换算截面重心的距离；

y_s, y'_s——受拉区、受压区的预应力钢筋在各自合力点处由混凝土收缩和徐变引起的预应力损失值；

$\sigma_{l5}, \sigma'_{l5}$——受拉区、受压区的预应力钢筋在各自合力点处由混凝土收缩和徐变引起的预应力损失值；

y_{pn}, y'_{pn}——受拉区、受压区的预应力钢筋各自合力点至净截面重心的距离；

y_{sn}, y'_{sn}——受拉区、受压区的非预应力钢筋的重心至净截面重心的距离。

当式(10-82)～式(10-84)中的 $A'_P = 0$(即受压区不配置预应力钢筋)时,可取式中 $\sigma'_{l5} = 0$;当计算第一批损失完成后混凝土的预应力时,以上各式中,令 $\sigma_l = \sigma_{l\text{I}}$,$\sigma'_l = \sigma'_{l\text{I}}$,并取 $\sigma'_{l5} = 0$,$\sigma'_{l5} = 0$ 计算全部损失完成后的混凝土预应力时,则取 $\sigma_l = \sigma_{l\text{I}} + \sigma_{l\text{II}}$,$\sigma'_l = \sigma'_{l\text{I}} + \sigma'_{l\text{II}}$,此时 σ_{l5} 和 σ'_{l5} 已经发生。

偏心压力 N_p 的偏心距公式(10-83)及式(10-84)是根据合力 N_p 对任一点(如截面重心)的矩等于其分力的矩之和推得的(见图 10-17)。

3. 截面几何特征

先张法构件

$$A_0 = A_c + \alpha_{Es}A_s + \alpha'_{Es}A'_s + \alpha_E A_p + \alpha'_E A'_p \tag{10-85}$$

$$A_c = A - A_s - A_p \tag{10-86}$$

后张法构件

$$A_n = A_c + \alpha_{Es}A_s + \alpha'_{Es}A'_s \tag{10-87}$$

$$A_0 = A_n + \alpha_E A_p + \alpha'_E A'_p \tag{10-88}$$

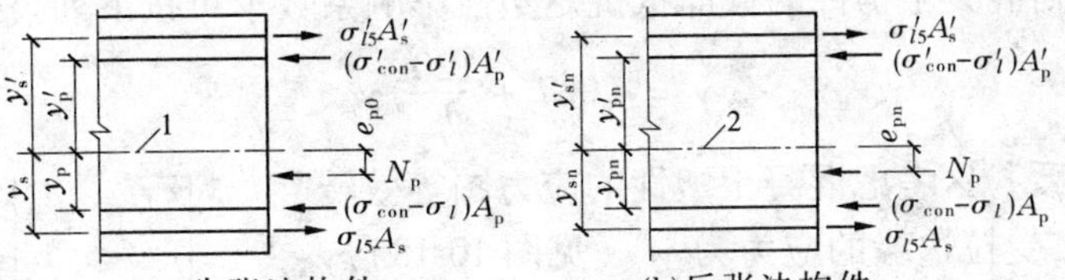

(a)先张法构件　(b)后张法构件

1—换算截面重心轴;2—净截面重心轴

图 10-17　预应力钢筋及非预应力钢筋合力位置

$$A_c = A - A_s - A_{孔}$$

式中　$A_{孔}$——孔洞面积。

(三)外荷载作用下构件截面内混凝土应力计算

施加预应力后,构件在正常使用时可能不开裂甚至不出现拉应力,因而可以视混凝土为理想弹性材料。仿照轴心受拉构件,在外荷载作用下,无论先张法、后张法,均采取构件的换算截面,按材料力学公式计算混凝土应力。

例如,正截面抗裂验算时,加荷至构件受拉边缘混凝土应力为零时,设外弯矩为 M_0,则有

$$\sigma_{pc\,\mathrm{II}} - \frac{M_0}{W_0} = 0 \tag{10-89}$$

可得

$$M_0 = \sigma_{pc\,\mathrm{II}} W_0 \tag{10-90}$$

式中　$\sigma_{pc\,\mathrm{II}}$——第二批损失完成后,受弯构件受拉边缘处的混凝土预压应力,对先张法、后张法,分别按式(10-30)和(10-48)计算;

W_0——换算截面受拉边缘的弹性抵抗矩,$W_0 = I_0/y_{01}$;

y_{01}——换算截面重心至受拉边缘的距离。

必须注意,受弯构件中,当加荷至 M_0 时,仅截面受拉边缘处的混凝土应力为零,而截面上其他处的混凝土应力都不等于零。对于轴心受拉构件,当加荷至 N_0 时,全截面的混凝土应力均等于零。

加荷至受拉边缘混凝土即将开裂时,设开裂弯矩为 M_{cr}。对预应力混凝土受弯构件,确定 M_{cr}可有以下两种考虑。

1. 按弹性材料计算

不考虑受拉区混凝土的塑性,即构件截面上混凝土应力按直线分布,则加荷至受拉边缘混凝土应力等于 f_{tk}时,有

$$\frac{M_{cr1}}{W_0} - \sigma_{pe\,\mathrm{II}} = f_{tk} \tag{10-91}$$

可解得

$$M_{cr1} = (\sigma_{pe\,\mathrm{II}} + f_{tk}) W_0 \tag{10-92}$$

2. 考虑受拉区混凝土的塑性

取受拉区混凝土应力图形为梯形、受拉边缘混凝土极限拉应变为 $2f_{tk}/E_c$,按平截面应变假定,可确定混凝土构件的截面抵抗矩塑性影响系数基本值 γ_m(对常用的截面形状

可查附表3-5)，则混凝土构件的截面抵抗矩塑性影响系数 γ 可按下列公式计算

$$\gamma = (0.7 + \frac{120}{h})\gamma_m \tag{10-93}$$

将构件截面受拉区考虑混凝土塑性的应力图等效转化为直线分布时，受拉边缘的应力为 γf_{tk}(见图10-18)，γ 是一大于1的系数。当加荷至受拉边缘即将开裂时，按材料力学公式则有

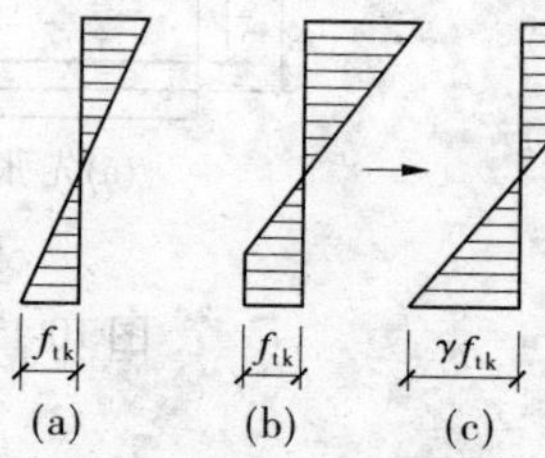

图10-18　确定开裂弯矩

$$\frac{M_{cr2}}{W_0} - \sigma_{pc\,\mathrm{II}} = \gamma f_{tk} \tag{10-94}$$

可解得

$$M_{cr2} = (\sigma_{pc\,\mathrm{II}} + \gamma f_{tk})W_0 \tag{10-95}$$

显然，按弹性计算的开裂弯矩 $M_{cr} = M_{cr1}$ 值偏小，即有 $M_{cr1} < M_{cr2}$。

二、预应力混凝土受弯构件的计算

预应力混凝土受弯构件的计算与钢筋混凝土受弯构件相似，应根据《混凝土结构设计规范》(GB 50010—2010)的规定，进行承载能力极限状态的计算(正截面承载力、斜截面受剪承载力)和正常使用极限状态的验算(正截面抗裂、斜截面抗裂或裂缝宽度，构件挠度)以及制作，运输，安装等施工阶段的相应验算。

进行构件设计时，一般可按正截面抗裂控制的要求，先估算有效预压力值 $N_{p\,\mathrm{II}}$，从而估算所需要的总预应力筋截面积并在确定锚具形式及预应力筋布置(线形及其在梁底、顶部的分布)后，逐一进行承载能力和正常使用极限状态的各项计算和验算。

(一)破坏阶段的截面应力状态

试验表明，预应力混凝土受弯构件与钢筋混凝土受弯构件相似，如果 $\xi \leqslant \xi_b$，破坏时截面上受拉区的预应力钢筋先达到屈服强度，而后受压区混凝土被压碎使截面破坏。受压区的预应力钢筋 A'_p 及非预应力钢筋 A_s，A'_s 的应力均可按平截面假定确定。

但在计算上，预应力混凝土受弯构件与钢筋混凝土受弯构件比较有以下几点不同。

1. 界限破坏时截面相对受压区高度 ξ_b 的计算

设受拉区预应力钢筋合力点处混凝土预应力为零时，预应力钢筋中的应力为 σ_{p0}，预拉应变为 $\xi_{p0} = \frac{\sigma_{p0}}{E_s}$。界限破坏时，预应力钢筋应力到达抗拉强度设计值 f_{py} 因平截面上受拉区预应力钢筋的应力增量为 $f_{py} - \sigma_{p0}$，相应的应变增量为 $(f_{py} - \sigma_{p0})/E_s$。根据平截面假定，相对界限受压区高度 ξ_b 可按图10-19所示的几何关系确定

$$\frac{x_c}{h_0} = \frac{\varepsilon_{cu}}{\varepsilon_{cu} + \frac{f_{py} - \sigma_{p0}}{E_s}} \tag{10-96}$$

设界限破坏时，界限受压区高度为 x_b，则有 $x = x_b = \beta_1 x_c$，代入式(10-96)得

$$\frac{x_b}{\beta_1 h_0} = \frac{\varepsilon_{cu}}{\varepsilon_{cu} + \frac{f_{py} - \sigma_{p0}}{E_s}} \tag{10-97}$$

即

$$\xi_b = \frac{x_b}{h_0} = \frac{\beta_1}{1 + \frac{f_{py} - \sigma_{p0}}{E_s \varepsilon_{cu}}} \tag{10-98}$$

对于无明显屈服点的预应力钢筋(钢丝、钢绞线、热处理钢筋),根据条件屈服点定义(见图 10-20),钢筋到达条件屈服点的拉应变

$$\varepsilon_{py} = 0.002 + \frac{f_{py} - \sigma_{p0}}{E_s} \tag{10-99}$$

改写式(10-98)得

$$\xi_b = \frac{\beta_1}{1 + \frac{0.002}{\varepsilon_{cu}} + \frac{f_{py} - \sigma_{p0}}{E_s \varepsilon_{cu}}} \tag{10-100}$$

式中　σ_{p0}——受拉区纵向预应力钢筋合力点处混凝土法向应力等于零时的预应力钢筋应力。

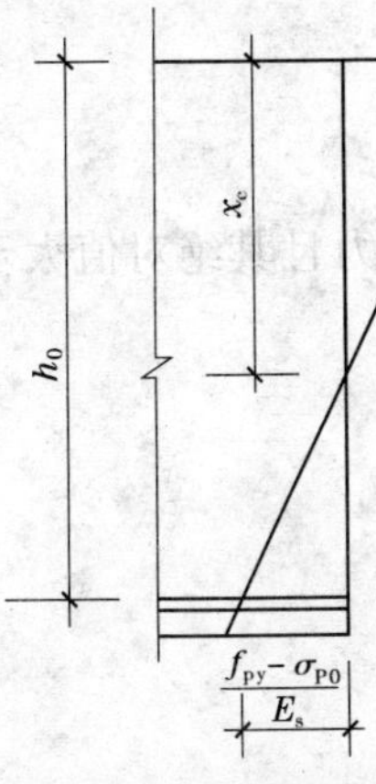

图 10-19　相对受压区高度

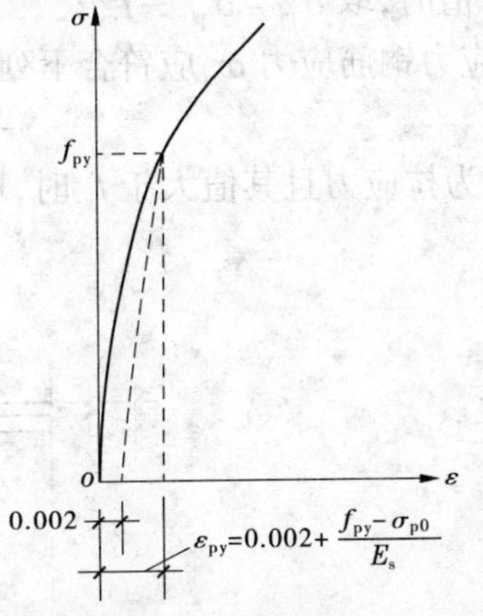

图 10-20　条件屈服钢筋的拉应变

如果在受弯构件的截面受拉区内配置不同种类的钢筋或预应力值不同,其相对界限受压区高度应分别计算,并取较小值。

2. 任意位置处预应力钢筋及非预应力钢筋应力的计算

设第 i 根预应力钢筋的预拉应力为 σ_{pi},它到混凝土受压区边缘的距离为 h_{0i},根据平截面假定,它的应力由图 10-21 可得

$$\sigma_{pi} = E_s \varepsilon_{cu} \left(\frac{\beta_1 h_{0i}}{x} - 1 \right) + \sigma_{p0i} \tag{10-101}$$

同理,非预应力钢筋的应力

$$\sigma_{si} = E_s \varepsilon_{cu} \left(\frac{\beta_1 h_{0i}}{x} - 1 \right) \tag{10-102}$$

以上公式也可按下列近似公式计算:

预应力钢筋的应力

$$\sigma_{pi}=\frac{f_{py}-\sigma_{p0i}}{\xi_b-\beta_1}\left(\frac{x}{h_{0i}}-\beta_1\right)+\sigma_{p0i} \tag{10-103}$$

非预应力钢筋的应力

$$\sigma_{si}=\frac{f_{py}}{\xi_b-\beta_1}\left(\frac{x}{h_{0i}}-\beta_1\right) \tag{10-104}$$

式中　σ_{pi}、σ_{si}——第 i 层纵向预应力钢筋、非预应力钢筋的应力，正值代表拉应力、负值代表压应力；

h_{0i}——第 i 层纵向钢筋截面重心至混凝土受压区边缘的距离；

x——等效矩形应力图形的混凝土受压区高度；

σ_{p0i}——第 i 层纵向预应力钢筋截面重心处混凝土法向应力等于零时预应力钢筋的应力。

预应力钢筋的应力 σ_{p0i} 应符合下列条件

$$\sigma_{p0i}-f'_{py}\leqslant\sigma_{pi}\leqslant f_{py} \tag{10-105}$$

当 σ_{pi} 为拉应力且其值大于 f_{py} 时，取 $\sigma_{pi}=f_{py}$；当 σ_{pi} 为压应力且其绝对值大于 $(\sigma_{p0i}-f_{py})$ 的绝对值时，取 $\sigma_{pi}=\sigma_{p0i}-f_{py}$。

非预应力钢筋应力 σ_{si} 应符合下列条件

$$-f'_y\leqslant\sigma_{si}\leqslant f_y \tag{10-106}$$

当 σ_{si} 为拉应力且其值大于 f_y 时，取 $\sigma_{si}=f_y$；当 σ_{si} 为压应力且其绝对值大于 f'_y 时，取 $\sigma_{si}=-f'_y$。

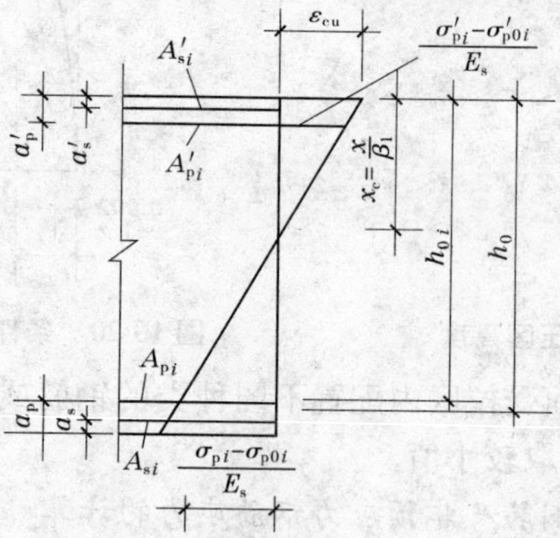

图 10-21　钢筋应力 σ_{pi} 的计算

3. 受压区预应力钢筋应力(σ'_{pe})的计算

随着荷载的不断增大，在预应力钢筋 A_p 重心处的混凝土压应力和压应变都有所增加，预应力钢筋 A_p 的拉应力随之减小，故截面到达破坏时，A_p 的应力可能仍为拉应力，也可能变为压应力，但其应力值 σ'_{pe} 却达不到抗压强度设计值 f'_{py}，《混凝土结构设计规范》(GB 50010—2010)规范建议，其值可近似取

$$\sigma'_{pe}=\sigma'_{p0}-f'_{py} \tag{10-107}$$

(二)正截面受弯承载力计算

预应力混凝土受弯构件正截面受弯破坏时,受拉区预应力钢筋先达到屈服,然后受压区边缘的压应变达到混凝土的极限压应变值而破坏。如果在截面上还有非预应力钢筋 A_s、A'_s,破坏时其应力都能达到屈服强度。而受压区预应力钢筋 A'_p 在截面破坏时的应力应按式(10-107)计算。因此,对于图 10-22 所示的矩形截面或翼缘位于受拉边的 T 形截面预应力混凝土受弯构件,其正截面受弯承载力计算的基本公式为

$$\alpha_1 f_c bx = f_y A_s - f'_y A'_s + f_{py} A_p + (\sigma'_{p0} - f'_{py}) A'_p \tag{10-108}$$

$$M \leqslant M_u = \alpha_1 f_c bx\left(h_0 - \frac{x}{2}\right) + f'_y A'_s (h_0 - a'_s) - (\sigma'_{p0} - f'_{py}) A'_p (h_0 - a'_p) \tag{10-109}$$

混凝土受压区高度应符合下列适用条件

$$x \leqslant \xi_b h_0 \tag{10-110}$$

$$x \geqslant 2a' \tag{10-111}$$

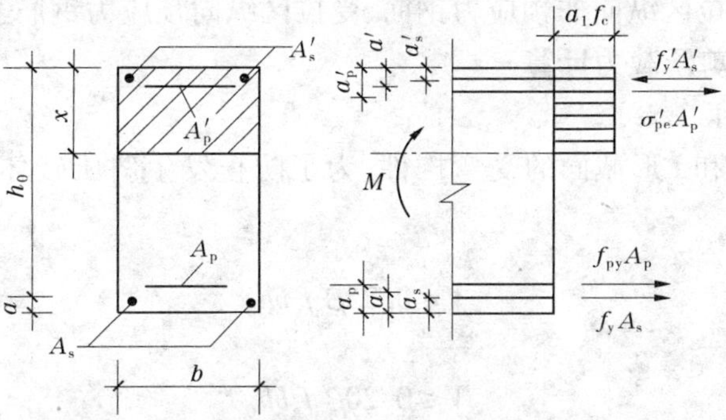

图 10-22 矩形截面受弯构件正截面承载力计算

式中 M——弯矩设计值;

M_u——正截面受弯承载力设计值;

A_s、A'_s——受拉区、受压区纵向非预应力钢筋的截面面积;

A_p、A'_p——受拉区、受压区纵向预应力钢筋的截面面积;

h_0——截面的有效高度,$h_0 = h - a_s$;

b——矩形截面的宽度或倒 T 形截面的腹板宽度;

α_1——系数,当混凝土强度等级不超过 C50 时,$\alpha_1 = 1.0$,当混凝土强度等级为 C80 时,$\alpha_1 = 0.94$,其间按线性内插法取用;

a'——纵向受压钢筋合力点至受压区边缘的距离,纵向预应力钢筋应力 $\sigma'_{pe} = \sigma'_{p0} - f'_{py}$ 为拉应力时,则式(10-111)中的 a' 用 a'_s 代替;

a'_s、a'_p——受压区纵向非预应力钢筋合力点、受压区纵向预应力钢筋合力点至受压区边缘的距离。

设计时,应根据构造要求和施工阶段抗裂度要求预先假定 A_s、A'_s 和 A'_p 的用量,然后可由方程组解得 x 和 A_p。

当 $x < 2a'$时,正截面受弯承载力可按下列公式计算:

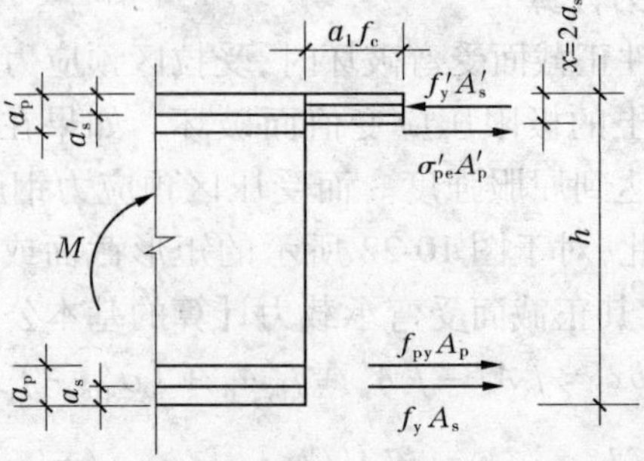

图 10-23　矩形截面预应力混凝土受弯构件
垂直截面当 $x<2a'$ 时的计算简图

当 σ'_{pe} 为拉应力时，取 $x=2a'_s$，见图 10-23，即

$$M \leqslant M_u = f_{py}A_p(h-a_p-a'_s)+f_yA_s(h-a_s-a'_s)+(\sigma'_{p0}-f'_{py})A'_p\times(a'_p-a'_s) \tag{10-112}$$

式中　a_s、a_p——受拉区纵向非预应力钢筋、受拉区纵向预应力钢筋至受拉边缘的距离。

（三）斜截面受剪承载力计算

1. 最小截面尺寸

对于矩形、T 形和 I 形截面的受弯构件，为了防止发生斜压破坏，其受剪截面应符合下列条件：

当 $\frac{h_w}{b}\leqslant 4$ 时　　$$V\leqslant 0.25\beta_c f_c bh_0 \tag{10-113}$$

当 $\frac{h_w}{b}\geqslant 6$ 时　　$$V\leqslant 0.20\beta_c f_c bh_0 \tag{10-114}$$

当 $4<\frac{h_w}{b}<6$ 时，按线性内插法确定。

2. 斜截面受剪承载力计算

矩形、T 形和 I 形截面的预应力混凝土受弯构件，当配置箍筋和弯起钢筋时，其斜截面受剪承载力应按下列公式计算

$$V\leqslant V_{cs}+V_p+0.8f_yA_{sb}\sin\alpha_s+0.8f_{py}A_{pb}\sin\alpha_p \tag{10-115}$$

$$V_p=0.05N_{p0} \tag{10-116a}$$

$$V_{cs}=\alpha_{cv}f_tbh_0+f_{yv}\frac{A_{sv}}{s}h_0 \tag{10-116b}$$

式中　V——配置弯起钢筋处的剪力设计值；

V_p——由于预加应力所提高的构件受剪承载力设计值；

α_{cv}——斜截面混凝土受剪承载力系数，其取值见第五章相关要求。

A_{sb}，A_{pb}——同一弯起平面内的非预应力弯起钢筋、预应力弯起钢筋的截面积；

α_s，α_p——斜截面上非预应力弯起钢筋、预应力弯起钢筋的切线与构件纵向轴线的夹角；

V_{cs}——构件斜截面上混凝土和箍筋的受剪承载力设计值，计算公式同普通混凝土

受弯构件；

N_{p0}——计算截面上混凝土法向预应力等于 0 时的纵向预应力钢筋和非预应力钢筋的合力，当 $N_{p0}>0.3f_cA_0$ 时，取 $N_{p0}=0.3f_cA_0$。

矩形、T 形和 I 形截面的一般预应力混凝土受弯构件，当符合下列公式的要求时

$$V\leqslant 0.7f_tbh_0+0.05N_{p0} \tag{10-117}$$

集中荷载作用下的独立梁，当符合下列公式的要求时

$$V\leqslant \frac{1.75}{\lambda+1}f_tbh_0+0.05N_{p0} \tag{10-118}$$

均可不进行斜截面受剪承载力计算，而仅按构造要求配置箍筋。

《混凝土结构设计规范》(GB 50010—2010)规定，预应力混凝土受弯构件中配置的纵向钢筋和箍筋，当符合规范中关于纵筋的锚固、截断、弯起及箍筋的直径、间距等构造要求时，可不进行构件斜截面的受弯承载力计算。

(四)正截面裂缝控制验算

1. 一级——严格要求不出现裂缝的构件

在荷载效应的标准组合下应符合下列规定

$$\sigma_{ck}-\sigma_{pc}\leqslant 0 \tag{10-119}$$

2. 二级——一般要求不出现裂缝的构件

在荷载效应的标准组合下应符合下列规定

$$\sigma_{ck}-\sigma_{pc}\leqslant f_{tk} \tag{10-120}$$

对环境类别为二 a 类的预应力混凝土构件，在荷载效应的准永久组合下尚应符合

$$\sigma_{cq}-\sigma_{pc}\leqslant 0 \tag{10-121}$$

上述公式中，$\sigma_{ck}=\dfrac{M_k}{W_0}$，$\sigma_{cq}=\dfrac{M_{cq}}{W_0}$　　(10-122)

3. 三级——允许出现裂缝的构件

按荷载效应的标准组合并考虑长期作用影响计算的最大裂缝宽度应符合下列规定

$$w_{max}\leqslant [w_{min}] \tag{10-123a}$$

$$w_{max}=1.5\psi\frac{\sigma_s}{E_s}(1.9c_s+0.08\frac{d_{eq}}{\rho_{te}}) \tag{10-123b}$$

$$\psi=1.1-0.65\frac{f_{tk}}{\rho_{te}\sigma_s} \tag{10-123c}$$

$$d_{eq}=\frac{\sum n_id_i^2}{\sum n_i\nu_id_i} \tag{10-123d}$$

$$\rho_{te}=\frac{A_s+A_p}{A_{te}} \tag{10-123e}$$

式中　σ_{ck}，σ_{cq}——荷载效应的标准组合、标准永久组合下受拉边缘混凝土的法向应力；

σ_{pc}——扣除全部预应力损失后在受拉边缘混凝土的预压应力；

f_{tk}——混凝土轴心抗拉强度标准值；

w_{max}——按荷载效应的标准组合并考虑长期作用影响计算的最大裂缝宽度；

w_{min}——最大裂缝宽度限值；

ψ——裂缝间纵向受拉钢筋应变不均匀系数，当 $\psi<0.2$ 时，取 $\psi=0.2$，当 $\psi>1.0$ 时，取 $\psi=1.0$，对直接承受重复荷载的构件，取 $\psi=1.0$；

σ_s——按荷载标准组合计算的预应力混凝土构件纵向受拉钢筋等效应力；

c_s——最外层纵向受拉钢筋外边缘至受拉区底边的距离，当 $c_s<20$ mm 时，取 $c_s=20$ mm，当 $c_s>65$ mm 时，取 $c_s=65$ mm；

ρ_{te}——按有效受拉混凝土截面积计算的纵向受拉钢筋配筋率；对无黏结后张构件，仅取纵向受拉普通钢筋计算配筋率，当 $\rho_{te}<0.01$ 时，取 $\rho_{te}=0.01$；

A_{te}——有效受拉混凝土截面面积，$A_{te}=0.5bh+(b_f-b)h_f$；

A_s——受拉区纵向普通钢筋截面面积；

A_p——受拉区纵向预应力钢筋截面面积；

d_{eq}——受拉区纵向钢筋的等效直径，对无黏结后张构件，仅为受拉区纵向受拉普通钢筋的等效直径；

d_i——受拉区第 i 种纵向钢筋的公称直径；

n_i——受拉区第 i 种纵向钢筋的根数；

ν_i——受拉区第 i 种纵向钢筋的相对黏结特性系数。

（五）斜截面抗裂度验算

预应力混凝土受弯构件斜截面的抗裂度验算，主要是验算截面上主拉应力和主压应力不超过一定的限值。验算公式如下。

1. 混凝土主拉应力

一级——严格要求不出现裂缝的构件，应符合下列条件

$$\sigma_{tp}\leqslant 0.85f_{tk} \tag{10-124}$$

二级——一般要求不出现裂缝的构件，应符合下列条件

$$\sigma_{tp}\leqslant 0.95f_{tk} \tag{10-125}$$

2. 混凝土主压应力

对严格要求和一般要求不出现裂缝的构件，应符合下列条件

$$\sigma_{cp}\leqslant 0.60f_{ck} \tag{10-126}$$

式中 f_{tk}、f_{ck}——混凝土的抗拉强度标准值、轴心抗压强度标准值；

0.85、0.95——考虑张拉力的不准确性和构件质量变异影响的经验系数；

0.60——考虑防止梁截面在预应力和外荷载作用下压坏的经验系数。

斜截面抗裂验算时，应先取主应力可能最大的地方，一般说来，根据沿梁跨方向 M 和 V 的变化和构件外形的变化特点，选取 M 及 V 都比较大的截面或外形有突变的截面；沿截面高度，选取截面宽度有突变处和截面重心处。此外，对等高度吊车梁，可仅验算在荷载作用点向临近支座方向距离 $0.6h$ 处的截面。

在荷载作用下，截面上任一点的正应力和剪应力可按材料力学方法计算。

梁中的正应力为

$$\sigma_x=\sigma_{pcx}+\frac{My_0}{I_0} \tag{10-127}$$

如果梁中还配有预应力弯起钢筋，则不仅产生平行于梁纵轴方向的预压应力，还将产生垂直于梁纵轴方向的预应力 σ_y 以及预剪应力 τ_{pc}，其值分别按下式计算

$$\sigma_y = \frac{\sum \sigma_{pc} A_{pb} \sin\alpha_p}{\dfrac{bh}{2}} \tag{10-128}$$

$$\tau_{pc} = -\frac{\sum \sigma_{pc} A_{pb} \sin\alpha_p S_0}{bI_0} \tag{10-129}$$

梁中的剪应力与 τ_{pc} 叠加后变为

$$\tau = \frac{V - \sum \sigma_{pc} A_{pb} \sin\alpha_p}{bI_0} S_0 \tag{10-130}$$

梁中的主拉应力及主压应力可用下式求得

$$\left.\begin{matrix}\sigma_{tp}\\ \sigma_{cp}\end{matrix}\right\} = \frac{\sigma_x + \sigma_y}{2} \pm \sqrt{\left(\frac{\sigma_x - \sigma_y}{2}\right)^2 + \tau^2} \tag{10-131}$$

如果验算截面处于荷载集中点附近，则还应考虑由集中荷载作用所产生的竖向压应力和剪应力。

（六）受弯构件施工阶段验算

对制作、运输及安装等施工阶段预拉区允许出现拉应力的构件，或预压时全截面受压的构件，在预加应力、自重及施工荷载作用下（必要时应考虑动力系数），截面边缘的混凝土法向应力应符合下列规定

$$\sigma_{ct} \leqslant 1.0 f'_{tk} \tag{10-132a}$$

$$\sigma_{cc} \leqslant 0.8 f'_{ck} \tag{10-132b}$$

式中　σ_{ct}、σ_{cc}——相应施工阶段计算截面边缘纤维的混凝土拉应力和压应力；

f'_{tk}、f'_{ck}——与各施工阶段混凝土立方体抗压强度 f'_{cu} 相应的抗拉强度标准值、抗压强度标准值，按附表 1-1 用线性内插法取用。

截面边缘的混凝土法向应力 σ_{ct}、σ_{cc} 可按下式计算

$$\left.\begin{matrix}\sigma_{ct}\\ \sigma_{cc}\end{matrix}\right\} = \sigma_{pc} + \frac{N_k}{A_0} \pm \frac{M_k}{W_0} \tag{10-133}$$

式中　σ_{pc}——同预加应力产生的混凝土法向应力，当 σ_{pc} 为压应力时，取正值，当 σ_{pc} 为拉应力时，取负值；

N_k、M_k——构件自重及施工荷载的标准组合在计算截面产生的轴向力值、弯矩值，当 N_k 为轴向压力时，取正值，当 N_k 为轴向拉力时，取负值，对由 M_k 产生的边缘纤维应力，压应力取正号，拉应力取负号；

W_0——验算边缘的换算截面弹性抵抗矩；

其余符号都按构件的截面几何特征代入。

（七）受弯构件的变形验算

预应力受弯构件的挠度由两部分叠加而成：一部分是由荷载产生的挠度 f_{1l}，另一部分是由预加应力产生的反拱 f_{2l}。

1. 荷载作用下构件的挠度 f_{1l}

挠度 f_{1l} 可按一般材料力学的方法计算，即

$$f_{1l} = S\frac{Ml^2}{B} \tag{10-134}$$

$$B = \frac{M_k}{M_q(\theta - 1) + M_k}B_s \tag{10-135}$$

式中 M_k——按荷载的标准组合计算的弯矩，取计算区段内的最大弯矩值；

M_q——按荷载的准永久组合计算的弯矩，取计算区段内的最大弯矩值；

B_s——按荷载的标准组合计算的预应力混凝土受弯构件短期刚度；

θ——挠度增大影响系数，取等于2。

按荷载效应标准组合下的短期刚度 B_s，可由下列公式计算。

1）对于使用阶段要求不出现裂缝的构件

$$B_s = 0.85E_cI_0 \tag{10-136}$$

式中 E_c——混凝土的弹性模量；

I_0——换算截面的惯性矩；

0.85——刚度折减系数，考虑混凝土受拉区开裂前出现的塑性变形。

2）对于使用阶段允许出现裂缝的构件

$$B_s = \frac{0.85E_cI_0}{k_{cr} + (1 - k_{cr})w} \tag{10-137a}$$

$$k_{cr} = \frac{M_{cr}}{M_k} \tag{10-137b}$$

$$w = \left(1 + \frac{0.21}{\alpha_E\rho}\right)(1 + 0.45\gamma_f) - 0.7 \tag{10-137c}$$

$$M_{cr} = (\sigma_{pc\,\text{II}} + \gamma f_{tk})W_0 \tag{10-137d}$$

式中 k_{cr}——预应力混凝土受弯构件正截面的开裂弯矩 M_{cr} 与荷载标准组合弯矩 M_k 的比值，当 $k_{cr}>1.0$ 时，$k_{cr}=1.0$；

γ——混凝土构件的截面抵抗矩塑性影响系数，$\gamma = \left(0.7 + \frac{120}{h}\right)\gamma_m$；

γ_m——混凝土构件截面抵抗矩塑性影响系数基本值，对矩形截面，取 $\gamma_m = 1.55$；

h——截面高度，当 $h<400$ 时，取 $h=400$，当 $h>1\,600$ 时，取 $h=1\,600$；

$\sigma_{pc\,\text{II}}$——扣除全部预应力损失后在抗裂验算截面边缘的混凝土预压应力；

α_E——钢筋与混凝土弹性模量的比值，$\alpha_E = \frac{E_s}{E_c}$；

ρ——纵向受拉钢筋配筋率，$\rho = \frac{\alpha_1 A_p + A_s}{bh_0}$，对灌浆的后张预应力筋，取 $\alpha_1 = 1.0$，对无黏结后张预应力筋，取 $\alpha_1 = 0.3$；

γ_f——受拉翼缘面积与腹板有效截面面积的比值，$\gamma_f = \frac{(b_f - b)h_f}{bh_0}$，其中 b_f、h_f 为受拉区翼缘的宽度、高度。

对预压时预拉区出现裂缝的构件，B_s 应降低10%。

2. 预加应力产生的反拱 f_{2l}

预应力混凝土受弯构件在使用阶段的预加力反拱值，可用结构力学方法按刚度 E_cI_0 进行计算，并应考虑预压应力长期作用的影响。此时，应将计算求得的预加力反拱值乘以增大系数2.0。

在计算中，预应力钢筋的应力应扣除全部预应力损失。

预加应力产生的反拱 f_{2l} 可按下式计算

$$f_{2l} = -\frac{N_p e_p l^2}{8B} \tag{10-138}$$

式中，N_p、e_p 及 B 应按荷载组合、先张法和后张法不同情况分别计算，荷载长期作用效应下的变形计算需考虑预压区混凝土徐变变形的影响。

注：1. 对重要的或特殊的预应力混凝土受弯构件的长期反拱值，可根据专门的试验分析确定或采用合理的收缩、徐变计算方法经分析确定；

2. 对恒载较小的构件，应考虑反拱过大对使用的不利影响。

3. 挠度计算

由荷载标准组合下构件产生的挠度扣除预应力产生的反拱，即为预应力受弯构件的挠度

$$f = f_{1l} - f_{2l} \leqslant [f] \tag{10-139}$$

式中　$[f]$——挠度限值，见附表3-1。

第四节　预应力混凝土构件的构造要求

预应力混凝土构件的构造要求，除应满足钢筋混凝土结构的有关规定外，还应根据预应力张拉工艺、锚固措施及预应力钢筋种类的不同，满足有关的构造要求。

一、截面形式和尺寸

预应力轴心受拉构件通常采用正方形或矩形截面。预应力受弯构件可采用T形、I形及箱形等截面。

为了便于布置预应力钢筋以及预压区在施工阶段有足够的抗压能力，可设计成上、下翼缘不对称的I形截面，其下部受拉翼缘的宽度可比上翼缘狭些，但高度比上翼缘大。

截面形式沿构件纵轴也可以变化，如跨中为I形，近座处为了承受较大的剪力并能有足够位置布置锚具，在两端往往做成矩形。

由于预应力构件的抗裂度和刚度较大，其截面尺寸可比钢筋混凝土构件小些。对预应力混凝土受弯构件，其截面高度 $h=\frac{l}{20}\sim\frac{l}{14}$，最小可为 $\frac{l}{35}$（l 为跨度），大致可取为钢筋混凝土梁高的70%左右。翼缘宽度一般可取 $\frac{h}{3}\sim\frac{h}{2}$，翼缘厚度可取 $\frac{h}{10}\sim\frac{h}{6}$，腹板宽度尽可能小些，可取 $\frac{h}{15}\sim\frac{h}{8}$。

二、其他构造要求

（一）先张法预应力钢筋之间的净间距

先张法预应力钢筋之间的净间距不宜小于其公称直径的2.5倍和混凝土粗骨料最大粒径的1.25倍，且应符合以下规定：预应力钢丝，不应小于15 mm；三股钢绞线，不应小于20 mm；七股钢绞线，不应小于25 mm。当混凝土振捣密实性具有可靠保证时，净间距可放宽为最大粗骨料粒径的1.0倍。

（二）先张法预应力钢筋混凝土构件端部

先张法预应力钢筋混凝土构件端部宜采取下列构造措施：

（1）单根配置的预应力筋，其端部宜设置螺旋筋。

（2）分散布置的多根预应力筋，在构件端部$10d$且不小于100 mm长度范围内，宜设置3～5片与预应力筋垂直的钢筋网片，此处d为预应力筋的公称直径。

（3）采用预应力钢丝配置的薄板，在端部100 mm长度范围内宜适当加密横向钢筋。

（4）槽型板类构件，应在构件端部100 mm长度范围内沿构件板面设置附加横向钢筋，其数量不宜小于2根。

（三）预制肋形板

宜设置加强其整体性和横向刚度的横肋，端横肋的受力钢筋应弯入纵肋内。当采用先张长线法生产有端横肋的预应力混凝土肋形板时，应在设计和制作上采取防止放张预应力时端横肋产生裂缝的有效措施。

（四）弯起设置

在预应力混凝土屋面梁、吊车梁等构件靠近支座的斜向主拉应力较大部位，宜将一部分预应力筋弯起设置。

（五）纵向构造钢筋

预应力筋在构件端部全部弯起的受弯构件或直线配筋的先张法构件，当构件端部与下部支撑结构焊接时，应考虑混凝土收缩徐变及温度变化所产生的不利影响，宜在构件端部可能产生裂缝的部位设置纵向构造钢筋。

（六）后张法预应力钢筋所用连接器

后张法预应力筋所用锚具、夹具等连接器的形式和质量应符合国家现行有关标准的规定。

（七）后张法预应力钢筋及孔道布置

后张法预应力筋及孔道布置应符合下列构造规定：

（1）预制构件中预留孔道之间的水平净间距不宜小于50 mm，且不应小于粗骨料粒径的1.25倍；孔道至构件边缘的净间距不宜小于30 mm，且不宜小于孔道直径的50%。

（2）现浇混凝土梁中预留孔道在竖直方向的净间距不应小于孔道外径，水平方向的净间距不宜小于1.5倍孔道外径，且不应小于粗骨料粒径的1.25倍；从孔道外壁至构件边缘的净间距，梁底不宜小于50 mm，梁侧不宜小于40 mm，裂缝控制等级为三级的梁，梁底、梁侧分别不宜小于60 mm和50 mm。

（3）预留孔道的内径宜比预应力束外径及需穿过孔道的连接器外径大6～15 mm，且孔道的截面面积宜为穿入预应力束截面面积的 3.0 ~4.0 倍。

(4)当有可靠经验并保证混凝土浇筑质量时,预留孔道可水平并列贴紧布置,但并排的数量不宜超过两束。

(5)在现浇楼板中采用扁型锚固体系时,穿过每个孔道的预应力筋数量宜为 3 ~5 根;在常用荷载情况下,孔道在水平方向的净间距不应超过 8 倍板厚及 1.5 m 中的较大值。

(6)板中单根无黏接预应力筋的间距不宜大于板厚的 6 倍,且不应大于 1 m;带状束的无黏结预应力筋根数不宜多于 5 根,带状束间距不宜大于板厚的 12 倍,且不宜大于 2.4 m。

(7)梁中集束布置的无黏结预应力筋,集束的水平净间距不宜小于 50 mm,束至构件边缘的净距不宜小于 40 mm。

(八)后张法预应力混凝土构件的端部锚固区

后张法预应力混凝土构件的端部锚固区,应按下列规定配置间接钢筋:

(1)采用普通垫板时,应按《混凝土结构设计规范》(GB 50010—2010)6.6 节的规定进行局部受压承载力的计算,并配置间接钢筋,其体积配筋率不宜小于 0.5%,垫板的刚性扩散角应取 45°。

(2)局部受压承载力计算时,局部压力设计值对有黏接预应力混凝土构件取 1.2 倍张拉控制力,对无黏结预应力混凝土构件取 1.2 倍张拉控制应力和($f_{ptk}A_p$)中的较大值。

(3)当采用整体铸造垫板时,其局部受压区的设计应符合相关标准的规定。

(4)在局部受压间接钢筋配置区以外,在构件端部长度 l 不小于截面重心线上部或下部预应力筋的合力点至附近边缘的距离 e 的 3 倍、但不大于构件端部截面高度 h 的 1.2 倍,高度为 $2e$ 的附加配筋区范围内,应均匀配置附加防劈裂箍筋或网片(见图 10-24),配筋面积可按下列公式计算

$$A_{sb} \geqslant 0.18\left(1-\frac{l_l}{l_b}\right)\frac{P}{f_{yv}} \tag{10-140}$$

且体积配筋率不应小于 0.5%。

式中　P——作用在构件端部截面重心线上部或下部预应力筋的合力设计值,可按本条第(2)款的规定确定;

l_l、l_b——沿构件高度方向 A_l、A_b 的边长或直径,A_l、A_b 按《混凝土结构设计规范》(GB 50010—2010)第 6.6.2 条确定;

f_{yv}——附加防劈裂钢筋的抗拉强度设计值,按《混凝土结构设计规范》(GB 50010—2010)第 4.2.3 条规定采用。

(5)当构件端部预应力筋需集中布置在截面下部或集中布置在上部或下部时,应在构件端部 0.2h 范围内设置附加竖向端面裂缝构造钢筋,其截面面积应符合下列公式要求

$$A_{sv} \geqslant \frac{T_s}{f_{yv}} \tag{10-141}$$

$$T_s = \left(0.25-\frac{e}{h}\right)P \tag{10-142}$$

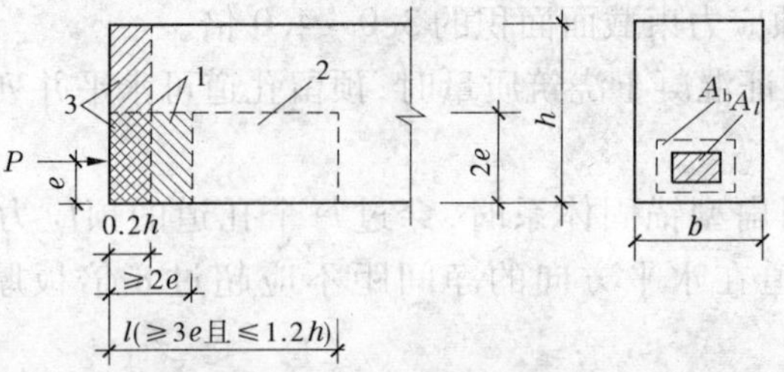

1—局部受压间接钢筋配置区；2—附加防劈裂配筋区；3—附加防端面裂缝配筋区

图 10-24　防止端部裂缝的配筋范围

式中　T_s——锚固端端面拉力；

P——作用在构件端部截面重心线上部或下部预应力筋的合力设计值，可按本条第(2)款的规定确定；

e——截面重心线上部或下部预应力筋的合力点至截面近边缘的距离；

h——构件端部截面高度。

当 $e>0.2h$ 时，可根据实际情况适当配置构造钢筋。竖向防端面裂缝钢筋宜靠近端面布置，可采用焊接钢筋网、封闭式箍筋或其他形式，且宜采用带肋钢筋。

当端部截面上部和下部均有预应力筋时附加竖向钢筋的截面面积应按上部和下部的预应力合力分别计算的较大值采用。

在构建端面横向也应按上述方法计算抗端面裂缝钢筋，并与上述竖向钢筋形成网片筋布置。

（九）构件在端部有局部凹进

当构件在端部有局部凹进时，应增设折线构造钢筋（见图 10-25）或其他有效构造钢筋。

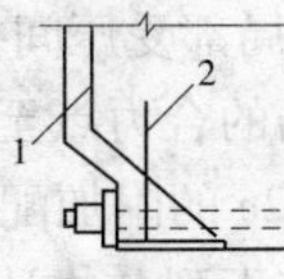

1—直线构造钢筋；2—竖向构造钢筋

图 10-25　端部凹进处构造钢筋

（十）后张法预应力混凝土构件

后张法预应力混凝土构件中，当采用曲线预应力束时，其曲率半径 r_p 宜按下列公式确定，但不应小于 4 m。

$$r_p \geqslant \frac{P}{0.35 f_c d_p} \tag{10-143}$$

式中　P——预应力束的合力设计值，可按《混凝土结构设计规范》（GB 50010—2010）第 10.3.8 条第 2 款的规定确定；

r_p——预应力束的曲率半径，m；

d_p——预应力束的孔道外径；

f_c——混凝土轴心抗压强度设计值，当验算张拉阶段曲率半径时，可取与施工阶段混凝土立方体抗压强度 f'_{cu} 对应的抗拉强度设计值 f'_c 对，按附表 1-2 通过线性内插法确定。

对于折线配筋的构件，在预应力束弯折处的曲率半径可适当减小。当曲率半径 r_p 不满足上述要求时，可在曲线预应力束弯折处的内侧设置钢筋网片或螺旋筋。

（十一）沿构件凹面布置曲线预应力束

在预应力混凝土构件中，当沿构件凹面布置曲线预应力束时（见图 10-26），应进行防

崩裂设计。当曲率半径 r_p 满足下列公式要求时，可仅配置 U 形插筋

$$r_p \geqslant \frac{P}{f_t(0.5d_p + c_p)} \tag{10-144}$$

当不满足时，每单肢 U 形插筋的截面面积应按下列公式确定

$$A_{sv1} \geqslant \frac{P \cdot s_v}{2r_p f_{yv}} \tag{10-145}$$

式中　P——预应力束的合力设计值，可按《混凝土结构设计规范》（GB 50010—2010）第 10.3.8 条第 2 款的规定确定；

f_t——混凝土轴心抗拉强度设计值，或与施工张拉阶段混凝土立方体抗压强度 f'_{cu} 相应的抗拉强度设计值 f'_t，按附表 1-2 通过线性内插法确定。

c_p——预应力束孔道净混凝土保护层厚度；

A_{sv1}——每单肢插筋截面面积；

s_v——U 形插筋间距；

f_{yv}——U 形插筋抗拉强度设计值，按附表 1-7 采用，当大于 360 N/mm² 时，取 360 N/mm²。

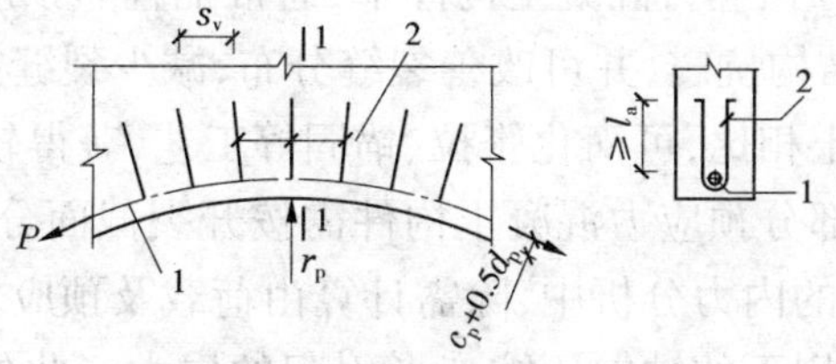

(a)抗崩裂U形插筋布置　　(b)1—1剖面

1—预应力束；2—沿曲线预应力束均匀布置的 U 形插筋

图 10-26　抗崩裂 U 形插筋构造示意

U 形插筋的锚固长度不应小于 l_a；当实际锚固长度 l_e 小于 l_a 时，每单肢 U 形插筋的截面面积可按 A_{sv1}/k 取值。其中，k 取 $l_e/15d$ 和 $l_e/200$ 中的较小值，且 k 不大于 1.0。

当有平行的几个孔道，且中心距不大于 $2d_p$ 时，预应力筋的合力设计值应按相邻全部孔道内的预应力筋确定。

（十二）构件端部尺寸

构件端部尺寸应考虑锚具的布置、张拉设备的尺寸和局部受压的要求，必要时应适当加大。

（十三）后张预应力混凝土外露金属锚具

后张预应力混凝土外露金属锚具，应采取可靠的防腐及防火措施，并应符合下列要求：

（1）无黏结预应力筋外露锚具应采用注有足量防腐油脂的塑料帽封闭锚具端头，并应采用无收缩砂浆或细石混凝土封闭。

（2）对处于二 b、三 a、三 b 类环境条件下的无黏结预应力锚固系统，应采用全封闭的防腐蚀体系，其封锚端及各连接部位应能承受 10 kPa 的静水压力而不得透水。

（3）采用混凝土封闭时，其强度等级宜与构件混凝土强度等级一致，且不应低于 C30。封锚混凝土与构件混凝土应可靠黏结，如锚具在封闭前应将周围混凝土界面凿毛并冲洗

干净,且宜配置1~2片钢筋网,钢筋网应与构件混凝土拉结。

(4)采用无收缩砂浆或混凝土封闭保护时,其锚具及预应力筋端部的保护层厚度不应小于:一类环境时,20 mm,二a、二b类环境时,50 mm,三a、三b类环境时,80 mm。

第五节 部分预应力混凝土与无黏结预应力混凝土简介

一、部分预应力混凝土

(一)部分预应力混凝土的特点

(1)可合理控制裂缝与变形,节约钢材。因可根据结构构件的不同使用要求、可变荷载的作用情况及环境条件等对裂缝和变形进行合理的控制,降低了预加应力值,从而减少了锚具的用量,适量降低了费用。

(2)可控制反拱值不致过大。由于预加应力值相对较小,构件的初始反拱值小,徐变变形亦减少。

(3)延性较好。在部分预应力混凝土构件中,通常配置非预应力钢筋,因而其正截面受弯的延性较好,有利于结构抗震,并可改善裂缝分布,减少裂缝宽度。

(4)与全预应力混凝土相比,可简化张拉、锚固等工艺,获得较好的综合经济效果。

(5)计算较为复杂。部分预应力混凝土构件需按开裂截面分析,计算较繁冗,又如部分预应力混凝土多层框架的内力分析中,除需计算由荷载及预应力作用引起的内力外,还需考虑框架在预加应力作用下的轴向压缩变形引起的内力。此外,在超静定结构中还需考虑预应力次弯矩和次剪力的影响,并需计算及配置非预应力筋。

根据上述可知,对在使用荷载作用下不允许开裂的构件,应设计成全预应力的,对于允许开裂或不变荷载较小、可变荷载较大并且可变荷载的持续作用值较小的构件,则应设计成部分预应力的。在工程实际中,可根据不同的荷载组合,对同一构件同时设计成全预应力的和部分预应力的。例如,设计时可使构件在荷载的准永久组合下不开裂,而在荷载的标准组合下允许混凝土出现一定的拉应力或产生不超过《混凝土结构设计规范》(GB 50010—2010)规定的裂缝宽度。

(二)荷载挠度曲线

对部分预应力混凝土,较多采用预应力高强度钢材(钢丝、钢绞线)与非预应力钢筋(HRB335级、HRB400级)等混合配筋的方式,其中非预应力钢筋的作用如下:

(1)如果在无黏结预应力混凝土梁中配置了一定数量的非预应力钢筋,则可有效地提高无黏结预应力混凝土梁正截面受弯的延性。

(2)在受压区边缘配置的非预应力钢筋可承担由于预加力偏心过大引起的拉应力,并控制裂缝的出现或开展。

(3)可承担构件在运输、存放及吊装过程中可能产生的应力。

(4)可分散梁的裂缝和限制裂缝的宽度,从而改善梁的使用性能并提高梁的正截面受弯承载力。

二、无黏结预应力混凝土

(一)有黏结预应力束和无黏结预应力束

对后张法施工的预应力混凝土构件,通常的做法是,在构件中预留孔道,待混凝土结硬后,穿入预应力束进行张拉至控制应力并锚固,最后用压力灌浆将预留孔道的孔隙填实。这种沿预应力束全长均与混凝土接触表面之间存在黏结作用、而不能发生纵向相对滑动的束称为有黏结预应力束。如果沿预应力束全长与混凝土接触表面之间不存在黏结作用、而能发生纵向相对滑动的束则称为无黏结预应力束。

无黏结预应力束的一般做法是,将预应力束的外表面涂以沥青、油脂或其他润滑防锈材料,以减小摩擦力并防止锈蚀,然后用纸带或塑料带包裹或套以塑料管,以防止在施工过程中碰坏涂料层,并使预应力束与混凝土隔离,将预应力束按设计的部位放入构件模板中浇捣混凝土,待混凝土达到规定强度后即可进行张拉。

上述涂料应具有防腐蚀性能,要求在预期的使用温度范围内不致发脆开裂,也不致液化流淌,并应具有化学稳定性。

无黏结预应力束可在工厂预制,并且不需要在构件中留孔、穿束和灌浆,因而可大为简化现场施工工艺,但无黏结预应力束对锚具的质量和防腐蚀要求较高,锚具区应用混凝土或环氧树脂水泥浆进行封口处理,防止潮气入侵。

(二)无黏结预应力混凝土梁的受弯性能

当无黏结预应力混凝土梁的配筋较低时,在荷载作用下,梁在最大弯矩截面附近只出现一条或少数受弯裂缝,随着荷载增大,裂缝迅速开展,最终发生脆性破坏,类似于带拉杆的拱。

试验结果表明,如果在无黏结预应力混凝土中配置了一定数量的非预应力钢筋,则能显著改善梁的使用性能及改变其破坏形态。

无黏结预应力混凝土结构构件的抗震性能是目前尚在研究的课题。因此,对有抗震设防要求的独立承重大梁,以及有较高抗震设防要求的结构构件,采用无黏结预应力混凝土时应特别慎重。

(三)无黏结预应力混凝土受弯构件预应力钢筋的应力设计值

无黏结预应力混凝土受弯构件的承载力及变形验算见本章第三节的有关要求。对于矩形截面受弯构件,在进行正截面承载力验算时,无黏结预应力筋的应力设计值 σ_{pu} 宜按下列公式计算

$$\sigma_{pu} = \sigma_{pe} + \Delta\sigma_{p} \tag{10-146}$$

$$\Delta\sigma_{p} = (240 - 335\xi_{p})(0.45 + 5.5\frac{h}{l_0})\frac{l_2}{l_1} \tag{10-147}$$

$$\xi_{p} = \frac{\sigma_{pe}A_{p} + f_{y}A_{s}}{f_{c}bh_{p}} \tag{10-148}$$

对于跨数不少于 3 跨的连续梁、连续单向板及连续双向板,$\Delta\sigma_{p}$ 取值不应小于 50 N/mm^2。

无黏结预应力筋的应力设计值 σ_{pu} 还应符合下列条件

$$\sigma_{pu} \leqslant f_{py} \tag{10-149}$$

式中　σ_{pe}——扣除全部预应力损失后，无黏结预应力筋中的有效预应力；

$\Delta\sigma_p$——无黏结预应力筋中的应力增量；

ξ_p——综合配筋特征值，不宜大于0.4，对于连续梁、板，取各跨内支座和跨中截面综合配筋特征值的平均值；

h——受弯构件截面高度；

h_p——无黏结预应力筋合力点至截面受压边缘的距离；

l_1——连续无黏结预应力筋两个锚固端间的总长度；

l_2——与 l_1 相关的由活荷载最不利布置图确定的荷载跨长度之和。

翼缘位于受压区的T形、I形截面受弯构件，当受压区高度大于翼缘高度时，综合配筋特征值 ξ_p 可按下式计算

$$\xi_p = \frac{\sigma_{pe}A_p + f_yA_s - f_c(b_f' - b)h_f'}{f_cbh_p} \tag{10-150}$$

式中　h_f'——T形、I形截面受压区的翼缘高度；

b_f'——T形、I形截面受压区的翼缘计算宽度。

（四）构造要求

无黏结预应力混凝土受弯构件的受拉区，纵向普通钢筋截面面积 A_s 的配置应符合下列规定。

1. 单向板

$$A_s \geqslant 0.002bh \tag{10-151}$$

式中　b——截面宽度；

h——截面高度。

纵向普通钢筋直径不宜小于8 mm，间距不应大于200 mm。

2. 梁

A_s 应取下列两式计算结果的较大值

$$A_s \geqslant \frac{1}{3}\left(\frac{\sigma_{pu}h_p}{f_yh_s}\right)A_p \tag{10-152}$$

$$A_s \geqslant 0.003bh \tag{10-153}$$

式中　h_s——纵向受拉普通钢筋合力点至截面受压边缘的距离。

纵向受拉普通钢筋直径不宜小于14 mm，且宜均匀分布在梁的受拉边缘。

对按一级裂缝控制等级设计的梁，当无黏结预应力筋承担不小于75%的弯矩设计值时，纵向受拉普通钢筋面积应满足承载力计算和式（10-153）的要求。

（五）无黏结预应力混凝土板柱结构中的双向平板

无黏结预应力混凝土板柱结构中的双向平板，其纵向普通钢筋截面面积 A_s 及其分布应符合下列规定。

1. 在柱边的负弯矩区

在柱边的负弯矩区，每一方向上纵向普通钢筋的截面面积应符合下列规定

$$A_s \geqslant 0.000\,75hl \tag{10-154}$$

式中　l——平行于计算纵向受力钢筋方向上板的跨度；

h——板的厚度。

由式(10-154)确定的普通钢筋，应分布在各离柱边1.5h的板宽范围内。每一方向至少应设置4根直径不小于16 mm的钢筋。纵向钢筋间距不应大于300 mm，外伸出柱边长度至少为支座每一边净跨的1/6。在承载力计算中考虑纵向普通钢筋的作用时，其伸出柱边的长度应按计算确定，并应符合《混凝土结构设计规范》(GB 50010—2010)8.3节对锚固长度的规定。

2. 在荷载标准组合下

在荷载标准组合下，当正弯矩区每一个方向上抗裂验算边缘的混凝土法向拉应力满足下列规定时，正弯矩区可仅按构造配置纵向普通钢筋。

$$\sigma_{ck} - \sigma_{pc} \leqslant 0.4 f_{tk} \tag{10-155}$$

3. 在荷载标准组合下

在荷载标准组合下，当正弯矩区每一个方向上抗裂验算边缘的混凝土法向拉应力超过0.4f_{tk}且不大于1.0f_{tk}时，纵向普通钢筋的截面面积应符合下列规定

$$A_s \geqslant \frac{N_{tk}}{0.5 f_y} \tag{10-156}$$

式中　N_{tk}——在荷载标准组合下构件混凝土未开裂截面受拉区的合力；

f_y——钢筋的抗拉强度设计值，当f_y大于360 N/mm^{2}时，取360 N/mm^2。

纵向普通钢筋应均匀分布在板的受拉区内，并应靠近受拉边缘通长布置。

4. 在平板的边缘和拐角处

在平板的边缘和拐角处，应设置暗圈梁或钢筋混凝土边梁。暗圈梁的纵向钢筋直径不应小于12 mm，且应不少于4根；箍筋直径不应小于6 mm，间距不应大于150 mm。

注：在温度、收缩应力较大的现浇双向平板区域内，应按《混凝土结构设计规范》(GB 50010—2010)第9.1.8条配置普通构造钢筋网。

(六)预应力混凝土受弯构件设计

预应力混凝土受弯构件的正截面受弯承载力设计值应符合下列要求

$$M_u \geqslant M_{cr} \tag{10-157}$$

式中　M_u——构件的正截面受弯承载力设计值；

M_{cr}——构件的正截面开裂弯矩值。

【例10-1】　先张法预应力混凝土薄腹梁。

A. 基本资料

(1)构件与截面几何尺寸见图10-27。

(2)材料选用。

混凝土：C40(f_c = 19.1 N/mm^2，f_t = 1.71 N/mm^2，f_{tk} = 2.40 N/mm^2，$E_c = 3.25 \times 10^4$ N/mm^2)；

预应力钢筋：热处理钢筋(f_{py} = 1 040 N/mm^2，f_{ptk} = 1 470 N/mm^2，$E_s = 2 \times 10^5$ N/mm^2)；

非预应力筋及箍筋：采用HRB335级钢筋(f_y = 300 N/mm^2，$E_s = 2 \times 10^5$ N/mm^2)，ΔT

=20 ℃。

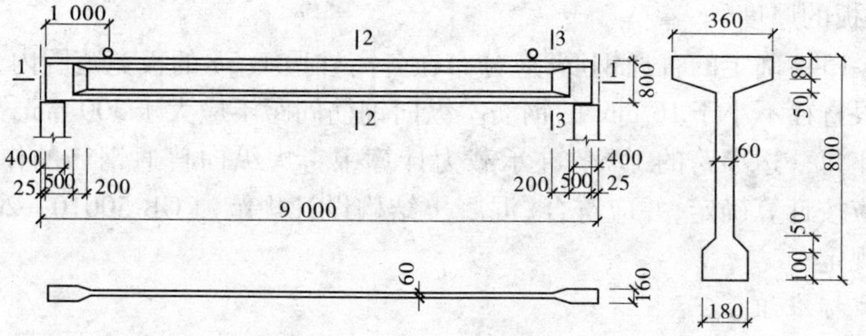

图 10-27　例 10-1 构件简图

(3)荷载。

恒荷载:$g_k = 22.0$ kN/m,其中梁本身重 $g_{bk} = 2.35$ kN/m。屋面活荷载 $q_k = 4.2$ kN/m。雪荷载因小于屋面活荷载,故不考虑。

(4)施工方法。

①采用先张法生产,台座长度 80 m。

②张拉预应力筋时,采用超张拉工艺。

③混凝土达 100% 设计强度时放松预应力筋。

④蒸汽养护,采用两阶段升温体制。

⑤采用销片夹具。

(5)抗裂要求。

构件使用阶段正截面裂缝控制等级为二级,环境类别为一类。斜截面要求一般不得开裂,施工阶段预拉区混凝土允许开裂。

B. 构件设计

(1)内力计算(见图 10-28)。

①确定计算跨度。

$$l = l_0 + a = 8.2 + 0.375 = 8.575(\text{m})$$
$$l = 1.05 l_0 = 1.05 \times 8.2 = 8.61(\text{m})$$

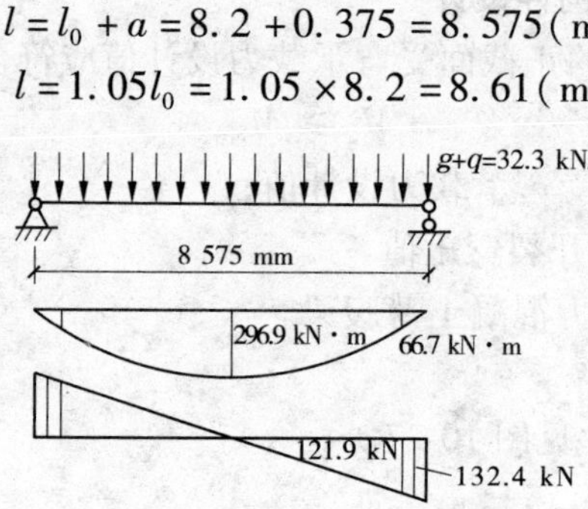

图 10-28　例 10-1 内力图

取 $l = 8.575$ m

②计算内力。

$$g + q = 1.2 \times 22.0 + 1.4 \times 4.2 = 32.3(\text{kN/m})$$

则梁中最大计算内力为

$$M=\frac{1}{8}(g+q)l^2=\frac{1}{8}\times32.3\times8.575^2=296.9(\text{kN}\cdot\text{m})$$

$$V=\frac{1}{2}(g+q)l_0=\frac{1}{2}\times32.3\times8.2=132.4(\text{kN})$$

梁端变截面处(3—3 截面)的弯距、剪力为

$$M=\frac{1}{2}\times32.3\times8.575\times\left(0.7-\frac{0.375}{2}\right)-\frac{1}{2}\times32.3\times\left(0.7-\frac{0.375}{2}\right)^2=66.7(\text{kN}\cdot\text{m})$$

$$V=\frac{1}{2}\times32.3\times(8.95-0.7\times2)=121.9(\text{kN})$$

(2)强度计算。

①确定非预应力筋数量。

下翼缘内不设非预应力筋,上翼缘内根据构造要求设 6 Φ 10 架立筋,但不考虑其受力,故 $A_s=A'_s=0$。

②计算预应力筋截面各 A_p。

取 $a_p=50$ mm,有 $h_0=h-a_p=800-50=750(\text{mm})$。

a. 判别 T 形截面类型。

《混凝土结构设计规范》(GB 50010—2010)规定,屋面梁的结构重要性系数应取 $\gamma_0=1.1$,则截面的计算弯距应为

$$M=1.1\times296.9=326.59(\text{kN}\cdot\text{m})$$

取 $h'_f=80+\frac{50}{2}=105(\text{mm})$,则

$$\alpha_1 b'_f h'_f f_c\left(h_0-\frac{h'_f}{2}\right)=1.0\times360\times105\times19.1\times\left(750-\frac{105}{2}\right)=503\ 581\ 68(\text{N}\cdot\text{mm})$$

$$=503.6\ \text{kN}\cdot\text{m}>M=326.59\ \text{kN}\cdot\text{m}$$

故属于第一类 T 形截面。

b. 计算 A_p。

$$\alpha_0=\frac{M}{\alpha_1 bh_0^2 f_c}=\frac{326.59\times10^6}{1.0\times360\times750^2\times19.1}=0.844\ 4,\gamma_0=0.960$$

则

$$A_p=\frac{M}{\gamma_0 h_0 f_{py}}=\frac{326.59\times10^6}{0.956\times750\times1\ 040}=436.2(\text{mm}^2)$$

选配 6 根 10 mm 直径预应力钢筋,$A_p=471\ \text{mm}^2$

C. 使用阶段垂直截面抗裂度验算

(1)截面几何特征(如图 10-27 所示)。

$$\alpha_E=\frac{E_s}{E_c}=\frac{2\times10^5}{3.25\times10^4}=6.15$$

在进行截面抗裂度验算时,截面几何特征的计算同样考虑上翼缘中所配架立钢筋。则截面各分区和整个截面的几何特性计算见表 10-8。其中

$$A_6=\alpha_E A_p-A_p=(\alpha_E-1)A_p=(6.15-1)\times471=2\ 426(\text{mm}^2)$$

表 10-8　截面几何特性

区号	$A_i(\mathrm{mm}^2)$	$a_i(\mathrm{mm})$	$S_i=A_ia_i(\mathrm{mm}^3)$	$y_i(\mathrm{mm})$	$A_iy_i^2(\mathrm{mm}^4)$	$I_i(\mathrm{mm}^4)$
1	28 800	760	21 888 000	+315	2 857 680 000	15 360 000
2	37 200	410	15 252 000	−35	45 570 000	1 191 640 000
3	18 000	50	900 000	−395	2 808 450 000	15 000 000
4	7 500	703	5 273 000	+258	499 230 000	1 040 000
5	3 000	117	351 000	−328	322 750 000	117 000
6	2 426	50	121 300	−395	378 520 000	—
合计	96 926		43 785 300		6 912 200 000	1 223 157 000

注：表中 a_i 为第 i 小区重心至截面下边缘的距离；y_i 为第 i 小区重心至截面总重心轴的距离。

由该表可求得

$$A_0 = 96\ 926\ \mathrm{mm}^2 = 9.69\times10^4\ \mathrm{mm}^2$$

$$y_0 = \frac{\sum S_i}{\sum A_i} = \frac{43\ 785\ 300}{96\ 926} = 452\ \mathrm{mm}$$

$$I_0 = \sum A_iy_i^2 + \sum I_i = 691\ 220\times10^4 + 122\ 315.7\times10^4$$

$$= 813\ 566\times10^4(\mathrm{mm}^4) \approx 8.1\times10^9\ \mathrm{mm}^4$$

(2)确定预应力筋张拉控制应力 σ_{con}。

取　　$\sigma_{\mathrm{con}}=0.70f_{\mathrm{ptk}}=0.70\times1\ 470=1\ 029\ \mathrm{N/mm^2}$

(3)计算预应力损失。

①钢筋松动损失。

采用销片夹具，取 $a=2$ mm，则

$$\sigma_{l1} = \frac{a}{l}\cdot E_{\mathrm{s}} = \frac{2}{80\ 000}\times200\times10^3 = 5.0(\mathrm{N/mm^2})$$

②温差损失。

因采用两阶段升温养护体制，取 $\Delta t_1=20$ ℃，故有

$$\sigma_{l3}=2.0\Delta t_1=2.0\times20=40(\mathrm{N/mm^2})$$

③钢筋松弛损失。

因采用超张拉工艺，故该项损失为

$$\sigma_{l4} = 0.035\sigma_{\mathrm{con}} = 0.035\times1\ 029 = 36(\mathrm{N/mm^2})$$

按两批预应力损失中 σ_{l4} 各占 50% 考虑，第一批损失为

$$\sigma_{l\mathrm{I}} = \sigma_{l1}+\sigma_{l3}+0.5\sigma_{l4} = 5.0+40+0.5\times36 = 63(\mathrm{N/mm^2})$$

④混凝土收缩、徐变损失。

截面上计算张拉力与其偏心距为

$$N_{\mathrm{pI}} = (\sigma_{\mathrm{con}}-\sigma_{l\mathrm{I}})A_{\mathrm{p}} = (1\ 029-63)\times471 = 454\ 986(\mathrm{N}) = 455.0\ \mathrm{kN}$$

$$e_0 = y_0 - a_{\mathrm{p}} = 452-50 = 402(\mathrm{mm})$$

则预应力合力作用点处的混凝土预压应力为

$$\sigma_{pc\,I} = \frac{N_{p\,I}}{A_0} + \frac{N_{p\,I}e_0}{I_0}y_0 = \frac{455.0 \times 10^3}{9.69 \times 10^4} + \frac{455.0 \times 10^3 \times 420}{8.1 \times 10^9} \times 452$$

$$= 14.2(\text{N/mm}^2) < 0.5f'_{cu} = 0.5 \times 0.9 \times 40 = 18(\text{N/mm}^2)$$

$$\rho = \frac{A_p + A_s}{A_0} = \frac{471}{9.69 \times 10^4} = 0.004\,9$$

因而该项损失为

$$\sigma_{l5} = \frac{60 + 340\dfrac{\sigma_{pc\,I}}{f'_{cu}}}{1 + 15\rho} = \frac{60 + 340 \times \dfrac{14.2}{0.9 \times 40}}{1 + 15 \times 0.004\,9} = 180.8(\text{N/mm}^2)$$

第二批损失为

$$\sigma_{l\,II} = 0.5\sigma_{l4} + \sigma_{l5} = 0.5 \times 36 + 180.8 = 198.8(\text{N/mm}^2)$$

预应力总损失为

$$\sigma_l = \sigma_{l\,I} + \sigma_{l\,II} = 63 + 198.8 = 261.8(\text{N/mm}^2)$$

(4)抗裂度验算。

①计算 $\sigma_{pc\,II}$。

完成全部损失后预应力筋的计算张拉力为

$$N_{p\,II} = (\sigma_{con} - \sigma_l)A_p = (1\,029 - 261.8) \times 471 \approx 361\,351.2(\text{N}) = 361\text{ kN}$$

则截面下边缘处混凝土的预压应力为

$$\sigma_{pc\,II} = \frac{N_{p\,II}}{A_0} + \frac{N_{p\,II}e_0}{I_0}y_0 = \frac{361 \times 10^3}{9.69 \times 10^4} + \frac{361 \times 10^3 \times 402}{8.1 \times 10^9} \times 452 \approx 11.8(\text{N/mm}^2)$$

②计算 σ。

按荷载标准组合的梁跨中最大的标准弯矩为

$$M_k = \frac{1}{8}(g_k + q_k)l_2 = \frac{1}{8} \times (22.0 + 4.2) \times 8.575^2 = 240.8(\text{kN}\cdot\text{m})$$

在此弯矩作用下,截面下边缘处的混凝土拉应力为

$$\sigma_k = \frac{M_k}{I_0}y_0 = \frac{240.8 \times 10^6}{8.1 \times 10^9} \times 452 = 13.4(\text{N/mm}^2)$$

按荷载准永久组合的梁跨中最大标准弯矩为

$$M_q = \frac{1}{8}g_k l^2 = \frac{1}{8} \times 22.0 \times 8.575^2 = 202.2(\text{kN}\cdot\text{m})$$

在此弯矩作用下,截面下边缘处的混凝土拉应力

$$\sigma_t = \frac{M_q}{I_0}y_0 = \frac{202.2 \times 10^6}{8.1 \times 10^9} \times 452 = 11.3(\text{N/mm}^2)$$

③验算抗裂度。

$$\sigma_k - \sigma_{pc\,II} = 13.4 - 11.8 = 1.6(\text{N/mm}^2) < f_{tk} = 2.40\text{ N/mm}^2$$

垂直截面抗裂满足要求。

D. 使用阶段斜截面强度计算

按截面 3—3 进行此项强度计算。

(1)计算 V_p。

$$V_p = 0.05N_{p0} = 0.05 \times A_p\sigma_{p0} = 0.05 \times A_p(\sigma_{con} - \sigma_l) = 0.05 \times 471 \times (1\,029 - 258.3)$$
$$\approx 18\,150(N) = 18.15\ kN$$

(2)判别是否按计算需配置横向抗剪钢筋($\frac{h_w}{b} > 6$)。

$$\frac{\gamma_0 V - V_p}{\beta_c b h_0 f_c} = \frac{1.1 \times 121.9 \times 10^3 - 18.15 \times 10^3}{1.0 \times 60 \times 750 \times 19.1} \approx 0.135 \leqslant 0.2$$

故截面几何尺寸满足要求。

(3)箍筋计算。

采用Φ 6 箍筋($A_{sv1} = 28.3\ mm^2$),并取 $n = 2$,则箍筋间距应为

$$s = \frac{a_{sv} n A_{sv1} f_y h_0}{\gamma_0 V - V_p - 0.7bh_0 f_t} = \frac{1.5 \times 2 \times 28.3 \times 300 \times 750}{1.1 \times 121.9 \times 10^3 - 18.15 \times 10^3 - 0.7 \times 60 \times 750 \times 1.71}$$
$$= 307.7(mm)$$

取 $s = 200$ mm。

E. 使用阶段斜截面抗裂率验算

以截面 3—3 作为计算截面,并取图 10-29 中所示 A、B、C 三点作为计算点。该截面在外载作用下的标准弯矩为

$$M_k = \frac{1}{2} \times (22.0 + 4.2) \times 8.575 \times (0.7 - \frac{0.375}{2}) - \frac{1}{2} \times (22.0 + 4.2) \times (0.7 - \frac{0.375}{2})^2 = 54.1(kN \cdot m)$$

$$V_k = \frac{1}{2} \times (22.0 + 4.2) \times (8.95 - 0.7 \times 2) = 98.9(kN)$$

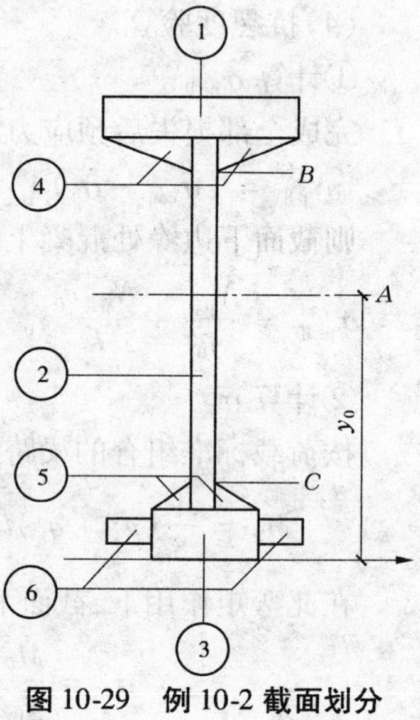

图 10-29　例 10-2 截面划分

(1)A 点(截面重心处,$y_0 = 0$)。

在标准弯矩 M_k 和预应力共同作用下,该点正应力为

$$\sigma_x = \frac{N_{pII}}{A_0} + \frac{N_{pII} e_0}{I_0} y_0 + \frac{M_k}{I_0} y_0 = \frac{363 \times 10^3}{9.69 \times 10^4} + \frac{363 \times 10^3 \times 402}{8.1 \times 10^9} \times 0 + \frac{54.1 \times 10^6}{8.1 \times 10^9} \times 0$$
$$= 3.75(N/mm^2)$$

$$\sigma_y = 0$$

相应于 A 点的面积矩 S_0 为

$$S_0 = 360 \times 80 \times 308 + 50 \times 150 \times 251.3 + 268 \times 60 \times \frac{268}{2} = 1\,291 \times 10^4(mm^3)$$

该点剪应力为

$$\tau = \frac{V_k S_0}{bI_0} = \frac{98.9 \times 10^3 \times 1\,291 \times 10^4}{60 \times 8.1 \times 10^9} = 2.63(N/mm^2)$$

则该点的主应力为

$$\sigma_{tp}=\frac{\sigma_x+\sigma_y}{2}+\sqrt{\left(\frac{\sigma_x-\sigma_y}{2}\right)^2+\tau^2}=\frac{-3.75}{2}+\sqrt{\left(\frac{-3.75}{2}\right)^2+2.63^2}$$

$$=1.35(\mathrm{N/mm^2})<0.95f_{tk}=0.95\times2.40=2.28(\mathrm{N/mm^2})$$

$$\sigma_{cp}=\frac{\sigma_x+\sigma_y}{2}-\sqrt{\left(\frac{\sigma_x-\sigma_y}{2}\right)^2+\tau^2}=\frac{-3.75}{2}-\sqrt{\left(\frac{-3.75}{2}\right)^2+2.63^2}$$

$$=-5.1(\mathrm{N/mm^2})<0.6f_{ck}=0.6\times26.8=16.08(\mathrm{N/mm^2})$$

(2)B 点。

在外力 M_k 与预应力共同作用下,该点的正应力为

$$\sigma_x=\frac{N_{p\,\mathrm{II}}}{A_0}-\frac{N_{p\,\mathrm{II}}e_0}{I_0}y_0+\frac{M_k}{I_0}y_0$$

$$=\frac{363\times10^3}{9.69\times10^4}-\frac{363\times10^3\times402}{8.1\times10^9}\times218+\frac{54.1\times10^6}{8.1\times10^9}\times218=1.26(\mathrm{N/mm^2})$$

$\sigma_y=0$

相应于 B 点的面积矩为

$$S_0=360\times80\times298+50\times150\times251.3+50\times60\times243=1\,119.6\times10^4(\mathrm{mm^3})$$

该点的剪应力为

$$\tau=\frac{V_kS_0}{I_0b}=\frac{98.9\times10^3\times1\,119.6\times10^4}{8.1\times10^9\times60}=2.3(\mathrm{N/mm^2})$$

该点的主应力为

$$\sigma_{tp}=\frac{\sigma_x+\sigma_y}{2}+\sqrt{\left(\frac{\sigma_x-\sigma_y}{2}\right)^2+\tau^2}=\frac{-1.26}{2}+\sqrt{\left(\frac{-1.26}{2}\right)^2+2.3^2}$$

$$=1.75(\mathrm{N/mm^2})<0.95f_{tk}=2.28(\mathrm{N/mm^2})$$

$$\sigma_{cp}=\frac{\sigma_x+\sigma_y}{2}-\sqrt{\left(\frac{\sigma_x-\sigma_y}{2}\right)^2+\tau^2}=\frac{-1.26}{2}-\sqrt{\left(\frac{-1.26}{2}\right)^2+2.3^2}$$

$$=-3.01(\mathrm{N/mm^2})<0.6f_{ck}=16.08\ \mathrm{N/mm^2}$$

(3)C 点。

在外力 M_k 与预应力共同作用下该点的正应力为

$$\sigma_x=\frac{N_{p\,\mathrm{II}}}{A_0}+\frac{N_{p\,\mathrm{II}}e_0}{I_0}y_0-\frac{M_k}{I_0}y_0$$

$$=\frac{363\times10^3}{9.69\times10^4}+\frac{363\times10^3\times402}{8.1\times10^9}\times302-\frac{54.1\times10^6}{8.1\times10^9}\times302=7.17(\mathrm{N/mm^2})$$

$\sigma_y=0$

相应于该点的面积矩为

$$S_0=180\times100\times402+50\times60\times335.3+50\times60\times327+(6.15-1)\times471\times402$$

$$=10.20\times10^6(\mathrm{mm^3})$$

该点的剪应力为

$$\tau=\frac{V_{k}S_{0}}{I_{0}b}=\frac{98.9\times10^{3}\times10.20\times10^{6}}{8.1\times10^{9}\times60}=2.1(\mathrm{N/mm^{2}})$$

则该点主应力为

$$\sigma_{tp}=\frac{\sigma_{x}+\sigma_{y}}{2}+\sqrt{\left(\frac{\sigma_{x}-\sigma_{y}}{2}\right)^{2}+\tau^{2}}=\frac{-7.17}{2}+\sqrt{\left(\frac{-7.17}{2}\right)^{2}+2.1^{2}}$$

$$=0.57(\mathrm{N/mm^{2}})<0.95f_{tk}=2.28\ \mathrm{N/mm^{2}}$$

$$\sigma_{cp}=\frac{\sigma_{x}+\sigma_{y}}{2}-\sqrt{\left(\frac{\sigma_{x}-\sigma_{y}}{2}\right)^{2}+\tau^{2}}=\frac{-7.17}{2}-\sqrt{\left(\frac{-7.17}{2}\right)^{2}+2.1^{2}}$$

$$=-7.74(\mathrm{N/mm^{2}})<0.6f_{ck}=16.08\ \mathrm{N/mm^{2}}$$

各点抗裂度满足要求。

F. 施工阶段验算

(1)制作阶段强度与裂缝开展验算。

放松预应力筋时预应力筋的计算张拉力为 $N_{p\mathrm{I}}$。在该力作用下截面上、下边缘的混凝土应力为

$$\sigma_{ct}=\frac{N_{p\mathrm{I}}}{A_{0}}-\frac{N_{p\mathrm{I}}e_{0}}{I_{0}}y_{0}'=\frac{420.6\times10^{3}}{9.69\times10^{4}}-\frac{420.6\times10^{3}\times402}{8.1\times10^{9}}\times348=-2.92(\mathrm{N/mm^{2}})$$

(以拉为正)

$$2.92\ \mathrm{N/mm^{2}}>f_{tk}'=2.40\ \mathrm{N/mm^{2}}(\text{不满足要求})$$

$$\sigma_{cc}=\frac{N_{p\mathrm{I}}}{A_{0}}+\frac{N_{p\mathrm{I}}e_{0}}{I_{0}}y_{0}=\frac{420.6\times10^{3}}{9.69\times10^{4}}+\frac{420.6\times10^{3}\times402}{8.1\times10^{9}}\times452$$

$$=13.8(\mathrm{N/mm^{2}})<0.8f_{ck}'=0.8\times0.9\times26.8=19.3(\mathrm{N/mm^{2}})$$

满足要求。

(2)运输、吊装阶段强度与裂缝开展验算。

$$ng_{b}=ng_{bk}=1.5\times1.2\times2.35=4.23(\mathrm{kN/m})$$

$$M_{in}=\frac{1}{2}ng_{bk}a^{2}=\frac{1}{2}\times4.23\times1.0^{2}=2.12(\mathrm{kN\cdot m})$$

出现于吊点截面上、下边缘的应力为

$$\sigma_{ct}=\frac{N_{p\mathrm{II}}}{A_{0}}+\frac{N_{p\mathrm{II}}e_{0}}{I_{0}}y_{0}'-\frac{M_{in}}{I_{0}}y_{0}'$$

$$=\frac{363\times10^{3}}{9.69\times10^{4}}+\frac{363\times10^{3}\times402\times348}{8.1\times10^{9}}-\frac{2.12\times10^{6}\times348}{8.1\times10^{9}}$$

$$=9.92(\mathrm{N/mm^{2}})(\text{以压为正})$$

拉应力满足要求

$$\sigma_{cc}=\frac{N_{p\mathrm{II}}}{A_{0}}+\frac{N_{p\mathrm{II}}e_{0}}{I_{0}}y_{0}'+\frac{M_{in}}{I_{0}}y_{0}'=\frac{363\times10^{3}}{9.69\times10^{4}}+\frac{363\times10^{3}\times402}{8.1\times10^{9}}\times452+\frac{2.12\times10^{6}}{8.1\times10^{9}}\times452$$

$$=12.0(\mathrm{N/mm^{2}})<0.8f'_{ck}=0.8\times0.9\times19.1=13.8(\mathrm{N/mm^{2}})$$

G. 变形验算

(1)不考虑荷载长期作用的刚度计算。

垂直截面抗裂度验算表明，使用阶段构件不会开裂，但考虑到施工阶段梁顶面已出现裂缝，故其刚度应降低10%。

$$B_s = 0.9(0.85E_cI_0) = 0.9 \times 0.85 \times 32.5 \times 10^3 \times 8.1 \times 10^9 = 2.01 \times 10^{14}(\mathrm{N \cdot mm^2})$$

(2)考虑部分荷载长期作用的刚度计算。

$$B_l = \frac{M_k}{M_q(\theta - 1) + M_k}B_s$$

$$= \frac{g_k + q_k}{g_k(\theta - 1) + (g_k + q_k)}B_s = \frac{22.0 + 4.2}{22.0 \times (2.0 - 1) + (22.0 + 4.2)} \times 2.01 \times 10^{14}$$

$$= 1.09 \times 10^{14}(\mathrm{N \cdot mm^2})$$

(3)外载作用下构件的挠度计算。

$$f_{0l} = \frac{5}{384} \times \frac{(g_k + q_k)l^4}{B_l} = \frac{5}{384} \times \frac{(22 + 4.2) \times 8\,575^4}{1.09 \times 10^{14}} = 16.9(\mathrm{mm})$$

(4)使用阶段预应力反拱值计算。

$$f_{pl} = \frac{M_{p\mathrm{II}}l^2}{8E_cI_0} = \frac{N_{p\mathrm{II}}e_0l^2}{8E_cI_0} = \frac{363 \times 10^3 \times 402 \times 8\,575^2}{8 \times 3.25 \times 10^4 \times 8.1 \times 10^9} = 5.1(\mathrm{mm})$$

(5)构件最终挠度计算。

$$f = f_{0l} - f_{pl} = 16.9 - 5.1 = 11.8(\mathrm{mm}) < \left[\frac{f}{l}\right]l = \frac{1}{250} \times 8\,575 = 34.3(\mathrm{mm})$$

思考题

1. 何谓预应力混凝土结构？预应力混凝土的主要优点是什么？

2. 对构件施加预应力是否能提高构件的承载能力？

3. 为什么在普通钢筋混凝土中不能有效地利用高强度材料的强度？为什么在预应力构件中可以有效地采用高强度的材料？

4. 什么是张拉控制应力？为什么张拉控制应力的取值不能过高或过低？

5. 预应力损失分为哪几项？如何减小各项预应力损失？

6. 以轴心受拉构件为例，分析先张法和后张法构件的各阶段应力状态，并比较两者的差异。

7. 对允许出现裂缝的预应力混凝土构件，裂缝宽度的要求是否和普通钢筋混凝土相同？裂缝宽度的计算方法是否和普通钢筋混凝土相同？

8. 如何计算预应力混凝土受弯构件的变形？计算方法和普通钢筋混凝土是否相同？

9. 如何进行预应力混凝土构件施工阶段的验算？

10. 预应力钢筋是如何将其张力传给混凝土的？对构件端部的应力状态是否有影响？如果有影响的话，是什么样的影响？

11. 为什么局部承压强度要比均匀受压强度高？

12. 对预应力构件有哪些构造要求？

13. 部分预应力混凝土这一名称中的“部分”是什么意思？部分预应力是如何实现

的？部分预应力混凝土和完全预应力混凝土在计算上的主要不同之处有哪些？

14. 无黏接预应力混凝土这一名称中的“无黏接”是什么意思？无黏接是如何实现的？又给计算带来了什么样的主要特点？

习　题

1. 设计 24 m 跨度折线形预应力混凝土屋架下弦杆。基本设计条件如下：

(1) 构件端部尺寸：250 mm 宽，160 mm 高。

(2) 材料：采用 C40 混凝土，预应力筋采用钢绞线，非预应力筋采用 HRB335 级钢筋。

(3) 内力：$N = 550$ kN，$N_k = 480$ kN，$N_q = 430$ kN。

(4) 施工方法：后张法，预留 2 个孔道，充压橡皮管抽芯孔道成型，夹片锚（锚杯外径 100 mm），超张拉（$1.1\sigma_{con}$），混凝土强度 100% 时张拉预应力筋，一端张拉。

(5) 裂缝控制等级二级。

附录一 《混凝土结构设计规范》(GB 50010—2010)附表

附表 1-1 混凝土强度标准值 (单位:N/mm²)

强度种类	符号	混凝土强度等级						
		C15	C20	C25	C30	C35	C40	C45
轴心抗压	f_{ck}	10.0	13.4	16.7	20.1	23.4	26.8	29.6
轴心抗拉	f_{tk}	1.27	1.54	1.78	2.01	2.20	2.39	2.51
强度种类	符号	混凝土强度等级						
		C50	C55	C60	C65	C70	C75	C80
轴心抗压	f_{ck}	32.4	35.5	38.5	41.5	44.5	47.4	50.2
轴心抗拉	f_{tk}	2.64	2.74	2.85	2.93	2.99	3.05	3.11

附表 1-2 混凝土强度设计值 (单位:N/mm²)

强度种类	符号	混凝土强度等级						
		C15	C20	C25	C30	C35	C40	C45
轴心抗压	f_c	7.2	9.6	11.9	14.3	16.7	19.1	21.1
轴心抗拉	f_t	0.91	1.10	1.27	1.43	1.57	1.71	1.80
强度种类	符号	混凝土强度等级						
		C50	C55	C60	C65	C70	C75	C80
轴心抗压	f_c	23.1	25.3	27.5	29.7	31.8	33.8	35.9
轴心抗拉	f_t	1.89	1.96	2.04	2.09	2.14	2.18	2.22

附表 1-3 混凝土弹性模量 E_c (单位:×10⁴ N/mm²)

强度等级	C15	C20	C25	C30	C35	C40	C45	C50	C55	C60	C65	C70	C75	C80
E_c	2.20	2.55	2.80	3.00	3.15	3.25	3.35	3.45	3.55	3.60	3.65	3.70	3.75	3.80

附表 1-4 不同 ρ_c^f 值时混凝土受压疲劳强度修正系数 γ_ρ

ρ_c^f	$0 \leqslant \rho_c^f < 0.1$	$0.1 \leqslant \rho_c^f < 0.2$	$0.2 \leqslant \rho_c^f < 0.3$	$0.3 \leqslant \rho_c^f < 0.4$	$0.4 \leqslant \rho_c^f < 0.5$	$\rho_c^f \geqslant 0.5$
γ_ρ	0.68	0.74	0.80	0.86	0.93	1.0

注:直接承受疲劳荷载的混凝土构件,当采用蒸汽养护时,养护温度不宜高于 60 ℃。

附表 1-5　混凝土疲劳变形模量　　（单位：$\times 10^4\ N/mm^2$）

混凝土强度等级	C30	C35	C40	C45	C50	C55	C60	C65	C70	C75	C80
E_c^f	1.30	1.40	1.50	1.55	1.60	1.65	1.70	1.75	1.80	1.85	1.90

附表 1-6　普通钢筋强度标准值

牌　号	符　号	d(mm)	屈服强度标准值 f_{yk}(N/mm^2)	极限强度标准值 f_{stk}(N/mm^2)
HPB300	Φ	6 ~ 22	300	420
HRB335 HRBF335	Φ Φ^F	6 ~ 50	335	455
HRB400 HRBF400 RRB400	Φ Φ^F Φ^R	6 ~ 50	400	540
HRB500 HRBF500	Φ Φ^F	6 ~ 50	500	630

附表 1-7　普通钢筋强度设计值　　（单位：N/mm^2）

牌　号	抗拉强度设计值 f_y	抗压强度设计值 f_y'
HPB300	270	270
HRB335、HRBF335	300	300
HRB400、HRBF400、RRB400	360	360
HRB500、HRBF500	435	410

附表 1-8　预应力钢筋强度标准值

种　类		符　号	d(mm)	屈服强度标准值 f_{pyk}(N/mm^2)	极限强度标准值 f_{ptk}(N/mm^2)
钢绞线	1×3（三股）	Φ^S	8.6、10.8、12.9	—	1 570
				—	1 860
				—	1 960
	1×7（七股）		9.5、12.7、15.2、17.8	—	1 720
				—	1 860
				—	1 960
			21.6	—	1 860

续附表 1-8

种类		符号	d(mm)	屈服强度标准值 f_{pyk}(N/mm²)	极限强度标准值 f_{ptk}(N/mm²)
消除应力钢丝	光面	Φ^{P}	5	—	1 570
				—	1 860
			7	—	1 570
	螺旋肋	Φ^{H}	9	—	1 470
				—	1 570
中强度预应力钢丝	光面 螺旋肋	Φ^{PM} Φ^{HM}	5、7、9	620	800
				780	970
				980	1 270
预应力螺纹钢筋	螺纹	Φ^{T}	18、25、32、40、50	785	980
				930	1 080
				1 080	1 230

注:极限强度标准值为 1 960 N/mm² 的钢绞线作后张预应力配筋时,应有可靠的工程经验。

附表 1-9 预应力钢筋强度设计值 (单位:N/mm²)

种类	极限强度标准值 f_{ptk}	抗拉强度设计值 f_{py}	抗拉强度设计值 f'_{py}
中强度预应力钢丝	800	510	410
	970	650	
	1 270	810	
消除应力钢丝	1 470	1 040	410
	1 570	1 110	
	1 860	1 320	
钢绞线	1 570	1 110	390
	1 720	1 220	
	1 860	1 320	
	1 960	1 390	
预应力螺纹钢筋	980	650	410
	1 080	770	
	1 230	900	

注:当预应力筋的强度标准值不符合附表 1-9 的规定时,其强度设计值应进行相应的比例换算。

附表 1-10　钢筋弹性模量 E_s　（单位：$\times 10^5$ N/mm^2）

牌号或种类	E_s
HPB300 钢筋	2.10
HRB335、HRB400、HRB500 钢筋 HRBF335、HRBF400、HRBF500 钢筋 RRB400 钢筋 预应力螺纹钢筋	2.00
消除应力钢丝、中强度预应力钢丝	2.05
钢绞线	1.95

注：必要时可采用实测的弹性模量。

附表 1-11　钢筋混凝土结构中钢筋疲劳应力幅限值

疲劳应力比值 ρ_s^f	疲劳应力幅限值 Δf_y^f	
	HRB 335 级钢筋	HRB400 级钢筋
0	175	175
0.1	162	162
0.2	154	156
0.3	144	149
0.4	131	137
0.5	115	123
0.6	97	106
0.7	77	85
0.8	54	60
0.9	28	31

注：当纵向受拉钢筋采用闪光接触对焊连接时，其接头处钢筋疲劳应力幅限值应按表中数值乘以系数 0.8 取用。

附表 1-12　预应力钢筋疲劳应力幅限值

疲劳应力比值 ρ_p^f	疲劳应力幅限值（N/mm^2）	
	钢绞线（f_{ptk} = 1 570 N/mm^2）	消除应力钢丝（f_{ptk} = 1 570 N/mm^2）
0.7	144	240
0.8	118	168
0.9	70	88

注：1. 当 ρ_p^f 不小于 0.9 时，可不作预应力钢筋的疲劳验算；

2. 当有充分依据时，可对表中规定的疲劳应力幅限值作适当调整。

附录二　钢筋的计算截面面积及公称质量

附表 2-1　钢筋的公称直径、公称截面面积及理论重量

公称直径 d(mm)	不同根数钢筋的公称截面面积(mm^2)									单根钢筋理论重量(kg/m)
	1	2	3	4	5	6	7	8	9	
6	28.3	57	85	113	142	170	198	226	255	0.222
8	50.3	101	151	201	252	302	352	402	453	0.395
10	78.5	157	236	314	393	471	550	628	707	0.617
12	113.1	226	339	452	565	678	791	904	1 017	0.888
14	153.9	308	461	615	769	923	1 077	1 231	1 385	1.21
16	201.1	402	603	804	1 005	1 206	1 407	1 608	1 809	1.58
18	254.5	509	763	1 017	1 272	1 527	1 781	2 036	2 290	2.00(2.11)
20	314.2	628	942	1 256	1 570	1 884	2 199	2 513	2 827	2.47
22	380.1	760	1140	1 520	1 900	2 281	2 661	3 041	3 421	2.98
25	490.9	982	1 473	1 964	2 454	2 945	3 436	3 927	4 418	3.85(4.10)
28	615.8	1 232	1 847	2 463	3 079	3 695	4 310	4 926	5 542	4.83
32	804.2	1 609	2 413	3 217	4 021	4 826	5 630	6 434	7 238	6.31(6.65)
36	1 017.9	2 036	3 054	4 072	5 089	6 107	7 125	8 143	9 161	7.99
40	1 256.6	2 513	3 770	5 027	6 283	7 540	8 796	10 053	11 310	9.87(10.34)
50	1 963.5	3 928	5 892	7 856	9 820	11 784	13 748	15 712	17 676	15.42(16.28)

注：括号内为预应力螺纹钢筋的数值。

附表 2-2　钢筋混凝土板每米宽的钢筋面积

钢筋间距(mm)	不同钢筋直径(mm)钢筋混凝土板每米宽的钢筋面积(mm^2)								
	6	6/8	8	8/10	10	10/12	12	12/14	14
70	404.0	561.0	719.0	920.0	1 121.0	1 369.0	1 616.0	1 907.0	2 199.0
75	377.0	524.0	671.0	859.0	1 047.0	1 277.0	1 508.0	1 780.0	2 052.0
80	354.0	491.0	629.0	805.0	981.0	1 198.0	1 414.0	1 669.0	1 924.0
85	333.0	462.0	592.0	758.0	924.0	1 127.0	1 331.0	1 571.0	1 811.0
90	314.0	437.0	559.0	716.0	872.0	1 064.0	1 257.0	1 483.0	1 710.0
95	298.0	414.0	529.0	678.0	826.0	1 008.0	1 190.0	1 405.0	1 620.0
100	283.0	393.0	503.0	644.0	785.0	958.0	1 131.0	1 335.0	1 539.0
110	257.0	357.0	457.0	585.0	714.0	871.0	1 028.0	1 214.0	1 399.0
120	236.0	327.0	419.0	537.0	654.0	798.0	942.0	1 113.0	1 283.0
125	226.0	314.0	402.0	515.0	628.0	766.0	905.0	1 068.0	1 231.0
130	218.0	302.0	387.0	495.0	604.0	737.0	870.0	1 027.0	1 184.0
140	202.0	281.0	359.0	460.0	561.0	684.0	808.0	954.0	1 099.0
150	189.0	262.0	335.0	429.0	523.0	639.0	754.0	890.0	1 026.0
160	177.0	246.0	314.0	403.0	491.0	599.0	707.0	834.0	962.0
170	166.0	231.0	296.0	379.0	462.0	564.0	665.0	785.0	905.0
180	157.0	218.0	279.0	358.0	436.0	532.0	628.0	742.0	855.0
190	149.0	207.0	265.0	339.0	413.0	504.0	595.0	703.0	810.0
200	141.0	196.0	251.0	322.0	393.0	479.0	505.0	668.0	770.0
220	129.0	179.0	229.0	293.0	357.0	436.0	514.0	607.0	700.0
240	118.0	164.0	210.0	268.0	327.0	399.0	471.0	556.0	641.0
250	113.0	157.0	201.0	258.0	314.0	383.0	452.0	534.0	616.0
260	109.0	151.0	193.0	248.0	302.0	369.0	435.0	513.0	592.0
280	101.0	140.0	180.0	230.0	280.0	342.0	404.0	477.0	550.0
300	94.2	131.0	168.0	215.0	262.0	319.0	377.0	445.0	513.0
320	88.4	123.0	157.0	201.0	245.0	299.0	353.0	417.0	481.0

附表 2-3　钢绞线的公称直径、公称截面面积及理论重量

种类	公称直径(mm)	公称截面面积(mm^2)	理论重量(kg/m)
1×3	8.6	37.7	0.296
	10.8	58.9	0.462
	12.9	84.8	0.666
1×7 标准型	9.5	54.8	0.430
	12.7	98.7	0.775
	15.2	140	1.101
	17.8	191	1.500
	21.6	285	2.237

附表 2-4　钢丝公称直径、公称截面面积及理论重量

公称直径(mm)	公称截面面积(mm^2)	理论重量(kg/m)
5.0	19.63	0.154
7.0	38.48	0.302
9.0	63.62	0.499

附录三 《混凝土结构设计规范》(GB 50010—2010)的有关规定

附表 3-1　受弯构件的挠度限值

构件类型	挠度限值
吊车梁:手动吊车	$l_0/500$
电动吊车	$l_0/600$
屋盖、楼盖及楼梯构件:	
当 $l_0<7$ m 时	$l_0/200(l_0/250)$
当 7 m$\leq l_0 \leq$9 m 时	$l_0/250(l_0/300)$
当 $l_0>9$ m 时	$l_0/300(l_0/400)$

注:1. 表中 l_0 为构件的计算跨度,计算悬臂构件的挠度限值时,其计算跨度 l_0 按实际悬臂长度的 2 倍取用;
2. 表中括号中的数值适用于使用上对挠度有较高要求的构件;
3. 如果构件制作时预先起拱,且使用上也允许,则在验算挠度时,可将计算所得的挠度值减去起拱值,对预应力混凝土构件,还可减去预加力所产生的反拱值;
4. 构件制作时的起拱值和预加力所产生的反拱值,不宜超过构件在相应荷载组合作用下的计算挠度值。

附表 3-2　混凝土结构的环境类别

环境类别	条　件
一	室内干燥环境;无侵蚀性静水浸没环境
二 a	室内潮湿环境;非严寒和非寒冷地区露天环境;非严寒和非寒冷地区与无侵蚀性的水或土壤直接接触的环境;严寒和寒冷地区冰冻线以下与无侵蚀性的水或土壤直接接触的环境
二 b	干湿交替环境;水位频繁变动环境;寒冷和严寒地区的露天环境;严寒和寒冷地区冰冻线以上与无侵蚀性的水或土壤直接接触的环境
三 a	受除冰盐影响的环境;严寒及寒冷地区冬季水位变动区环境;海风环境
三 b	盐渍土环境;受除冰盐作用环境;海岸环境
四	海水环境
五	受人为或自然的侵蚀性物质影响的环境

注:1. 室内潮湿环境是指构件表面经常处于结露或湿润状态的环境;
2. 严寒和寒冷地区的划分应符合国家现行标准《民用建筑热工设计规范》GB 50176 的有关规定;
3. 海岸环境和海风环境宜根据当地情况,考虑主导风向及结构所处迎风、背风部位等因素的影响,由调查研究和工程经验确定;
4. 受除冰盐影响环境是指受到除冰盐盐雾影响的环境,受除冰盐作用环境是指被除冰盐溶液溅射的环境以及使用除冰盐地区的洗车房、停车楼等建筑;
5. 暴露的环境是指混凝土结构表面所处的环境。

附表 3-3 结构构件的裂缝控制等级和最大裂缝宽度限值 w_{lim} (单位:mm)

<table>
<tr><th rowspan="2">环境类别</th><th colspan="2">钢筋混凝土结构</th><th colspan="2">预应力混凝土结构</th></tr>
<tr><th>裂缝控制等级</th><th>最大裂缝宽度限值</th><th>裂缝控制等级</th><th>最大裂缝宽度限值</th></tr>
<tr><td>一</td><td rowspan="4">三级</td><td>0.30(0.40)</td><td rowspan="2">三级</td><td>0.20</td></tr>
<tr><td>二 a</td><td rowspan="3">0.20</td><td>0.10</td></tr>
<tr><td>二 b</td><td>二级</td><td>—</td></tr>
<tr><td>三 a、三 b</td><td>一级</td><td>—</td></tr>
</table>

注:1. 对处于年平均相对湿度小于 60% 地区一类环境下的受弯构件,其最大裂缝宽度限值可采用括号内的数值。

2. 在一类环境条件下,对于钢筋混凝土屋架、托架及需作疲劳验算的吊车梁,其最大裂缝宽度限值应取为 0.20 mm;对于钢筋混凝土屋面梁和托梁,其最大裂缝宽度限值应取为 0.30 mm。

3. 在一类环境条件下,对于预应力混凝土屋架、托架及双向板体系,应按二级裂缝控制等级进行验算;对一类环境下的预应力混凝土屋面梁、托梁、单向板,应按表中二 a 类环境的要求进行验算;在一类和二 a 类环境下需作疲劳验算的预应力混凝土吊车梁,应按裂缝控制等级不低于二级的构件进行验算。

4. 表中规定的预应力混凝土构件的裂缝控制等级和最大裂缝宽度限值仅适用于正截面的验算,预应力混凝土构件的斜截面验算应符合《混凝土结构设计规范》(GB 50010—2010)第 7 章的要求。

5. 对于烟囱、筒仓和处于液体压力下的结构构件,其裂缝控制要求应符合专门标准的有关规定。

6. 对于处于四、五类环境条件下的结构构件,其裂缝控制要求应符合专门标准的有关规定。

7. 表中的最大裂缝宽度限值为用于验算荷载作用引起的最大裂缝宽度。

附表 3-4 纵向受力钢筋的混凝土保护层最小厚度 (单位:mm)

环境类别	板、墙、壳	梁、柱、杆
一	15	20
二 a	20	25
二 b	25	35
三 a	30	40
三 b	40	50

注:1. 混凝土强度等级不大于 C25 时,表中保护层厚度数值应增加 5 mm;

2. 钢筋混凝土基础宜设置混凝土垫层,基础中钢筋的混凝土保护层厚度应从垫层顶面算起,且不应小于 40 mm。

附表 3-5 截面抵抗矩塑性影响系数基本值 γ_m

<table>
<tr><td>项次</td><td>1</td><td>2</td><td colspan="2">3</td><td colspan="2">4</td><td>5</td></tr>
<tr><td rowspan="2">截面形状</td><td rowspan="2">矩形截面</td><td rowspan="2">翼缘位于受压区的 T 形截面</td><td colspan="2">对称 I 形截面或箱形截面</td><td colspan="2">翼缘位于受拉区的倒 T 形截面</td><td rowspan="2">圆形和环形截面</td></tr>
<tr><td>$b_f/b \leqslant 2$
h_f/h 为任意值</td><td>$b_f/b > 2$
$h_f/h < 0.2$</td><td>$b_f/b \leqslant 2$
h_f/h 为任意值</td><td>$b_f/b > 2$
$h_f/h < 0.2$</td></tr>
<tr><td>γ_m</td><td>1.55</td><td>1.50</td><td>1.45</td><td>1.35</td><td>1.50</td><td>1.40</td><td>$1.6 - 0.24r_1/r$</td></tr>
</table>

注:1. 对 $b_f' > b_f$ 的 I 形截面,可按项次 2 与项次 3 之间的数值采用,对 $b_f' \leqslant b_f$ 的 I 形截面,可按项次 3 与项次 4 之间的数值采用;

2. 对于箱形截面,b 系指各肋宽度的总和;

3. r_1 为环形截面的内环半径,对圆形截面,取 $r_1 = 0$。

附表 3-6 钢筋混凝土结构构件中纵向受力钢筋的最小配筋百分率 （%）

受力类型			最小配筋百分率 ρ_{min}
受压构件	全部纵向钢筋	强度等级 500 MPa	0.50
		强度等级 400 MPa	0.55
		强度等级 300 MPa、335 MPa	0.60
	一侧纵向钢筋		0.20
受弯构件、偏心受拉、轴心受拉构件一侧的受拉钢筋			0.20 和 $45f_t/f_y$ 中的较大值

注：1. 受压构件全部纵向钢筋最小配筋百分率，当采用 C60 以上强度等级的混凝土时，应按表中规定增大 0.10；

2. 板类受弯构件（不包括悬臂板）的受拉钢筋，当采用强度等级 400 MPa、500 MPa 的钢筋时，其最小配筋百分率应允许采用 0.15% 和 $45f_t/f_y$% 中的较大值；

3. 偏心受拉构件中的受压钢筋，应按受压构件一侧纵向钢筋考虑；

4. 受压构件的全部纵向钢筋和一侧纵向钢筋的配筋率以及轴心受拉构件和小偏心受拉构件一侧受拉钢筋的配筋率应按构件的全截面面积计算；

5. 受弯构件、大偏心受拉构件一侧受拉钢筋的配筋率应按全截面面积扣除受压翼缘面积 $(b_f'-b)h_f'$ 后的截面面积计算；

6. 当钢筋沿构件截面周边布置时，“一侧纵向钢筋”是指沿受力方向两个对边中一边布置的纵向钢筋。

附录四

附表 4-1 民用建筑楼面均布活荷载的标准值及其组合值、频遇值和永久值系数

项次	类别	标准值(kN/m^2)	组合值系数 ψ_c	频遇值系数 ψ_f	准永久值系数 ψ_q
1	(1)住宅、宿舍、旅馆、办公楼、医院病房、托儿所、幼儿园			0.5	0.4
	(2)教室、实验室、阅览室、会议室、医院门诊室	2.0	0.7	0.6	0.5
2	食堂、餐厅、一般资料档案室	2.5	0.7	0.6	0.5
3	(1)礼堂、剧场、影院、有固定座位的看台	3.0	0.7	0.5	0.3
	(2)公共洗衣房	3.0	0.7	0.6	0.5
4	(1)商店、展览厅、车站、港口、机场大厅及其旅客等候室	3.5	0.7	0.6	0.5
	(2)无固定座位的看台	3.5	0.7	0.6	0.3
5	(1)健身房、演出舞台	4.0	0.7	0.6	0.5
	(2)舞厅	4.0	0.7	0.6	0.3
6	(1)书库、档案库、储藏室	5.0	0.9	0.9	0.8
	(2)密集柜书库	12.0			
7	通风机房、电梯机房	7.0	0.9	0.9	0.8
8	汽车通道及停车库：				
	(1)单向板楼盖(板跨不小于 2 m)				
	客车	4.0	0.7	0.7	0.6
	消防车	35.0	0.7	0.7	0.6
	(2)双向板楼盖和无梁楼盖(柱网尺寸不小于 6 m×6 m)				
	客车	2.5	0.7	0.7	0.6
	消防车	20.0	0.7	0.7	0.6
9	厨房(1)一般的	2.0	0.7	0.6	0.5
	(2)餐厅的	4.0	0.7	0.7	0.7
10	浴室、厕所、盥洗室：				
	(1)第 1 项中的民用建筑	2.0	0.7	0.5	0.4
	(2)其他民用建筑	2.5	0.7	0.5	0.5

续附表 4-1

项次	类别	标准值 (kN/m^2)	组合值系数 ψ_c	频遇值系数 ψ_f	准永久值系数 ψ_q
11	走廊、门厅、楼梯：				
	(1)宿舍、旅馆、医院病房托儿所、幼儿园、住宅	2.0	0.7	0.5	0.4
	(2)办公楼、教室、餐厅、医院门诊部	2.5	0.7	0.5	0.5
	(3)消防疏散楼梯，其他民用建筑	3.5	0.7	0.5	0.3
12	阳台：				
	(1)一般情况	2.5			
	(2)当人群可能密集时	3.5	0.7	0.6	0.5

注：1. 本表所给各项活荷载适用于一般使用条件，当使用荷载较大或情况特殊时，应按实际情况采用；

2. 第 6 项书库活荷载当书高度大于 2 m 时，书库活荷载尚应按每米书加高度不小于 2.5 kN/m^2 确定；

3. 第 8 项中的客车活荷载只适用于停放载人少于 9 人的客车，消防车活荷载是适用于满载总重为 300 kN 的大型车辆，当不符合本表的要求时，应将车轮的局部荷载结构效应的等效原则，换算为等效均布荷载；

4. 第 11 项楼梯活荷载，对预制楼梯踏步平板，还应按 1.5 kN 集中荷载验算；

5. 本表各项荷载不包括隔墙自重和二次装修荷载。对固定隔墙的自重应按恒荷载考虑当隔墙位置可灵活自由布置时，非固定隔墙的自重应取每延米长墙重(kN/m)的 1/3 作为楼面活荷载的附加值(kN/m^2)计入，附加值不少于 1.0 kN/m^2。

参 考 文 献

[1] 中华人民共和国住房和城乡建设部. GB 50010—2010　混凝土结构设计规范[S]. 北京:中国建筑工业出版社,2011.
[2] 东南大学,天津大学,同济大学. 混凝土结构设计原理(上册)[M]. 3 版. 北京:中国建筑工业出版社,2005.
[3] 沈蒲生. 混凝土结构设计原理[M]. 3 版. 北京:高等教育出版社,2007.
[4] 赵顺波. 混凝土结构设计原理 [M]. 上海:同济大学出版社,2004.
[5] 马芹永. 混凝土结构基本原理[M]. 北京:机械工业出版社,2005.
[6] 程文瀼,王铁成. 混凝土结构设计原理[M]. 北京:中国建筑工业出版社,2004.
[7] 宗兰,刘华新,周建宾. 混凝土结构设计原理[M]. 北京:人民交通出版社,2006.
[8] 杨俊杰. 混凝土结构设计原理[M]. 北京:科学出版社,2007.
[9] 蓝宗建. 混凝土结构设计原理[M]. 南京:东南大学出版社,2008.
[10] 顾祥林. 混凝土结构基本原理[M]. 上海:同济大学出版社,2004.
[11] 周爱君. 混凝土结构设计与施工细部计算示例[M]. 北京:机械工业出版社,2004.
[12] 中华人民共和国建设部. GB 50068—2001　建筑结构可靠度设计统一标准[S]. 北京:中国建筑工业出版社,2001.
[13] 中华人民共和国建设部. GB 50009—2001　建筑结构荷载规范[S]. 北京:中国建筑工业出版社,2002.